Introduction to Pastoral Counseling

목회상담 이론 입문

안석모 · 권수영 · 김필진 · 박노권
박민수 · 신명숙 · 이관직 · 이정기 공저

학지사

[머리글]

한국 교회와 목회상담

목회상담학은 1951년 한국전쟁의 포화 속에서 '문의학' 이란 이름으로 한국 교회에 처음 알려졌다. 이것을 최초로 가르치신 분은 미국에서 유학을 마치고 갓 돌아온 감리교의 이환신 교수였고, 이 강좌가 개설된 학교는 연세대 신학부였다. 그로부터 약 55년이 흐른 지금, 한국의 50여 개 정규 신학대학과 각종 신학교에서 목회상담학은 가장 수요가 많은 학문이자 목회의 실질적인 분야로 자리를 잡았다. 현재 신학대학에서 전임교수로 활약하시는 분만 50여 명이 넘고, 현역에서 은퇴하신 교수님들도 여러 분이 계신다.

차제에 지나온 역사를 간단히 살펴보면 이환신 교수를 필두로 1950년대 후반부터 한승호 교수, 김태묵 교수, 유형심 교수 등 여러 분들이 신학교에서 또 현장에서 목회상담을 가르치고 전파하기 위해 진력하였다. 또한 1974년 연세대의 반피득 교수는 임상목회교육(clinical pastoral education)을 국내에서 처음으로 실시함으로써 한국 목회상담의 새로운 장을 열게 하였다. 이후 1982년에 한국 최초로 〈한국목회상담협회〉가 설립되었고,[1] 1997년 가을에는 〈한국목회상담학회〉가 설립되었다.

한국 교회와 신학교에서 사용된 최초의 목회상담학 교재는, 목회상담학 이론에 관한 미국 내의 대표적 저술 중의 하나로 꼽히던 *Pastoral Counseling*:

---

1) 자세한 내용은 한국목회상담협회 홈페이지 www. kapc.or.kr 참조.

Its Theory and Practice[2]를 이환신 교수가 번역 · 탈고한 것이다. 이 책의 번역서는 『목회문의학』(대한기독교서회, 1962)이란 제목을 달고 1962년에 출간되었다. 또한 칼 로저스(Carl Rogers)의 *Counseling and Psychotherapy*[3]가 한승호 교수에 의해 『카운셀링의 이론과 실제』(지문각, 1963)란 제목으로 1963년에 번역 출간되었다. 2년 후, 장로교의 김태묵 목사도 이미 이환신 목사에 의해 번역 출간된 위의 책을 『목회상담』(대한예수교장로회 총회 교육부, 1965)이란 제목으로 다시 번역해 내었다. 목회상담과 연관하여 미국 보스턴 대학교의 목회상담 교수이던 폴 존슨(Paul Johnson)의 *Psychology of Pastoral Care*[4]이 1964년에 번역 출간된 것도 특기할 일이다. 또한 미국 교회와 신학교에 목회상담을 정착시킨 공로자의 한 사람으로 꼽히는 힐트너(Seward Hiltner) 교수의 *The Preface to Pastoral Theology*[5]이 1968년에 번역 출간된 것도 매우 중요한 일이었다.

이렇게 본다면, 1950년대에 처음 소개된 목회상담이 약 10여 년의 강의를 거치면서 비로소 번역된 텍스트들이 등장하고, 서서히 한국 교회의 관심을 끌게 된 셈이다. 그러나 목회상담이란 이렇게 강의실에서 책자를 통하여 가르칠 수 있는 것만은 아니었다. 자료나 증언의 부재로 초기 목회상담교육이 어떤 내용과 방법으로 교수되었는지 아직은 전모를 파악할 수 없지만, 강의와 약간의 사례교육이 분명히 존재하였을 것으로 추정하여도 무리가 없을 것이다.

한국인이 직접 저술한 목회상담 관련 서적으로 제일 먼저 나온 것은 1970년에 황의영 목사가 쓴 『목회상담원리』[6]다. 이것은 어떻게 성경에 근거하여 상담할지에 관하여 여러 책의 이론을 정리하여 편찬한 것이었다. 이보다도 목회상담교육을 위해서 정말로 중요한 번역물은 1971년에 번역 출간된 클

---

2) C. Wise, *Pastoral Counseling: Its Theory and Practice* (New York: Harper, 1951).

3) C. Rogers, *Counseling and Psychotherapy* (Boston: Houghto Mifflin company, 1942).

4) 김관석이 『종교심리학』(대한기독교서회, 1964)이라는 제목으로 번역.

5) 민경배가 『목회신학원론』(대한기독교서회, 1968)이라는 제목으로 번역.

6) 생명의 말씀사 간행. 이 책은 아직도 서점에서 팔리고 있다.

라인벨(Howard Clinebell) 교수의 *Basic Types of Pastoral Counseling*[7]이었다. 이 책은 1966년에 미국에서 초판이 출판된 이래 교과서로 가장 많이 사용되고 있으며, 이는 한국 교회와 신학교에서도 상담의 중요성을 인식하고 있었음을 말한다. 곧 이어서 클라인벨 교수의 책 못지않게 교과서로 중요하게 여겨지던 힐트너의 *Pastoral Counseling*[8]도 1976년에 번역 출간되었다. 사실 한국에서는 일반상담이나 카운슬링계에서도 학교 교사를 위한 가이던스 교재 정도나 출간되던 1970년대에,[9] 우리 목회상담은 벌써 이렇게 전문 교재를 출간하고 상담교육에 있어서 앞서 갔던 것을 이런 출판 현황이 잘 보여 준다. 1975년에 최제경이 『임상목회학: 임상 심리상담 원리와 실제』를 출간해 낸 것도 매우 뜻깊거니와 1978년에 반피득 교수가 『목회상담개론』을 펴낸 것은 이제 한국 신학교도 목회상담을 중요한 과목으로 가르치게 되었다는 표시였다.

그러나 이런 목회상담은 그때까지도 '교실목회상담'이었다. 즉, 현장에서는 여전히 전통적인 의미에서의 '충고'나 '조언' 혹은 '신앙적 권면'에 해당하는 목회적 실천이 주로 이루어지고 있었고, 현대적인 의미의 구조화된 목회상담은 교실에서 이론적으로만 가르치나 논의하는 정도였다. 실제로 한국 교회 목회현장에서 목회상담을 본격적으로 논하고 행하기 시작한 것은 1980년대 중반 이후로 보아도 무리가 아니다. 이것은 〈한국목회상담협회〉가 1982년에 설립되었다는 것에서도 유추해 볼 수 있다. 그리고 거슬러 올라가면 이런 협회는 교회 중심의 사회운동에서 출발하고 있었다.

1970년대 초반부터 한국 교회 지도자들 사이에서 〈생명의 전화〉 설립이 논의되기 시작하였다. 이것이 바로 현대적인 의미의 목회상담이 교회를 중심으로 현장에 뿌리를 내리는 첫 시도였다고 해도 과언이 아니다. 이런 운동의

7) 민병길이 『효과적인 목화상담: 상담의 개정방식』(예수교장로회총회 교육부, 1971)이라는 제목으로 번역.
8) 마경일이 『목회카운셀링』(대한기독교서회, 1976)이라는 제목으로 번역. 아직도 서점에서 유통되고 있다.
9) 문교부가 직접 나서서, 이관용, 이장호 교수 등이 C. H. 패터슨(C. H. Patterson)의 *Theories of Counseling and Psychotherapy*를 번역 출간해 낸 것이 1972년이다.

초기 지도자들은 감리교신학대학교 학장이었던 홍현설 박사나 기독교장로회의 조향록 목사 그리고 여러 신학교의 실천신학 교수들이었기 때문이다. 그리하여 1973년에 일종의 상담사역을 위한 모임 장소였던 〈아가페의 집〉이 만들어졌고, 드디어 1976년에 〈한국 생명의 전화〉가 개통되었으며 여기에 한국 교회 목회자들과 평신자들이 대거 참여하였다. 이후 〈여성의 전화〉(1983년 창립), 〈성폭력 상담의 전화〉(1991년 창립) 등등 많은 전화상담운동에 교회와 교회지도자들이 앞장섰던 것은 두말할 나위 없다. 이렇게 한국 교회상담운동이 전화상담으로 출발하였다는 것은 여러 가지 의미가 있을 수 있다. 이 현상은 그중에서도 익명성 보호가 한국 사회와 문화에서 얼마나 중요한 요소인지를 설명해 준다. 이렇게 전화상담운동이 널리 퍼지면서 현대 상담에 대한 인식과 필요가 교회 내외에서 싹트기 시작하였고, 1980년대 중반부터 현대 상담을 가르치고 보급하는 개인 연구소나 그룹들이 생기기 시작하였던 것이다.

그러면서 한국 교회의 현장과 상담과제를 다루는 목회상담 교과서, 토착적인 이론과 실천을 목표로 하는 이론서들이 필요하다는 인식도 생겨났다. 그러나 이런 교과서들은 오랜 실천과 반성의 터전 위에서 학문적 성찰과 토의를 통해 이루어지는 것이지 단시간에 이루어지지는 않는다. 이런 연유로 1980년대 이후 대부분의 목회상담 교과서들은 번역서나 아니면 외국의 이론을 소개/번안하는 내용이 대부분이었다. 이런 중에서도 한국의 목회상담을 위하여 1987년 장로회신학대학교 오성춘 교수가 펴낸 『목회상담사례분석』은 매우 뜻깊은 책이었다. 그는 1993년에 『목회상담학』을 펴내면서 이런 한국적인 목회상담학을 위해 한 걸음 더 나아갔다.

이런 상황 속에서 2000년 〈한국목회상담협회〉의 4대 회장으로 취임한 오성춘 교수는 '목회상담의 정체성'이란 연구 테마를 정하고 학자들로 하여금 목회상담의 이론화에 박차를 가하도록 하였다. 이것은 일반상담과의 정체성 혼란을 보이고 있는 목회상담에 정체성을 확립하고 나아가 한국적인 목회상담의 이론화 및 그 실행을 위한 매우 뜻있는 신호였다. 이런 면을 이어받은 형제 기관으로서, 1997년에 설립된 〈한국목회상담학회〉는 한국인 학자들에 의해서, 한국인을 상담한 결과를 가지고, 한국의 문화와 사회적 내용을 담은, 한국 교회의, 한국 교회를 위한 '목회상담 교과서'를 쓴다는 목표를 지니고 2006년 봄부터 월례 학술모임을 갖기 시작하였다.

이런 일은 어느 한 학자에 의해서 단독으로 되기는 참으로 어려운 일이다. 그래서 신학교와 목회상담의 현장에 있는 여러 학자가 힘을 합하여 공동으로 이 일에 참여하고 있다. 이 작업은 다음의 몇 단계를 거쳐서 완성에 이를 것이다.

제1차 작업: 목회상담의 이론적 기초
제2차 작업: 목회상담의 실제와 그 과정
제3차 작업: 목회상담의 구체적 자원들과 그 방법론들
제4차 작업: 한국적 상담 과제와 목회상담적 대응

지난 2006년 3월부터 가져 온 월례 학술대회 발표들을 기초로 하고, 그간에 한국의 목회상담을 위해서 발표된 글들을 편집하여 이제 그 1차 작업, 『목회상담 이론 입문』을 펴낸다. 월례 세미나에서 발표된 글만이 아니라, 이미 발표되어 다른 곳에 실렸던 글들도 저자의 허락을 받고 교과서적인 통일을 기하기 위하여 일정한 편집을 거쳤다. 따라서 다른 곳에 실렸던 글은 연구업적 등으로는 이중으로 기재될 수 없다. 그러나 학회 월례 세미나에 실렸던 글들은 연구업적으로 평가될 수 있다. 따라서 모든 글의 일차적 책임은 각각의 저자에게, 그리고 편집상 수정된 글의 책임은 대표 저자에게 있다. 또한 저자들의 학문연구 배경에 따라 참고도서나 기타의 내용들이 문화나 언어상으로 상이한 면이 있음도 오히려 다양한 시각을 제공한다는 면에서 좋은 점도 있다고 생각된다. 보다 풍부하고 정확한 내용으로 계속 증보할 것을 약속하면서 이 머리글을 맺기로 한다. 각 장의 저자와 제목 및 발표시기는 다음과 같다.

- 제1장, 이관직, ‘목회상담의 정체성’ (2000년 5월 목회상담협회 학술대회 발표; 『가정과 상담』 30호, 2000년 7월호 게재 내용 수정)
- 제2장, 안석모, ‘목회상담의 특성’ (감신대 학술지, 『신학과 세계』 30호, 1995년 봄호 게재 내용 수정)
- 제3장, 안석모, ‘목회상담의 역사: 구약, 신약, 초대교회’ (목회상담학회 월례 세미나, 2006년 3월 발표)
- 제4장, 신명숙, ‘목회상담의 역사: 중세, 종교개혁, 근세 초기’ (목회상담학회 월례 세미나, 2006년 3월 발표)
- 제5장, 권수영, 신명숙, 안석모, 홍영택, ‘목회상담의 역사: 현대 및 미래 전망’
- 제6장, 이정기, ‘목회상담자의 정체성’ (목회상담학회 월례 세미나, 2006년 4월 발표)
- 제7장, 김필진, ‘목회상담자의 역할과 기능’ (목회상담학회 월례 세미나, 2006년 4월 발표)
- 제 8장, 박노권, ‘신학과 심리학의 관계: 목회상담 측면에서’ (목회상담학회 월례 세미나, 2006년 5월 발표)
- 제9장, 박민수, ‘목회상담학의 신학적 지평’ (목회상담학회 월례 세미나, 2006년 5월 발표; 안석모와 권수영 집필 부분 첨가)
- 제10장, 권수영, ‘임상현장에서의 신학과 심리학의 반납’ (임상현장에서의 작용적 신학: 기독교 상담의 방법론적 정체성, 『한국기독교상담학회지』 7권, 2004년 5월호에 게재되었던 내용 수정)

2009년 1월

대표 저자 안 석 모

차 례

09 ▶▶ 목회상담학의 신학적 지평

10 ▶▶ 임상현장에서의 신학과 심리학의 만남

01

Introduction to Pastoral Counseling

목회상담의 정체성

'상담(相談)'이란 말 그대로 두 사람이 마주 앉아 말을 나누는 것이다. 그러나 이 용어는 여러 영역에서 쓰이면서 그 의미와 용처가 다양해지고 있다. 진학상담이라는 말이 있는가 하면, 법률상담이라는 용어도 흔히 듣는다. 상담이라는 용어는 혼인상담, 의료상담, 재테크상담, 병무상담 등 쓰이지 않는 분야가 거의 없을 정도다. 그러나 역시 상담은 심리적으로 어려움에 처한 사람이 전문상담자를 만나 그 문제에 대한 개선이나 치유를 위해 받는 것으로 널리 인식되고 있다.

이런 의미에서 20세기 후반부 우리 한국 교회 내에서도 목회상담이란 말이 일부 학자나 전문가의 범위를 넘어 두루 쓰이기 시작하였다. 그러나 이 목회상담이 마치 법률상담이나 병무상담처럼 어떤 특수한 분야의 특이한 문제를 해결하기 위한 상담으로 잘못 인식되고 있는 것도 사실이다. 또한 기독교상담, 크리스천상담 같은 말도 함께 쓰이면서 목회상담이 무엇을 의미하는지 더더욱 혼란스럽게 된 것도 사실이다. 그렇다면 '목회상담'이란 무엇이고, 그것의 범위나 영역은 어떠하며, 그것이 지닌 특성들은 과연 무엇인가? 이런 기본적인 내용들을 첫 번째 장에서 살펴본다.

1. 목회상담의 정의를 위해서

일반상담 및 기독교상담과 구별될 수 있는 목회상담만의 독특한 영역이나 내용이 있는가? 있다면 어떤 특성들이 목회상담을 목회적으로 만드는 것일까? 목회자가 상담하는 것이면 모두가 목회상담인가? 아니면 평신도라고 할지라도 상담의 과정에서 목회적인 관점으로 사람들을 돕는 것이 목회상담인가? 아니면 둘 다일까? '목회적 돌봄(pastoral care)'과 '목회상담(pastoral counseling)'은 어떤 공통점과 차이점이 있는가? 목회상담과 목회심리치료

(pastoral psychotherapy)는 서로 구별되어야 하는 것인가? 이런 질문들은 우리들이 우선적으로 묻게 되는 것들이다.

먼저 상담 혹은 심리치료는 '상담자와 내담자(들) 사이에서 이루어지는 치료적인 관계의 맥락 속에서 내담자(들)의 삶의 전반에 대한 돌봄의 행동과 과정'이라고 정의할 수 있겠다. 물론 심리치료라는 의미를 강조해서 쓸 때에는 '보다 장기적으로 인격의 구조와 기능이 변화, 성장, 발달하도록 돕는 치료과정'이라고 정의할 수 있다. 〈미국정신의학협회(American Psychiatric Association)〉는 심리치료를 "환자와의 언어적이며 비언어적인 의사소통에 일차적으로 기반을 두어 정신적이며 감정적인 장애를 치료하는 것"이라고 정의하였다(Hunter et al., 1990: 860). 그러나 일반적으로 '상담'과 '심리치료'는 같은 의미로 사용된다. 상담과 심리치료는 상담의 이론과 실제를 바탕으로 개인과 가족, 사회를 병리성에서 건강성으로 옮겨 갈 수 있도록 돕는 예방적이며 치료적인 예술이다.

목회상담은 일반상담 혹은 세속상담 그리고 기독교상담과도 구별되는 독특한 영역을 갖고 있으며 아울러 공통적인 영역도 갖고 있다. 목회상담은 상담자의 기본적인 자질, 치료방법, 치료과정, 치료의 목표, 그리고 상담이론에 있어서 일반상담뿐만 아니라 기독교상담과도 공통분모를 갖고 있다. 기독교상담 역시 일반상담과 구별할 수 있는 독특성을 지닌다. 저자는 기독교상담을 '기독교적인 신관, 기독교적인 인간관 그리고 기독교적인 세계관을 가진 상담자가 도움을 필요로 하는 개인들 혹은 시스템들에게 치료적인 맥락 속에서 도움을 주는 활동과 과정'으로 정의하고 싶다. 풀러 신학교 은퇴 교수인 새뮤얼 소더드(Samuel Southard)는 신학과 심리치료의 상호관계성에 대해 논하는 그의 책에서 목회상담과 기독교상담을 구별하지 않으면서 기독교상담을 "친구관계의 맥락 속에서 하나님이 주시는 지혜(the wisdom of God in context of friendship)"라고 정의하였다. 그는 "신적인 상담은 인간의 통찰과 신적인 통찰이 복합된 것으로서 한 사람에게서 관찰할 수 있을 만큼의 변화를 일으키는 하나님의 능력에 궁극적으로 의존하는 것" 이라고 보았다. 기독교상담과 목회상담의 관계는 목회상담은 기독교상담의 요소를 모두 갖고 있지만 기독교상담은 목회상담의 요소를 다 갖고 있는 것은 아닌 것으로 설명할 수 있다.

저명한 미국의 기독교상담학자 게리 콜린스(Gary Collins)는 목회적 돌봄, 목회상담, 목회심리치료 사이의 용어를 구별하는 이들이 있음을 지적하면서, 목회적 돌봄이 가장 포괄적인 개념이라고 지적하였다(Collins, 1998). 그는 목회적 돌봄을 "사람들을 하나님에게 그리고 서로서로 치유하며, 지탱하며, 안내하며, 화해시키는 교회의 전체적인 사역" 이라고 정의하였으며, 이는 클렙시(William Clebsh)와 재클(Charles Jaekle)의 정의(Clebsh & Jaekle, 1994)를 그대로 수용한 것이었다. 클렙시와 재클은 목회적 돌봄이란 '위탁을 받은 크리스천(by representative Christian persons)' 이 '궁극적인 의미와 관심의 맥락 속에서 발생하는 문제점들을 안고 있는' 사람들을 지탱하기, 안내하기, 치유하기, 화해시키기 등 네 가지 기능을 통해 돕는 행위라고 정의하였다. 더 나아가 콜린스는 목회상담을 삶의 압박감과 위기에 직면할 수 있도록 개인이나 가족 혹은 집단을 돕는, 보다 전문화된 목회적 돌봄으로 보았다. 그리고 목회상담의 궁극적인 목표로는 내담자가 치유와 학습 그리고 인격적-영적 성장을 경험하도록 하는 것이라고 보았다. 그는 목회상담을 전통적으로 정의할 때에는 안수받은 목사의 사역이지만 모든 신자는 서로서로 짐을 나누어 지라는 성경 말씀에 비추어 볼 때 목회상담은 안수의 여부에 관계없이 민감하고 관심을 가진 크리스천의 사역으로서 볼 수 있고 또 그렇게 되어야 한다고 주장하며 평신도에 의한 사역까지 목회상담에 포함시켰다(Collins, 1998: 16-17). 그는 목회심리치료를 내담자의 인격과 영적인 가치 그리고 사고방식에 근본적인 변화를 가져오도록 장기적 · 심층적으로 돕는 과정이라고 정의하였다(Collins, 1998: 17).

저자는 '목회적 돌봄' 이라는 용어가 전인격적인 영역에서 도움이 필요한 인간을 돕는 교회의 사역으로서 역사성과 정체성을 아울러 유지하며 현대의 발달된 목회상담까지도 포함하는 포괄적인 의미를 담고 있다고 이해한다. 따라서 목회적 돌봄은 때로는 목회상담과 동일한 의미로 사용될 수도 있지만 목회상담의 영역을 넘어서는, 보다 범위가 넓은 돌봄과 관심의 사역이다. 목회상담과 목회심리치료의 관계 역시 굳이 그 의미를 구별하자면 목회상담은 목회심리치료를 포함하는 영역이라 할 수 있다. 캐럴 와이즈(Carroll Wise)는 목회상담이란 용어보다는 목회심리치료라는 용어를 선호하기도 하였다(Wise, 1983). 그러나 저자는 목회심리치료사를 목회상담자보다 더 전문화된 사람이라고 단정하는 것은 용어상의 공통점을 무시하는 것이라고 생각한다. 〈미국목회상담자협회(AAPC)〉의 정관 및 규정에서는, "목회상담이란 목회상담자가 신학과 행동과학으로부터 얻어진 통찰들과 원리들을 활용하여 전인성과 건강을 지향하면서 개인과 부부, 가족, 그룹 그리고 사회 시스템과 더불어 노력하는 과정"이라는, 목회심리치료를 포괄하는 정의를 내리고 있다(AAPC Membership Directory, 71).

'목회적'이라는 형용사는 '목사(pastor)'라는 단어에서 파생된 것인데 'Pastor(pastoral)'는 '목자(shepherd, poimen)'에 대한 라틴어 단어에서 유래된 것으로서 신약에서는 에베소서 4장 11절에 한 번 등장하는 단어다. 일반적으로 '목회적'이라는 용어를 쓸 때에는 교회의 공식적인 직분을 가진 자가 활동하는 영역 전반을 의미할 때 사용되는 것이라고 볼 수 있으며, 미국의 AAPC나 〈미국임상목회교육협회(ACPE)〉는 이와 같은 전통적인 개념을 받아들여 회원자격심사 과정에서 자격증 및 회원지원자격을 교단이나 신앙공동체가 안수나 파송을 통해 추천, 보증하는 자와 M.Div. 과정에 준하는 최소한 3년 이상의 전임 신학교육을 받은 자로 제한하고 있다. 존 패튼(John Patton)은 "목회상담은 안수를 받은 사역을 위해, 신학적으로 교육을 받았으며 목회자의 정체성과 책임성을 갖고 있는 사람이 행하는 일종의 목회적 돌봄"이라고 정의하면서 목회상담자의 자격을 신학교육을 받고 안수를 받은 목회자로 제한하였다(Patton, 1983: 16). 그러나 안수의 형태가 아닌 파송에 대해서도 수용적인 입장을 취하였다(Patton, 1983: 40). 토머스 오든(Thomas Oden)은 목회적 정체성을 중요시하면서 특히 역사적인 뿌리를 중요시하였다. 특히 그는 목회상담자들에게 목회자로서의 정체성 혼동과 지나친 전문주의를 경계할 것을 주장하였다(Oden, 1983: 4). 그는 안수의 의미를 중요시하였으며 예수 그리스도의 특별한 부름과 보냄을 받은 자로서의 정체성을 중요시하였다.

2. 무엇이 목회상담을 목회적으로 만드는가

역사적 뿌리와 정체성

한때 심리학의 이론에 많이 심취했던 조직신학자 토머스 오든 역시, 20세기의 목회상담운동이 초대교회로부터 중세 교회, 종교개혁 시대의 교회 그리고 근세 교회로 이어지면서 교회가 제공해 온 목회적 돌봄이라는 역사적인 전통에 거의 관심을 기울이지 않았음을 비판한다. 그는 목회상담이 역사적인 뿌리 의식을 잃어버리고 현대의 심리치료 이론으로 많이 기울어졌다고 강하게 비판하면서 목회상담의 정체성을 역사성에서 찾아야 할 것이라고 주장하였다.

역사적 고찰을 위해, 그는 키프리안(Cyprian), 터툴리안(Turtulian), 크리소스톰(Chrysostom), 어거스틴(Augustine), 대 그레고리(Gregory), 마틴 루터(Martin Luther), 존 칼빈(John Calvin), 조지 허버트(George Herbert), 리처드 백스터(Richard Baxter), 제레미 테일러(Jeremy Taylor)를 대표적인 신학자로 선정하고 그 열 명의 인물들이 자신의 책 출판 당시를 기준으로 과거 50년 사이에 출간된 목회상담 관련 서적에서 얼마나 인용되고 있는지를 찾아내는 방법을 택하였다. 그리고 19세기의 목회신학자들의 대표적인 서적들과 (7명의) 20세기 목회신학자들의 책에서의 인용 횟수를 상호 비교하였다. 연구를 통해 그는 19세기의 목회신학자들의 책에서는 위의 열 명의 인물들이 상당히 많은 횟수로 등장하는 데 반해서 20세기의 시워드 힐트너(Seward Hiltner), 하워드 클라인벨(Howard Clinebell), 웨인 오우츠(Wayne E. Oates), 캐럴 와이즈, 유럽에서 루터교의 디트리히 슈톨베르크(Dietrich Stollberg), 개혁파의 폴 투르니에(Paul Tournier), 로마 카톨릭의 루베인의 조셉 누틴(Joseph Neutin) 중 그 어느 누구도 열 명의 대표적인 신학자들의 이름을 그들의 책에서 언급하고 있지 않음을 밝혀내었다(Oden, 1988: 22).

오든은 특히 목회상담의 과정에서 방향의 전환을 요청하면서 중보기도의 중요성, 과장된 자기표현과 강박적인 감정 표현과 나르시시즘과 대조적으로 자기훈련과 자기부인이 균형 있게 발달될 것, 복음의 선호와 전도, 금식과 묵상의 중요성, 그리고 목회사역의 통합적인 부분으로서의 목회상담 사역과 같은 방법들의 회복을 제안하였다(Oden, 1988: 28–29). 저자는 오든의 주장에 전적으로 동의하는데 그 이유는 정체성이란 과거의 토대 위에서 현재의 자신을 바라보며 미래를 지향할 때 보다 선명해질 수 있기 때문이다. 만약 목회상담이 2,000년의 기독교의 역사에서 주어진 풍부한 토양이 아니라 현대에 개발된 심리학 및 심리치료 이론의 토양에 뿌리를 내린다면 그 줄기와 나뭇잎은 일반 심리치료 분야에서 주로 영양분을 섭취하게 되고, 맺히는 열매는 '목회적인' 색깔이 분명하지 못한 다른 과일들의 '아류'로 전락할 가능성이 높아질 것이다(Hurding, 1985 참조).

목회상담은 20세기에 와서 나타난 완전히 새로운 분야라고 하기보다는 약 2,000년이라는 장구한 교회의 역사 속에서 행해져 온 목회적 돌봄이 20세기에 와서 심리학의 발달과 더불어 더 풍성해지고 더 전문화된 목회사역이다. 특히 오든은 현대 심리학과 상담학의 이론과 공통적인 요소가 이미 교부들의 글들 속에 많이 나타나며 이후에 나타난 신학자들의 글 속에서도 발견

된다고 주장하면서 객관적으로 그 같은 자료들을 제시하려고 애썼다.[1]

이 같은 역사적 뿌리는 목회상담이 일반상담이나 기독교상담과 구별되는 첫 번째 특성이라고 말할 수 있다. 목회상담은 역사적인 뿌리에 대한 인식과 과거 기독교역사와 교회역사의 유산들을 잘 유지하며 사용하는 동시에 현재 속에서 새로운 변화에 적절하게 반응해야 한다. 그리하여 미래를 조망하며 창의성 있는 상담이론과 상담방법들을 계발해 나갈 책임이 있다. 심리체계적인 접근을 대안으로 제안했던 목회상담학자 래리 그레이엄(Larry Graham)은 미국의 목회상담운동이 개인주의적인 모델에 머물렀음을 비판하면서 '맥락적 조직화(contextual organization)'와 '맥락적 창의성(contextual creativity)'이 균형을 이루게 될 때 아름다움과 조화를 드러내는 목회상담이 될 수 있다고 보았다. 맥락적 창의성이 약해지면 목회상담은 개방성이 줄어들며, 유연성보다는 경직성이 자리 잡게 되고, 변화를 두려워하며, 게으름의 행태를 드러내게 될 것이다. 반면에 맥락적 조직화가 약해지고 맥락적 창의성이 지나치게 커지게 되면 정체성이 불분명해지면서 그 결과 오리무중에 빠질 위험성이 커질 것이다.

이 같은 시행착오들은 이미 20세기에 미국의 목회상담운동에서 일어났다. 신학교의 울타리를 벗어나 임상적인 환경 속에서 신학교육의 한 일환으로서 임상목회교육을 받았을 때, 일부 신학생들과 목회자들이 심리학이라는 새로운 분야가 제공하는 새로움과 창의성에 매혹된 나머지 그들의 뿌리와 정체성에 혼동을 겪으면서 정신과 의사 혹은 심리사의 길로 진로를 바꾸는 일들이 일어났다. 그래서 크리스천 심리학자인 폴 프루이저(Paul Pruyser)는 오히려 일반 목회자들과 전문 목회상담자들에게 다른 정신건강 전문인들이 갖고 있지 않은 신학적인 전통과 전문성을 자신 있게 드러내며 활용하라고

---

1) 예: *Classical Pastoral Care* 시리즈물 네 권, *I. On Becoming a Minister* (1987); *II. Ministry through Word and Sacrament* (1989); *III. Pastoral Counsel* (1989); *IV. Crisis Ministries* (1989).

권고하였다. 그리고 그의 책 *The Minister as Diagnostician*[2]에서 신학적 개념을 사용함으로써 내담자들의 문제점들을 진단할 수 있음을 지적하였다.

교회의 사역으로서의 목회상담

기독교상담과 목회상담을 구별짓는 특징의 하나는 기독교상담은 개인의 사역이 될 수 있지만 반드시 교회공동체의 사역일 필요는 없다는 점이다. 기독교적인 신관과 인간관 그리고 세계관을 가지고 활동하는 정신과 의사, 임상심리사, 상담자 또는 사회복지사는 자신의 일터에서 개인적으로 상담을 함으로써 내담자들에게 도움을 주기도 하고 상담료를 받기도 한다. 그러나 목회상담은 교회가 감당하는 여러 형태의 사역 중의 하나로서 이해할 필요가 있다. 목회상담은 예배와 교육, 봉사, 교제, 전도, 양육, 선교 등과 같은 여러 중요한 교회공동체의 사역들 중의 하나(a ministry)로서 행해지고 있으며 또한 행해져야만 하는 중요한 사역이다. 물론 목회상담이 유일한 사역(the ministry)은 아니지만 교회가 존재하는 한 반드시 행해져야 할 사역이란 점에 있어서 일반상담이나 기독교상담과 구별되는 독특성을 지닌다.

교회공동체의 사역이라는 의미가 목회자와 평신도 모두가 참여하는 것인가, 아니면 교회공동체의 대표성을 띠며 예수 그리스도의 종으로서의 위임과 보냄을 받은 자가 하는 것인가의 문제는 목회상담의 경계선(boundary)을 형성하는 데 중요한 질문이 될 수 있다. 교회역사를 볼 때 목회적 돌봄은 공적인 권위를 부여받고 목회를 하는 목회자가 중심이 되어 행해져 왔다. 가톨릭교회에서는 임종 시에 신부가 올 수 없는 특수한 상황이 되면 일반 성도라 할지라도 임종예배를 집례할 수 있는 문을 열어 놓았다. 그러나 신교나 구교 모두 목회의 삶으로 구별된 목회자들의 중요성을 항상 강조해 왔다. 특히 목회상담의 과정과 유사한 양상을 띠는 고해성사의 경우에는 주로 신부가 그

2) 유희동 역(2002), 이은규 역(2000) 등 2종류의 번역본이 있다.

역할을 감당해 왔다. 그래서 대부분의 경우에 목회상담은 교회공동체가 공적으로 인정하는 목회자가 그 정체성을 갖고 상담의 과정에 임한다는 점에서 일반상담이나 기독교상담과 구별되는 특성을 지닌다.

살바도르 미누친(Salvador Minuchin)의 '경계선(boundary)' 개념을 이용하여 목회상담자의 정체성을 설명한다면 목회상담자는 일반상담자와 구별되는 분명한 경계선을 갖고 있어야 한다. 그 경계선이 너무 경직되어 폐쇄적인 시스템이 되거나, 경계선이 흐려져 있어서 목회자와 평신도와의 차이가 별로 없어진다고 할 때에는 굳이 목회상담이라는 용어를 사용할 필요가 없을 것이다. 오성춘은 목회상담의 경계선을 긋는 과정이 분명치 않음을 보여준다.

> …… 목회상담이 반드시 목사나 전도사의 독특한 봉사 영역에 속한다고 말할 수 없다. 목회보다도 목회상담은 봉사자의 범위로 보면 더 포괄적이다. 목회는 그 의미하는 바대로 목사나 전도사에게 국한되는 감이 있으나 목회상담은 목사나 전도사뿐 아니라 모든 성도들에게 열려진 교역의 분야이다. 목회상담은 훈련받은 사람이면 교역자이든 평신도이든 누구든지 할 수 있는 봉사이다(오성춘, 1993: 364).

그러나 '훈련'이 상담훈련만을 의미하는 것인지 아니면 소정의 신학교육까지 포함하는 것인지가 분명치 않게 표현되어 있다.

종교개혁자들은 만인제사장론에 기초하여 평신도의 위상을 상당히 높였고 또한 그렇게 높여야 할 것이다. 요즘 한국 교회 내에서 설득력을 얻고 있는 평신도운동은 그런 점에 있어서 매우 긍정적인 요소를 지니고 있다. 그러나 극단적인 평신도운동은 전문적인 교육을 받고 사역을 위해서 교회공동체의 공적인 채널을 통하여 인정을 받은 목회자들의 독특한 역할과 기여점을 무너뜨리고 목회자 무용론으로까지 몰아갈 수 있는 위험성을 내포하고 있다. 이미 일부의 교회들에서는 설교사역까지 일반 평신도들이 맡아서 하고 있으며 목회자는 청중석에 앉아서 설교를 듣고 평신도 지도자가 예배 중에 설교하는 진풍경이 일어나고 있다. 이렇게 되면 장기적으로 볼 때 교회는 힘을 잃게 될 수 있고 적절하고 건강한 권위조차 무시되며 형식과 틀이 없어지고 역사성이 사라져 버림으로 인해서 결국은 하나님의 나라에 부정적인 영향을 끼칠 가능성이 높아질 것이다. 반면에 안수나 다른 형태의 파송을 받은 목회자들만이 목회상담을 할 수 있다고 할 때에는 경직된 경계선이 됨으로써 목회상담이 스스로 한계 속에 갇힐 위험성이 있다.

이어지는 주제에서 목회상담의 독특성으로서 신학교육의 장점과 필요성을 언급하게 되겠지만, 목회상담의 경계선은 신학교육과 더불어 목사안수를 반드시 받아야 한다는 조건 대신, 비록 평신도이지만 신학교육을 받고 상담교육과 훈련을 거친 자라면 교회공동체 앞에서 파송하는 형식을 취해서 목회상담자로서 활동할 수 있도록 유연성을 가져야 하리라고 본다. 평신도운동이 활발한 사랑의 교회의 경우를 보면 평신도들에게 순장교육을 시켜서 교회공동체 앞에서 순장으로 파송함으로써 순원들의 전반적인 삶에 목회적인 돌봄까지도 할 수 있도록 하여 목회자들과 함께 성도들을 돌볼 수 있도록 하고 있다. 목회상담의 경우에도 일정기간의 신학교육과 상담교육을 거쳐 능력을 갖춘 평신도들은 파송의 형태를 취하여 교회공동체를 대표하여 목회상담자로서 사역할 수 있도록 해야 할 것이다.

목회상담은 교회의(of the church), 교회에 의한(by the church), 교회를 위한(for the church) 사역이란 점에 있어서 독특성을 갖고 있다. 앞에서 언급한 바와 같이 목회상담은 교회공동체가 위임한 사역자들이 하는 활동이며 따라서 그들의 활동은 교회공동체에 대한 책임성(accountability)을 내포하는 것이다. 패튼은 목회상담자의 공동체적 관계를 중요시하였으며 교회공동체나 목회상담자들의 공동체와 분리된 채 책임성과 감독이 없이 진행되는 상담사역은 목회적인 것이 아니라고 보았다(Patton, 1993: 20). 목회상담은 개인이 아닌 교회공동체의 적극적인 사역의 표현이며 따라서 교회공동체는 목회상담의 과정에 있어서 관심을 기울이고 지원과 감독을 해야 할 책임을 지고 있다는 점에서 독특성을 띤다. 오성춘은 기독교신앙 전통을 자원으로 한다는 점이 목회상담의 독특성이라는 힐트너와 오우츠의 생각에 동의한다. 또한 교회공동체라는 집단적인 자원도 지적한다. 그는 "교회공동체는 목회상담의 실질적인 주체이며, 감독자이며, 주관자다. 이 공동체는 내담자에게 필요한 것을 보완하며, 총체적인 인간완성에 필요한 일들을 목회상담자를 도와 수행한다."라고 말하며 목회상담의 교회공동체적 맥락의 중요성을 언급하였다(오성춘, 1997: 283). 그는 또 다른 곳에서 목회상담자와 교회공동체의 관계를 다음과 같이 설명한다.

> 목회상담자를 선택하고 훈련시켜, 목회상담을 위임하고, 그 과정을 지도 · 감독하며, 그 결과를 평가하는 자는 바로 그리스도인의 몸인 교회이다. 즉, 목회상담자는 공동체 안에서 공동체를 위하여, 공동체의 지도하에 상담한다. 그러므로 목회상담자는 교회라는 맥락에서 상담하는 자이다. 교회의 맥락을 떠나서 목회상담을 한다는 것은 불가능하다. 따라서 교회는 목회상담을 지원하며, 격려하며, 지도하며, 필요한 자원들을 공급하며, 돕는 목회상담의 진정한 자원이 된다(오성춘, 1997: 379).

여기서 목회상담이 행해지는 장소의 문제와 목회상담자의 처우 문제 그리고 상담료 문제가 제기될 수 있다. 교회에 의한 사역이라고 할 때 목회상담이 행해지는 장소가 교회당 안에 위치할 것인가 아니면 교회당 밖에 위치할 것인가 하는 부분도 고려되어야 할 부분이다. 왜냐하면 각각은 장단점을 모두 갖고 있기 때문이다. 교회당 안에 위치할 경우에는 상담실을 이용하는 성도들의 비밀보장 문제가 확실하게 보장되지 않을 수 있다는 약점을 지니고 있으며 접근성(accessibility)에 있어서 내담자가 쉽게 용기를 내기가 어려울 수 있다. 그러나 교회당 안에 상담실이 있을 때 그 장소는 이미 내담자들, 특히 불신 내담자들에게 목회상담이 다른 상담과 다를 것이라고 기대하게 하며 하나님의 임재하심을 상징적으로 더 느낄 수 있게 한다는 점에서 장점을 갖고 있다. 교회당 밖에 상담실이 위치할 경우에는 교회당 안에 상담실이 있을 때와는 반대의 상황이 될 것이다. 그러나 중소 교회들이 많은 한국 교회 상황에 있어서 교회당 밖에 적합한 상담실 공간을 마련한다는 것은 현실적으로 쉽지 않다는 것이 단점이다. 대안적인 안을 제안해 본다면 여러 지역교회가 연합하여서 교회당 밖에 독립된 상담실을 마련하고 전문적인 목회상담자를 사역자로 고용하거나 목회상담자가 주체가 되어 교회 밖에 상담센터를 개소하고 여러 지역 교회들의 재정적 지원과 연계성을 확보하는 것이 있다. 이 방법은 담임목사가 목회상담을 하게 될 때 나타날 수 있는 여러 가지 문제점들과 한계들을 극복할 수 있는 장점을 갖고 있다.

그러나 이 방법은 목회상담자의 처우나 상담료와 연관되는 문제를 갖고 있다. 만약 여러 교회가 연합하여 상담센터를 재정적으로 후원할 수 있다면 상담료를 받지 않고서도 성도들과 불신자들에게 양질의 목회상담 서비스를 제공할 수 있을 것이다. 현재 사랑의 교회 상담실의 경우에는 약 열 명에 해당하는 전문상담자들이 풀타임 및 파트타임으로 상담사역을 하고 있는데 성도들에게 한정해서 무료로 단기상담 및 장기상담을 제공하고 있다. 대신교회는 상담자들에게 교회직원으로 대우하여 월급을 주고 있다. 이 같은 부분은 목회상담을 둘러싼 상담료의 이슈들을 불식시킬 수 있는 장점이 있다. 그러나 무료로 상담을 제공하는 경우에 나타날 수 있는 내담자들의 상담에 대한 책임성과 의욕이 유료상담의 경우보다는 훨씬 떨어질 수 있는 가능성이 있다는 점에서 단점이 되기도 한다. 사랑의 교회 상담실에서 사역하면서 느낀 점은 치료적인 목적을 위해서는 작은 금액이라도 상담실 후원금 형식으로 내도록 하는 것도 필요하다는 것이다.

교회공동체가 전문적인 상담자들을 사역자로 고용하는 경우가 아직은 많지 않은 현실이며 후원하는 교회들을 중심으로 해서 목회상담센터를 독립적으로 운영하는 경우에 목회상담자의 생활비와 상담센터 운영비 등의 실존적인 이슈들에 직면할 때 상담료 문제가 제기되지 않을 수 없다. 저자는 목회상담은 상담료를 원칙으로 하는 서비스는 아니지만 특수한 경우에(교회들이 재정적으로 센터의 운영비와 상담자의 봉급을 감당할 수 있을 만큼 충분히 후원하지 못하는 경우와 치료적인 목적을 위해 소정의 상담료를 설정하는 경우) 전문적인 목회상담에 대해서 상담료를 부과해야 한다고 생각한다. 사역이니까 무조건 무료로 해야 한다고 하는 것은 극단적이며 단순한 견해다.

목회상담은 궁극적으로는 내담자가 하나님과 올바른 관계를 회복하게 하는 데 초점을 맞춤으로써 보다 유기적으로 교회 속에서 다른 지체들과 관계할 수 있는 능력을 회복시켜 주며 의미 있는 봉사의 사역을 감당할 수 있도록 회복시켜 준다는 점에서 '교회를 위한' 사역이 될 수 있으며 또한 그렇게 되어야 할 것이다. 한 개인이나 가정이 병리적 상태에서 건강하게 변화되어 가게 된다면 교회공동체의 일부인 개인이나 가정이 교회공동체에 상호교류적으로(transactionally) 건강하게 영향을 끼치기도 하고 영향을 받기도 하면서 유기적으로 살아가며 하나님의 뜻을 보다 더 잘 구현할 수 있을 것이다.

신학적 반추능력과 심리학적 인간이해

목회상담을 일반상담이나 기독교상담과 두드러지게 구별짓는 또 다른 정체성의 하나는 목회상담의 과정에 있어서 내담자의 삶의 문제들을 신학적인 관점에서 해석할 수 있는 능력이다. 폴 프루이저도 지적하였듯이 목회상담자는 다른 전문인들이 받지 않은 신학교육을 최소한 3년 이상 거친 사람들이다. 물론 신학교육을 받았다고 해서 자동적으로 상담과정에서 내담자들의 삶을 신학적인 통찰력을 갖고 해석해 낼 수 있는 것은 아니다. 목회상담자는 그들이 이미 배운 전문교육인 신학교육의 내용을 스스로의 삶에서 신앙고백적으로 소화하며 삶을 영위하는 동시에 내담자의 삶을 하나님의 시각으로 해석할 수 있는 렌즈를 갖고 있는 사람이어야 한다. 또한 일차적으로는 신학적 관점에 우선순위를 두어 내담자를 이해하고 해석하는 동시에 심리학으로 대표되는 행동과학이 제공하는 통찰을 통하여 내담자를 이해하고 해석함으로써 보다 깊이 있고 폭넓은 접근을 할 수 있어야 한다. 목회상담자는 특히 내담자의 삶의 의미와 하나님과의 궁극적인 관계의 회복과 더불어 이웃과 사회와 환경과의 관계에서 사랑과 정의를 실천하도록 도울 때 신학과 심리학을 통하여 다른 상담자들이 다루기 힘든 영역까지 다룰 수 있다는 장점과 자원을 갖고 있다. 오성춘은 이 독특성을 다음과 같이 표현하였다.

> 목회상담자는 일반상담자들과 같이 인간의 정서장애, 성격장애, 인간완성, 행동수정 등을 통하여 인간의 정신적인 결함을 도우려고 하지만 여기에 머물지 않는다. 목회상담자는 더 나아가서 능력과 생명과 사랑의 근원이신 하나님을 만나고 그분과의 교제를 통해 그분의 생명과 능력과 사랑을 공급받는 삶을 회복시키려 한다. 폴 틸리히의 용어를 사용하여 말한다면, 목회상담자는 궁극적인 질문에 대답하고자 노력하는 자요, 궁극적인 관심을 가지고 인간을 돌보는 자이다(오성춘, 1993: 374).

목회상담자를 찾아오는 크리스천 내담자는 일반상담자나 기독상담자가 제공할 수 없는 어떤 영역들을 목회상담자가 다루어 주기를 바라고 또한 그 같은 능력과 기술을 갖추고 있기를 기대한다. 저자의 경우에도, 일반 정신과 의사나 일반 심리사와 상담하다가 자신의 영적인 영역에 대해서 이야기하고 싶지만, 영적인 이야기를 병리적으로 해석하는 그들의 태도나 영적인 영역은 다루지 않기로 하고 시작하는 상담접근의 한계 때문에 목회상담자인 저자를 찾아오는 내담자들을 만난 적이 있다.

웨인 오우츠가 지적한 목회상담의 독특성의 영역 중 상담관계 속에서 삼자대화의 대상으로서 상담의 현장에 임재하는 하나님에 대한 인식과 하나님에 관련된 이야기를 할 수 있다는 점이 상담을 목회적이 되도록 만드는 것이라고 할 수 있다. 대니얼 윌리엄스(Daniel Williams)나 브리스터(C. W.

Brister), 웨인 오우츠 그리고 오성춘도 지적하였듯이 목회상담은 상담자와 내담자의 양자대화(dialogue)가 아니라 삼자대화(trialogue)란 점에서 일반상담과 구별되는 독특성을 지닌다. 특히 오성춘은 "하나님만이 궁극적으로 대답할 수 있는 소망, 생명, 사죄, 믿음, 축복 등을 대화의 주제로 삼을 때 그들은 이미 보이지 않는 참여적 제3자로서 하나님을 그 대화에 초청하고 있는 셈이다."(오성춘, 1997: 281)라고 말하며 또한 하나님과의 궁극적인 관계의 회복이 있을 때 진정한 인간회복이 있다고 믿고 상담할 때 그것이 목회적일 수 있다고 보았다(오성춘, 1997: 282). 물론 삼자대화의 인식은 기독교상담에서도 발견되는 특성이다. "두세 사람이 내 이름으로 모인 곳에는 나도 그들 중에 있느니라."(마 18: 20)라는 예수님의 말씀 속에서도 목회상담이 진행되는 환경 속에서의 하나님 임재의 의미를 발견할 수 있다.

목회상담자가 상담의 과정 중에 강박적으로 하나님에 대한 이야기를 해야 하고 성경 이야기를 해야 하고 기도를 해야 하는 것은 아니다. 하지만 자유롭게 하나님의 성품에 대한 이야기와 구약과 신약을 통해 나타난 하나님과 인간의 상호적인 관계에 대한 말씀에 대한 통찰, 그리고 예수 그리스도의 인격과 사역, 성령의 역사하심에 대한 이야기들을 일방적인 설교 형식이 아닌 경청과 나눔의 방법을 통하여 자연스럽게 할 수 있어야 한다. 그리고 영적인 문제점들과 눈에 보이지 않는 악한 마귀의 조종에 대한 인식, 영적 전투에 대한 이해 등에 대해서도 내담자가 고민하며 이야기할 때 공감적인 이해를 하며 통찰을 제공할 수 있는 능력을 갖추고 있어야 한다. 아울러 상담과정에서 내담자가 신앙적인 모습을 방어기제로 사용하는 것을 인식하며 병리적인 신앙의 양상이 어떻게 나타나는지에 대해서도 민감하고 올바르게 진단하며 치료할 수 있는 능력을 갖추고 있을 때 '목회적인' 상담자라고 할 수 있을 것이다.

프린스턴 신학교의 목회신학 교수인 드보라 헌싱거(Devorah van Deusen Hunsinger)는 칼케돈 회의(A.D. 451)에서 결의된 예수 그리스도의 신성과 인성과의 관계에 대한 칼 바르트(Karl Barth)의 관점을 수용하여, 신학과 심리학의 관계를 유비(analogy)로 설명하려고 시도하였다. 즉, 그리스도의 신성과 인성의 구별(differentiation), 통일성(unity), 순서(order)의 틀로 신학과 심리학의 관계를 설명하였다. 즉, 신학과 심리학은 하나의 체계로 완전히 통합될 수 없는 각각의 독특한 체계를 갖고 있음으로 인하여 구별되어야 하지만 분리(separation or division)되어서는 안 된다는 것이다. 신학과 심리학은 또한 특별계시와 일반계시의 관계 속에서 계시라는 통일성과 단일성을 이루면서도 혼동하거나 변화시키지 않고(without confusion or change) 관계를 맺는다고 보았다. 그리고 신학이 심리학에 선행하며 우위를 점하는(with the conceptual priority of theology over psychology) 비대칭성(asymmetry)의 순서를 갖고 있다고 설명하였다(Hunsinger, 1995: 62–63). 그녀는 목회상담의 정체성을 신학과 심리학의 학제 간의 접근에 있어서 유창한 '이중언어 구사능력(bilingual competencies)'으로 보았다.

저자는 헌싱거가 사용한 바르트의 칼케돈 회의에 대한 이해의 틀이 신학과 심리학 사이의 관계를 이해하며 사용할 때 비교적 선명한 견해를 제공한다고 본다. 그러나 두 번째 개념인 통일성의 개념에 있어서는 유비의 한계이기는 하겠지만 예수 그리스도의 참 하나님 되심과 참 사람 되심은 둘 다 100% 완전한 상태인 반면에 신학과 심리학은 둘 다 해석학적인 틀을 전제하기 때문에 오류가 있을 수 있고 특히 심리학에는 기독교적인 관점에서 볼 때 잘못된 철학적 전제들과 오류들도 있기 때문에 통일성 혹은 단일성 개념으로 설명하기에는 무리가 있다고 여겨진다. 오히려 특별계시와 일반계시라는 틀 속에서 설명한다면 신학과 심리학은 각각의 구별되는 체계를 갖고 있으면서도 분리되지 않고 혼동되지 않으며 또한 신학의 심리학에 대한 우위성을 설명하는 데 나을 수 있을 것이다.

목회상담자는 다른 정신건강 전문가들과의 학제 간 접근에 있어서 구별되면서도 완전히 분리되지 않고, 혼동되지 않으면서도 공통분모를 갖고 있으며, 목회상담자의 정체성에 우선순위를 두어 타 전문가들과 관계하는 것이 필요하다. 그렇지 않고 정신건강 전문인 혹은 심리치료사로서의 정체성에 자신을 더 비중 있게 동일시하게 될 때 목회상담자의 정체성은 약화될 수밖에 없다. 또한 이러한 이해는 목회자로서의 정체성과 상담자로서의 정체성에 있어서도 적용될 수 있는 틀이 될 수 있다는 장점이 있다. 목회상담자는 상담자이기 이전에 목회자로서 소명을 받은 자임을 잊지 않을 때 목회상담자의 정체성을 유지해 나갈 수 있을 것이다.

심리 체계적 접근과 선지자적 기능

아일리프 신학대학의 래리 그레이엄(Larry Kent Graham)은 목회적 돌봄의 사역을 "신앙공동체와 그 개인 구성원들이 자기에 대한 사랑, 하나님에 대한 사랑, 그리고 이웃에 대한 사랑을 증진시키기 위한 목적으로 전략적으로 참여하는 전체적인 활동"이라고 정의하였다(Graham, 1992: 43). 이 정의는 목회상담의 영역을 개인적인 차원을 넘어서는 시스템들까지 포괄하도록 확장하는 것이어서 사역의 지평을 훨씬 넓혀 주는 장점을 지니고 있다. 특히 그는 자신의 책 *Care of Persons, Care of Worlds*를 통해서 현대의 목회상담운동이 한 개인의 심리내면적인 문제와 대인 관계적 문제에 초점을 맞추는 바람에 보다 큰 시스템들을 치유하는 것에는 관심을 갖지 못했다고 비평하면서 '심리 체계적 접근(a psychosystemic approach)'을 제안하였다. 또한 1960년부터 개인주의적인 목회상담 모델에 대해서 비평적인 입장을 취하면서 나름대로 대안책을 제시하려고 시도한 여러 학자들을 언급하면서 그들의 시도가 갖고 있었던 장점들과 한계점들을 지적하고, 자신의 심리 체계적 접근을 보완적인 대안책으로 제시하였다. 그 학자들 가운데는 돈 브라우닝(Don Browning), 게일로드 노이스(Gaylord Noyce), 고든 잭슨(Gordon Jackson), 제임스 랩슬리(James Lapsley), 존 패튼(John Patton), 찰스 거킨

(Charles Gerkin) 그리고 하워드 클라인벨이 포함되어 있다(Graham, 1992: 35-36).

그레이엄이 지적하고 비판하는 목회상담의 개인주의적 접근의 한계는 개인을 둘러싸고 있는 시스템의 변화 없이는 개인을 단지 현실과 시스템에 적응시키는 정도의 도움을 줄 수밖에 없다는 점이다. 즉, 가족 시스템이나 사회 시스템이 역기능적이고 악의 특성을 많이 지니고 있으며 그 영향을 개인이 지속적으로 받고 있을 때, 단지 현상유지나 적응하는 정도를 목표로 치료하려는 접근에서는 개인이나 치료자 모두가 탈진될 가능성이 높아지며 장기적인 변화와 치료가 일어나기 힘들다. 물론 개인주의적 접근에서 많은 도움과 통찰을 얻는 내담자나 환자들도 있지만 그렇지 못한 사람들에게는 대안적인 접근이 필요하다.

그레이엄은 심리 체계적 돌봄의 중요한 요소로서 '사랑'과 '정의' 그리고 '생태학적 파트너십(ecological partnership)'을 지적하였다. 하나님의 사랑을 수혜받은 인간이 하나님에게 상호교류적 사랑으로 응답하며, 하나님의 사랑의 수혜자(receiver)로서 그 사랑을 이웃에게 베푸는 시혜자(agent) 기능을 해야 한다는 것이다. 또한 하나님의 사랑을 자신에게 내면화(internalization)함으로써 자신에 대한 긍정적인 시각과 이미지를 형성하여 건강한 자존감을 갖고 살아가고, 또 그러한 자기에 대한 사랑이 회복될 수 있다. 이 사랑의 속성이 개인과 개인, 개인과 사회, 개인과 환경 사이에서 적절한 관계성을 유지할 수 있도록 균형을 잡아 주는 것이 '정의'다. 그레이엄은 사랑과 정의가 균형을 이룰 때 각각의 장점이 최대한 구현된다고 본다. 정의가 없는 사랑은 값싼 은혜로 오용될 수 있고, 사랑이 없는 정의는 개인과 사회를 경직화시킬 수 있는 위험성을 갖게 될 것이다. 더 나아가 그는 인간과 다른 피조물들과의 관계를 착취적이며 개발적인 입장에서 바라보는 대신에, 인간과 환경이 유기적으로 연결되어 있으며 상호적으로 베풀며 살아가야 공존할 수 있음을 인정하였다. 동시에 인간과 다른 피조물 역시 하나님으로부터 지음받은 피조물임을 겸손하게 인정하고 하나님이 창조하신 피조세계를 잘 관리하며 유지해 가는 삶이 필요하다고 지적하였다.

그레이엄의 심리 체계적 접근의 원리들 중 두 가지는 목회상담의 선지자적인 기능을 이해하는 데 통찰을 제공한다.

첫째, '의식화(conscientization)의 원리'다. 개인상담의 경우에 상담자는 내담자에게 필요한 경우 통찰(insight)을 갖게 함으로써 치유될 수 있는 길을 열어 준다. 또한 성격장애나 알코올중독을 가진 사람들에게는 자신이 갖고 있는 병에 대한 인식, 즉 병식(病識)을 갖게 함으로써 치유과정에서 치료에 대한 동기를 부여하기도 한다. 그러나 심리 체계적 접근을 시도하는 목회상담자는 내담자에게 자신에 대한 보다 정확한 인식을 갖게 하며 자신이 처해 있는 시스템들과의 상호관계성에 대하여 알게 함으로써, 특히 '무정함'과 '불의'와 '생태학적 무질서'의 상태에 대해서 '자각(self-awareness)'하게 함으로써 새로운 변화를 시도하고자 하는 욕구를 촉진시킬 수 있다. 또한 성차별, 가정폭력, 집단이기주의, 직장제일주의, 탈세와 탈법 등과 같은 다양한 형태로 개인에게 악영향을 끼치는 무정하고 불의하며 파괴적인 시스템에게도 여러 방법들을 동원하여 병식을 갖게 함으로써 시스템이 사랑과 정의를 구현하는 방향으로 변화되도록 도전을 주어야 할 것이다.

이 의식화의 작업을 위해서는 다양한 채널을 동원할 수 있고 목회상담자 개인의 노력보다는 연대적인 네트워킹을 통하여 변화를 시도하는 것이 보다 바람직하며 효과적이다. 1999년에 작고한 미국 남침례교단의 대표적인 목회상담학자 웨인 오우츠는 목회상담의 독특한 정체성의 하나로 '선지자적인 맥락'을 지적한 바가 있다(Chapman, 1992: 229-300). 그 또한 선지자적인 목소리를 내며 구체적인 노력을 강구함으로써 시스템이 불의에서 정의로 변화되어 가도록 할 때 상담자는 목회적인 상담자가 될 수 있다고 보았다.

둘째, '옹호(변호, advocacy)의 원리'다. 이 원리는 돌봄을 필요로 하는 사람에게 보다 긍정적인 환경을 조성하기 위해서 공적인 규정이나 법을 제정할 필요성에 대해서 선지자적인 목소리를 발하는 것을 의미한다. 어떤 시스템 속에서 혹은 사회구조 속에서 힘이 거의 없거나 무력화된 개인을 돕기 위해서는, 신앙공동체나 사회공동체에게 도전을 주어 그 개인을 보호하며 지지하기 위한 사랑과 정의 그리고 생태학적 파트너십을 구현할 수 있는 법의 제정이 필요하다는 것이다. 예를 들면 아동학대방지법이나 가정폭력방지법, 성희롱(또는 성폭력)방지법과 같은 법을 제정하도록 촉구함으로써 희생자를 보호하고 지지하며 새로운 희생자가 나타나는 것을 방지할 수 있는 보호책을 법적으로 마련하도록 네트워킹하는 것도 목회상담의 한 사역이라고 보는 것이다. 예를 들어, 남편에게 지속적으로 폭행을 당하는 아내를 위로하고 인내를 권면하는 데 그치는 것은 개인치료적인 모델이 갖는 한계일 수밖에 없다. 상처입은 신체와 마음을 치료하는 작업도 매우 필요하지만 계속적으로 상처 입는 환경에 방치되지 않도록 돕고 또한 상처를 주지 않는 환경을 조성해 나가는 작업도 매우 필요한 부분이라는 것이다.

목회상담자의 정체성

목회상담의 정체성은 목회상담자의 정체성과 분리될 수 없다. 신학교육이나 안수 혹은 파송, 임상훈련과 같은 외적인 자질뿐 아니라 상담자 자신의 내적인 자질은 상담이 목회적인 상담이 되는 과정에 매우 중요한 영향을 끼친다. 그래서 임상목회교육에서는 피감독자의 개인적인 정체성과 목회적인 정체성 발달, 그리고 목회적인 기술 배양을 교육의 양대 목표로 삼고 있다. 크리스천으로서의 정체성, 사역자로서의 소명의식, 남성 혹은 여성으로서의 성적 정체성, 개인의 심리 역동적인 삶의 역사에 대한 이해와 자기치료 과정은 상담을 목회적으로 만드는 데 선결되어야 할 기본적인 조건이다. 자신의 삶에 대해서 소경인 사람은 소경을 인도할 수 없으며 인도하려고 할지라도 함께 구덩이에 빠져 실족할 위험성이 높아지기 때문이다.

목회상담자의 인격과 신앙이 균형 있게 지속적으로 발달하게 될 때 하나님과 이웃 그리고 자신과의 관계에서 깊은 영성의 삶을 전인적으로 살아갈 수 있다. 그리고 내담자에게 하나님의 임재를 표상하는 대리자로서 진정으로 돕는 관계를 형성할 수 있게 될 것이다. 내담자를 진단하며 사역을 반추할 수 있는 능력뿐만 아니라 성경 읽기와 기도, 묵상과 반추의 작업을 통하여 영적인 능력을 재충전해야 한다. 그러할 때 안수나 파송으로 주어진 신적인 권위를 도움이 필요한 개인과 시스템을 위하여 적절하게 사용할 수 있다. 목회상담자는 자신감과 능력을 갖고 있어야 하며 목회적 권위는 섬김으로부터 오는 것임을 인식하고 겸손하게 사역하게 될 때 목회적인 상담자가 될 수 있다.

3. 앞으로의 과제

기독교신앙은 성경말씀과 역사적인 전통에 기반을 두고 유지되어야 하나 그 신앙을 담는 그릇은 그 시대와 문화에 따라 적절하게 바뀔 수 있어야 한다. 목회상담도 그 시대의 문화나 학문과 교류하며 도전을 받을 필요가 있고 또한 영향을 끼쳐야 할 책임이 있다. 심리학으로 대표되는 행동과학으로부터 비판적으로 걸러 낼 것은 걸러 내고 동시에 필요한 통찰과 기술은 적절하게 수용할 수 있는 수용력(receptive power)과 심리학계나 타학문 영역에게 건강하게 영향을 줄 수 있는 행사력(agential power)이 균형 있게 사용될 필요가 있다. 또한 신학적 전통에 따라서 각각 조금씩 다른 목회적 돌봄과 목회상담이 서로서로 이해하고 인정해 주며 격려하게 될 때, 좀 더 폭넓고 다양한 목회상담이 이루어질 것이다. 그레이엄의 표현을 빌리자면, 목회상담이 통일화되거나 획일화될 때 '아름다움(beauty)'과 '조화(harmony)'는 줄어든다. '신학적인 적합성(theological appropriateness)'과 '심리학적인 효과성/효율성(psychological effectiveness and efficiency)'이 어우러질 때 목회상담은 한국 교회에 꼭 필요한 사역으로서 지속될 것이다.

» 참고문헌 «

김예식 역(2000). **치유나무**(원저: R. Hurding). 서울: 한국장로교출판사.

안석모 역(1998). **살아있는 인간문서: 해석학적 목회상담학**(원저: C. Gerkin). 서울: 한국심리치료연구소.

오성춘(1993). **목회상담학**. 서울: 한국장로교출판사.

오성춘(1997). 목회상담은 어떤 특성을 갖는가. 기독교사상 편집부 엮음, **한국교회를 위한 목회상담학** (pp. 275-286). 서울: 대한기독교서회.

유희동 역(2002). **진단자로서의 목사**(원저: P. Pruyser). 서울: 기독교문사.

이관직(1994). 무엇이 목회상담을 목회적인 것으로 만드는가: C. W. Brister를 중심으로. **신학지남**, 1994년 가을겨울호, 381-392.

이관직(1995). 목회상담의 성경적 기초. **신학지남**, 1995년 봄호, 235-250.

이관직(1996). 목회적 진단: 당위성, 내용, 그리고 방법. **신학지남**, 1996년도 겨울호.

이관직(2005). **목회심리학**. 서울: 국제제자훈련원.

이은규 역(2000). **生의 진단자로서 목회자**(원저: P. Pruyser). 서울: 동서남북.

이재훈, 신현복 역(2000). **신학과 목회상담**(원저: D. v. D. Hungsinger). 서울: 한국심리치료연구소.

AAPC Membership Direcotory.

Brister, C. W. (1994). *Pastoral Care in The Church*. New York: Harper & Row.

Carter, J. & Narramore, B. (1979). *The Integration of Psychology and*

Theology. Grand Rapids, MI: Zondervan.

Chapman, T. W. (Ed.)(1992). *A Practical Handbook for Ministry: From the Writings of Wayne E. Oates*. Louisville: Westminster/John Knox Press.

Clebsh, W. & Jaekle, C. (1994). *Pastoral Care in Historical Perspective*. Northvale, NJ: Jason Aronson.

Clinebell, H. (1984). *Basic Types of Pastoral Care and Counseling*, rev. ed. Nashville, TN: Abingdon Press.

Collins, G. (1998). *Christian Counseling: A Comprehensive Guide*. Dallas, TX: Word.

Gerkin, C. (1984). *The Living Human Document: Re-Visioning Pastoral Counseling in a Hermeneutical Mode*. Nashville, TN: Abingdon Press.

Graham, L. K. (1992). *Care of Persons, Care of Worlds: A Psychosystemic Approach to Pastoral Care and Counseling*. Nashville, TN: Abingdon Press.

Hall, C. (1992). *Head and Heart: The Story of The Clinical Pastoral Education Movement*. Georgia, Decatur: Journal of Pastoral Care Publication.

Hiltner, S. (1981). *Pastoral Counseling*. Nashville, TN: Abingdon Press.

Hiltner, S. (1972). *Theological Dynamics*. Nashville, TN: Abingdon Press.

Hunsinger, D. v. D. (1995). *Theology and Pastoral Counseling: A New Interdisciplinary Approach*. Grand Rapids: Eerdmans.

Hunter, R. et al. (Eds.)(1990). *Dictionary of Pastoral Care and Counseling*. Nashville, TN: Abingdon Press.

Hurding, R. (1985). *Roots and Shoots: A Guide to Counselling and Psychotherapy*. Londong: Odder and Stoughton.

Johnson, E. & Stanton L. J. (2000). *Psychology and Christianity: Four Views*. Downers Grove, IL: IVP.

Leroy, A. & Ellens, J. H. (1990). *Turning Points in Pastoral Care: The Legacy of Anton Boisen and Seward Hiltner*. Grand Rapids, MI: Baker.

Leroy, A. & Ellens, J. H. (Eds.)(1988). *The Church and Pastoral Care*. Grand Rapids, MI: Baker.

Lyall, D. (1995). *Counselling in the Pastoral and Spiritual Context*. Buckingham: Open University Press.

Oates, W. (1974). *Pastoral Counseling*. Philadelphia: The Westminster Press.

Oates, W. (1986). *The Presence of God in Pastoral Counseling*. Waco, TX: Word.

Oden, T. (1983). *Pastoral Theology*. New York: Harper & Row.

Oden, T. (1988). Recovering Pastoral Care's Lost Identity. In L. Aden and J. Hardld Ellens (Eds.), *The Church and Pastoral Care*. Grand Rapids, MI: Baker.

Patton, J. (1983). *Pastoral Counseling: A Ministry of the Church*. Nashville, TN: Abingdon Press.

Patton, J. (1993). *Pastoral Care in Context: An Introduction to Pastoral Care*. Louisville, KY: Westminster/John Knox Press.

Pruyser, P. (1976). *The Minister as Diagnostician*. Philadelphia: The Westminster Press.

Wise, C. (1983). *Pastoral Psychotherapy*. Northvale, NJ: Jason Aronson.

02

목회상담의 특성

구미 교회의 목회상담은 크게 두 가지 형태를 띠고 있다. 하나는 교회 내에서 목회자와 교인들이 의제나 고민을 중심으로 상담적 관계를 맺는 것이다. 이런 유형의 목회상담은 현대적인 의미의 상담이 출현하기 이전에 교회가 있는 곳이면 어디서든 실행되었던 상담의 모습이었다. 그러나 현대적인 의미의 목회상담이 미국 교회를 중심으로 발전되어 가면서 소위 목회상담의 전문화가 이루어지기 시작하였고, 목회자이면서 상담의 전문성을 이룩한 상담자들이 교회 내외에 특정한 상담실을 마련하고 상담만을 전문으로 수행하는 소위 '전문상담실 모델의 목회상담'이 이루어지기 시작하였다. 미국의 각 도시나 큰 교회 혹은 주요한 장소 곳곳에 '목회상담센터'라는 이름으로 상담실의 집합처가 세워지는 것에서 그 예를 쉽게 찾아볼 수 있다.

우리 한국 교회에서도 이제 서서히 이런 '상담실' 중심의 목회상담이나 '상담센터' 중심의 목회상담이 큰 흐름을 나타내 보이기 시작하였다. 이런 상담실 중심의 목회상담은 목회상담의 전문화나 또는 특화를 위해서 매우 바람직하며 동시에 꼭 필요한 분야가 되어 가고 있다. 그러면서도 전통적인 의미의 교회 내 상담 혹은 실제 목회현장에서 이루어지는 일종의 '교구목회상담', 즉 실제 교인과 그를 돌보는 목회자 사이의 현장목회상담의 중요성은 결코 무시할 수 없다. 아니 사실 목회상담의 절대 다수는 이런 '교구목회상담' 의 구조 속에서 이루어지고 있다. 따라서 일반 신학생 혹은 예비목회자들을 위한 목회상담교육에서 이런 교회 내 목회상담의 특성과 그 의미들을 알고 이를 위해 준비함은 매우 중요한 일이다.

1. 교회 내 목회상담의 한 예

산업화와 도시화의 바람을 타고 급성장하는 신흥 도시에 개척을 하여,

중 · 대형교회로 성장시킨 C 목사는 신학대학과 대학원을 나와 박사과정을 이수하고 있는, 교육정도가 높은 중년의 중견목회자다. 얼마 전, 주일예배 후에 지난 몇 달 동안 그 도시를 방문하기만 하면 열심히 C 목사의 교회에 출석하던 T 씨가 목사님 기도받기를 요청한다 하여 그의 서재로 인도되었다. 사연인즉 다음 날 중요한 시험을 치르는데 목사님의 기도를 받고 가고 싶다는 것이었다. T 씨의 얼굴은 몹시 긴장되어 있었고, 초조한 표정이 역력하였다. 시험에 자신이 없다고 말하기까지 하였다. 기도를 받고 나서 눈물을 글썽이면서 아내와 함께 돌아가는 그를 바라보며, C 목사의 마음도 기도를 드리기는 하였지만 밝지만은 않았다.

T 씨는 명문대 의대를 나와 군복무 대신 지방 보건소에서 근무하는 의사였다. 그의 시련은 졸업 후 전공의 응시에서 뜻밖에 실패를 하는 것으로 시작되었다. 따라서 원하는 행로를 밟지 못하고 지방 근무를 하고 있으나, 결혼도 하면서 정상궤도에의 진입을 시도하고 있었다. 그는 유복한 가정의 막내로 태어나 늘 우등을 하면서 학교를 다녔고 어려운 의대를 거뜬히 합격한 수재였다. 더욱이, 운동이나 취미 생활도 남부럽지 않게 하는 사람이었다. 그러던 그에게 전공의 응시의 실패는 엄청난 충격이었다. 일찍 남편과 사별하고 독실한 기독교 신앙을 가지신 어머니의 권고와 간청이, 첫 시험 실패를 경험한 T 씨로 하여금 교회와 기독교 신앙생활을 하는 계기가 되었다. 그러나 그것도 잠시, 그저 소극적인 신자 생활만을 하고 있었다. 그런데 이제 다시 수련의 시험을 치러야 하는데 영 자신이 없었던 것이었다.

이 T 씨가 그 다음 주간에 예고도 없이 C 목사를 다시 찾아왔다. 예배당 내의 목사 서재를 노크한 그는 검정색 바바리코트를 걸친 비교적 단정한 모습에 손에는 찬송가와 합본된 신구약 성경책—새로 산 것인 듯이 보이는—을 들고 있었다.

C 목사: (놀라는 표정으로) 아이고, 어서 오세요. 바쁘실 텐데 이렇게 오셨군

요. 어서 오십시요.

T 씨: 안녕하세요. 목사님 이렇게 찾아뵙게 돼서 죄송합니다. 목사님 바쁘신데 괜찮겠습니까? (얼굴이 그렇게 밝지 않았다. 코트를 벗어 얹어 놓고 소파에 앉아 머리를 깊숙이 숙인 채 한참 동안 기도를 드리더니 고개를 드는데 눈에 눈물이 고여 있었다.)

C 목사: 아, 그럼요. 지금 마침 시간이 비어 있었습니다. 그래, 시험은 잘 보셨습니까? 어제가 시험이었지요? (지난 주일의 기억이 생생하여 이 질문부터 하게 되었다.)

T 씨: (여전히 긴장된 표정으로 입술을 지그시 깨물면서) 시험 안 됐습니다. (다시 떨리는 목소리로) 죄송합니다. 목사님께서 기도까지 해 주셨는데…….

C 목사: 벌써 시험결과가 나왔습니까? 제 기도가 부족했던 모양이군요. 죄송합니다.

T 씨: 목사님, 근래에 들어와 살면서 제 자신이 너무 초라하게 느껴집니다. 지금까지 살면서 한 번도 사람들에게 실망을 안겨 준 적이 없었는데……. 장인, 장모님도 저의 이번 시험을 위해서 새벽기도를 나가셨고, 어머님도 미국에서 한국에 들어와 계신데, 주변의 모든 분들에게 걱정을 끼치는 존재가 되었다고 생각하니 마음이 몹시 괴롭습니다. (그는 고개를 숙이면서 한숨을 쉬더니, 고개를 드는데 여전히 눈에는 눈물이 고여 있다. 혹시 이 분이 '극단적인 행동'을 할 사람은 아닌가 하는 기우가 C 목사의 머리를 스쳐간다.) 한때는 저를 '철의 사나이'라고 부르기도 했는데, 제가 이렇게 약해지다니, 정말 사람이 별것 아니라는 생각이 듭니다.

C 목사: T 선생, 어쩌면 이번 일에 하나님의 어떤 뜻이 있는 것은 아닐까요?

T 씨: 저도 그렇게 생각합니다. 저는 이번 실패를 통해서 하나님께 서원했던 과거의 신앙을 다시 회복해야 된다고 느끼고 있습니다. 처음 의사시험에 실패하고서 이렇게 기도했지요. "하나님, 외과의사가 되어 수술실에 들어가는 환자와 가족들을 붙들고 함께 기도함으로써 수술실 밖에서 초조해하는 가족들을 위로하며 복음을 전하게 해 주세요."

C 목사: 네, 그런 결단을 하신 적이 있으셨군요.

T 씨: 그러나 사실은 의사시험에 합격되면서 흐지부지되고 말았어요. 죄송할 따름입니다. 그런데 이번 시험에 실패한 후에 그 서원한 기도가 다시 되살아나고 있습니다.

C 목사: T 선생, 로마서 8장 28절을 알고 계신가요? "우리가 알거니와 하나님을 사랑하는 자 곧 그 뜻대로 부르심을 입은 자들에게는 모든 것이 합력하여 선을 이루느니라." 참 불리하게 보이는 여건일지라도, 하나님은 그것을 이용해서 우리에게 유익하도록 만드실 수 있으시다는 말씀이지요.

T 씨: 목사님 말씀 들을 때마다 제게는 큰 힘이 생겨나곤 했습니다.

C 목사: T 선생, 혹시 원종수 권사에 대한 얘기를 들어 보셨나요? 같은 의사시니까 아실 수도 있겠네요. 그분의 신앙 간증집 『하늘나라 로열 패밀리』가 출판되었지요.

T 씨: 네, 언제가 교회 신문에서 읽은 기억이 납니다. (펜을 꺼내서 책 제목을 기록한다.)

이후 C 목사와 T 씨 사이에 절망감을 느끼는 것과 그것에 대한 신앙적인 의미에 대한 긴 이야기가 오갔다. 그 대부분은 목사의 위로와 권면으로 이어지고 T 씨의 긍정과 수용이 뒤따랐다. 그 한 부분에서 C 목사는 다음과 같은 제안을 한다.

C 목사: T 선생, 앞으로 새벽기도를 계속해 보시면 어떨까요? 힘은 들겠지만 삶의 새로운 힘을 얻게 되실 것입니다.

T 씨: 한번 노력해 보겠습니다.

C 목사: T 선생을 위해서 주변에서 기도하시는 분들이 많으시다고 하셨지요? 참으로 행복하신 분입니다. 기도하게 하시는 하나님은 반드시 그 기도를 이루십니다. 힘을 내십시오.

T 씨: 네, 목사님. 목사님과 대화하는 동안 마음이 시원해지는 것 같습니다. 좀 외람된 말씀입니다만 목사님이 허락하신다면, 목사님을 제 일생의 스승으로 모시고 싶습니다. 앞으로 이 교회에 꼭 나오지는 못한다고 할지라도 말입니다. 목사님 그래도 되겠습니까?

C 목사: 황송한 말씀입니다. 스승이라니 웬지 어색하네요. 그렇지만 T 선생에게 도움이 될 수 있다면 언제든지 기도로나, 또는 만나서 의논해 드릴 수 있지 않겠습니까?

이 대화 후에 C 목사와 T 씨는 앞으로의 일정과 계획, 지방에서 계속 근무하면서 시험 준비를 하는 것 등에 대한 담론을 나눈 후, 함께 간절한 기도를 나누고 헤어졌다. C 목사는 한때 가졌던, '자살 충동'에 대한 우려는 정말 기우였다고 생각하면서, 다시 평상의 업무로 돌아갔다.

2. 교회 내 목회상담의 현황

감리교 목사로서 미국 듀크 대학 신학부에서 목회학을 가르치는 윌리엄 윌리몬(William Willimon)은 자신의 저서 *Worship as Pastoral Care*에서 매우 솔직한, 그러면서도 현대 목회상담운동에 뼈아픈 자성의 소리를 내고 있다.

과거에 나는 목사로서 교인을 돌보는 목회적 돌봄(혹은 목회돌봄)이란 주로 목회상담 — 즉, 면밀한 시간 계획하에 그 환경을 잘 정비한, 아주 구조화된 상담을 가리키는 것으로만 여겼었다. 그리하여 나는 상담에 대한 여러 가지 테크닉이나 접근방식들을 습득하였다. 그러나 이런 것들이 실제 목회현장인 교구 내에서는 부적합하거나 비현실적임이 드러났다. 50분으로 규격화된 상담 세션이 이루어지기보다는 교인이 당하는 위기에 10분 정도 급하게 개입하거나, 오다가다 길가에서 교인과 만나 대화하는 것이 보다 자주 있는 일이었다. 나는 본인이 매우 세심하고 따뜻한 양호의 마음을 지니고 있는 목사라고 생각한다. 그러나 정확한 의미로 규정할 때의 '상담'이란 것에 내가 시간을 쏟는 것은, 솔직히 말하건대, 불과 한 줌도 안 되는 소량의 시간뿐이었다(Willimon, 1979: 11).

이런 고백은 비단 미국 목회자들만의 사정은 아니다. 어쩌면 우리 한국 교회를 담임하고 있는 목회자들도 경우가 똑같지는 않으나 비슷한 느낌을 가지고 있으리라고 짐작된다. 우리의 목회자들도 신학수업 중에 책과 실습을 통하여 현대적인 상담이나 심리치료에 대한 개론적인 지식이나마 배우고 현장에 나간다. 그러나 그들이 현장에서 경험하는 것은 따로 떼어 놓은 상담 시간과 상담적 관계의 형성을 통한 목회돌봄이나 상담이 아니라, 쉴 새 없이 몰아치는 목회현장의 다종다양한 요구와 그에 대한 화급한 반응들이다.

그러면 실제로 한국 교회 내의 목회상담의 현황은 어떤 길을 걸어 왔는가? 교회의 설립과 목회활동이 있으면 당연히 있을 수밖에 없는 전통적인 목회돌봄(pastoral care)을 제외하고 현대적인 의미의 목회돌봄과 상담은 아무래도 해방 이후, 그것도 한국전쟁 이후의 현대 목회상담교육과 관련시켜 생각지 않을 수 없다. 1950년 부산 피난 시절의 연희대학 신학부에서 이환신 목사가 '목회문의학'이란 과목을 가르친 것을 한국 교회 현대 목회상담의 논의의 효시라고 본다면(이환신, 1962), 한국 교회 목회상담운동도 그 역사가 반세기를 넘은 셈이다. 1950년대 후반, 보스턴 대학교에서 공부를 하고 돌아온 감리교회 한승호 목사에 의해서 로저스 방식의 상담운동이 활발하게 논의되고 교육되기 시작한 것은 또다른 상담운동의 전기라고 볼 수 있겠다.[1] 이제 한국 내의 50여 개교의 신학대학들 가운데에서 목회상담 분야에 전임교수를 확보하지 않은 학교가 거의 없다는 사실(전국신학대학협의회, 2005), 그리고 서울 등 대도시를 중심으로 목회상담을 표방하고 연구소를 개설하여 상담센

1) 이런 목회상담운동은 일반 대학의 사범대학을 중심으로 한 교육상담과 아울러, 1980년대 이후 본격화되기 시작한 심리학과의 임상심리 혹은 상담심리의 교육과 더불어 한국 내 상담운동 전체의 큰 줄기를 이루어 왔다고 볼 수 있다.

터를 이루고 있는 단체들이 여럿 있다는 사실, 나아가 몇몇 대형 교회를 중심으로 자체 내 상담부를 설립하고 교인들을 직간접으로 상담하는 운동이 서서히 전개되고 있다는 사실은 한국 교회 내에서 현대적 목회상담운동이 활발히 움직일 기미를 보이고 있다는 점을 확인시켜 준다. 여기에 감리교신학대학교, 연세대학교 신학대학, 한국신학대학교 등을 중심으로 하는 '임상목회교육(Clinical Pastoral Education)' 이, 비록 소수를 대상으로 하는 데 머무르고 있지만, 한국 교회 목회자들에게 목회상담의 필요성과 그 실제를 접할 기회를 부여하고 있음도 주목할 만한 사실이다.

그러나 이러한 현대 목회상담운동이 실제 개체 교회를 담임하여 교인들과 만나 그들을 돕고 양호하며 상담하는 일선 목회자들에게는 어떤 의미를 지니고 있는가? 바로 여기에 우리보다 앞서 상담운동을 일으키고 현장에서 그 문제를 접하였던 미국 교회를 살펴보지 않을 수 없다.

3. 미국의 현대 목회상담운동: 심리치료자 모델과 그 실상

현대적인 의미의 목회상담이 최초로 등장한 미국 교회 내에서 그 상담운동의 시원을 어디로 잡아야 할 것인가는 논란의 여지가 많다. 현대적인 심리치료와 정신건강의 문제를 종교와 의식적으로 연결시킨 소위 '종교심리학파'의 발흥, 그리고 언어와 심리의 역동적 관계가 체계적으로 해석되면서 그 언어를 통한 심리치료가 교회의 목회에도 본격적으로 도입되기 시작한 보스턴의 '임마누엘운동'을 그 시원으로 삼는다면 1900년대 초기, 늦어도 1905년 정도로 소급할 수 있다. 그렇다면 현대 목회상담운동은 2006년 현재 1세기 정도의 역사를 지니고 있는 것으로 보아야겠다.

역사가들은 현대 목회상담운동에 큰 추진력을 불어넣어 준 사건 내지 운동으로 1925년을 시원으로 잡고 있는 '임상목회교육'을 반드시 꼽으며, 나아가 제2차 세계대전으로 말미암아 급격히 변화된 미국 교회의 목회현장을 언급하곤 한다. 전쟁 후 수많은 남자들이 심신에 상처를 입고 생활의 터전으로 돌아와야 했으며, 결과적으로는 수많은 가정들이 또한 심리적, 사회적, 가정적으로 많은 상담의 문제를 안게 되었기 때문이다. 물론 전쟁하러 나가는 군인들을 위한 심리적 준비 문제가 일반심리학의 발전에 영향을 끼친 것 또한 말할 나위 없었다.

이런 심리/사회적인 배경을 뒤로 하여 1960년대에, 미국의 교회사가 브룩스 홀리필드(E. Brooks Holifield)가 그의 유명한 저서 *A History of Pastoral Care in America*에서 부른 대로, 현대 목회상담운동의 '황금기' 를 이룬 것은 어쩌면 당연한 귀결이라고 할 수 있겠다. 그러나 이런 목회상담 전성시대의 구가는 그 뒤에 일종의 부수현상을 갖지 않을 수 없었다. 우선 1960년대에 이루어진 일로 목회상담에 가장 두드러진 것은 일종의 목회상담 전문가 단체로서 〈미국목회상담자협회(AAPC)〉가 1963년에 탄생한 것이다. 이것은 목회상담을 전문적으로 실행하는 전문가 단체로서, 그 회원이 되기 위한 자격 규정과 윤리 규정 등이 일반 목회자들과는 판이하게 구별되는 것이었다. 예를 들어, 현재 AAPC 정관 서문을 보면 다음과 같은 생각이 분명히 표현되어 있다.

> 넓은 의미에서 모든 성직자는 일종의 목회상담을 하게 되어 있음을 우리는 인정한다. 그러나 이 협회의 일차적 관심은, 특수한 훈련과 경험을 통하여 자신들을 전문가라고 규정하는 성직자들에게 있다.

결국 이런 전문 목회상담자들은 시간이 흐르면서 일종의 개업의처럼 자신의 상담실을 가지고 상담을 실행하든가, 아니면 한 지역 목회상담센터 같은 곳에서 공동의 상담소를 개설하여 그곳에서 상담을 전업으로 하는, 일종의 특수목회자로서 등장하게 되었다. 따라서 이런 전문 목회상담자들은 교회로부터 생활비를 받는 것이 아니라, 내담자나 아니면 내담자를 후원하는 교회나 단체로부터 생활비를 받을 수밖에 없으므로 자연히 상담료가 수수될 수밖에 없게 되었다. 이것은 목회상담이 일종의 전문화를 이룩하면서 파생한 하부구조적인 문제가 되었다.

이와 무관하지 않게, 목회상담이 전문화되어 가면 갈수록, 그 상담의 자원이나 이론 또한 전문적인 성격을 띠지 않을 수 없었다. 말하자면 특수한 지식과 특수한 경험이 일종의 권위나 신뢰의 모체가 될 수밖에 없었던 것이다. 그리하여 목회임상교육의 전반적인 경향과 더불어 상담심리치료법의 여러 가지 방법이 꽃핌에 따라 자연히 목회상담도 현대 심리학의 이론과 그 치료법에 많이 의존하게 되었다.

이런 흐름은 미국 캔자스 주에 소재한 메닝거 재단 정신병원에서 목회임상과 종교심리에 많은 연구와 공헌을 남긴, 그러나 그 자신은 평신도였던 폴 프루이저(Paul Pruyser)의 눈에도 다음과 같은 인상을 남기게 되었다.

> 내가 관찰한 것을 핵심적으로 표현한다면, 이 목회자들은 '우리들(전문 심리치료자들)의' 심리적 용어들 — 이를테면 우울증, 편집증, 히스테리 같은 멋없는 말들 — 을 너무 자주 사용하는 것이었다. 자신들이 목회자라는 것과 교회라는 세팅에서 면담을 하고 있다는 의식을 충분히 갖고 있음에도 불구하고, 그들이 관찰한 것을 그들 자신의 언어로, 즉 자신의 신학적 개념이나 상징들을 사용하면서 개념화하여 보라고 촉구를 받으면, 그들은 바다 위에 홀로 떠 있는 듯이 막막함을 느끼는 것 같았다(Pruyser, 1976: 27).

4. 구미 교회 내의 비판과 자성

목회임상과 목회자의 목회돌봄/상담의 훈련 및 연구가 심리학 쪽으로 너무 기운다든가, 또는 전문가 모델로 치우친다는 것에 대하여 처음부터 자성의 소리가 없었던 것은 아니다. 목회임상의 선구자이며 현대 목회상담운동의 중요한 동기제공자인 안톤 보이슨(Anton Boisen)은 자신의 회고록에서 이미 1945년경에 목회상담이 심리학과 전문성에 치우치던 것을 우려하고 있었다(Boisen, 1960: 185).[2] 나아가 보스턴에 중심을 둔 뉴 잉글랜드 그룹과 뉴욕 그룹이 심리학과 정신병리, 특히 목회적인 구조와 이 임상목회훈련이 어떤 관계를 맺어야 하는지에 대한 견해의 차이로 대립한 것은 널리 알려져 있다(김기복, 1993: 13–18).

미국 목회임상의 발전이나 목회심리학의 발달, 특히 신학과 심리학의 관계에 대해서 많은 노력을 기울였던 시워드 힐트너(Seward Hiltner) 역시 목회상담의 전문화에 대해서는 비판적인 견해를 표명한 사람이었다. 이미 1935년경부터 목회임상이 단순한 병원에서의 훈련이 아니라 목회적인 구조를 고려해야 한다는 주장을 폈던 힐트너는 후에 시카고 대학 신학부와 프린스턴 신학대학에서 실천신학을 가르치면서 이런 견해를 더욱 이론적으로 주장하게 되었다. 특히 AAPC가 결성될 무렵 이를 선도하였던 클라인벨(Howard Clinebell) 박사에 대하여 힐트너가 우려와 비판의 소리를 높였던 것은 널리 알려진 사실이다(Campbell, 1985: 44).

힐트너가 죽기 몇 년 전인 1980년에 회고의 형식으로 자신의 생애와 신학적 업적을 기술한 글을 보면, 그는 이때까지도 결국은 전문화된 목회상담이 전통적인 목회돌봄을 거의 사장해 버린 결과를 낳았다고 보고 있다.

전문화된 목회상담이 1960년대에 상당한 숫자의 회원을 가지면서 무대에 등

---

2) "나는 (목회임상훈련을 제공하는) 다른 훈련센터들이 나와 워렌 비티가 취하던 방향과는 다른 노선을 발달시키고 있다는 것을 곧 발견하였다. 당시 그들 대부분의 센터에서는 사례연구를 위해 내가 제시하였던 사례연구 방법을 기초로 계속 쓰고 있기는 하나, 그 주도적인 관심이 사례인물과 그의 생애사보다는 인터뷰를 하는 테크닉과 인터뷰를 한 대화록에만 점점 치중되어 가고 있었다……. 나는 또한 (이런 센터들이) 심리원인적인 설명 쪽으로만 강조하는 것에 적잖이 놀랐다. 잉글리쉬와 피어슨(English & Person)이 쓴 *Common Neuroses of Children and Adults*가 이들 센터들과 병원들에서는 곧 법이요 복음이었다. 인생의 만년에 겪는 장애의 대부분이 네 살이 되기 이전에 일어난 어떤 일 때문에 발생한다는 식으로 생각되고 있었던 것이다."

> 장하고, 결국은 전국적인 조직망이 결성되었을 때, 이 조직은 돌팔이 상담자들이 '목회상담' 이란 이름을 쓰지 못하게 하는 데에는 성공하였다. 그러나 이 전문화운동은 자기들도 모르게 형식을 갖춘 목회상담(pastoral counseling)을, 상담으로서는 덜 형식과 구조를 갖추기는 하였으나 보다 많이 실행되고 있는 목회돌봄(pastoral care)보다 높게 평가하는 경향성을 보였다……. 그리하여 실제로 상담보다는 더 큰 범주를 가리키는 개념으로서의 목회돌봄이라는 것이 개념상으로 사라지게 만들었다(Hiltner, 1980: 91).

목회상담의 전문화와 그에 따른 문제의 노출을 보다 근원적인 면에서 제시한 비판은 1976년 시카고 대학 신학부의 돈 브라우닝(Don Browning) 교수로부터 나왔다(Browning, 1976). 그는 이 비판을 담은 책 제목 —*The Moral Context of Pastoral Care*—이 암시하듯 모든 돌봄과 상담은 그 나름으로 도덕적 그리고 영적 배경을 지니게 되는데, 미국 내 목회돌봄과 상담이 전문화되면서 일반상담이나 심리치료 이론을 그대로 받아들임으로써 결국은 기독교적 도덕과 영성의 전통을 상실하고 있음을 통렬히 지적하였던 것이다.[3] 비슷한 시기에 영국 교회에서 목회돌봄이 현대적인 심리치료 모델에 일식되어가는 것을 종합적으로 고찰하면서 전통적인 목회돌봄을 새롭게 조명하는 책이 캠벨(Alastair Campbell)에 의해서 연속적으로 출간되었다. 그는 *Rediscovering Pastoral Care*(1981)에서 전통적인 목회돌봄을 새롭게 재발견할 것을 주창하였고, *Professionalism and Pastoral Care*(1985)에서 심리학과 전문화의 포로가 된 현대 목회상담을 어떻게 재조정할 것인지를 상세히 논하였다.

3) 브라우닝의 이런 비판은 그의 일련의 저작들에서 이어졌다. *Religious Thought and the Modern Psychologies: A Critical Conversation in the Theology of Culture* (Philadelphia: Fortress, 1987)는 이런 시도의 종합적 결과다.

5. 교회 내 목회상담(교구목회상담)의 재인식

교회 내의 목회상담은 기본적으로 교구, 즉 신자들로 구성된 구체적인 교회 내의 현장에서 이루어지는 상담을 말한다. 목회돌봄과 상담이 그 시원부터 교구 내에서 목회자와 교구민 사이에서 이루어져 왔다는 것은 자명한 일이다. 이런 의미에서 현대 목회상담운동 이전의 목회상담은 대부분 교회 내 목회상담(즉, 교구목회상담)이라고 불러도 틀림이 없다. 다만 그것이 오늘의 발달한 심리치료나 인간관계의 측면에서 볼 때 덜 정련되었거나 한낱 전통의 답습이라는 측면을 보다 강하게 지니고 있었다는 것일 뿐이다.

이 글 첫머리에서 본 C 목사와 T 씨의 만남을 예로 들어 보자. 한국 교회 내에서 어렵지 않게 목도할 수 있는 목사와 교인 사이의 대화다. 넓은 의미에서 이것은 전형적인 전통적 목회돌봄의 한 측면이라 불러서 손색이 없을 것이다. 그러나 다른 한편으로는 이것을 현대적인 의미의 구조화된 상담이라고 보기에는 그 관계의 설정이나 상담의 과정이 여러 면에서 숙성함을 보이지 못하고 있다. 동시에 이 상담이 이루어지게 된 배경이나 그 목표가 일반 전문상담자와 내담자 사이의 관계에서 찾아보기 어려운 독특한 면을 지니고 있다. 즉, 일반 목회현장이라는 교구 내 생활이 그 독특한 구조로 쉽게 나타난다.

바로 위와 같은 측면에 초점을 맞출 때, 우리는 '목회상담자' 라는 전문화된 상담자와 내담자 사이의 목회상담과는 구별되는 '교구목회상담'을 생각해 볼 기회를 갖게 된다. 이 교구목회상담이란 단순하게는 교회 내에서 목회자와 교인들 사이에 일어나는 목회돌봄적인 대화와 만남을 지칭하는 것이다. 그러나 학구적으로는 그런 상담을 보다 구체적으로 연구하고 반성하며, 이를 통한 수련과 발달을 기하기 위한 연구의 대상을 지칭하는 것이다.

따라서 교구목회상담이란 그리스도를 표상하는 목회자가 자신이 목회하는 교회, 즉 교구현장이라는 구조에서 그리스도의 복음과 그 자원을 가지고 어려움에 처한 교인들을 돌보고 상담하고 그 문제적 상황을 극복하거나 개선하면서, 그 속에서 그리스도의 은총과 사랑을 경험하도록 돕는 행위다. 그러면 여기서 교구목회상담이 재인식된다 함은 무슨 뜻을 지니는 것인가? 그것은 이런 전통적인 목회상담이 그동안의 현대적인 목회상담운동 속에서 그 가치와 설 자리를 잃는 듯이 보여 왔고, 또 목회자 자신이나 학자들이 이런 형태의 상담을 막연하게 불안감이나 죄의식 혹은 열등의식 속에서 평가절하해 왔다는 점을 스스로 비판한다는 측면에 대한 인식이다. 동시에 이 전통적인 목회상담을 재해석하고 재평가하여 그것이 가진 독특성과 장점을 살려 나가고, 나아가서 일선 목회자들이 보다 쉽고 유용하게 쓸 수 있는 상담원리나 상담자원을 개발하자는 의도를 지닌 것이다.

그러므로 이 교구목회상담이 순전히 전통적인 과거의 교구 내 목회돌봄/상담과 다른 점이 있다면, 그 지식과 자원과 방법상에서 현대적인 심리치료와 상담이 이룩한 성과를 비판적으로 수용하면서 이용하려고 노력한다는 점이 첫 번째 특성이다. 나아가 과거의 교구상담이 지니고 있던 중요한 유산이나 방법들을 새롭게 재해석하면서 비평적으로 수용하려 한다는 점이 또 다른 특성이다. 이 점은 교구목회상담이 가지는 최대의 이점을 십분 활용하고 또 교구목회상담이 갖는 독특성과 특이점을 무시하지 않고 재활용/재해석하자는 것이다.[4]

6. 교구목회상담의 특성

교구목회상담이 구조화되고 전문화된 목회상담이나 또는 일반 세속적인

---

4) 이런 교구목회상담이 한국 교회와 한국 문화에 적합할 것인가의 문제는 또 다른 큰 연구 영역이다. 그러나 우선은 이 교구목회상담이 지닌 특성과 그 이점을 살펴봄으로써 이 문제에 대한 간접적 해답을 찾아 보자.

심리치료와 구별되는 점이 있다면 무엇일까? 1960년대 현대 목회상담이 한참 활발해지던 때, 그것이 일반상담과 어떤 구별성을 갖는지를 연구하였던 힐트너와 콜스턴(L. Colston)은 상담이 이루어지는 세팅, 상담자와 내담자가 상담에 대해 갖는 기대감, 상담적 관계상의 특수한 성질, 상담의 목표와 한계성 등의 네 가지 요소를 지적하였다(Hiltner & Colston, 1961). 이런 특성들은 그대로 교구목회상담과 일반목회상담과의 차이점을 설명하는 데에도 쓰일 수 있다.

교구라는 세팅

교구목회상담의 세팅이란 한마디로 교회현장 그 자체다. 어떤 의미에서 바로 이것이 교구에서 행해지는 상담의 모든 것을 내포할 수도 있다. 위의 C 목사와 T 씨의 상담을 보면, 평소 예배당에 나오던 T 씨가 예배 후에 기도를 받으러 나온 것이 계기가 됨을 볼 수 있다. 즉, 상담이 명백한 상담관계의 설정에서 시작되는 것이 아니라, 예배와 기도라는 일상적 교구목회 행위의 연장선상에서 면담으로서 이루어지는 것을 볼 수 있다. 따라서 교구목회상담은 예배하는 공동체, 설교와 교육과 친교와 목회돌봄이 어우러져서 일어나고 있는 교구생활을 기초로 하고 있음을 쉽게 파악할 수 있다.

바로 이런 공동체적인 상담 세팅의 특성은 교구목회상담이 시간과 장소상 언제 어디서나 일어날 수 있다는 가능성을 내포한다. 일반 목회상담이 대체로 상담자의 상담실이라는 구조화된 환경을 갖는 데 비해, 이 교구목회상담은 목회자와 교인이 만나고 대화하는 모든 환경이 그 상담의 현장으로 등장하는 것이다. 이런 점에서 특별히 생각할 상담환경으로 이 공동체가 행하는 갖가지의 활동을 들 수 있다. 예배를 드리거나 교육을 실시한다고 할 때, 이를 집례하거나 설교하는 목회자는 바로 그가 한 교인과 만나 면담하는 상담자와 동일인이라는 점을 우리는 기억해야 하는 것이다.

위의 C 목사와 T 씨의 상담도 바로 이 점에서 독특한 성격을 갖는다. 평소 C 목사의 설교와 그 메시지의 내용이 T 씨의 개인적인 요구나 필요한 요소를 적절히 자극하거나 충족시켜 주는 것이었음을 막연히 짐작해 볼 수 있다. 시험에 실패하고 또 다시 그 시험 앞에서 불안에 떨 때, C 목사가 집례하는 예배와 그 설교가 T 씨의 마음에 무엇인가 기대를 불러일으켰다. 그것이 예배 후 C 목사의 특별기도를 청하는 것으로 나타났고, 이후 시험에 실패를 하고 나서도 다시 C 목사를 찾아와 '스승으로 모시겠다.'는 청으로 드러나고 있는 것이다. 그렇다면 여기서 상담자 C 목사는 목회자의 서재에서만 상담자의 역할을 수행하고 있는 것이 아니다. 이미 그는 설교를 하면서 벌써 돌보고 상담하는 관계로 진전하고 있었음을 우리는 인식할 수 있게 된다. 이런 점은 설교나 예배에서만 일어나는 것이 아니다. 교육과 친교, 선교와 봉사활동, 교회의 행정이나 치리 관계 등 교회 생활 전반에 걸쳐서 일어난다.

상담자가 교회의 목회자로서 전반적인 활동에 관여하고 있다는 것이 또한 상담에서는 시간상의 제약으로 나타난다. 일반 심리치료나 전문상담이 대체적으로 짧게는 서너 달에서 길게는 수년 이상씩 걸리는 중장기 상담의 형태로 이루어진다는 것은 잘 알려진 사실이다. 상담실에서 행해지는 일반 목회상담도 상담의 종류에 따라 달라지겠지만 그 문제와 상황에 따라 단기 혹은 장기상담 어느 형태든 가능하다. 그러나 교구목회상담은 사정이 그와 같을 수가 없다. 이것은 비단 목회자가 바쁘다는 것만이 이유가 되는 것은 아니다. 교인과 목회자 간의 관계는 치유만이 아니라, 예배, 교육, 봉사, 행정 등의 다양한 맥락 속에 처하게 된다. 나아가 교인–목회자라는 관계가 상담의 내용과 관계 형성에, 상담을 전후로, 지대한 영향을 끼친다. 따라서 교구목회상담에서 장기적이면서 정규적인 상담이 불가능하거나 금지사항은 절대 아니지만, 실질적으로 여러 면에서 상당한 제약을 받는 것이 사실이다. 그러므로 교구목회상담에서 시간과 장소의 문제에 대해 효율적인 '틀'을 짜는 것이 정말로 중요해진다.

내담자의 기대감

교구라는 세팅이 불어넣는, 상담에 대한 독특한 기대감은 교회라는 신앙적 기관이 갖는 성격에 기인한다. 우리는 이것을 일종의 종교적/도덕적 기대감이라는 말로 포괄할 수 있을 것이다. 이것은 교인이 문제를 안고 있을 때, 왜 다른 사람에게 찾아가 거기서 상담을 구하지 않고 목회자에게 찾아와 상담을 구하는 것일까라는 의문과 직결된다. 일반적으로 구미 교회에서는 심리치료나 심리상담 시 고가의 상담료를 지불해야 한다는 경제적 원인이 아주 없지 않을 것이다. 그러나 그 무엇보다도 심령의 상태와 그 문제에 대해서는 목회자에게 우선적 신뢰와 의뢰심이 가고, 동시에 심령의 문제는 단순히 마음만의 문제가 아니라 복합적인 삶의 문제가 개재되어 있기 때문에 개인과 가족의 삶 전체를 어느 정도 알고 있는 목회자에게 찾아오는 것이라는 설명이 설득력 있게 들린다. 그러나 여기서 간과할 수 없는 것이 하나 있다. 그것은 교인이 목회자에게 올 때는 그 목회자의 종교적 혹은 도덕적 권위 때문에 찾아오는 것이란 점이다. 이 점은 교구목회상담의 내용이나 방향성이 종교적/도덕적 성질을 띠는 경우가 많다는 것을 뜻한다.

위의 C 목사와 T 씨의 상담을 보면, 그 만남의 출발뿐 아니라 종결도 C 목사가 지닌 종교적 권위와 상징적 힘에 근거하고 있음을 쉽게 찾아 볼 수 있다. 시험을 앞둔 T 씨가 C 목사의 기도가 필요하여 기도를 받고자 나왔던 것은 상담적 기능으로 분석하면 단순한 지지와 격려의 요청이었다고 볼 수 있겠다. 그러나 T 씨가 다른 사람이 아닌 C 목사의 기도를 받고자 다가온 점으로 미루어 그의 기대감이 종교적인 것이요 C 목사의 종교적 권위에 이끌렸던 것은 분명해 보인다. 동시에 T 씨가 주위의 사람들에게 미안함과 자신에 대한 수치심을 표현하였을 때, 이것이 단순한 상담자–내담자 사이에서 감정적 소산인 언어활동이라기보다는 목회자라는 '어른' 앞에서 이런 감정을 표출함으로써 내담자는 일종의 대리 부모나 대리 장모에게 속죄를 하는 내면심리적 역동성을 보이고 있다고 해석할 수 있다. 바로 이런 점이 교구목회상담의 진정한 특성임을 우리는 정확하게 포착할 수 있다.

목회자의 주도 가능성

위와 같은 도덕적/영적 기대감이 상담자와 내담자의 독특한 관계 형성에 큰 영향을 끼침은 명백한 일이다. 그러나 이에 앞서 교구목회상담의 특성상 드러나는 양자 사이의 관계에는 다른 일반 목회상담이나 세속상담과 비교하여 더욱 분명한 것이 있다. 그것은 힐트너가 '예비목회상담'이라고 이름 지었던 목회상담 이전의 목회상의 독특한 양자의 관계다(Hiltner, 1949). 그중에서 가장 중요한 것이 목회자의 주도성이다. 사람을 돕는 직업이나 직책 중에서 도움을 베푸는 사람이 도움을 필요로 하는 사람에게 다가가 그 심령상의 형편을 묻는 일을 자유로이 할 수 있는 것은 목회자뿐일 것이다. 일반목회상담실의 목회상담자마저도 이런 주도성을 발휘하는 데에는 크나큰 제약을 받을 것이다. 그러나 목회자는 그가 가진 영적 특권과 의무상으로라도 교인들의 심령상의 안위를 묻고 개입할 수 있다. 힐트너는 이 점을 목회자의 '자상하게 염려하는 관심(tender solicitous concern)'이라고 표현한다.

물론 이렇게 '염려하고 궁금스런 마음으로 먼저 물음을 던지는(solicitous)' 관심이 교인으로 하여금 목회자와 상담을 해야만 한다는 강제적인 느낌으로 발전하는 것은 상담관계에서 금물이다. 그러나 사안이나 문제의 성격에 따라 목회자는 억지로 개입을 해야만 하는 경우도 있을 것이다. 이런 의미에서 목회자의 주도성 발휘 여부가 교구목회상담에서 얼마나 중요한 역할을 하는지는 연구의 중요한 과제가 된다. 실제로 목회자가 상담으로 교인을 초청하는 계기는 여러 방면에서 이루어질 수 있다. 예를 들어, 교인을 심방하여 지지적 역할을 하면서 자연스럽게 교구목회상담에로 초대하는 계기를 이룰 수 있다. 그런가 하면, 어느 한 가족과 대화를 나누는 가운데, 다른 가족의 문제를 발견하고 그것을 통해 목회상담의 필요를 상호 절감하여 상담관계로 발전할 수도 있다. 더 흔하게는 목회상의 정보를 주고받는 가운데, 아니면 신앙에 관한 대화를 나누다가 상담의 필요를 예감하여 상담관계로 발전할 수도 있다. 이런 것은 목회활동 전반에 걸쳐 어디에서나 일어날 수 있다. 바로 이 점이 교구목회상담의 가장 특수한 장점이 될 수 있다.

위의 C 목사와 T 씨의 상담을 보면, 목회자가 주도성을 발휘하였다고 보기보다는 T 씨가 자진하여 목회자를 방문한 것으로 볼 수도 있을 것이다. 그러나 그 이전에 T 씨가 예배에 참여하여 C 목사의 설교나 신앙 양태를 관찰하고 나아가 자신의 문제를 점검했다는 점을 주목해 보라. 더구나 C 목사는 이 상담 전에 교인 친척을 통하여 T 씨에 대한 전이해를 가지고 있었고, 또 전에 심방을 통하여 그를 만나 그의 정황에 대하여 어느 정도 예비지식을 가지고 있음을 감안할 때, 이 상담은 첫 세션이라고 하기보다는 이미 많은 예비작업이 있었던 것이나 마찬가지다. 바로 이런 점이 교구목회상담이 가지는 상담자–내담자 간의 독특한 관계의 질이라 할 수 있다.

물론, 이런 예비상담적인 관계의 면이 꼭 장점만으로 작용하는 것은 아니다. 만일 상담관계 이전의 목회자와 교인 간의 관계가 존경과 관심의 관계가 아닌 냉담과 무관심 나아가 적의적 관계의 성격을 띠고 있다면, 그것은 상담적 관계 형성에 방해가 되거나 손실을 가져오는 결과를 초래할 것이다.

상담의 목표와 한계

인생의 문제라는 것이 궁극적 해결 혹은 최종적 해답이 없는 경우가 허다하다. 그러나 내담자들이 전문 상담자나 심리치료자를 찾아갈 때는 어떤 명확하고도 구체적인 문제를 가지고 찾아가는 경우가 대부분이다. 따라서 그 문제가 해결되었다든가 그 도움이 유용했다든가 하는 결과에 대한 평가를 내릴 수 있다. 그러나 교구목회상담은 어떠한가? 물론 어떤 위기 상황에 대한 교구목회상담은 구체적인 문제와 해결점을 지닐 수 있다. 그러나 이런 특수한 문제라 하더라도 그것은 인생이 지속되는 한 어떤 장기적인 문제의 씨앗이나 전환점을 이루는 수가 많다. 한마디로 교구목회상담의 문제들은 만성적인 성격을 띠는 경우가 대부분이다.

위의 C 목사와 T 씨의 상담사례를 보라. 시험에 불합격하여 다음을 기약하고 지방으로 내려가는 T 씨의 경우, C 목사가 그를 양호하고 상담하며 지지하는 역할은 오히려 이제부터라는 생각을 하지 않을 수 없다. 그의 신앙생활과 가정생활, 앞으로의 진로, 혹시 생겨날지도 모르는 사고나 사건, 이런 것들이 C 목사가 T 씨를 생각하면서 돌봄이나 상담의 계획을 짜는 데에 자연히 떠오르는 것들이다. 만일에 이것이 상담실에서 일정한 구조 속에서 만났다 종결되는 상담의 사례였다면, 그 상담자는 이런 것들까지 염려하지 않아도 좋을 것이다. 그러나 교구에서 영혼을 돌보는 목회자들은 그럴 수가 없다. 양들의 생 전체가 우리의 관심사요, 우리가 일해야 할 목장이기 때문이다.

이런 의미에서 교구목회상담은 시작과 끝이 불분명할 경우도 많다. 아니 어쩌면 한 사람의 생의 시작과 끝, 나아가서는 그의 죽음의 이후까지도 그 관심의 대상이 되지 않을 수 없다. 그러므로 교구목회상담의 목표는 단순한 문제 해결이기보다는 교인의 영적 성장이요, 구원과 구속의 삶 가운데에 누리는 평안과 기쁨의 삶을 향한 끝없는 전진과 순례의 과정이라고 할 수밖에 없다. 이런 면은 T 씨가 C 목사를 '스승'으로 모시겠다는 발상에서도 찾아 볼 수 있다. 그것이 기독교적인 이미지라기보다는 일반사회의 인간관계상의 이미지라고 말할 수 있겠으나, 적어도 상담관계상으로 볼 때 삶 전체를 이런 끈끈한 관계로 지속하겠다는 내담자의 표현으로 보아야 할 것이기 때문이다.

이런 점은 교구목회상담이 지닌 독특한 상담목표요 동시에 한계가 될 수밖에 없다. 돌봄과 상담의 목표와 한계가 생 전체로 확산될 때에 그 돌봄과 상담의 효과(혹은 비효과)가 불분명하고 모호할 수도 있다. 그러나 불분명하고 때로는 모호한 상담의 목표와 한계가 곧 그것의 중요성이나 효율성을 감하는 것은 결코 아니다. 오히려 그러한 돌봄과 상담은 영속적이며 영구적인 변화와 전환점을 이룰 수 있다는 장점도 포함한다.

7. 교구목회상담의 가능성과 함축적 의미

교회 안팎의 모든 기능이나 활동이 전문화되어 가고, 영역별로 세분화되어 가는 시대에 우리는 살고 있다. 더욱이 전통적인 교구가 지역적인 모임일 뿐 아니라 혈연과 인연 또는 역사를 공유한다는 측면에서 어떤 결연체 형식을 띠어 가는 성격으로 변화된 것이 오늘의 목회현장이기도 하다. 그러면 이런 시대 역사적인 정황에서 교구목회상담이란 것이 어떤 가능성을 지니고 있겠는가? 특히 한국적 교회 정황에서 교구목회상담이 어떤 잠재적인 의미나 힘을 지니고 있겠는가?

교구목회상담의 잠재적인 힘은 교구, 즉 교회라는 특수한 세팅이 지닌 힘에서 발원할 수 있다. 기독교의 교구가 로마 시대의 행정구역을 따라 자연스레 생겨난 임의적인 영역임은 잘 알려진 사실이다. 이것이 종교개혁 이후, 특히 교파적인 기독교의 형태가 널리 번지면서 일종의 특수한 사회조직화된 것 또한 널리 인식되고 있다. 한국 교회 같은 경우 교구가 시골이나 전통부락을 중심으로 한 지역에서는 외형상으로 지역적인 공간과 일치하는 경우도 있으나, 도시 지역의 교구란 지역적인 공동체이기보다는 인간이나 신앙적인 관계상의 공동체라고 해야 더 적합하다. 교구의 힘은 바로 이런 관계적인 공동체의 특성에 기반한다.

가장 먼저 들 수 있는 교구의 힘은, 그 구성원이 복합적이고 그에 따른 다양성이 있음에도 불구하고 교구는 예배와 봉사, 신앙과 전도 등 모든 교구활동을 통해 일종의 구심점을 보이고 있다는 것이다. 예배 하나만 살펴보아도 교회마다, 교파마다 특색과 전통이 다를 수 있는데 적어도 한 교회 안에서는 그것이 통일성과 공통성을 지니고 있다. 따라서 이런 예배와 공동체 활동을 통하여, 양호와 상담을 위한 일종의 예비목회상담적 활동을 펼칠 수 있다.

우선, 이 교구라는 세팅은 단순히 문제에 봉착한 사람에게 사건이 생기면 돕는다는 수동적인 입장이 아니라 문제가 생기기 이전에 그것을 예방하고 미리 대비한다는 예방적/적극적 돌봄과 상담활동을 펴기에 적합한 것이다. 이런 면에서 교구목회상담은 1950년대 이후 미국 사회에서 본격화된 '국민정신건강운동(mental health movement)' 같은 것과 적극적인 관계를 맺을 수 있는 가능성을 내포하고 있었다. 이 국민정신건강운동은, 치료도 중요하지만, 예방과 교육이 사람들의 정신건강을 지키고 증진시키는 데 보다 효율적임을 입증하는 데 중요한 기점이 된 것이었다. 일반상담이나 전문화된 목회상담이 발생된 문제에 대한 해결을 중심으로 한다면, 교구목회상담은 문제를 미리 예상하고 대책을 세울 수 있는 것이다.

이와 연관하여, 우리는 돌봄과 상담의 측면에서는, 교구목회상담의 근원적 자원인 목회자를 일종의 '지역 내 상담자'로 볼 수 있다는 가능성을 생각할 수 있다. 이런 점은 비단 한 교회 내의 세팅에서 목회자와 교인 간의 관계라는 차원을 넘어서서, 한 마을 공동체에서 상담과 양호에 대한 기초 지식을 쌓은 일종의 상담 가이드와 마을 사람 사이의 관계로까지 확대시켜 생각할 수 있다.

우리와 비교할 대상이 되지는 않겠지만, 미국에서는 보통 사람들이 개인적인 문제가 생길 경우 전문인에게 도움을 요청하는 비율이 시대가 발전하고 사회가 복잡해지면서 늘어 가는 것으로 보고되고 있다. 1957년의 경우 미국인이 문제를 안게 되면 14% 정도의 사람이 전문인에게 도움을 청하고, 그 중의 42%가 성직자를 먼저 찾아갔던 것으로 통계가 나오고 있다. 그것이 약 20년이 지난 후 1976년에는 전문인에게 도움을 청하러 갔던 비율이 26%로 늘어나고, 좀 줄기는 하였지만 그 중의 39%의 사람이 성직자에게 찾아갔던 것으로 조사되고 있다. 이것은 국민의 10명 중 1명이 성직자에게 도움을 청했다는 결론이다. 거의 20여 년이 지난 오늘날 이와 같이 도움을 요청하는 행위는 훨씬 늘어나고, 대신에 성직자 대신에 정신건강과 관련된 전문인에게 도움을 요청하는 비율이 늘어났을 것으로 추론되지만, 여전히 성직자의 역할은 다른 부문에 비교하여 적지 않을 것임이 분명하다(Veroff, Kulka, & Dorran, 1981: 47–48).[5)]

이에 비해서 우리나라의 경우는 어떠한가? 정신건강이나 심리적 문제에 대해 전문적으로 도움을 줄 자원이 매우 한정되어 있는데다가 그나마 대도시에 편중되어 있음을 생각할 때, 정신건강과 이를 증진하는 인력이 실제 사람들의 일상생활 속에서 활동할 날은 아직은 멀다고 볼 수 있다. 그렇다면, 한 마을에서 교인만이 아니라 일반인이라 하더라도 정신건강이 심리적 문제에 부딪혔을 때, 그를 보살필 수 있는 사람은 바로 목회훈련을 받으면서 돌봄과 상담을 공부한 목회자다. 우리 기독교 목회자는 현재 우리나라의 각 마을마다 상주하고 있는 정신건강 보건인으로서의 자질과 지식 그리고 실제로 그것을 수행할 수 있는 잠재력을 지니고 있는 것이다.

목회자가 '지역 내 상담자'로서 기능을 할 수 있을 뿐만 아니라, 그가 동시에 예배를 인도하고 설교도 하며, 특히 교회교육을 통해 인간의 형성과 발달에 직접적 영향을 미칠 수 있다는 것 또한 교구목회상담의 가장 큰 잠재력이다. 이것은 전문 목회상담자가 면담 중에만 전해 줄 수 있는 것을 교구목회상담자는 간접적으로 또 깊은 영적 호소력을 지니고 설교나 예배, 그 밖의 교

---

5) 그 간단한 도표는 다음과 같다.

	1957	1976
개인적 문제 전문인 도움 요청 여부	14%(1/7)	26%(1/4)
그중 성직자	42%	39%
의사(비 정신과)	29%	21%
정신과/심리학자	17%	29%
기타 정신건강 전문인	10%	20%

구목회활동을 통해서 전달할 수 있기 때문이다.

바로 이 점이 최근에 들어와서 목회상담이 전통적인 기독교적 자원을 양호와 상담의 차원에서 새롭게 재평가하면서 그것들을 다시 재생시키려는 쪽으로 나아가고 있는 이론적/실제적 기반이 되고 있다. 이를테면 예배가 어떻게 돌봄적/상담적 차원이 될 수 있는지에 대하여 새로운 해석과 노력이 최근 잇따르고 있다. 앞서 언급한 윌리몬 교수의 *Worship as Pastoral Care*만 보더라도, 목회자는 예배를 통하여 교인들의 삶 속의 아픔과 기쁨을 표현하고 그것을 돌봄/치유하는 노력을 전례 자체를 통하여 이룩할 수 있음을 잘 설명하고 있다. 예를 들어, 죽어 가는 사람에게 전통적으로 베풀던 마지막 성찬식이 신앙과 소망 속에 죽어 가는 이에게 어떤 의미로 받아들여지겠는가? 이런 의미는 기도와 설교, 목회자의 도덕적 태도와 영적 자세 등의 모든 면에서 드러날 수 있다.

특별히 설교 부면은 그것이 최근의 그룹치료와 흡사한 효과와 힘을 지닐 수 있다는 점에서 많은 노력이 집중되어 온 부면이다. 예를 들어, 설교의 소재와 논리의 전개가 마치 상담자가 찾아온 내담자를 만나 대화하듯이 그 서두부터 문제의 전개와 그것을 해결해 나가는 방향으로 전개되어 나간다면, 그리고 그것이 설교자의 깊은 이해심과 심리적 통찰력에 근거한 문제의 해명을 바탕으로 전개되어 나간다면, 그 설교를 듣는 이들이 마치 하나의 상담 세션을 스스로 받듯이 느낄 수 있을 것이다. 이 점에서 '생의 정황 설교(life-situation preaching)'를 통하여 절망한 많은 이들에게 새로운 삶의 방향을 찾게 하여 주었던 해리 에머슨 포스딕(Harry Emerson Fosdick) 같은 이의 설교를 재조명할 필요가 있다.

특별히 한국 교회에서 많은 활용을 보이고 있는 심방의 재해석도 교구상담자원의 중요한 부면이다. 목회자의 주도성이 가장 뚜렷이 드러나 보이는 목회돌봄 부면으로서의 심방이 대체로 상식과 행정의 차원에서 이해되어 온 것이 사실이다. 그러나 심방은 1990년대 및 다가오는 21세기의 한국 사회에서, 모든 것이 개인화되고 종교까지 사물화(privatization)되는 시대에 보다 적극적인 돌봄 및 상담방식으로서 새롭게 해석될 수 있는 가능성을 지니고 있다. 특히 사회가 고령화되고 개인들이 고립화되면서 소위 '집안이나 양노원에 갇혀 있는 이들(the shut-ins)'을 위한 돌봄과 상담방식으로서 심방을 새롭게 체계화하고 상담적으로 훈련을 하는 일이 참으로 필요하게 될 것이다.

이 밖에도 많은 전통의 재활용이 가능하지만, 교구라는 세팅과 목회자라는 상담자의 신분이 이런 전통의 재해석과 재활용의 바탕이 되고 있음은 두말할 나위 없다. 특별히 교구담임 혹은 부담임의 목회자가 곧 돌봄/상담자로 그 역할과 기능이 잠시 고정될 때, 우리는 그것이 다른 목회 기능 및 역할과의 충돌 혹은 협력 가능성 속에서 매우 다양한 현상이 생길 수 있음을 잘 알 수 있다. 목회자는 교구생활 전체를 통해 교인들과 부단한 관계 형성을 한다. 그 관계가 때로는 돌봄이나 상담의 관계 형성을 어렵게 하는 경우도 있을 것이다. 그러나 많은 경우 목회자는 교인들에게 도덕적으로나 영적으로 권위를 지닌 사람이며, 때로는 심적 전이의 대상이 되기도 한다. 특별히 그가 가진 영적인 권위는 많은 경우 교구민들에게 신앙적 힘이요 자원이 될 뿐만 아니라, 심리적인 힘까지 덧붙여짐을 우리는 부인할 수 없다. 교구목회상담은 바로 이런 전통적인 목회자의 신분과 권위를 창조적으로 또 적극적으로 활용할 수 있는 가능성을 지니고 있다.

앞의 상담사례에서 우리는 C 목사가 낙담해 있는 T 씨에게 단순한 상담자를 넘어 영적/신앙적 권위를 지닌 사람으로 해석되고 있음을 엿볼 수 있다. C 목사는 이것을 겸손하고 완곡하게 받아들이고 있다. 그러나 바로 이런 목회자와 교인의 관계는 이미 많은 교구생활에서 전제되고 있는 사실이기도 하다. 이런 점이 돌봄과 상담에서 어떤 적극적인 역할과 기능을 담당할 수 있는지에 대해서도 보다 많은 자료와 검증이 필요하다.

8. 교구목회상담의 자원과 그 전망

현대 목회상담이 전개되면서 기독교적인 자원과 전통적인 유산이 상담자들에 의해서 어느 정도 경원시되어 왔다는 것은 또 하나의 널리 알려진 사실이다. 여기에는 여러 가지 배경이 되는 이유들이 있었다. 그중의 하나가 전통적인 기독교윤리와 생활이 신자들에게 심리적인 억압과 과도한 초자아적인 원인이 된다는 정신분석적인 심리장애로서의 설명이었다. 잘 알려진 대로, 19세기 말 비엔나를 포함한 서구 유럽에서 억압적인 성도덕이 많은 사람들에게 성적인 억압을 가져왔고, 그것이 신경증의 원인으로 작용한다는 프로이트의 설명은 성을 포함한 여러 도덕적인 영역들이 생활상의 순기능도 하지만 역기능으로 작용할 수 있음을 목회상담자들에게도 깨우쳐 주었다.

이러한 생각이 상담자들에게 점차 인식되고 또 그것이 실제 목회상의 상담에서 여러 가지 경우로 인증되면서 실제로 많은 목회상담자들에게 전통적인 기독교신앙과 '도덕주의(moralism)'가 동일시되는 경우도 없지 않았다. 즉, 기독교의 가르침이나 신앙생활의 내용이 곧 교인의 도덕 생활의 지침이나 방향을 내포하고 있기에, 기독교적인 내용을 말하면 곧 그것이 교인에게는 도덕적인 교훈이나 질책을 포함하고 있는 것으로 여겨지는 경우가 많았던 것이다. 따라서 목회상담에서는 전통적인 기독교의 자원이나 규범이 득보다는 해를 많이 끼치는 것으로 여겨져 적극적으로 회피되는 경향마저 있었다.

동시에 현대 목회상담운동이 전개되면서 교회와 목회의 기본 문제인 전도 또는 선교라는 기능과 돌봄/상담의 기능이 중첩되거나 혹은 상충되는 경우, 이 양자 사이의 조정은 보다 첨예한 문제의식을 낳게 하였다. 즉, 한 시점에서 전도와 돌봄 중에 어느 것이 우선할 것인가 하는 문제가 생기는 경우가 있을 수 있었고, 나아가 상담이나 돌봄이 한 세팅 내에서 교회의 행정이나 교인의 치리를 위한 것과 어떻게 양립할 수 있을지 문제가 되는 경우가 종종 있었다. 예를 들어, 깊은 우울에 빠진 한 교인에게 그리스도의 용서에 대한 교리를 가르치는 것과 그 우울을 상담과 치료의 대화를 통하여 해결하거나 전문인에게 위탁하는 것 중에서 어떤 것을 우선적으로 해야 할지를 결정해야 하는 어려움이 있다. 물론 우리는 이 둘이 모두 있어야 한다는 결론을 내릴 수밖에 없지만, 그 구체적인 실행에 있어서는 어느 것이 우선시될지 양단간에 결정을 내려야 할 때가 많기 때문이다.

이상과 같이 도덕주의 및 전도/선교 활동과 목회돌봄이 상충하거나 대면하는 경우, 지금까지의 목회상담이 많은 경우 가치중립을 표방하고 되도록이면 도덕적으로 판단하거나 훈육하는 것을 자제하여 왔고 전도활동마저도 우선은 '영혼에 대한 배려'에 우선권을 두었던 것은 사실이다.

그런데 최근에 와서 이에 대한 새로운 논의가 보다 활발하게 되었다. 그리고 이런 논의들이 가장 구체적으로 거론되는 영역이 바로 이 교구목회상담이다. 우선 이런 논의의 초점으로는 전통적인 목회상담의 자원이었던 것들에 대한 새로운 조명을 들 수 있고, 또 사실 이런 전통적인 것들이 교구목회상담에서 보다 많이 등장한다는 점에서 그 중요성을 찾을 수 있다.

그 첫째가 성경 사용에 대한 재해석이다. 앞의 상담사례에서 C 목사는 T 씨가 새로 산 듯한 성경을 손에 들고 있었음을 주의 깊게 관찰하고 있다. 이것은 T 씨 본인에게만이 아니라, 일반적인 교구목회상담에서 성경이 얼마나 많이 사용되고 있는지를 웅변하고 있는 것이다. 많은 경우 목회자가 설교에서든 상담에서든 성경을 언급하거나 인용할 때는 성경의 권위를 빌거나 성경이 지닌 어떤 힘을 사용하여 교인의 깨달음이나 변화를 촉발하려는 의도를 지니는 경우가 많았다. 그러나 우리는 여기서 성경이 실제로 인용되기 전에 그것은 그 자체로 어떤 힘을 발휘하고 있다고 볼 수도 있다. 나아가 C 목사가 T 씨를 상담하면서, 로마서의 한 구절을 인용하는 것을 우리는 목도한다. 실제로 성경 구절이 목회자와 교인의 대화에 등장하는 경우는 허다하고, 그 쓰임새는 매우 다양하다고 할 수 있다. 이런 경우 교구목회상담에서의 성경 사용은 어떻게 보다 건설적이면서도 도움을 주는 것이 될 수 있을까?

일반적으로 목회돌봄/상담에 있어서의 성경의 사용은, 성경의 이야기나 구절을 교인의 상황이 지닌 내적인 역동성을 겨냥하여 사용하는가 아니면 그 교인을 교화하고 교육시키기 위해서 사용하는가에 따라 두 가지 큰 흐름으로 나눌 수 있을 것이다.[6] 이 두 흐름 중에서 우리 한국 교회의 교구목회상담이 대체적으로 후자의 면에 치우쳐 있음은 위의 C 목사의 상담의 예에서도 잘 드러난다. 즉, 시험에 실패한 T 씨의 내적인 역동성을 겨냥하여 성경 내용이 언급되는 것이 아니고, T 씨를 위로하고 힘을 북돋기 위한 일차적 의도가 먼저 드러나고 있는 것이다. 교구 내에서의 목회상담이 보다 성경을 전문적으로 또한 심층적으로 이용하는 방식을 개발하고 훈련해야 한다는 점이 시급한 과제다.

둘째로, 기도의 문제다. T 씨와 C 목사의 만남이 시험 전에 기도라는 의식을 통하였음을 우리는 보았다. 시험을 치러 가는 교인에게 어떤 기도가 돌봄이나 상담의 측면에서 가장 도움이 되는 기도일까? 또 시험에 실패하고 다시금 자신의 마음을 다잡으려는 T 씨에게 어떤 기도가 제일 효과적일 수 있을까? 우리 한국 교회의 목회자와 교인의 만남은 기도로 시작하거나 기도로 끝을 맺는 경우가 대부분이다. 그러나 기도라는 종교적 형태가 임상적인 세팅이나 상담적인 세팅에서는, 그것이 함축할 수 있는 도덕적인 혹은 신학적인 의미 때문에, 조심스럽게 제시되고 또 실행되어야 하는 경우도 있는 것이 사실이다. 그러나 기도 자체가 참으로 중요한 돌봄/상담적인 측면을 지니고 있음이 새로이 지적되고 있다.

교구목회상담이 기도라는 자원을 지니고 있음은, 교구목회자가 교인의

---

6) 성경을 상담에 사용하는 방식을 처음으로 상술한 캐봇과 딕스의 *The Art of Ministering to the Sick*는 역동적인 사용방식을 주장하였고, 대부분의 목회상담자들도 이를 지지한다. 그러나 보수주의적인 상담방식을 취하는 제이 아담스(Jay Adams) 같은 이는 성경을 철저히 교화와 도덕적인 잣대로 사용할 것을 주장하고 있다.

정황을 예비적으로 가장 잘 알고 있는 사람이기에 가장 시의적절한 기도를 드릴 수 있는 가능성이 많다는 것이다. 그러면서도 상담적인 차원에서의 효과적인 기도는 단순히 '복을 비는' 기도, 즉 축복이나 기원의 기도와는 다른 차원을 가지고 있음이 강조되고 있다. 앞의 상담사례에서 C 목사는 기도의 실례를 제시하지는 않았지만, 실제로 목회자들이 자신의 기도를 텍스트로 만들어 반성하고 분석하면서 보다 효율적인 기도에 대한 연습과 실행을 기하는 것은 교구목회상담의 주요한 과제가 될 수 있다.

일반 개체교회의 교구목회상담에서 가장 손쉽고도 동시에 많은 도움이 될 수 있는 자원은 신앙적인 혹은 경건한 내용의 소책자들이다. 많은 교회가 효과적인 전도나 교육을 위해 소책자나 팜플렛, 즉 전도지나 작은 규모의 교리 설명서 등을 많이 이용하고 있다. 그러나 교인들의 일상생활 속에서의 행복의 증진을 위한 심리적 도움이 되는 소책자 이용이나 보급은 아직 미미한 실정이다. 바로 교구목회상담이 효율적으로 이용할 수 있고, 또 상담의 보급이나 소개를 위해 가장 효과적으로 손쉽게 사용할 수 있는 것이 바로 이런 소책자운동이다. 특히 신앙적인 내용을 담고 있으되, 양호와 상담의 필요성이나 효과를 지원하는 책들은 교구민들의 생활과 신앙에 큰 도움을 줄 수 있다.

마지막으로 큰 자원이 있다면, 바로 교구라는 공동체 생활과 그 공동체적 자원이다. 교구의 복합적인 구성이 때로는 어려움을 제공하기도 하지만, 다양한 구성원이라는 것은 많은 자원을 포함하는 경우가 있다. 상부상조 그룹의 조직과 활성화를 통한 돌봄/상담의 가능성은 이미 여러 번 지적된 바 있다. 나아가 교구담임 목사가 평신자훈련을 통한 돌봄/상담운동의 저변을 넓히는 것도 바로 교구목회상담의 큰 자원이 된다. 나아가 교구 내의 전문인을 활용한 위탁과 위탁상담의 가능성 역시 큰 자원으로 꼽을 수 있다.

9. 교구목회상담의 발전을 위하여

양호와 상담에 관한 목회자들과 평신자들의 관심과 요구가 증대되어 가고 있음은 우리 한국 사회의 급속한 사회적/문화적 분화와 변천에 따른 필연적 추세라고 하겠다. 특히 전통적 마을과 전통적 가족이 탈현대적인 사회 속에서 붕괴 내지 해체되어 가고, 이로 인해 생겨나는 인간의 내면적인 문제와 인간과 인간 사이의 문제들이 마을이나 가족 내의 관계 속에서 해결되지 못하고 교회의 목양실이나 전문상담소 같은 곳에서 호소될 가능성은 증대된다.

이런 추이를 분명히 자각한다면, 우리 목회자들은 기왕의 전통적인 교회 내 목회상담을 보다 조직적이고 체계적인 면으로 발전시켜 나가면서 이를 통한 상담목회의 성숙과 발전을 꾀해야 할 필요와 사명이 있다.

이를 위하여 클라인벨 박사는 교구목회상담에 관한 훌륭한 제안을 한 바 있다(Clinebell, 1984: ch.4). 즉, 목회자가 교인들에게 일정한 시간과 장소를 상담을 위하여 구별하여 놓았음을 알리고, 이를 소식지나 주보 등을 통하여 보다 적극적으로 홍보하며, 가능하면 전화번호를 소개하여 전화로도 상담할 수 있도록 도와주라는 것이다. 사실, 한국에는 자체적으로 상담과 돌봄의 전화를 따로 개설하여 실제로 교인들과 일반인들에게 도움을 베푸는 교회들이 몇몇 있다. 클라인벨 박사는 목회자의 서재나 사무실에서 목회상담이 진행되는 경우, 이를 적절히 알려 방해를 받지 않도록 하는 방법도 고려할 것을 제안하고 있다.

이런 구체적인 준비와 실행뿐만 아니라 실제로 교구목회상담을 위하여 일반 교구목회자가 준비하고 발전시켜야 할 것은 목회자로서의 기능과 상담자로서의 기능 간에 효율적이고도 적절한 균형을 유지하는 일과 이를 위하여 상담의 틀을 알맞게 짜야 하는 것이다. 즉, 처음 만남을 통해 문제를 파악하고 교구목회상담으로써 도와주려 할 경우에, 교구라는 세팅이 주는 제약과 장점을 어떻게 이용 혹은 극복하여 현명한 상담계획과 상담실행을 할 것인지를 구체적으로, 또 상호 간에 입안하여야 한다. 전문 목회상담자는 벌써 이것이 어느 정도 틀 지워져 있지만 교구목회상담은 매번 다를 수 있기 때문이다.

나아가 교구목회상담에서 일상적인 신앙과 생활의 문제가 중심을 이를 때, 일반 교구생활과 교구 내의 목회상담 간의 현명한 균형을 이루는 것도 교구목회상담의 발전을 위해 주의를 요하는 영역이라 할 수 있다.

» 참고문헌 «

김기복(1993). **임상목회교육**. 서울: 전망사.

이환신(1962). 책머리에. **목회문의학**. 서울: 기독교서회.

전국신학대학협의회(2005). **한국신학교육기관자료집**.

Boisen, A. (1960). *Out of the Depths*. New York: Harper & Brothers.

Browning, D. (1976). *The Moral Context of Pastoral Care*. Philadelphia: Westmnister Press.

Browning, D. (1987). *Religious Thought and the Modern Psychologies: A Critical Conversation in the Theology of Culture*. Philadelphia: Fortress.

Campbell, A. (1981). *Rediscovering Pastoral Care*. Philadelphia: Westmnister.

Campbell, A. (1985). *Professionalism and Pastoral Care*. Philadelphia: Fortress.

Clinebell, H. (1984). *Basic Types of Pastoral Care and Counseling*, rev. ed. Nashville, TN: Abingdon Press.

Hiltner, S. (1949). *Pastoral Counseling*. Nashville, TN: Abingdon Press.

Hiltner, S. (1980). A Descriptive Appraisal, 1935-1980. *Pastoral Psychology, 29*(2).

Hiltner,·S., & Colston, L. (1961). *The Context of Pastoral Counseling.* Nashville, TN: Abingdon Press.

Pruyser, P. (1976). *The Minister as Diagnostician: Personal Problems in Pastoral Perspective.* Philadelphia: Westminster.

Veroff, J., Kulka, R., & Dorran, E. (1981). *Mental Health in America, Patterns of Help Seeking from 1957-1976.* New York: Basic Books.

Willimon, W. (1979). *Worship as Pastoral Care.* Nashville, TN: Abingdon Press.

03

목회상담의 역사 : 구약, 신약, 초대교회

목회상담이 현대적이면서 전문화된 모습으로 그 형체를 드러낸 것은 지난 20세기지만, 전통적인 의미에서의 목회상담, 즉 영혼돌봄(cura animarum, cure of souls)으로 알려져 있는 기독교역사상의 오랜 목회적 돌봄은 교회가 존립하면서 언제나 그곳에 존재하여 왔다. 또한 현대 목회상담의 여러 가지 요소나 역동들은 바로 이 오랜 영혼돌봄에서 그 선구적 모습을 찾아볼 수 있었다. 그런 의미에서 목회상담의 역사를 찾아보고자 할 때 우리는 멀리 구약성서까지 거슬러 올라가 그 시원적 모습이나 맹아적 구조들을 찾아보게 되는 것이다.

인류의 다양한 전통 속에서도 이런 영혼돌봄의 싹이나 유사한 역동들을 확인할 수 있다. 그것은 우리의 영혼돌봄이 유일하고도 독특한 내용과 체제를 소유하고 있는데, 하나의 문화 체제가 이웃의 전통들과 대비될 때 그 독특성과 보편성을 잘 드러내기 때문이다. 이 장에서는 목회상담의 배경과 내용이 되는, 구약과 이후의 기독교의 확립 및 정착까지를 다루고자 한다.

1. 왜 역사적 흐름을 연구하나

프로이트(Freud) 연구가로서도 저명한 미국의 사회학자 필립 리프(Philip Rieff)는 *The Triumph of the Therapeutic*이라는 책에서, "모든 문화는 그 자체로 일종의 심리치료 제도다."라고 말한다. 즉, 개개 문화는 그 안의 구성원에게 도덕적 규범을 제시하고 그것을 어겼을 경우 어떻게 해야 그 범과를 벗어나게 되는지도 알려 주는 일종의 시스템을 구성하고 있다는 것이다(Rieff, 1968: 15). 이 발언이 갖는 일차적 의미는 심리치료나 상담이 문화적 기반이나 문화적 커뮤니케이션 통로를 거치지 않을 수 없다는 것에 있다. 그러나 더 나아가면 이는 상담과 심리치료 자체가 하나의 문화적 시스템으로서, 문화와 그 하부구조인 사회가 변하면서 심리치료 자체도 변할 수밖에 없다는 사실을 웅변하고 있다. 그리고 한 발자국 더 나아가면 심리치료의 변화가 문화나 사회의 변화를 초래할 수 있음도 암시하고 있다.

흔히 목회상담은 20세기 미국이라는 사회와 교회 내에서 처음 생겨난 기독교역사상의 독특한 목회 양태라고 말들을 한다. 실제로 목회자와 교인이 일대일로 정기적으로 구조화된 만남을 가지면서, 거기서 이루어지는 상호관계적인 행위를 통해 '영혼의 치료(cura animarum)'를 꾀하는 독특한 목회양식은 20세기에 처음 이루어진 것이다. 물론 이런 모습의 목회행위가 역사상에 없었던 것은 아니다. 다만 그 나름의 독특하고도 정연한 심리치료적 이론은 바탕으로 목회자가 훈련을 받으며, 교인들도 그에 적절한 기대와 희망을 가지고, 어느 정도 정해진 세팅에서 만나 목회적 돌봄을 받는다는 것은 분명 최근의 일이었다.

이런 의미에서 보면, 목회상담은 분명 20세기 이후의 현대 교회의 독특한 목회시스템이요 문화시스템이다. 그렇다면 이런 시스템은 결코 어느 날 갑자기 생겨난 것이 아니다. 그것은 기독교적 돌봄의 고유한 전통적 문화시스템이 변화된 현대의 상황에 적응하면서 생겨난 하나의 변화된 시스템이라고 보는 것이 옳다. 그리고 오늘의 이 시스템도 사회 및 문화의 변화와 상호 연관관계를 가지면서 또한 변모를 거듭할 것이다.

우리는 오늘 한국 교회에서 불 일듯 번져 가는 상담운동을 목도하면서, 이런 영혼돌봄운동이 과거에는 어떤 시스템과 문화적 정황 속에서 이뤄졌으며, 왜 오늘날에는 이런 모습으로 변화하였는지, 그리고 앞으로는 어떤 모습으로 변모해 갈 것인지 물어야 할 때가 되었다. 특히 오늘의 교회 내 영혼돌봄이 서구의 상담 및 심리치료 이론에 지나치게 의존하고 있다는 비판이 조금씩 일고 있는 시점에서, 이렇게 영혼돌봄의 역사적 흐름과 그 양태를 훑어보는 것은 참으로 뜻깊은 일이라 아니할 수 없다.

2. 영혼돌봄에 대한 역사적 시각

'영혼의 돌봄' 혹은 '영혼의 치유'에 대하여 논의하고자 할 때, 그것이 갖는 개념적 영역은 사실 너무 포괄적이다. 모든 사물과 행동 중에서 '영혼', 즉 삶과 연관되지 않는 것이 어디 있겠는가? 또한 종교에 대하여 말하려 들면, 종교 자체와 그 실제가 모두 다 이 '영혼의 치유' 아니겠는가! 따라서 우리는 이 용어를 가지고, 약물이나 수술 그리고 신체에 직접 영향을 끼쳐 질병을 낫게 하려는 치유적 전통을 제외한, 말하자면 마음과 생각 그리고 영적인 어떤 능력과 연관하여 삶의 변화와 치유를 가져오려는 전통을 지칭하고자 한다. 초대교회에서 목회자를 부를 때, 육신의 의사(physician of the body)와 대비시켜 '영혼의 의사(physician of the soul)'라고 말하곤 하였는데, 바로 이 '영혼의 의사'가 하는 일을 '영혼의 치유'라고 부르려는 것이다. 물론 이 둘 사이의 영역이 현대 의학으로 올수록 경계가 모호해지는 것은 감안하고서라도 말이다.

그렇다면 오늘의 목회상담에 비견되는 역사상의 영혼치유 시스템을 우리는 어떻게 추적하여 탐구할 수 있는가? 특히 우리의 기독교가 하나의 신앙전통의 집적이라고 볼 수 있으며, 신앙적 존재와 행위가 모두 '영혼의 치유'의 시스템의 기본을 구성하고 있다고 할 때에 이를 어떻게 차별화하여 논의를 전개하여 나갈 수 있는가?

이 점에서 우리는 모든 종교가 그 구조상으로 신조 시스템(belief system)과 실제의 종교생활(religious practices)로 대별됨에 착안한다. 다시 말하면 모든 종교는 무엇을 믿는지에 대하여 믿음의 도리를 체계화하여 놓고 있고, 그 믿는 것을 실제로 어떻게 현실생활에서 실현하는가라는 구체적 실행 또한 규정하여 놓고 있다는 점이다. 이런 관점에서 보면, 모든 종교에서 영혼의 돌봄/치유에 관하여 다음과 같은 요소를 찾을 수 있다. ① 어떻게 혹은 왜 영혼이 병들었는지를 설명하는 신조 시스템이 있다. ② 그리고 그것과 연관하여 어떻게 그 병이나 아픔 혹은 고뇌를 고치는지에 대한 종교적 실천 또한 직간접적으로 혹은 묵시적으로 존재한다. ③ 나아가 이 치유의 제도에 직간접적으로 종사하는 사람들이 있다. 그리고 이런 행위에는 반드시 종교와 연관된 시스템만이 동원되는 것은 아니다. ④ 때로는 그 특정 지역이나 특정 시대의 상황에서 얻을 수 있는 일반적/세속적/전통사회적 혹은 비종교적 치유의 자원이나 방법도 있다. 우리는 이런 네 가지 요소들을 얼개로 하여 시대적으로 오늘의 목회상담의 원형이나 유사형을 찾아볼 수 있고, 그것이 거꾸로 현대 목회상담운동을 이해하고 개선하는 데 통찰을 줄 수 있다고 생각하는 것이다.

3. 종교적 전통과 영혼돌봄

이런 관점에서 볼 때, 우리 기독교 목회상담의 흐름을 개관하기에 앞서서, 우리 신앙의 이웃이 되는 세계의 뚜렷한 종교전통들이나 철학전통들이 이런 영혼돌봄을 어떤 식으로 개념화하고 어떤 식으로 실천해 왔는지를 살피는 것은 좋은 참고가 된다. 나아가 이런 치유의 일들을 주관하였던 사람들을 살펴보는 것도 뜻이 있다. 영혼돌봄이라는 측면에서 그 전통들은 우리에게 하나의 대비되는 모델을 보여 주기도 하고, 또는 그들의 고유한 방식이 우리의 탐구에 참고가 될 수도 있기 때문이다.

*A History of the Cure of Souls*를 쓴 존 맥닐(John T. McNeill)은 그의 책머리 부분을 이러한 부면에 할당하고 있다(McNeill, 1951: Chs. 2 & 3). 그러나 그는 소위 원시부족들의 영혼치유의 시스템에 대해서 간과하고 있다. 이를테면 주술이나 샤머니즘 등의 영혼치유나 영혼돌봄도, 비록 그것이 정교한 시스템이나 합리적 근거는 박약하더라도, 그 나름의 체제는 갖추고 있는 것이 사실이다. 우리는 바로 그것에서부터 시작한다.

주술 혹은 샤머니즘의 영혼치유

문화인류학의 발달 및 세계 각 나라와 민족의 토속전통 및 의료 체계가 알려지면서, 이 주술/샤머니즘의 정신치료 혹은 영혼의 돌봄 체계에 대해서도 많은 정보를 발견하게 되었다. 물론 이것을 일반화시키는 것에 무리가 있는 것이 사실이다. 그리고 이런 토속적 치료의 배경이 되는 세계관과 상징 시스템 또한 매우 다양하다. 그러나 이들이 아무리 원시적이고 또 현대인의 관점에서 보기에는 비합리적이라 할지라도, 그 나름으로는 일정한 신조 체계와 치유방식 그리고 그에 상응하는 전문 치유인 및 그 사회 속에서 나름대로의 기능을 가지고 있다.

저명한 정신의학역사학자 앙리 알렌버거(Henri Ellenberger)는 미국의 민속학자 포레스트 클레멘트(Forest Clement)를 인용하면서 이런 원시적 질병 치유 형태를 다음과 같이 간단하게 정리하였다(Ellenberger, 1970: 5ff 재인용).

병의 원인들	치유방식들
1. 질병을 일으키는 물질의 침입	이물질 제거
2. 영혼의 상실	영혼을 불러, 다시 제자리에 복귀시킴
3. 악령의 침입	1) 축귀 2) 나쁜 영을 물리적으로 제거함 3) 나쁜 영을 다른 물체에게로 이관시킴
4. 금기를 범함	고백과 속죄
5. 마법(sorcery)	대항 마법(counter-magic)

이런 치유 시스템에서 중요한 것은 바로 이런 치유방식을 행하는 사람들, 즉 주술의, 마법사, 축귀사, 샤먼 등등 여러 가지 이름들로 불리는 사람들이다. 이들은 위와 같은 치유방식들이 제대로 효과를 내도록 여러 가지의 일상적 혹은 자신들만의 비법을 사용하여 병자들을 돌보고 치유한다. 입으로 이

물질을 뽑아내거나 수술하는 흉내를 통하여 이물질을 제거하는 방식, 나간 영혼을 불러들이는 의식, 고백을 시키거나 아니면 원하는 것을 상징적으로나 실질적으로 성사시키는 방식 혹은 그 반대로 좌절시키는 방식, 제의를 통한 정화와 회복, 성소 등에서 자거나 오늘날로 말하면 최면을 통해 치유하는 방식 혹은 합리적이면서 매우 상식적인 방법으로 치유를 유도하는 방식(이를테면 운동이나 식이요법) 등이 그 비법에 해당한다.

여기서 중요한 것은 이들의 질병관과 치유방식은 개인적이기보다는 집단적인 면이 강하다는 점이다. 한 개인의 질병을 단순히 개인적인 일로 구획화하지 않고 전체 공동체의 일로 보며, 치유조차도 공동체적인 제의나 집단의 참여로 이루어지는 경우가 많다. 따라서 주술의는 공동체의 조직과 생활에서 중요한 권위자다. 그는 단순한 어떤 비법의 소유자라기보다는 소속 공동체의 통합과 초월적인 세상과의 관계 속에서도 무엇인가 중요한 역할을 하는 사람이다. 그리고 성속이 제도상으로 분리되어 있기보다는 일상생활의 소소한 면도 초월의 세계나 혹은 질병을 일으키는 원인과 연관되어 있다고 본다.

우리는 사실 이런 치유 시스템을 놓고 '원시적'이라고 말을 하지만, 그것은 어디까지나 우리가 현대적인 관점에서 그렇게 부르는 것뿐이다. 이런 치유 시스템이 아무리 비과학적이고 비합리적인 요소가 있다고 하여도, 세계의 많은 정신치료 시스템을 비교하여 연구한 저명한 미국의 정신의학자 제롬 프랭크(Jerome Frank)의 말대로, 다른 모든 정신치료 시스템은 물론 위의 원시적 치유 시스템도 ① 질병과 치유에 대한 사회문화적 맥락, ② 치유의 능력이 있다고 사회적으로 인정받고 있는 사람, ③ 질환자가 이런 치유자에게 자신의 문제를 맡기고 의탁함, ④ 치유가 일어날 것이라는 희망과 기대 속의 치유적 행동과 제의 등(Frank, 1993: 325ff)을 모두 갖추고 있다. 우리는 이 장에서 다만 보다 종교적인 면에 국한하여 그 전체 체계를 보고 있는 중이다.

힌두교 및 불교전통의 영혼치유

거대한 종교전통들의 영혼치유 시스템을 짧은 글 안에서 이야기하는 것은 어쩔 수 없이 피상적일 수밖에 없다. 세계에서 가장 길고도 복잡한 종교와 철학사상의 역사를 지닌 인도문명의 영혼치유에 대한 설명은 더욱 그러하다. 그러나 기독교전통의 영혼치유 연구를 위해서는 그것만으로도 도움이 될 수 있을 것이다. 그리고 인도전통상의 영혼치유 시스템은 크거나 혹은 작게 앞의 원시적 치유 시스템을 보유하고 있음이 틀림없다. 그렇지만 보다 정교하게 엮어진 그 종교적 사상을 대관하면서 그것이 어떻게 영혼치유 혹은 영혼돌봄과 연관되는지 살펴보기로 한다.

흔히 인도의 종교사상은 베다로부터 시작하여 브라마나를 거쳐 우파니샤드를 통해 우리가 어느 정도 익숙해지는 힌두교, 불교, 자이나교 등으로 번져간다고 알려져 있다. 이 여러 전통이 제각기 많은 차이를 지니고 있지만, 동시에 공통의 요소를 지니고 있는 것도 사실이다. 특히 인간의 고통과 질병 및 유한한 삶의 정황들에 대하여 그것을 설명하는 신조 시스템들은 큰 흐름으로 정리할 수 있을 듯도 하다. 『세계종교사상사』를 쓴 엘리아데(Mircea Eliade)의 설명을 따르면, 고대 인도의 우주관은 신들에 의한 창조와 이 세계의 변천으로 구성되어 있다. 베다 중에서 가장 유명한 『리그 베다』의 네 창조 설화 중 하나(X, 129)는 '무(asat)로부터 유(sat)의 창조'를 말하면서 형이상학적 우주관을 펼치고, 이것은 후에 인도사상의 가장 중요한 원천으로 작용함을 말하고 있다(이용주 역, 2005).

> ① 그때까지는 무도 없고, 유도 없었으며…… ② 사멸도 없고 불사도 없었으며…… 완전한 정적 속에, 저 스스로, 유일자가 숨 쉬었으니 그 이외에는 참으로 아무것도 없었도다. ③ 태초엔 어둠이 어둠을 감추었고…… 공허에 감싸여 발현되고 있는 것, 그 유일자는 열의 힘으로 출생하였도다. ④ 그에게서 처음으로 의욕이 일어났으니 이것이 최초로 생긴 사색의 씨였도다. 마음속에서 탐

구하는 현인들은 그리하여 유의 인연이 무에 있음을 깨달았도다……(정승석 편역, 1984: 237—238).

위의 위의 인용문 ③에서, '열(熱)'이란 '타파스(tapas)'로서 이는 고행 같은 것을 통해 발현되는 열기를 말하며, 주술-종교적인 힘을 획득할 때 동반되는 '뜨거움'을 말한다고 한다(이용주 역, 2005: 355). 거기서 처음으로 의욕(욕망, desire, kama)이 일어났다. 그런데 이 욕망이 '사색의 씨', 즉 manas의 '제1 종자(retas)'였다는 것이다.

이것은 엘리아데가 설명하고 있는 것처럼 향후 인도철학의 중요한 모티프가 되었을 뿐 아니라, 인도사상 속의 영혼의 치유에 관한 신조의 틀과 실행의 실제에서 참으로 중요한 역할을 하는 것으로 보인다. 결국 인간의 의식뿐만 아니라, 우주의 기원도 그것을 만든 자의 '욕망(kama)'에 근거하고, 결국 여기서 일어나는 모든 현상, 그중에서도 고통과 슬픔같이 인간 영혼의 치유와 돌봄의 대상이 되는 것들도 이 욕망에서 비롯된 마음의 생각(manas)에 의존한다는 가르침이 여기서 명확하게 제시되고 있기 때문이다. 그리고 현인들이야말로 바로 이런 현상들 속에서 유와 무의 관계를 따지면서 어디에 진정한 치유가 있는지를 궁구하는 사람들임을 암시하고 있다.

그러나 인도전통에 이런 사유적 양태만이 있는 것은 아니다. 베다는 네 종류로서, 그 안에는 수많은 신들의 이야기와 그에 얽힌 많은 가르침들이 존재한다. 따라서 인드라(전사이자 창조주), 아그니(불의 신), 바루나(지상의 신)로서의 데바와 아수라 등등이 존재한다. 그리고 이들 신들에 대한 제의도 존재한다. 이 베다식의 제의 가운데에는 가정 제의와 공식 제의가 있었고, 불을 피워 놓고 우유나 곡물을 바치고 염소나 소, 양, 말 같은 희생제물을 드렸던 것을 보게 된다. 이런 것들은 신과 인간 사이의 경계와 관계를 규정하고 인간의 삶과 죽음 등에 얽힌, 즉 영혼의 삶에 얽힌 현상들을 제사의식을 통하여 해결하거나 구제하려 하였던 노력들을 보여 준다. 이런 것들이 바로 『브라마나』로 집대성되는 제의문집들이다(이용주 역, 2005: 355ff).

그러나 인도전통의 근간을 이루는, 사색과 명상을 통한 해탈에로의 길은 『우파니샤드』를 거치면서 보다 정교하게 다듬어진다. 우주적 실제로서의 '브라만'과 개체적 실재로서의 '아트만', 개개인이 '업(kama)'을 통해 만들어 가는 변환하는 세계 '마야(maya)', 이런 세계가 끊임없이 유전하게 되어 있는 '삼사라(samsara)', 그리고 이 유전하는 세계로부터 탈출하여 구원에 이르게 되는 '목사(moksa)' 같은 개념들이 온전하게 체계를 갖추면서 하나의 신조 및 실행 시스템으로 역사상에 등장하기 때문이다.

엘리아데는 『찬도기야 우파니샤드』(VI, 14: 1–2)에 나와 있는 아들(슈베타케투)을 가르치는 아버지의 말에서 이 우파니샤드 철학의 상징적 구조를 보게 된다고 한다.

> 총명한 아들아, 어떤 사람의 눈을 천으로 가려 묶고 간다라 국에서 아주 먼, 인적이 드문 곳에 데려다 놓으면, 그 사람은 방향을 잡을 수 없어, 동, 북, 남 그리고 서쪽을 모두 향하여 소리를 지를 것이다. "누군가 나를 간다라 국에서부터 눈을 가려 묶고 이곳까지 데려다 놓고는 이렇게 가린 채로 내버렸소." 하고 말이다.
> 그런데 누군가 와서 "그 사람의 눈을 가린 천을 벗겨주면서 '당신의 나라' 간다라 국은 이쪽 방향에 있소. 이리로 가보시오." 했다 하자. 그러면 그 사람이 현명한 사람이라면 거기에서부터 그 방향으로 걸으면서 마을마다 계속 물어 물어, 결국 간다라 국을 찾아갈 것이 아니겠느냐. 이 세상에서 그러한 지혜를 줄 수 있는 사람이 스승이다. 스승을 만난 사람은 완전히 속박을 풀 때까지 걸리는 시간만큼 시간을 요하는 것뿐이다. 그러고 나면 결국 그 존재를 발견하게 된다(이재숙 역, 1998: 371–372).

이 이야기 속에 나오는 눈을 가린 사람이 곧 일상적 인간의 모습이다. 그의 문제는 다름 아니라 눈을 가려 볼 수 없었다는 데 있다. 그의 해결책은 바로 이 눈이 볼 수 있게 해 주고, 방향을 알려준 데 있다. 그 해결책을 제시해 주는 사람이 곧 스승이다. 곧 우리가 흔히 '구루' 라고 말하는 현인이다.

그러므로 인도의 고전적인 전통은 영혼의 고통에 대하여, 그것을 업보(karma)라고 하는 인과적 관계로 설명하고, 이런 인과적 관계가 영원히 순환하며(samsara), 그것을 보지 못하는 무명 혹은 무지(avidya)가 문제의 출발이고, 이러한 무지와 윤회의 굴레를 벗어나기 위해 깨달음과 고행의 수련을 통하여 구원(moksa)에 이를 수 있다고 하는 치유의 신조 시스템과 실행의 제도를 제공하고 있다.

우리에게 비교적 익숙한 불교의 신조 시스템 및 실행의 제도도 위와 같은 힌두교전통의 맥락에서 이해하여 볼 수 있을 것이다. 고 · 집 · 멸 · 도라는 사성제와 이를 실현하기 위한 팔정도의 교리도 바로 위와 크게 다르지 않다. 탐 · 진 · 치라고 하는 삼독 같은 고약한 욕심들을 끊고, 수행과 정진을 통하여 깨달음의 세계로 들어가 윤회의 끈을 끊은 후 정복의 단계에 들어감으로써 삶의 번뇌들을 소진시키는 '보살'과 '부처'의 길 안에 바로 영혼의 질병과 치유의 길이 간명하지만 모두 담겨 있다.

불교 내의 영혼의 치유를 단적으로 잘 보여 주는 예는 널리 알려진 키사고타미의 이야기를 통해서 찾아 볼 수 있다(보다 자세한 이야기는 거해 편역, 1992: 353ff 참조).

> 키사고타미는 사왓티에 사는 한 재산가의 딸이었다. 그녀는 성장하여 젊은 재산가와 결혼하여 아들 하나를 낳았다. 그런데 겨우 걸음마를 시작할 무렵 아들이 갑자기 죽었다. 그녀는 죽은 아들을 안고 사람들을 찾아다니며 살려 낼 수 있는 약을 달라며 애원했다. 한 현명한 사람이 부처님을 찾아가 보라고 충고하였다. 그녀는 제타와나 수도원에 계시는 부처님을 찾아가 죽은 아들을 내려놓고 울면서 애원하였다. 그러자 고타마 부처는 '사람이 죽은 적이 없는 집에 가서 겨자씨 한 줌을 얻어가지고 오라.'고 하였다. 고타미는 죽은 아들을 가슴에 안고 마을 사람들의 집을 찾아다니며 겨자씨를 구했으나, 사람이 죽은 적이 없는 집은 없었다.

고타미는 지친 몸으로 죽은 아들을 내려놓고 깊은 생각에 잠겼다. 그리하여 그녀는 마침내 자기만이 아니라 세상 모든 가정에서 사랑하는 사람을 잃어버리며 살아가고 있다는 것과, 진실을 말한다면 죽은 사람의 수가 살아있는 사람의 수보다 훨씬 많다는 것을 깨달을 수 있었다. 여기에서 고타미는 부처님께서 자기에게 겨자씨를 구해 오라고 하신 것은 자기로 하여금 진리를 깨닫게 하기 위해서였다는 것을 느끼게 되었다. 그녀가 이와 같이 깨닫는 순간 그녀에게서 죽은 아들에 대한 애착이 떨어져 나갔다.

고타미는 어린 자식의 시신을 숲 속에 묻고 부처님께 돌아와 사람이 죽지 않은 집은 없었노라고 말씀드렸다. 부처님은 그녀에게 삶과 죽음에 대하여 설법을 해 주셨고, 그녀는 이 설법을 통하여 일체 모든 현상은 무상하여 오래가지 못한다는 것과, 모든 생명은 자기 욕망을 성취할 수 없는 고통 속에서 살다가 불만 속에서 죽어간다는 것 그리고 일체의 사물에는 그것을 이끌어 가는 불멸하는 주체, 즉 '나(我)'가 없다는 것을 완전히 깨닫는 깨달음을 성취하였다.

이런 가르침 속의 영혼치유는 매우 색다른 시스템을 갖추고 있다. 인간의 고통이나 부조리한 현실을 거부하거나 부인하는 것이 아니라 그것을 수용하고, 다만 그것이 잘못된 욕구나 희구에 의해서 고통과 문제로 화함을 깨우쳐 주면서, 그런 깨달음이 곧 치유의 길이요, 그런 깨달음을 온전히 하기 위한 수행을 치유의 방법으로 제시한다. 따라서 왜 처음부터 그런 고통이나 부조리한 현실이 있어야 하는지에 대해서는 설명을 주지 않는다. 물론 '환생' 의 교리에 의한 도덕적 결정론이 있기는 하나, 원래 원시불교에서는 저 유명한 '독화살의 비유' 처럼 형이상학적 문제는 출발부터 논의를 잘못하고 있는 것으로 가르친다.

그렇다면 불교적인 영혼의 치유방식 역시 모범과 교육에 의거한 것이라 볼 수 있다. 특히 사성제 팔정도 같은 이론 정연하고 체계적인 불교의 가르침들은 계몽과 통찰을 통해서 고통을 극복하는, 즉 오늘날의 정신분석같이 체계적이며 성찰적인 치유의 방법이라 볼 수 있다(안석모, 2003b 참조). 더 나아가 불교의 여러 가지 수행방식, 즉 독경이나 참선, 기도의 수행 등도 중요한 영혼치유의 방식이 되어 왔다.

결국 인도의 영혼돌봄 전통은, 영혼의 아픔이란 무지와 업보에 의한 고통의 생산이라는 이해 그리고 이것을 극복하고 해결하기 위한 깨달음과 합리적 사유의 수련 및 그 획득에 있다. 그리고 이것은 먼저 이를 성취한 스승을 따르고 답습하면서 그가 간 길을 같이 감으로써 얻어진다. 이것은 곧 은혜와 구원에 의한 돌봄이기보다는 수련과 획득에 의해 얻어지는 치유와 그것에 다다르도록 일깨워 주는 모범적 스승의 돌봄이다.

동아시아의 유학과 도학의 전통

동아시아의 전통도 거슬러 올라가면 영혼의 돌봄과 치유를 위해 주술과 제의 및 샤머니즘적 전통을 가지고 있었다고 말할 수 있다. 점술이나 제의를 통해 길흉화복을 예측하려 하고, 하늘에 제사를 지냄으로써 영혼의 안녕을 구하였던 것들이 바로 이런 영혼의 돌봄의 모습이었기 때문이다. 그러나 중국의 고전시대를 확실히 보여 주는 주나라 및 그 이후 춘추전국시대를 거치면서(소위 인류역사의 차축시대), 동아시아의 확실한 사상적 흐름들은 영혼의 돌봄에 대하여 초월적 신이나 영역과 관련하기보다는 인간과 사회에 대한 숙고를 통하여 이뤄졌다고 봄이 타당하다.

이러한 태도를 단적으로 보여 주는 것이 공자의 태도다. 『논어』의 제 11장 선진(先進)편을 보면, 자로라는 제자가 귀신에 대하여 묻자 공자는 이렇게 답한다. "사람을 잘 섬기지도 못하는데, 무슨 귀신을 잘 섬긴다는 말이냐?" 또한 그가 삶에 대하여 묻자, 공자는 이번에도 이렇게 답한다. "삶에 대해서도 아직 모르는데, 어떻게 죽음에 대하여 알 수 있겠는가?"[1] 이런 점은 그가 사랑하는 제자 안회의 죽음을 보고 "억! 하늘이 나를 죽이는구나!"[2] 하고 통곡

---

1) 季路問事鬼神. 子曰:「未能事人, 焉能事鬼 ?」敢問死. 曰:「未知生, 焉知死?」(先進第十一).

했다는 점에서도 잘 나타난다. 어째서 이렇게 젊은 사람이 죽어야 하는지, 이와 같은 인간의 고통과 한계상황에 대하여 이 전통은 더 이상 질문을 던지지 않는다.

그렇다면, 고통이나 한계를 만난 사람에 대하여 유학이나 도학은 무엇을 말하며, 어떻게 그 영혼을 돌보려 하는가? 동아시아의 고전적 전통이 이런 문제들에 대하여 어떤 초월적 원인을 말하지 않음은 널리 알려진 사실이다. 다만 이 전통은 인간의 본성과 그것을 따름에 인간의 삶의 전면모가 있다고 가르치고 있다. 그 가르침의 핵심이 저 유명한 『중용』의 첫 구절일 것이다.

> 하늘이 명한 것을 성이라 이름하고, 그 성을 따르는 것을 도라 하며, 그 도를 닦는 것을 교라 한다.[3]

하늘이 명한 바를 따르고, 그것을 닦으면서 사는 것이 교육이요, 예이며, 군자의 도이고, 자연적인 삶이라는 것을 가르치는 이런 사상 시스템 속에서 본성 혹은 본심이란 선하고 좋은 것이다. 그러나 사람들은 모두 같지 않다. 왜 그런 것인가? 공자는 이렇게 말한다.

> 천성의 모습은 서로 비슷하나, 살아가면서 배워 얻은 습관 때문에 서로 멀어진다. 가장 높은 지식을 지닌 사람과 가장 어리석음에 묻힌 사람은 바꿀 수가 없다.[4]

그것은 결국 살아가면서 몸과 마음을 닦은 결과의 차이라는 말이다. 따라서 영혼이 어둠과 고통에 처하는 것은 성정을 닦고 천지의 이치에 합하여 살아 가는가 아닌가의 차이로만 설명된다.

그렇기 때문에 천성을 지키고 닦는 것이 곧 영혼의 돌봄이며, 그것이 무너

---

2) 顔淵死. 子曰:「噫! 天喪予! 天喪予!」

3) 天命之謂性; 率性之謂道; 修道之謂敎; 中庸 第一.

4) 子曰:「性相近也, 習相遠也.」 子曰:「唯上知與下愚不移.」(陽貨第十七).

졌을 때, 그 본성과 본심을 회복하는 것이 곧 영혼의 치유가 된다. 말하자면 몸과 맘을 닦는 것이 영혼돌봄의 본령이 된다는 것이다. 이런 면에서 또 다른 고전 『대학』의 장구가 이런 태도를 잘 보여 준다.

> 예로부터 밝은 덕을 세상에 드러내려는 사람은 먼저 나라를, 그에 앞서 가정을, 그보다 먼저 자신의 몸을, 그보다 먼저 마음을, 그에 앞서 뜻을, 그보다 먼저 앎을, 그리고 가장 먼저는 사물의 이치를 파악해야 한다.[5)]

이렇게 본다면, 영혼돌봄의 목적은 몸과 마음을 닦고 만물의 질서를 지키면서 대인 혹은 군자 혹은 현자의 길을 가도록 돕는 데 있고, 영혼치유의 목적은 무엇보다도 마음의 교육과 수양에 있다고 볼 수 있다. 그리하여 유학의 수양론은 초기의 단순한 심리적 마음 이해에서 도덕적이면서 형이상학적인 마음 이해로 발전적 양상을 보이고 있다. 그리하여 점차로 '존심(存心)'과 '양심(養心)'을 중시하여 간다(안석모, 2003a: 71ff 참조).

이에 대하여 도학의 가르침은 같은 내용을 다른 언어로 표현한다. 즉, 존심이나 양심과는 대비되게 '허심(虛心)' 또는 '유심(遊心)'을 말하고 있다.

> 무궁한 도를 잘 터득하고, 자취 없는 경지에 노닐며, 자연으로부터 받은 것을 온전하게 하고, 얻는 바가 있었다고 생각지 말라. 오직 허심해지는 것뿐이다. 지인의 마음의 작용은 거울과 같다. 사물을 보내지도 맞아들이지도 않는다. 응하여 주되 감추지 않는다. 그러니까 사물에 대하여 몸을 손상시키지 않을 수가 있다.[6)]

'유심'이란 말 그대로 노니는 마음, 즉 마음의 자재자유(自在自由)함을 표

---

5) 古之欲明明德於天下者, 先治其國, 欲治其國者, 先齊其家, 欲齊其家者, 先脩其身, 欲脩其身者, 先正其心, 欲正其心者, 先誠其意, 欲誠其意者, 先致其知, 致知在格物.

6) 體盡无窮 而遊无朕 盡其所受乎天 而无見得 亦虛而已 至人之用心若鏡 不將不迎 應而不藏 故能勝物而不傷. [應帝王] 11.

현한다. 이것은 '마음을 닦는다.' 든가 공부(工夫)를 통하여 무엇을 이룩하려는 것이기보다는 마음이 가는 대로 내버려 두어 오히려 본을 지키게 하려는 역설적 표현이다. "네가 마음을 담담한 경지에서 노닐게 하고, 기를 막막한 세계에 맞추어, 모든 일을 자연에 따르게 하며, 사심을 개입시키지 않는다면 천하는 잘 다스려진다." [7]

이렇게 본다면 동아시아 영혼치유의 전통은 성인이나 군자 혹은 대인이 우매한 백성들을 가르쳐 자연과 본성에 맞게 살아가도록 인도함에 있다고 볼 수 있다. 그러나 이런 것들이 실제로 사람들의 영혼의 고통이나 삶의 고단한 슬픔을 위로하고 격려하면서 실제로 그 역할을 제대로 할 수 있었는가는 또 다른 영역에 속한다. 동아시아의 오랜 역사 속에 수많은 외래종교들이 들어와 활동하였고, 불교 또한 동아시아 전통에서 습합(習合)적으로 변모를 겪으면서 초월적 요소와 제의적 면모 속에서 영혼을 돌보고 치유하는 전통을 풍성하게 쌓아 갔기 때문이다. 이런 요소들을 모두 찾아보는 것은 이 책의 범위를 훨씬 벗어나기 때문에 여기서 멈춘다.

그리스와 로마의 전통

그리스와 로마문화의 전통에서 찾아볼 수 있는 영혼의 돌봄이 중요한 것은 그것이 앞으로 살펴볼 유대전통과 더불어 우리 기독교의 영혼치유와 돌봄의 전통에 직접적으로 영향을 미쳤기 때문이다. 특히 이 전통이 지닌 철학적이고 문학적인 양식들은 그대로 신약시대 및 초대교회의 한 자원이자 표본이 되기도 하였다.

특히 그리스 철학자들의 철학은 그 나름으로 영혼의 문제들에 대한 답이라는 면에서 일종의 영혼돌봄의 시스템이라 할 수 있었다. 우리에게 중요한

7) 汝遊心於淡 合氣於漠 順物自然 而無容私焉 而天下治矣. [應帝王] 3.

것은 많은 그리스 철학 유파들의 사상이 아니라, 이들 철학이 인간의 고통과 한계의 문제를 어떻게 생각하고 이에 대하여 어떤 가르침들을 주었는가의 문제이다.

물론 그리스와 로마의 전통에도 나름의 종교적인 영혼돌봄이 있었던 것이 사실이다. 예를 들어, 유명한 아폴로 신전의 "너 자신을 알라."라는 격언은 신들의 세계와 인간의 세계, 그 앞에서 인간이 어떻게 살아야 할지를 알려주는 체계들이 있었음을 증명해 준다. 그리고 오이디푸스의 신화같이 어떤 운명론적 사고와 이를 극복하려는 제의적인 요소들이 있었음은 말할 것도 없고, 나름의 세계관을 바탕으로 정화의 의식 등을 거쳐 인간의 한계를 넘어서려는 노력들이 여기저기서 보인다(McNeill, 1951: 17–19).

그러나 소크라테스의 등장과 더불어 비로소 인간의 합리적 사고가 종교적 사유를 대체하고 이에 따른 영혼돌봄의 새로운 전통이 시작된다. 그리고 그 특징은 철학적 사유를 가지고 이루어진다는 것이다. 소크라테스가 자기의 죽음을 앞두고, 영혼의 불멸을 이야기하면서 오히려 제자들을 위로하는 장면은 철학적 사유가 어떻게 영혼돌봄이 될 수 있는지를 보게 하며, 나아가 철학적 대화가 오늘날의 상담적 대화와 얼마나 유사한지도 알 수 있게 하여 준다. 다음은 소크라테스가 심미아스에게 하는 말이다.

> 몸이란 것은 끝없는 골치거리들의 본원일세……. 항상 무엇인가를 먹어야 하고, 또 질병에도 걸리기 쉽고…… 거기다가 사랑과 육욕, 공포와 헛된 것을 꿈꾸고, 우상을 섬기고…… 그리하여 우리들로 하여금 사유에 젖게 하는 것을 방해하지 않는가…… 그러니 살아있을 동안에 우리는 몸에 대해서는 최소한의 관심만 갖고…… 오로지 신이 우리를 육신에서 벗어나도록 하는 그때까지 언제나 '순수하게(pure)' 우리를 유지해야만 한다네……(Plato, 1961: §66에서 자유롭게 풀어 번역함).

> …… 사실은 이런 것일 확률이 훨씬 높네. 만일 영혼이 몸에서 놓여날 때, 육체로부터 오염된 것이 하나도 없이 순수하다면, 즉 영혼이 생전에 육체와 자

> 발적으로 연합하지 않고, 육체를 피하며, 정기적인 단련을 통하여 육체와 거리를 두어 왔다면…… 그 영혼은 영혼 그 자체처럼 비가시적이며, 신적이고, 불멸이며, 현명하기 짝이 없는 그 장소로 떠나가게 되네. 그리고 영혼이 그곳에 도착하게 될 때, 행복은 거기서 기다리고 있지. 그렇게 되면 영혼은 불확실성과 어리석음, 공포와 제멋대로인 욕망, 그 밖의 모든 인간적인 악들로부터 벗어나게 되는 것이지……(Plato, 1961: § 80e—81a).

'산파적 대화법'을 통해서 미망에 사로잡힌 사람들의 어리석음을 깨닫게 해 주고 그들의 삶을 영원한 것에로 이끌려는 소크라테스는 어떤 의미에서는 종교적인 사람이기도 하였다. 중요한 것은 그가 어떤 종교적 신조나 제의를 가지고 이 일을 한 것이 아니라 철학적 사유를 통해서 이를 시도하였다는 점이다. 그리고 그 중요한 도구가 바로 '대화'였다는 점이다. 이 점에서 우리는 그리스 철학과 현대적 상담 · 심리치료의 한 공통요소를 보게 된다.

나아가 스토아 철학은 철학을 '삶의 기술(ars vivendi)'로 보며, 현자란 자연의 이치를 따라서 사는 사람으로 보았는데, 그런 삶의 핵심은 정념이 없는 삶, 곧 아파테이아(apatheia)의 삶이란 것을 가르쳤던 것도 기실은 인간의 사유에 근거한 영혼돌봄의 시스템이었다고 보면 좋은 것이다.

이런 점은 이름은 정반대이되 삶의 내용은 크게 다르지 않았던 에피쿠로스 학파의 가르침과도 동일하다. 쾌락을 추구하는 삶을 주장하였던 이들이지만 진정한 쾌락은 일시적인 것이 아닌 지속적이고 정신적인 쾌락인 아타락시아(atharaxia)라고 말하였고, 이 또한 정치한 사유의 결과였다.

바로 이런 맥락에서 그리스-로마 전통에서 생겨난 참으로 귀한 영혼의 돌봄의 전통이 바로 '위로의 문학'이다. 예를 들어, 이미 플라톤의 대화록 「Phaedo」에도 제자들을 위로하는 내용들이 많이 담겨 있었는데, 이렇게 문학적 글쓰기를 통해 사람들의 영혼을 위로하고 안내하는 방식이 크란토르(Crantor)라는 철학자를 시원으로 희랍과 로마에서 크게 유행한 것이다. 아테네의 철학자였던 그는 「슬픔에 관하여(On Grief)」라는 유명한 글을 썼고,

이것이 전범이 되어 키케로는 「위로에 관하여(On Consolation)」를 쓰게 되었다. 이후 우리는 세네카, 마르쿠스 아우렐리우스 등 수많은 철학자들의 '위로문학' 작품들을 읽게 된다(McNeill, 1951: 25–39).

그리고 이것이 영혼돌봄의 대표적 방식 중의 하나가 되어 초대교회에서 또 하나의 중요한 영혼치유의 도구로 쓰이게 되는 것을 볼 수 있게 된다. 또한 이런 위로 문학들의 핵심 주제가 바로 인간의 감정과 그에 얽힌 여러 가지 인간의 심리작용이었다는 점에 우리는 주목하게 된다. 그리고 이것이 후에 우리 초대교회의 이상적 인간상에도 그대로 작용하였음을 보게 된다.

나아가 현대의 목회상담과 심리치료에서도 이 감정의 문제가 가장 주된 사안 중의 하나임을 감안한다면 이 그리스–로마 영혼돌봄의 전통이 매우 의미심장한 것임을 우리는 거듭 발견하게 된다.

4. 유대전통의 영혼돌봄

우리 기독교 영혼돌봄의 전통은 유대적인 전통의 연계선상에 서 있다. 예수께서 유대인이셨던 연유도 있거니와, 구약성서가 우리 기독교의 정전이기 때문이다. 그러나 예수께서 새로 이루신 전통을 구별하기 위해서 우리는 구약을 중심으로 한 유대적인 영혼돌봄의 전통을 먼저 따로 살펴본다.

율법을 통한 영혼돌봄

유대/기독교 전통만큼 인간의 고뇌와 한계정황에 대하여 명확한 설명을 해주는 신조 시스템도 드물다. 창세기의 창조 이야기는 '땀 흘려 일하는 고통'과 '아이 낳는 해산의 수고'가 인간이 하나님의 말씀을 어긴 불순종의 결과요, 또한 하나님의 역사의 섭리와 그 뜻에서 벗어나 죄의 영역에 들어섰기 때문이라고 분명히 가르치고 있다. 그렇다면 사람의 영혼에 대한 보살핌과 치유는 하나님의 구원의 역사에 동참케 하는 데에 있다.

이 구원의 역사가 유대전통에서는 제의와 율법의 준수로 이뤄진다. 따라서 유대신앙의 전통과 그에 잇닿아진 기독교신앙의 전통에서는 바로 신조 시스템 자체가 영혼돌봄과 치유의 핵심을 이룬다. 그리고 이것은 어쩌면 유대교와 기독교의 종교적 본질에 연관된 것으로 거의 같은 이야기의 반복에 불과하다고 볼 수도 있다. 바로 여기서 우리는 제의가 얼마나 영혼돌봄에 중요한 것인지를 확인하게 된다. 이것은 단순히 신앙적 죄에 대한 속죄(예, 레 4)나 부정한 것을 정결하게 하는 정결례(예, 레 11–15)만에 해당하는 것이 아니다. 사실, 유대전통은 신체적 정결과 제의적 정결을 연관시킴으로써, 정신과 신체의 건강을 일관하는 특징을 보인다(예, 레 14 환자의 정결례).

그러나 그 못지않게 중요한 것은 성전 안에서의 예배나 개인적 경건의 삶에서 자신의 죄를 고백하거나, 율법과 하나님의 가르침에 관한 감사 및 찬양을 통하여 실제로 백성들의 삶에서 이루어지는 영혼에 대한 치유와 인도와 위로의 측면이다.

> 여호와여 내가 수척하였사오니 내게 은혜를 베푸소서
> 나의 뼈가 떨리오니 나를 고치소서
> 나의 영혼도 매우 떨리나이다, 여호와여 어느 때까지니이까(시 6: 2–3)

시편의 수많은 참회와 탄식의 시들(예, 시 6, 32, 38, 51, 102, 130, 143) 속에서 우리는 자신의 내면을 고백함으로써 위로와 치유의 은혜와 안도감을 얻는 시인들을 만난다. 또한 이들 시인들은 때로는 탄원하고, 때로는 항변하고, 때로는 자신감을 표현하며, 무엇보다도 하나님의 가르침에 관한 확신을 표현함으로써(예, 시 23, 117, 119), 그리고 하나님을 찬양함으로써 그 삶의 문제적 정황이나 일상을 이겨 나가고 이어 나가는 힘을 얻는다.

삶을 살아가는 지표와 행동의 강령이 되는 율법이 가지는 영혼돌봄에 관한 측면은 제의와 더불어 두 축의 다른 하나를 이룬다. 그렇기 때문에 '주의 말씀은 내 발에 등이요, 내 길에 빛이라.' 고 시인은 노래하였고(시 119: 106), 잃은 양같이 방황할 때에 결코 내버려 두어지지 않음은 그가 주의 율법들을 잊지 않기 때문이라고(시 119: 176) 고백하게 되는 것이다.

제사장과 예언자

이런 의미에서 유대교전통의 제사장들은 원초적 의미에서 영혼의 의사들이었다. 이들은 제의적 기능만을 통해서 이 영혼돌봄을 제공하는 역할을 한 것이 아니라, 실제로 그들은 백성들과 통치자들의 상담자요 의사이며 나아가 교사들이기도 하였다(레 10: 10－11).

영혼돌봄을 제공하는 사람으로서의 예언자의 위치는 매우 독특한 성격을 지닌다. 그것은 예언자가 말 그대로 삶을 선견하는, 즉 역사를 미리 보고 하나님의 거룩한 뜻에 근거하여 판단을 하는 위치에 있었거나 그것을 주장하는 기능을 담당하였기 때문이다. 예언자로서의 사무엘이나 엘리야 등의 역할이 치리자의 상담자이거나 혹은 비판적 인도자인 것을 우리는 쉽게 발견한다. 더욱이 엘리야나 엘리사 같은 이들은 이적을 통하거나 신기한 방법으로 난경에 처한 이들을 돌보고 인도하였던 것이 목도된다(예, 왕상 17장의 사르밧 과부 돌봄; 왕하 4장에서 엘리사가 수넴 여인의 아들을 살림). 그러나 기본적으로 예언자들의 영혼돌봄 측면은 하나님이 곧 구원자시요, 시련과 고통과 패배로부터 영혼과 육신을 살리시는 분이라는 선포에 있었다고 볼 수 있다(예, 사 40－55).

그리고 바로 여기에서 하나님이 곧 인간의 영혼과 삶을 돌보시는 분이라는 놀라운 자각의 출발이 있게 된다. 물론 여호와는 이집트에서 박해와 고통을 받는 이스라엘 백성을 모세를 통한 인도하여 낸 구원자시다. 그리하여 하나님은 자녀를 돌보는 아버지 같은 분이시며(호 11), 양을 돌보는 목자시다(겔 34). 그러나 영혼의 돌봄을 위한 가장 중요한 자각은 한 개개인에게도 하나님은 일일이 상담자가 되어 주신다는 것이다. 시 73편을 쓴 기자는 이렇게 고백하고 있다.

> 주의 교훈으로 나를 인도하시고, 후에는 영광으로 나를 영접하시리니……(20절).

하나님이 친히 각 사람의 상담자가 되어 주신다는 이 놀라운 고백 속에 유대전통의 영혼돌봄에 관한 놀라운 특성이 엿보인다. 그리고 이것은 친히 사람의 몸으로 이 땅 위에 오셔서 영혼을 돌보시는 그리스도의 전통의 또 다른 전범이 된다.

신접한 자와 현인들

사무엘상 28장을 보면, 사무엘이 죽은 후 사울은 '신접한 자들' 을 쫓아내었다고 기록하고 있다. 그러나 그 자신이 위험에 처하자, 여호와께 물었지만, '꿈으로도, 우림으로도, 선지자로도' (6절) 대답이 없자, 사울 자신이 '신접한 자를 찾아' 엔돌의 여인을 찾는 장면이 나온다. 이것은 이스라엘 백성들이 어려움에 처하였을 때, 신비적 방식으로 그 돌봄이나 안내를 구하였음을 보여 주는 중요한 단서다.

사실 구약성서의 시대적 배경이나 사회적 배경이 위에서 살펴본 샤머니즘의 영혼돌봄과 중첩되는 것임을 우리는 인정해야 한다. 그러면서도 구약, 특히 신명기 18장을 보면(동시에 레 19: 26–31), "너는 그 민족들의 가증한 행위를 본받지 말 것이니, 그의 아들이나 딸을 불 가운데로 지나게 하는 자나 점쟁이나 길흉을 말하는 자나 요술하는 자나 무당이나 진언자나 신접자나 박수나 초혼자를 너희 가운데에 용납하지 말라." (9–11절)라고 금하는 것에 우리는 주목해야 한다. 즉, 이스라엘 백성은 제사와 율법과 말씀을 가르침받아 영혼돌봄을 받는 것을 제외하고는 신비하거나 주술적인 방식으로 영혼돌봄을 받는 것을 금하고 있었다.

이에 비하여, 구약에서는 전문적이라 할 수 있는 상담자 내지는 삶의 인도자를 볼 수 있다. 이의 명확한 전거가 예레미야 18장 18절이다. "…… 제사장에게서 율법이, 지혜로운 자에게서 책략이, 선지자에게서 말씀이 끊어지지 아니할 것이니……" 여기서 말하는 지혜로운 자란 'hakhamim'으로 구약성서에서 직접적 설명을 많이 찾아볼 수 없다. 왕에게 책략을 베푸는 모사로서의 지혜자인지(예, 삼하 17장의 압살롬에게 책략을 베푸는 아히도벨이나 후새 같은 이), 아니면 민간에서 어떤 조언이나 금언을 들려주는 선생 같은 사람인지, 아니면 후대의 랍비나 전문적인 조언자들(외경: 『지혜서』의 51: 23)의 전신이 되는 사람인지 분명치 않다. 그러나 오늘날 우리가 지혜문서라고 이름붙인 『잠언』이나 『전도서』 같은 책에 나오는 인생의 교사로서의 지혜자들이 구약시대에 활동하였던 것은 분명하다. 그리고 이들 유대의 지혜자들은, 근동지방에서 지혜자들로 불리던 비슷한 사람들과 대비하여 이해할 수도 있다(Buttrick, 2000에서 'Wisdom' 참조).

중요한 것은 이들 지혜자들이 가르치는 내용들의 상당수가 영혼의 고통에 대하여 위로하고 설명하며 그들을 치유하고 인도하는 오늘의 목회상담자의 역할과 매우 흡사하다는 것이다. 대표적인 예가 『욥기』다. 의로운 사람이 고통을 받는 문제에 대하여 욥의 친구들이나 그 주위의 사람들이나, 나아가 이 책을 읽는 독자나, 모두가 『욥기』가 어떤 설명과 해답을 줄런지 궁금하게 된다. 이런 점은 『전도서』 에서도 마찬가지다. 모든 것이 헛되고 새로운 것이란 없는 것 같은 세상에서 무엇을 위하여 젊은 사람들은 미래를 계획할 것인가? 그뿐인가? 『잠언』을 보면 인생을 시작하는 젊은이를 위해서 어른들이 무엇을 조언할지로 가득 차 있다. 그리고 궁극적인 지혜란 당연히 '하나님을 두려워하는 것' 임을 지혜를 가르치는 이들은 누누이 당부한다.

이 점에서 현대의 일반상담이나 목회상담이 구약시대의 지혜문학에서 배울 수 있는 점들이 많다. 성서학자 제임스 크렌쇼(James Crenshaw)는 구약시대에 하나의 전문계급으로서 지혜자들이 존재하였을 것이라는 결론을 내리면서, 이런 삶의 지혜가 근동의 수천 년 역사의 전통을 담고 있으며, 단순히 경험과 이성에 근거한 행복이나 부의 추구만이 아니라 삶과 죽음, 생명과 역사의 궁극적 의미, 특히 의인의 고통 같은 정신적 영적 문제들을 다루고 있다고 설명하고 있다. 그리고 이런 질문에 대한 답변이 결국에는 신비, 회의, 혹은 불가지의 차원에까지 이르면서 어떻게 삶의 문제들을 만난 사람들을 구약시대의 지혜자들이 상담하고 인도하였는지를 설명하고 있다(강성열 역, 1993).

이런 지혜의 내용들을 여기서 구체적으로 열거하기는 어렵다. 그러나 중요한 것은 바로 이런 지혜들이 결코 추상적인 진리의 나열이거나 어떤 결론을 연역적으로 풀어내는 것이기보다는 오랜 전통과 전승의 과정을 거치면서 그 사회 및 문화의 시스템과 어울리면서 하나의 시스템을 갖추고 있다는 것이다. 또한 그것은 결코 하나의 전통만이 아니라 여러 가지의 전통들이 서로 영향을 주고받으며 어우러져 나온 결과라는 것이다. 따라서 구약의 지혜들이 21세기의 현대인에게 그대로 지혜로운 것이 되는 것도 아니며, 나아가 오늘의 지혜가 그 옛날의 지혜가 될 수 없음도 당연하다(예, 여성에 관한 문제들). 문제는 지혜로운 사람들과 지혜도 시대 및 문화와 연관되는 하나의 시스템이라는 것이다.

랍비와 랍비문학

위에서 말한 사람들 외에 우리는 포로기 이후의 에스라처럼 '학사' 라고 불리는 사람들을 보게 된다. 이들은 '서기관' 으로 불리기도 하면서 주로 율법을 연구하고 율법을 해석하는 임무를 맡았던 사람들이다. 그리하여 신약 성서에 와서는 '율법학자'로 불리기도 한다. 이들이 그리스도 탄생 이후의 시기에 와서는, 즉 예루살렘 성전이 허물어지고 유대인들이 전 세계로 흩어진 뒤로 '랍비'로 불리고 이 랍비를 중심으로 하는 종교활동과 사회활동이 생기게 되었다.

이런 랍비들이 유대인들의 삶 속에서 영혼의 인도나 돌봄을 제공하였을 것은 당연한 일이다. 특히 율법에 대한 주석들과 그 이야기들로 구성된 『미드라쉬』와 구전으로 내려오는 법들을 집대성한 『미쉬나』, 그리고 이 미쉬나를 중심으로 엮어진 『탈무드』를 보면, 거기에는 유대인들이 오랜 세월 동안 겪어온 수많은 삶의 어려운 문제들과 이를 해결하려는 답들이 제공되어 있다.

이런 문서들은 구약의 지혜문학들과 마찬가지로 삶의 정황과 이에 대한 경험과 합리에 바탕한 지혜로운 대처들로 구성되어 있다. 그롤만(E. A. Grollman)은 이 유대적 전통의 영혼돌봄과 치유가 가족을 중심으로 하고, 인간을 원죄 아래 있는 존재로 보기보다는 낙관적이고 선한 존재로 규정하며, 피안적이기보다는 차안적이고, 성을 긍정하고 적극적으로 대하며, 행복을 적극적으로 추구하며, 배움과 전문적 직업 추구를 적극적으로 권하는 특성을 갖는다고 설명하고 있다(Grollman, 2005).

5. 신약성서와 초대교회의 영혼돌봄

신약성서 특히 예수님과 그 제자들을 중심으로 한 우리 기독교 본바탕의 돌봄과 치유는 어떤 시스템 속에서 이루어졌고, 그것이 초대교회 속에서는 어떤 모습으로 발전되어 나갔는가?

여기서 우리가 중요시하며 볼 것은 현대 목회상담의 근원적인 면모를 신약에서 찾을 수 있는가라는 점이며, 그렇다면 거꾸로 신약이 어떻게 우리 목회상담의 전범을 제시할 수 있는가라는 점이다. 우선 예수를 중심으로 살펴보고, 바울과 초대교회를 중심으로 이야기를 전개하여 나가겠다.

예수의 치유사역

복음서의 1/5은 예수의 치유사역에 연관한 것이다. 41개의 서로 구별되는 치유사역의 실제가 복음서에 언급되고 있다. 그냥 언급된 예만으로는 72개에 달한다. 물론 이런 치유들은 신체적인 질병도 있고, 정신적인 질병으로 생각할 수 있는 것도 있다. 그러나 단순한 질병만이 아니라 영혼의 아픔과 소외, 고통과 한계적 상황도 포함한다면 복음서는 그 전부가 바로 이런 영혼의 돌봄과 치유라고 보아야 한다. 그렇다면 예수의 이런 치유사역은 영혼돌봄의 신조 시스템 및 그 실제적 방법상으로 볼 때, 어떤 특징을 가지고 있을까?

속죄와 용서　유대교적 영혼돌봄의 신조적 특징이 하나님께 대한 '죄와 그에 대한 속죄 및 보상'으로서의 제의에 있었다면, 예수의 영혼돌봄의 기초는 '하나님의 용서와 이에 대한 수용적 반응'이다. 그리고 예수의 치유사역들은 이에 대한 확증들이다. 따라서 예수로부터 비롯된 제의는 속죄의 제의이기보다는 용서에 대한 확증으로서의 예배이다. 물론 예수의 고난과 십자가의 죽음이 '속죄' 제물로 해석된 신앙적 고백과 신학적 해석이 신약 내에도 많이 있다. 그러나 이것을 포함하고서라도 그 기본적 영혼돌봄의 신조는 '용서의 수용'이다. 이 경우 예수의 죽음은 용서의 바탕이 되고 있기 때문이다.

예수의 모든 치유사역들은 선행되는 조건이 없이, 다만 '하나님은 목자 없는 양같이 유리하는 사람들을 불쌍히 보시고 용서하신다.'는 것과 '그것을 믿고 받아들이면 치유와 변화가 일어난다.'는 사실들로 이루어져 있다. 그렇다면 이 사실이 가진 역사적 의미는 ① '제의'로부터 '만남' 혹은 '대화' 로 그 치유적 양태가 변한다는 데 있다. 이것은 또한 다음과 같은 특성도 갖는다. ② 영혼돌봄이 더 이상 제의에 국한되지만 않는다면, 이제 성소 혹은 제단보다는 각 개인의 영혼과 믿음이 주요한 돌봄의 '장(locus)'이 된다. ③ 또한 돌봄의 형태가 성소로 찾아오는 것으로부터 개인을 향해 찾아 나가는 형태가 된다. ④ 나아가 이 돌봄은 어떤 성직자의 특권이 되는 것이 아니라, 용서와 신앙의 메시지를 간직하고 그것을 받아들인 사람의 것이 된다.

만남과 대화　내용상 복음서의 절반은 예수의 수난과 부활에 관한 것이지만, 그 다른 절반은 예수께서 사람들과 개개인을 만나신 것이다. 이런 면에서 예수의 영혼돌봄은 소크라테스의 '대화'를 연상케 한다. 즉, 예수의 대화는 사람들로 하여금 자신을 알게 하고, 현재 일어나고 있는 일, 곧 도래하는 하나님 나라의 의미를 발견하게 하며, 나아가 많은 사람들에게 삶의 결단을 초래하고 또 촉구하고 있다는 것이다. 어떤 이는 그런 의미에서 예수를 '현대 상담' 의 시원자로 보기도 한다.

그러나 이런 견해의 적합/부적합 문제보다도, 예수께서 사람들을 만나시고 그들과 대화를 나누시면서, 여러 모양으로 그들을 변화시키고 치료하신 것에서 우리가 보아야 할 것은 그분이 신체와 영혼을 따로 구별하지 않으셨다는 것, 특히 마음 혹은 영혼의 중요성을 많이 강조하시면서, 오히려 오늘날의 심신연관적인 질병이나 투병관을 가지셨다는 점에 있다.

죄 사함, 믿음, 치병　위의 마지막 언급은 예수께서 병든 이들을 고치실 때, "네 죄가 사함받았다." 라는 말씀을 하신 것과 직접적 관련이 있다(예, 마태 9). 그리고 이것은 앞서 본 대로 제의에 의한 용서가 아니라 믿음에 의한 용서 혹은 자신의 정체에 대한 깨달음의 은혜에 의한 확증이었다. 이는 또한 "네 믿음대로 되라." 라는 말씀과 직접적으로 연관된다.

기도와 영혼돌봄 예수께서 기도의 모범을 보이시면서 귀신을 내어 쫓고 능력 있게 일을 행하는 것에 기도의 힘을 강조하신 것 또한 매우 중요한 영혼돌봄의 전범을 제공하고 계신다(막 9: 14-29; 귀신들린 아이 고치심).

성찬을 통한 치유 오병이어의 기적이나 부활하신 후 게네사렛 호수에서 제자들과 물고기를 드신 것도 일종의 공동식사요 성찬의 원형으로 본다면, 엠마오 도상에서 두 길손과 함께 집으로 들어가셔서 식사를 하신 것도 일종의 성찬의 원형으로 볼 수 있을 것이다. 누가복음 23장의 엠마오 이야기에서 예수께서는 식탁을 함께 하심으로써 그 길손들의 눈을 뜨게 해 주신다. 이런 면에서 식탁을 함께 나눔이 곧 배고픈 이들의 마음을 채워 주고, 절망한 이들을 희망에로 이끄신다는 점에서 예수의 공동식사는 매우 중요한 영혼돌봄의 도구가 된다. 이렇게 예수의 사역에서 영혼돌봄의 여러 가지 요소를 찾아봄은 기독교의 영혼돌봄과 치료가 기본적으로는 예수의 사역에서 기원한다는 신념에 연유하고, 또한 예수께서 하신 어떤 일도 결국에는 영혼의 치유와 연관된다는 선입견에 근거한다.

사도시대의 영혼돌봄과 치유

예수께서 보이신 이런 돌봄과 치유의 시스템은 제자들의 시대, 곧 사도들의 시대로 넘어가면서 보존되기도 하고 정형화되기도 한다. 치유는 예수 이후의 제자들 시대에도 계속하여 가장 중요한 사역 중의 하나였다. 그러면서도 여기에 또 다른 요소들이 첨가되는 것을 볼 수 있으니 용서받은 자, 곧 믿는 이의 범과와 그 밖의 고통과 한계정황들에 대하여 사도시대에는 어떻게 돌봄을 제공하였는가 하는 점이다. 여기에는 몇 가지 특징들이 있다.

먼저, 사도시대는 기독교신앙이 유대교의 범위를 벗어나 보다 넓은 그리스-로마 문명과 만나는 때였다. 따라서 영혼돌봄과 치유에 유대교적인 전통이나 팔레스타인 땅의 독특한 치유 시스템만이 활용되지 않고, 보다 넓은 세계의 영혼돌봄/치유 시스템이 작용하였다는 점이다. 우리는 그것을 사도행전과 바울 및 여러 사도들의 서간문에서 발견한다.

예를 들어, 바울이 고린도교회에게 보낸 편지를 보면 성욕의 문제(5장), 법률적 소송의 문제(6장), 혼인과 독신의 문제(7장), 우상에게 바쳐진 제물의 문제(8장), 교회 내에서의 여성의 위치에 대한 문제(11장) 등은 단순히 유대교나 이스라엘 백성의 영역에 제한된 것이 아니라, 이방문화의 접촉에서 오는 복잡한 문제들을 안고 있었던 것이다. 따라서 이렇게 다원적인 세상 속의 교인들을 인도하고 상담하고 치유하는 것은 결코 간단한 일이 아니었다. 여기서 우리는 사도들이 자기들이 처한 시대와 문화와 사회의 관습과 기독교적인 가르침을 함께 생각하면서 보다 종합적인 판단을 내리는 영혼의 인도자 역할을 하였음을 알 수 있다.

그러면서도 교회 내에서 기독교신앙과 신조 및 그 실제 생활에 따른 영혼돌봄의 길과 양태들이 있었고 또 그것들이 보다 뚜렷한 특징을 지녀 가는 것을 찾아볼 수 있을 것이다.

고백 앞서 말한 대로 이제 기독교의 죄에 대한 고침의 방식이 보속이나 제의가 아니라 용서와 대화라면 제의 대신에 등장하는 의식적 요소가 '고백' 일 것임은 매우 분명한 일인 듯하다. 물론 고백이란 일상생활에서도 이뤄지는 가장 흔한 삶의 형식이다. 그러나 이것이 신앙 및 신앙생활 형태와 연합될 때 그것은 독특한 영혼돌봄의 길이 된다.

예를 들어, 요한1서를 보라.

> 우리가 우리의 죄를 자백(고백)하면 저는 미쁘시고 의로우사 우리 죄를 사하시며 모든 불의에서 우리를 깨끗케 하실 것이요(요한1서 1: 9).

이 구절은 어떤 의례적인 측면을 가리키는 것 같지는 않으나, 이 구절의 앞뒤에 "우리가 …… 한다면"이라는 구절이 서너 차례 반복되는 것으로 보아, 초대교회 내에서 이런 형식의 행동이나 말이 자주 논의되고 있었음을 짐작케 한다. 따라서 '죄를 고백하는 것'이 신앙생활에서 중요한 의미를 지니고 있었음을 알 수 있다.

이것은 야고보서에서도 다시 강조되고 있다.

> 너희 중에 고난당하는 자가 있느냐 저는 기도할 것이요 즐거워하는 자가 있느냐 저는 찬송할지니라. 너희 중에 병든 자가 있느냐 저는 교회의 장로들을 청할 것이요 그들은 주의 이름으로 기름을 바르며 위하여 기도할지니라. 믿음의 기도는 병든 자를 구원하리니 주께서 저를 일으키시리라 혹시 죄를 범하였을지라도 사하심을 얻으리라. 이러므로 너희 죄를 서로 고하며 병 낫기를 위하여 서로 기도하라 의인의 간구는 역사하는 힘이 많으니라(야고보서 5: 13-16).

여기서의 고백은 주로 죄에 대한 고백이요, 또한 그 고백이 개인 대 개인 혹은 개인 대 공동체에서 이뤄진 것임을 볼 수 있다. 중요한 것은 바로 이런 고백의 전통이 교회의 중요한 영혼돌봄의 형식으로 자리를 잡아가고 있다는 것이다. 물론 이 고백은 기도 중에 하나님께 직고될 수도 있었다.

기도와 기름 바르기 바로 위의 야고보서 인용 가운데에서 우리는 또한 기도와 기름 바르기(塗油)가 치유의 방편으로 등장하는 것을 볼 수 있다. 영혼의 돌봄과 치유의 형태로서 기도란 신앙생활이 발생하던 그 때부터 존재하였음이 틀림없다. 그런데 여기서 기도가 영혼치유의 한 방편으로 이야기되는 데에는 특징이 있다. 우선 그것은 교회의 지도자를 청하여 기도하는 것이요, 기름을 바르면서 기도하기도 하였고, 또한 이것이 '죄를 고하는 것'과 함께 이루어진다는 것이다.

바로 이 점에서 단순히 기도가 영혼치유의 방편일 뿐만 아니라, 사실은 영혼의 아픔은 말할 것도 없고, 육신의 질병까지도 '죄의 결과'로 진단하고 이해한다는 초대교회의 독특한 신조 및 그에 따른 치유 시스템을 볼 수 있게 된다. 즉, 모든 병과 고통 및 한계정황들이 어떤 자연적인 사건의 결과라기보다는 하나님과의 관계 속에서 '죄'와 연관된 것이라고 보게 되었다는 점이다.

그렇다면 치유와 돌봄이 어떤 자연적인 사물의 적용이나 약물의 처치를 넘어서 하나님의 용서와 은혜로 완성된다는 신앙적 치유 시스템을 강화하여 나가고 있는 것이다. 이런 의미에서 사도시대의 영혼돌봄의 형태가 점차로 초대교회에서 이뤄지는 독특한 영혼의 돌봄 및 치유 시스템으로 발전되어가는 것을 우리는 보게 된다.

'예수의 이름'과 은사적 치유 고백과 기도에 더하여 하나님의 말씀, 특히 그리스도 예수의 이름을 불러 질병을 치료하거나 사람들을 권면하는 일이 더욱 분명하게 자리 잡았다. 사도행전과 신약성서의 여러 서간문들 속에서 "예수 그리스도의 이름으로 명하노니……"라는 말을 통하여 병을 고치는 일이 여러 번 나온다(예, 행 4: 10; 16: 18; 살후 3: 6). 더욱이 사도 바울의 편지를 보면 '예수 그리스도의 이름으로' 문안하고, 권면하며, 꾸짖고, 호소하는 경우가 태반이다. 이것은 곧 '예수의 이름'이 그 자체로 거룩한 능력이 있음을 믿었다는 증거일 뿐 아니라 그것이 일상 신앙생활에서 하나의 '의례'처럼 사용되었다는 증거이기도 하다.

이런 면과 결부되어 은사의 방편을 활용하고 은사를 소유함으로써 신자들을 돌보고 치유하는 사람들이 따로 존재하고 있었다는 것도 중요하다. 이것은 마치 오늘의 목회상담자가 교회 내에서 일정 부분 고유한 기능과 사역을 하고 있는 것과 비견되기 때문이다. 사도 바울은 자신의 편지 속에서, 성령의 은사로 '병 고치는 은사'가 있었음을 확증하고 있고(고전 12: 9), 또한 교회 내에 이 일을 전담하는 '병 고치는 은사를 받은 사람'(고전 12: 28)이 있었음을 증언하고 있다.

이렇게 병을 고치는 사람들이 활용한 방편들은 기도나 기름 바르기나 혹은 안수(행 28: 8) 말고도 여러 가지가 있었다. 사도행전은 바울의 에베소 선교 보고 중 사도시대의 치유 형태를 이렇게 말하고 있다.

> 하나님이 바울의 손으로 놀라운 능력을 행하게 하시니 심지어 사람들이 바울의 몸에서 손수건이나 앞치마를 가져다가 병든 사람에게 얹으면 그 병이 떠나고 악귀도 나가더라. 이에 돌아다니며 마술하는 어떤 유대인들이 시험 삼아 악귀 들린 자들에게 주 예수의 이름을 불러 말하되 내가 바울이 전파하는 예수를 의지하여 너희에게 명하노라 하더라(행 19: 11–13).

편지들 바울이 자신이 선교한 교회들이나 기타의 교회들에게 보낸 편지가 오늘의 신약성서의 한 부분을 차지하고 있다. 그 밖의 다른 사도들도 편지를 써서 교회들을 치리하고 인도하였다. 이런 편지들이 멀리 떨어진 교인들을 인도하고 위로하며 그들을 지탱하는 중요한 방편으로 쓰였음은 말할 나위 없다. 그리고 초대교회의 위로 서신들을 바로 이런 사도들의 편지의 연장으로 볼 수 있음은 영혼돌봄의 방식상 매우 의미 깊은 것이다.

초대교회의 영혼돌봄과 치유

기본적으로 초대교회의 영혼돌봄과 치유는 사도시대의 연장이었다. 그러나 초대교회가 정착되고 새로운 제국교회의 모습이 드러나면서 독특한 영혼돌봄의 형태가 자리하게 되고 그것을 오늘날의 목회돌봄이나 목회상담의 전형으로 볼 수 있음은 매우 의미 깊은 일이다.

고해성사 서로의 죄를 고백하는 사도시대의 예배 형태가 점차로 의례화되어 결국에는 하나의 성사로서 교회 내의 제도로 자리 잡게 된 것이 가장 큰 변화 중의 하나였다. 그리하여 사적인 죄의 고백이 공적인 죄의 고백이 되고, 그것이 결국에는 '고해성사'로 발전하면서 이것이 역사상 가장 중요한 영혼돌봄과 치유의 방편이 되기에 이른 것이다.

학자들은 이르게 잡아 2세기경부터 세례받은 후의 죄에 대하여 공적으로 죄를 고백하고 성찬을 받지 못하는 관행이 생기기 시작한 것으로 보고 있다. 그리하여 이것은 주일예배의 일부가 되었다(McNeill, 1951: 91). 그렇기 때문에 이런 공적 고백으로부터 오는 수치감과 모멸감 등은 신자들의 큰 두려움 중의 하나였다. 칼 볼츠(C.Volz)는 바로 이런 점이 신자들로 하여금 세례를 죽을 때까지 미루게 하는 한 요소라고 보았다(McNeill, 1951: 109). 그러면서 이런 공적 고해와 이에 따른 보속 등의 제도가 점점 세밀하게 갖추어져 갔다. 또한 보다 중한 죄와 가벼운 죄를 구별해야 하는 필요성들이 생기고, 공적 고해가 지니는 폐단 등에 대한 고심들도 생겨나게 되었다.

그런데 이런 의식적 고해에 대한 글을 최초로 남긴 사람 중의 하나인 터툴리안(Tertullian)이 이 고해에 대하여 남긴 글에 이런 고해가 정신적인 건강의 한 요소로까지 여겨졌다는 언급이 있어서 눈길을 끈다.

> 그러므로 고해를 통하여 그대는 지옥에 대한 ―제1의 방어선, 즉 세례 말고도 ―제2의 방어선을 구축하고 있다는 것을 알고 있는데, 왜 이미 그대의 소유물인 이 구원의 방편을 버리려 합니까? 왜 그대는 그대를 건강에로 회복시켜 줄 이 무엇을 붙잡는 데에 게을리 합니까? 심지어는 어리석고 합리적이지 못한 동물들까지도 하나님께서 그것들에게 제공하여 주신 치료책들을 때가 되면 알아차리지 않습니까? 수사슴이 화살을 맞으면 그것은 상처로부터 미늘이 달린 화살촉을 제거하기 위해서 꽃박하식 물을 먹어야 한다는 것을 알고 있습니다. 제비도 그 새끼가 눈을 제대로 뜨지 못하면, 그 시력을 회복시키기 위해서 애기똥풀을 먹여야 한다는 것을 배워서 알고 있습니다(Tertullian, 1994: 99).

여기서 우리는 초대교회에서 고해가 영혼에 박힌 독이나 아픔을 제거하여 육신과 영혼의 건강을 온전하게 하는 일종의 약 같은 것으로까지 생각되고 있었음을 보게 된다. 이것은 고해가 일종의 성례전적 치유방식이요, 영혼의 약으로 사람들의 마음에 느껴졌음을 확증하는 것이다.

그런데 여기서 말하는 고백은 세례 후 지은 죄에 대한 단 한 번의 공적인 고백이다. 그리고 이때 고백하는 죄는 말하자면 중죄로서 배교나 간음 혹은 살인이나 이단에 빠짐 같은 것이었다. 그러나 신자들이 일상생활 속에서 짓는 죄들은 소소한 것들로 이런 것들에 대한 고백과 보속 및 속죄에 대한 필요와 요구도 절실했다. 특히 박해가 끝난 후에는 오히려 이런 것들이 일상적인 신앙생활의 중요한 부분이기도 하였다. '한 번의 세례에 한 번의 고해성사'라는 원칙이 동방과 서방 교회에서 오랫동안 지켜져 오기는 했다. 맥닐은 서방 교회에서는 6세기 말까지는 이런 관행이 지켜져 왔다고 말한다. 그러면서도 맥닐은 고해성사가 여러 번 행해질 수 있도록 변화된 것이 교회의 치리와 영혼돌봄의 측면에서 가장 큰 변화 중의 하나라고 지적하고 있다(McNeill, 1951: 93). 거슬러 올라가면 오리겐이나 카파도키아의 교부들의 글 속에서, 말하자면 사적인 고해, 즉 여러 번 행해지는 고해의 요소가 있었던 흔적이 발견된다고 맥닐은 언급한다(McNeill, 1951: 94-95).

실제 생활 면에서 소소한 죄들은 사도들의 편지가 말하는 대로 믿는 이들끼리 서로 고백하고 혹은 개인적인 기도를 통하여 고백되면서 그 죄짐을 벗어 버릴 수가 있었다. 그러나 고해가 자주 되풀이될 수 있게 허용되면서 일상적인 소소한 죄의 고백들도 그 고해의 목록에 포함되고 결국은 이런 고해성사를 위하여 '고해성사지침서(penitential book)'가 만들어지는 결과를 낳게 되었다. 그리고 이렇게 이루어진 고해성사의 일상화가 영혼돌봄과 치유면에서 큰 역할을 하였고, 이는 또한 현대적인 목회상담의 중요한 근원이 되었다고 할 수 있다.

말씀, 성체, 성호, 유물, 성지 등의 등장 교회가 지중해 연안 나라들을 거쳐 유럽과 아프리카로 전파되어 가면서 다른 지역들의 영혼을 돌보는 방식들과 문화 및 사회적 관습에 더욱더 접합되어 갔음은 명확한 일이다. '예수의 이름' 을 사용하는 방식은 '성호'를 긋는 방식으로 발전하고, 사도들의 옷자락은 성인들의 유물이나 유해로 더욱 다양하게 또 더욱 넓게 확장되어 갔다. 그리고 각 민족이나 시대에 따라 독특한 형태의 십자가 모양이 만들어지고 십자가 자체가 영혼돌봄의 방편으로 사용되게 되었다. 그리고 박해를 통해 교회 내에 수많은 순교자나 거룩한 신앙의 증인들이 생겨나면서 이들의 공덕을 의지한 영혼돌봄의 방식 또한 생겨나기 시작하였다. 그리하여 특정한 성인의 이름을 부르면서 기도하는 것, 특정한 성인과 관계가 있는 지역이나 사물들도 치유나 돌봄의 효력을 갖게 되었다(Clebsh & Jaekle, 1994).

기독교역사 속의 치유를 연구한 모턴 켈시(Morton Kelsey)는 이런 류의 치유에 대한 예를 많이 제공하고 있다. 그중에서도 음식 거부증을 콘스탄티노플 성당에 가서 고침받은 한 법률가의 이야기, 어거스틴이 신령한 병 고침에 대해서 회의적이었다가 만년에 가서는 이에 대하여 수긍하게 된 이야기 등이 자세하게 언급되고 있다(Kelsey, 1995: Chs. 8 & 9). 여기서 특기할 만한 것은 축성된 기름만이 아니라 빵과 물 등도 병자들을 위한 치유방편으로 많이 쓰였다는 것이다.

> …… 병자들을 방문하는 사역 이외에도, 기름이나 기타 치병을 위해 사용될 수 있는 물질들을 축성하는 기도들도 있었다. 『사라피온 감독의 기도서』와 『사도들의 규칙(Apostolic Constitutions)』 모두 성찬식 때에 기름, 빵, 심지어는 물까지도 치병을 위해 사용될 수 있도록 하는 특별한 기도문을 보유하고 있다. 이렇게 축성된 물질들은 병자들이 있는 집으로 운반되어 병을 치유하는 데에 쓰였다. 특히 기름은 교회에서 한번 축성되면 치병을 위해 쓰일 수 있는 물질이었다. 그리고 순교자들의 성소들도, 동방교회와 아프리카 교회 모두에서, 동일한 힘을 지니고 있었다. 사람들은 그들이 남긴 물건들 속에도 거룩함과 치유의 힘이 순교자들의 생전의 거룩한 삶과 죽음의 성사를 통해 존재한다고 믿었던 것이다(Kelsey, 1995: 142).

위로문학 초대교회 영혼의 돌봄 전통에서 가장 특기할 만한 것은 교회가 그리스-로마문화로부터 배워 온 '위로의 문학'이었다. 즉, 박해나 일상적 한계정황에 직면한 교인들에게 교회지도자들은 그것을 위로하고 격려하는 편지나 문건들을 저술하였던 것이다. 물론 이런 전통은 구약성서의 시편이나 말씀의 선포를 통한 위로의 사역의 연장일 수도 있었고, 보다 가깝게는 사도들이 교회에게 보내는 편지를 통한 메시지 전달의 형식을 따른 것이기도 하였다. 그러나 그 문학 형식이나 실제로 목자들이 인용을 하는 전거들은 그리스-로마의 철학적 전통에서 온 것들이 많았다.

그레고리 나지안주스(G. Nazianzus), 암브로시우스(Ambrosius), 제롬(Jerome), 크리소스톰(J. Chrysostom), 바실(Basil) 등 초대교회 교부들은 대부분 이런 위로의 문학적 문건들을 남기고 있다(박일영 역, 1997: 219ff)

그리고 이런 위로의 문건들 속에는 구약과 신약 및 기독교전통의 많은 가르침들이 충만하지만 동시에 그리스-로마의 전통 속에서 내려오는 덕목들, 예를 들면 지혜와 담력과 절제 등과 그리고 이 전통 속의 많은 가르침과 실례들이 담겨 있다. 예를 들어, 크리소스톰은 380년경 젊은 나이에 남편을 여읜 한 부인에게 보낸 편지를 통하여 그 슬픔을 기독교적 신앙에 의거하여 극복할 것을 권하기도 하지만, 혹시 때를 가난함 같은 것을 염려하게 될 적에 소크라테스(Socrates)나 디오게네스(Diogenes) 등 그리스의 현인들을 기억할 것을 권면하고 있다(Chrysostom, 1994: 132). 이것을 맥닐은 다음과 같이 평하고 있다.

> 이런저런 점에서, 기독교 교부들은 자신들의 신앙을 온전히 보존하면서도, 사람들의 영혼을 인도하는 일에는 이교도적인 요소들을 자유롭게 활용하였다. 그리고 훗날의 철학자들도 이런 점에서는 당대의 기독교인들로부터 많은 것들을 배워 오고 있었다(McNeill, 1951: 104).

사막교부들의 등장과 상담 초대교회는 박해 때문에 교인들을 수난과 순교로부터 지켜 나가고 지탱시켜 주는 영혼돌봄의 사역에 힘을 쏟아야 했다. 그러나 기독교가 공인된 종교 나아가 국교가 되자 갑자기 상황은 변전하였다. 이제 교회는 어떻게 교인들을 세속적 안일로부터 건져 내어 진실한 삶을 살 수 있도록 도울지 걱정하기에 이르렀다. 이런 때에 이집트와 팔레스타인의 사막을 시원으로 수도자들과 그들의 공동체가 등장하면서 교회의 역사에는 새로운 장이 펼쳐지게 된다. 그리고 이와 더불어 새로운 형태의 영혼돌봄과 치유의 방식이 생겨나게 된다. 그것은 한마디로 오늘의 상담방식 같은 대화의 형태를 갖춘 영혼돌봄이요, 거기에 덧붙여 영적인 수련을 통하여 영혼을 단련하고 강화시키는 방식이 수도운동을 통하여 생겨나게 된 것이다.

이들 사막의 수도자들은 그 고행과 깊은 신심과 지혜로 인해 많은 사람들로부터 방문을 받았다. 따라서 거기에서 놀라운 치유나 돌봄의 관계 및 상호교제와 전통이 생겨나기 시작하였다. 사막 수도자의 시원을 이루는 *The Life of St. Anthony*에 이런 면이 잘 나타나 있다.

> 그리하여 약 20여 년간 안토니우스는 고독 속에서 자신을 단련하여 나갔다. 절대로 사람들에게 나아가지 않고, 좀처럼 모습을 드러내 보이지도 않았다……. 처음으로 그가 바깥 사람들에게 모습을 드러내 보였을 때, 사람들은 그의 모습이 전과 조금도 달라지지 않은 것을 보고 놀랐다……. 안토니우스를 통해서 주님은 찾아온 많은 사람들의 신체적 질병을 치료하여 주셨고, 악한 영으로부터 그들을 깨끗이 하여 주었다. 또한 주님은 안토니우스에게 은혜를 주셔서 그의 말을 통하여 많은 슬픈 사람들이 위로를 받게 하셨으며, 서로 불화하는 많은 사람들을 하나가 되게 하셨다……(Athanasius, 1980: 16).

이렇게 수도자들과 일반 신자들이 만날 때, 거기서는 치유나 가르침만이 아니라 깊은 지혜의 언사들도 오가고 있었다. 『사막교부들의 금언집』이나 전기들 속에 그 편린들이 전해 오고 있으며, 거기서 우리는 독특한 사막교부들의 영혼돌봄의 형태와 지혜를 발견한다.

> 한 형제가 이집트 사람 압바 마카리우스를 찾아와서 물었다.
> "압바, 제가 구원을 받도록 한 말씀만 하여 주십시오."
> "공동묘지에 가서 죽은 이들에게 실컷 욕을 해 주오." 늙은 수도자가 대답하였다.
> 그 형제는 공동묘지를 찾아가 죽은 이들이 묻힌 묘지에 돌들을 던지고 돌아왔다. 그리고 마카리우스에게 이를 보고하였다.
> "그들이 자네에게 뭐라고 하던가?" 마카리우스가 물었다.
> "아니요." 형제가 대답하였다.
> 마카리우스가 다시 말하였다.
> "내일 다시 찾아가 이번에는 그들을 찬양하여 주오."
> 그 형제는 다시 그 묘지로 가 죽은 이들을 찬양하였다.
> "오, 사도들이여, 성인들이여, 의로운 분들이여."
> 그 형제는 다시 마카리우스에게 돌아왔다.
> "그들이 자네에게 대답을 하던가?"
> "아니요." 형제는 대답하였다.
> 그러자 마카리우스는 형제에게 말하였다.
> "그 죽은 사람들을 어떻게 모욕했는지 자네는 잘 알고 있지. 그런데 그들은 아무런 대꾸도 아니하였소. 또 그들을 이번에는 지극히 찬양을 하였소. 그런데도 그들은 아무런 대꾸도 아니하였소. 그대도 구원을 받고자 한다면, 그와 똑같이 해야 되오. 죽은 사람처럼 되시오. 누가 비난을 하든, 누가 칭찬을 하든, 죽은 사람처럼 상관을 하지 마시오. 그러면 그대는 구원을 받을 수 있소." (Ward, 1975: 132).

여기서 우리가 발견하는 것은 구약성서의 지혜문학이 상담적 대화의 형태로 나타나고 있는 것은 아닌가 하는 놀라움이다. 중요한 것은 사막수도자들의 깊은 지혜와 간결한 대화 속에 나타나는 심리적 통찰력이다.

한 수도자가 명상을 하고 수도를 하는데 마귀가 자꾸만 음란한 마음을 들게 한다. 이 수도자는 한 늙은 수도자에게 찾아와 이 어려움을 호소한다. 그러자 이 선배 수도자는 이렇게 말을 한다.

> 그대의 생각을 잘 살피시오. 마귀가 이런 말을 그대에게 할 때마다 그것들에게 직접 대답을 하지 마시오. 대신 일어나 기도하시오. 무릎을 꿇고 이렇게 기도하시오. 하늘 아드님, 저에게 자비를 베푸소서(Ward, 1986: 16-17).

자기의 의식을 살피고, 언제나 깨어 있으며, 어떤 분심이나 잡념이 들어도 그것에 주의를 기울이지 않고, 오로지 마음을 기도문이나 하나님께 향함으로써 마음을 가다듬는 수도의 방식을 통하여 영혼을 보살피는 고도의 수도방식이 이렇게 하여 기독교의 수도원 전통에 들어왔고, 또한 '예수기도' 같은 단문기도 방식을 통해 마음을 하나님께로만 향하는 방식이 생겨나게 되었다.

» 참고문헌 «

강성열 역(1993). **구약 지혜문학의 이해**(원저: J. Crenshaw). 서울: 한국장로교출판사.

거해 편역(1992). **법구경 1**. 서울: 고려원.

박일영 역(1997). **초대교회와 목회**(원저: C. Volz). 서울: 컨콜디아.

안석모(2003a). 동양인의 마음이해. 목회상담센터 편, **한국문화와 목회상담**. 서울: 도서출판 목회상담.

안석모(2003b). 상담에 대한 종교적 접근: 불교를 중심으로. 장신목회상담학회 엮음, **일반상담과 목회상담**. 서울: 예영커뮤니케이션.

이용주 역(2005). **세계종교사상사 1**(원저: M. Eliade). 서울: 이학사.

이재숙 역(1998). **우파니샤드 I**. 서울: 한길사.

정승석 편역(1984). **리그베다**. 서울: 김영사.

Athanasius. (1980). *The Life of St. Anthony*. New York: Paulist Press.

Buttrick, G. A. (2000). *Interperter' s Dictionary of the Bible*, s.v. New York: Abingdon-Cokesbury Press.

Chrysostom, J. (1994). Letter to a Young Widow. In W. Clebsch & C. Jaekle, *Pastoral Care in Historical Perspective*.

Clebsh, W. & Jaekle, C. (1994). *Pastoral Care in Historical Perspective*. Northvale, NJ: Jason Aronson.

Ellenberger, H. (1970). *The Discovery of the Unconsciousness: The History of Dynamic Psychiatry*. New York: Basic Books.

Frank, J. (1993). *Persuasion and Healing*. Baltimore: Johns Hopkins Press.

Grollman, E. A. (2005). Jewish Care and Counseling (History, Traditions, and Contemporary Issues). In R. J. Hunter & N. J. Ramsay (Eds.), *Dictionary of Pastoral Care and Counseling*.

Kelsey, M. (1995). *Healing and Christianity*. Minneapolis: Augsburg.

McNeill, J. (1951). *A History of the Cure of Souls*. New York: Harper & Row.

Plato. (1961). Phaedo. In E. Hamilton & H. Cairns. (Eds.), *Plato: the Collected Dialogues*. Princeton: Princeton University Press.

Rieff, P. (1968). *The Triumph of the Therapeutic: Uses of Faith after Freud*. New York: Harper Torchbook.

Tertullian. (1994). On Penitence. In W. Clebsch & C. Jaekle, *Pastoral Care in Historical Perspective*.

Ward, B. (1975). *The Desert Christian*. New York: MacMillan.

Ward, B. (1986). *The Wisdom of the Desert Fathers*. Oxford: SLG Press.

04

목회상담의 역사: 중세, 종교개혁, 근세 초기

교회의 영혼돌봄은 중세에 접어들면서 이전까지의 모습과는 판이한 형태를 취하게 되었다. 박해받는 종교로서 시작된 기독교가 사회와 문화의 중심에 서게 되었고, 따라서 영혼의 돌봄도 일반사회적으로 그만큼 영향력과 권위를 지니게 된 것이다. 도덕과 신앙의 기반을 제공함은 물론이요 정치나 사회통합의 한 가운데에 위치하게 된 교회는 사회의 구심점으로서 삶의 의미를 부여할 뿐 아니라 일상생활의 유지와 보수를 위해서도 모든 것을 제공하는 위치에 있게 되었다. 따라서 영혼의 돌봄도 전반적이요 나아가 권위적인 면을 띄게 되었다. 이런 중세의 영혼돌봄은 종교개혁 및 근세의 출현과 더불어 현대 목회상담을 선구하는 여러 모습들을 하나둘 나타내기 시작하였다.

1. 중세 교회 영혼돌봄의 전반적 특성

교회가 동서 로마사회 속에서 중심적 위치를 차지하고 로마교황제가 확립되면서, 중세 교회의 영혼돌봄과 치유는 기나긴 역사 속에 독특한 모습들을 만들어 냈다. 중세 교회의 영혼돌봄은 무엇보다도 여러 이민족 문화와의 습합을 통해 독특한 모양새를 만들어 갔다. 가장 중요한 것으로는 성인에 대한 공경을 넘어 마리아 숭배를 통한 새로운 영혼돌봄의 길이 생긴 것이다. 또한 확립된 교계제도와 성사제도를 통하여 일상생활이 교회의 세분화된 성례전들을 통해 세세하게 돌봄과 통제를 받게 되었다. 그리고 합리적/과학적 세계관의 출현 이전, 귀신에 의한 질병이나 장애에 대한 공포는 여전하였으며 이의 원인으로 생각된 마귀의 제어가 우선적인 일이 되어 축귀가 가장 중요한 교회의 영혼돌봄의 영역이 되었다.

그러면서도 한편으로는 교황 그레고리 1세(St. Gregory the Great) 같은 이의 글에 의해서 성직자들이 고해성사나 일상의 목회활동을 통해 어떻게 일반 신자들을 잘 돌볼 수 있는지에 대해 당대의 심리학을 총동원한 영혼돌봄이 예시되기도 하였다. 또한 켈트 교회에서 유래되었다고 알려져 있는 '고해지침서'들이 영혼돌봄 활동에 매우 중요한 역할을 하게 되었다.

고해지침서: 일상생활의 규제

일상생활에서 지은 죄에 대한 고해제도가 정착되면서 교회 내에서는 각각의 죄목에 대한 적절한 보속을 규정할 필요가 생기게 되었다. 맥닐(J. T. McNeil)은 이런 규정들에 대한 역사적 기원이 적어도 4세기의 교회회의들과 바실리우스의 규칙들에게까지 소급된다고 본다. 그리고 사막의 수도자들의 전통을 담고 있는, 여덟 가지 죄목들을 언급하는 카시아누스의 방식이 결국에는 이런 죄의 목록 정하기와 그에 따른 적절한 보속을 규정하기에 이르렀다고 본다(McNeill, 1952: 114).

중요한 것은 이런 전통들을 교회의 역사에 새롭게 부각시킨 이들은 아일랜드에 전파되어 성립된 켈트 기독교인들이었고, 이들이 죄의 목록과 이에 대하여 필요한 참회, 고백, 보속, 사면 등의 절차를 갖춘 '고해지침서'들을 교회에 선보였다는 점이다. 그리고 이들은 '영혼의 친구(anamchara; soul friend)' 라는 고래의 전통을 지니고 있었는데, 이 전통이 고해와 이를 통한 영혼돌봄의 기독교적 전통으로 전화하였으리라는 점이다. '영혼의 친구' 는 말하자면 왕이나 추장 같은 이의 앞길을 미리 알아 조언해 주고 멘터가 되어 주는 점술적인 사람이었던 것처럼 보인다. 이런 전통이 일반 대중에게까지 퍼져, 모든 사람들이 자신의 '영혼의 친구'를 가지고 있는 것으로 여겨지기까지 하였다(McNeill, 1952: 116). 이 '영혼의 친구' 전통은 말하자면 오늘날의 상담자와 대를 이루는 것으로 볼 수 있다.

일상생활에 대한 개인적 고해가 성사로 정착되고 이것을 위한 지침서까지 출현하였을 때, 이것이 영혼돌봄과 치유에 대하여 가지는 의미는 매우 심대한 것이었다. 무엇보다도 교회는 일상생활을 세세히 규정하는 법전 같은 고해지침서를 통해 신자들의 심리내적 삶과 외면적 행동을 규제하였던 것이다. 나아가 성례전으로서의 고해성사는 영혼의 길을 교회라는 제도 속으로 편입시켜 버렸다. 그리하여 영혼의 '질병'은 이제 '죄'로 여겨지게 되었다. 영혼의 인도자, 곧 영혼의 의사들은 환자의 증례를 죄라는 용어로 진단하여 버리고, 그 치료책으로는 꾸지람이나 조언 그리고 고해를 제시하기에 이르렀다.

사람들은 이제 광범위하고 무서운 죄의 영역 한 가운데에 놓이게 되었고, 이 영역 속에서 자신 있게 살아가는 사람은 많지 않고, 확실하고도 영속적인 승리를 느끼면서 살아가는 사람은 더더구나 적게 되었다. 설교, 성례, 공식적인 고해만으로는 충분치가 못하였다. 조바심 나고 양심 바른 목회자는 교인들의 개인적인 인도자가 되어야 했고 목회자의 권위는 더욱 높아지게 되었다. 인도자로서의 권위 및 성서의 권위는 더욱 인정받게 되었지만 사람들을 해방시키는 복음의 힘은 어딘가에서 실종되었다(McNeill, 1952: 111).

성례전: 인생의 처방

위와 같이 고백의 전통이 모든 면에서 완벽하게 신자들을 치리하는 고해성사와 그 지침서로 귀결된 것은 곧 신자들의 생애 전체가 성사화(sacramentalization)됨과 직접적인 관련이 있다. 이제 교인은 태어나면서 유아세례를 받고, 교리교육을 받고 성찬을 받으며 성장하고, 견신례와 혼인성사를 통해 어른이 되며, 고해성사를 통해 일상생활을 유지하고, 병이 나면 병자성사, 죽음에 임박해서는 종부성사를 받음으로써 삶을 마감하게 되었다. 그러므로 중세의 교회는 한 영혼의 삶의 여정에서 중요한 지점들의 의미를 성사로서 규정하고, 잘못되면 치유하고 돌보는 시스템을 완벽하게 구축하였던 것이다.

예를 들어, 귀신에 의해 질병이 들렸다면 구마사 혹은 축귀사로 불리는 소품직의 직제를 두어 이것을 다스리고 치유하는 시스템까지 갖추었다. 나아가 하나님께 직접 고하거나 그분의 돌보심을 직접 받는 것이 엄위스럽고 멀다고 느껴지는 사람을 위해서는 성인공경이나 마리아 숭배를 통해 보조적 돌봄의 형태까지 제공하게 되었다.

마귀의 제어: 병악의 치리

교회가 사회문화의 정점에 서 있고, 신앙적 제도가 삶의 일거수일투족을 보살피게 될 때에 삶에서 일어나는 악과 질병들이 기독교적 신조 밖의 세력이나 반기독교적인 무엇인가에로 귀인되는 것은 자연스러워 보인다. 중세시대에는 이해할 수 없었던 정신적 질환이나 반문화적이고 반사회적인 활동들, 퇴치할 수 없는 무서운 전염병들이 돌 적에 이런 것들을 자연스레 악한 세력, 즉 마귀들의 해악으로 보게 되었다. 따라서 마귀들을 제어하는 구마 혹은 축귀가 교회의 소품직으로 직제화되었던 것을 우리는 본다.

그중에서도 이런 마귀들과 결탁하였다고 여겨지는 사람이나 행동들을 교회는 예의 주시하게 되었고, 이런 것은 '마술(witchcraft)' 같은 것으로 여겨져 이들을 색출하고 처벌하는 것이 교회의 중요한 일 중의 하나였다. 물론 이런 주술에 걸렸다고 여겨지는 사람들을 교회가 돌보아야 했던 것은 두말할 나위 없다. 교회는 '종교재판소'를 설치하고 이를 그 중요한 사역 중의 하나로 실행하기도 하였다. 또한 교회는 이런 일을 위하여 지침서나 교육서를 출간하여 널리 배포하기까지 하였다. 그중의 하나가 널리 알려진 『마귀를 잡는 방망이(*Malleus Maleficarum*)』(1486)다(Clebsch & Jaekle, 1994: 193ff에서 재인용). 이런 지침서들이 오늘의 우리에게 중요한 이유는 마귀 횡행의 진위를 떠나 사람들이 그 시대에 무엇을 두려워하였으며 그런 두려움을 어떻게 퇴치하려고 노력하였는가를 볼 수 있다는 점이다. 예를 들어, 한 구마지침서는 '얼굴 근육의 뒤틀림, 옷 찢기, 몸에 상처 내기, 음성변조, 늘어뜨린 혀, 헐떡거리는 숨, 두근거리는 심장, 구토, 딸꾹질, 확장된 창자, 배불뚝이, 특정부위 통증' 등을 마귀 들린 징표들에 속하는 것으로 말하고 있다(Clebsch & Jaekle, 1994: 192에서 재인용). 그렇다면 일상적인 질병들과 마술에 의한 고통과는 그리 큰 차이가 없다고도 볼 수 있다. 이것은 사람들이 일상생활 전반에 걸쳐 신앙의 돌봄과 마귀의 세력 사이에 끼어 언제나 두려움과 미지에 대한 불안에 젖어 있었다고도 볼 수 있는 것이다.

그러므로 '면죄부'를 사서라도 구원의 확증을 얻고 싶은 열망과 내세에 대한 불안이 사람들의 마음을 사로잡고 있었고, 교회는 성례전과 신앙의 방패를 가지고 이들을 위로하고 교화하며 일상생활을 떠받치고 있었음을 보게 된다. 예를 들어, 『마귀를 잡는 방망이』는 한 수녀가 마귀에 사로잡혀 성찬도 받지 못하고, 끊임없이 성적으로 학대당하는 고통에 처한 경우에 대하여 다음과 같은 처방을 제시한다.

> 처녀들이나 남자들이 (이런 것들로부터) 구출받을 수 있는 데에는 다섯 가지의 길이 있다. 첫째, 성례전적인 고백, 둘째, 거룩한 십자 성호 혹은 '성모송(Angelic Salutation)' 낭송, 셋째, 축귀 의식을 치름, 넷째, 다른 곳으로 이사 감, 다섯째, 거룩한 분들에 의하여 신중하게 결정되는 성찬금지 …… 또한 타락한 천사가 변하여 만들어진 마귀(incubus)들은 흔히 주기도문을 외우거나 성수를 뿌리는 것 그리고 특히 '성모송'을 외움으로도 물리칠 수 있다는 기록들이 있다(Clebsch & Jaekle, 1994: 196에서 재인용).

결국 교회의 성례전과 신앙생활들이 일반신자들의 생활에 속속들이 관여하고 있고, 신앙생활 자체가 영혼의 길로서 모두에게 일일이 간섭하고 관여하는 것을 여기서 보게 된다.

신부의 영혼돌봄

이처럼 교회가 신자들의 생활을 전반적으로 규정하고 인도하고 돌보아 나갈 때, 목회자 곧 신부의 영혼돌봄이 교인들의 심리 내적인 면과 외적인 면 모두에 관심할 것은 틀림없는 일이다. 그리하여 중세의 문턱에서 교황 그레고리 1세가 쓴 『목회규칙서(*liber regulae pastoralis, The book of pastoral rule*)』(St. Gregory the Great, 1950)[1]는 그간의 영혼의 돌봄에 대하여 오랜 기간 발전해 오고 또 기독교가 시대와 지역에 따라 적응해 오면서 발달을 가져온 갖가지의 지혜가 모두 담겨 있다. 그리고 이 책은 실제로 중세 내내 사제들의 영혼돌봄에서 기초적 교과서로 사용되었다. 그리고 간접적으로는 당대의 심리학과 인간관계 방식과 내용에 대하여 매우 풍부한 자료와 지식을 담고 있다. 이런 의미에서 우리는 현대 목회상담의 전신(前身) 내지는 그 고전적인 예를 여기서 보게 된다

영혼돌봄이 예술 중의 예술(the art of arts)인 것을 안다면, 이에 적합하지 않은 사람이 감히 어떻게 이 일에 서슴치 않고 나설 수 있겠는가? 마음의 상처들이 육신 속 깊은 곳의 상처들보다 더 은밀하고 깊게 숨겨져 있다는 것은 모두 다 알고 있지 않은가! 그리하여 약물의 작용에 대하여 지식이 없는 사람도 자신이 육신의 의사(physician of the flesh)인양 약물을 나눠 주는 것을 금하고 삼가는데, 어쩌자고 영적인 교훈들을 전혀 모르는 사람이 자신이 마음의 의사(physician of the heart)라고 말하기를 주저하지 않는다는 말인가 (St. Gregory the Great, 1950: 21)!

이런 점에서 그레고리는 영혼이 움직이는 법과 그 교훈들을 세세히 설명하면서 어떻게 사제들이 교인들의 영혼을 돌볼 수 있는지를 설명하고 있다.

무엇보다도 그는 먼저 책의 1부에서 영혼을 돌보는 사람의 자세에 대하여 말하고 있다. 그는 영적으로나 육적으로 그리고 사회적으로도 모범이 되고

---

1) 이 책에 대해서는 토머스 오든(Thomas Oden)이 자세히 연구하여 책을 낸 바 있다(Oden, 1984).

순전한 사람이어야 한다. 그런데 그레고리는 여기서 "그는 자비로운 마음을 갖고 용서를 하는 데에 빠른 사람이지만, 적절치 못한 것까지 과하게 용서함으로써 온전한 옳음을 세우는 것을 허무는 사람은 아니다."라고 말한다. 또한 "그의 감정상의 상태에 있어서 타인의 연약함을 긍휼히 여기는 사람이고, 이웃이 잘되는 것을 즐거워한다."라고 기술한다(St. Gregory the Great, 1950: 38). 이런 점에서 그는 교회 직제로서의 영혼돌봄을 말하기보다는 인격과 품성으로서의 영혼돌봄을 말하고 있다.

그렇기 때문에 2부에서 그는 영혼을 돌보는 사람은 '생각이 순전하고' '행동이 모범적이며' '말할 때와 침묵할 때를 가릴 줄 알고' '이웃에 대하여 자비로운 마음을 가지며 그들보다 한 단계 높은 생각을 하고' …… '자기 자신의 내면에 대해서도 사려 깊게 살피며' '사람들을 즐겁게 해 주기 위해서 노력하지 말고 그들을 즐겁게 하여 주는 것이 무엇인가를 깊이 살펴야 하며' '고쳐 줌과 용인해 줌, 엄격함과 부드러움을 적용하는 데에 있어서 사리분별이 있어야 함' 등을 제시하고 있다. 이런 것들은 모두가 사제의 심리적 유연성과 실제적 지혜를 강조함에 그 특징이 있다.

그런 후에 3부에서 그레고리는 다양한 경우의 사람들을 치리하고 돌보는 일에 있어서 풍부한 경험과 심리적 지혜를 바탕으로 조언하고 있다. 여기서 우리는 그가 사람들을 어떤 윤리나 신앙의 면으로 구분하면서 지혜의 조언을 하는 것이 아니라 그 분류가 지극히 심리적이며 실제적인 것을 발견하게 된다. 따라서 우리는 당시의 영혼돌봄의 상식과 실제적 윤곽을 찾아볼 수 있다.

> 사람들에게 훈계를 함에 있어서 우리는 다음과 같은 사람들을 구별하여 대해야 한다. 남자와 여자, 젊은이와 노인, 부자와 가난한 자, 쾌활한 이와 우울한 이, 부하들과 상관들, 현명한 이와 우둔한 이, 노예들과 주인들, 대담한 이와 겁이 많은 이, 건방진 이와 심약한 이, 성급한 이와 느긋한 이, 친절한 이와 질투 많은 이, 성실한 이와 불성실한 이, 건강한 이와 병약한 이, 고민을 두려워하는 이와 그렇지 않은 이, 말수가 적은 이와 말수가 많은 이, 행동이 굼뜨는

이와 재빠른 이, 온순한 이와 화 잘내는 이, 겸손한 이와 거만한 이 ……(St. Gregory the Great, 1950: 90).

이런 분류가 40여 개에 이르고, 한 개마다 하나의 챕터를 구성하여 상세한 조언을 하고 있다. 이런 갖가지 사람들에 대한 지식은 경험과 내성을 통하여 가능하였던 것이고, 이후 중세시대 영혼을 돌보는 사람들은 이 문헌으로부터 많은 영감과 지식 및 계몽을 받았던 것이다.

이와 비슷한 심리적인 조언 및 상담적 통찰들은 사실 '고해지침서'들에서도 볼 수 있었다. 거기서는 고해를 받는 신부들이 어떻게 고백자들을 인도하여 그의 진심과 참회를 받아 낼 수 있는지 그 지혜와 자세들을 이야기하고 있다. "형제여, 그대의 죄를 고백하는 일에 얼굴을 붉히지 마시오. 고백을 듣는 나 역시 죄인입니다. 그리고 때로는 나도 그대가 저지른 죄보다 더 심한 죄를 저지를 수 있었습니다." 만일 그래도 고백자가 침묵을 지킨다면, 사제는 고백자로 하여금 자신의 과거의 기억을 차근차근 되짚으면서 생각을 떠올리도록 제안한다. 그러면서 일일이 삶의 족적들을 묻는 질문을 한다. 하나님 앞에서 숨기는 것의 해악을 지적해 주면서……(McNeill, 1952: 129). 이렇게 본다면 우리는 흔히 중세기를 어둠에 둘러싸인 암흑의 시기라 하지만, 어떤 의미에서는 조밀한 성례전과 그로 인해 탄탄하게 짜인 신앙적 상징들의 도움 속에서, 사람들은 비록 마귀의 유혹과 질병의 그늘 그리고 지옥에 대한 불안 속에 있었을지라도 그 영혼의 길에 보살핌을 받으면서 살아갔다고 볼 수 있다.

2. 중세 교회 영혼돌봄의 구체적 특성

이러한 중세시대의 영혼돌봄을 보다 구체적인 면에서 살펴보기로 한다.[2)]

---

2) 이하의 내용은 Winkler(2000)의 pp. 104-150을 주로 편역하였으며 이 책은 국내에 번역되어 출간

특히 그것이 지닌 내용상의 면들을 주요하게 꼽아 보자. 중세기에 나타난 영혼돌봄의 특성 중 하나는 수도원적인 특성이 보인다는 점이다. 그것은 이 세상에서 모든 영적인 수단과 세상적인 수단을 동원해서 기독교신앙을 끝까지 전하는 것과 사랑과 자비에 대한 강조를 보인다. 수고하고 세상에 시달린 사람들에게 무조건적으로 신앙의 규칙들을 적용하고 현실세계와 완전히 구별되는 구조 안에서 이루어지는 신앙에 대한 관심, 곧 수도원 담 안에서 이루어지는 예수를 닮고자 하는 신앙이 중요시되었다. 따라서 신앙의 모범이 되는 사람들과 그들의 교훈들에 대한 관심이 발전하여 문헌으로 소개되었다. 이 문헌들은 영혼돌봄의 지혜가 들어 있는 내용이었다.

베네딕트 규칙

이런 점은 중세 초기에 수도원이 강하게 영혼돌봄의 장이 되었던 만큼 베네딕트 규칙 속에 잘 나타난다. 이 규칙은 수도원에서 아버지 같은 수도원장을 좋은 목자(요 10: 14)의 모델로서 본받는 것을 기초로 하고 있다. 사람들은 그를, 영적인 완성을 위한 과정에서 형제를 어려움으로부터 보호하기 위해 걱정하고 그들과 공감하는, 그리스도의 대리자로 여긴다. 마태복음 25장 36절, 40절에 의하면 가장 시급한 돌봄(cura)의 영역은 영적으로 병든 형제에 대한 돌봄이다.

베네딕트 규칙은 고대 교회신학과 중세기 수도원의 영혼돌봄에 큰 영향을 주었다. 이 규칙은 누르시아의 베네딕트(Benedict)에 의해 이루어진 것(Möller, 1994: 209ff)으로 오랜 시간 동안 교회역사적으로 볼 때 지금까지 나타난 다양한 기독교적 삶의 철학과 연결되어 있다. 이 규칙이 중요한 의미가 있는 것은 삶의 질서를 규정하는 근본적인 규칙들로 구성되어 있으며, 그것

되었다(신명숙 역, 2007). 그 외 Möller(1994), Rössler(1986) 등을 참고하였다. 따라서 많은 부분 재인용이라는 용어를 사용하지 않고 원저에서의 인용 그대로 소개될 것이다.

들은 우리들의 삶에서 유연하고 생생하게 삶의 기본철학을 형성했다는 사실이다. 동시에 그 수도원 규칙들은 개인 실존의 삶을 결정짓는 전형적인 공동체 모습을 형성하는 데 공헌했다. 여기서 '아빠스' 라고 불리는 수도원장은 학자이며 동시에 영혼의 안내자로서의 역할을 한다. 그는 뛰어난 인격의 사람으로 개인적인 성향이 강한 개개인의 사람들을 영혼돌봄을 통해 하나의 공동체가 되도록 엮는 책임을 진다. 여기서 영혼돌봄의 목표는 삶에 의한 모든 슬픔과 불평이 공동체에서 경험된 하나님을 찬양하는 태도로 바뀔 수 있도록 인도하는 것이다.

그레고리의 규칙서

위에서도 이미 간단히 살펴본, 그레고리의 『목회규칙서』를 다시 살펴보면(Möller, 1994: 223ff; Köstlin, 1907, 22ff) 효율적인 영혼돌봄을 위해 교회직분에 의한 교회교권 사용이 강조되고 있음을 알 수 있다. 『목회규칙서』의 핵심은 특별히 성서가 말하는 목자의 이미지와 교회 직분자에 대한 관심이었다. 그레고리는 영혼을 돌보는 일을 모든 예술 중에 최고의 예술로서 이해하고 있기 때문에, 교권을 잘못 사용하는 것에 대한 책임성을 강조하고, 이른바 성직에 있어서 영혼을 책임지는 성직자 자신의 자기성찰을 끊임없이 요구하고 있다. 그래서 사람들은 다음과 같이 말하고 있다. "교권을 가진 사람의 끊임없는 자기성찰이 그레고리에 있어서 영혼돌봄의 훈련을 위한 결정적인 핵심 문제가 된다." (Möller, 1994: 227)

자기성찰을 강조하는 모범적인 교회직분자의 자세가 그레고리가 말하는 영혼돌봄의 원동력이 되며, 또한 위와 같은 자세는 여러 다양한 상황들과 개개인의 경향, 그리고 다양한 갈등에 대하여 목회적 그리고 심리학적인 감각을 잘 발휘할 수 있는 특성을 지니고 있다(Möller, 1994: 241).

클레보

중세 전성기 영혼돌봄의 특성은 우선 엄격한 수행을 강조하는 수도원의 생활방식의 틀에서 시작되었다. 그것은 모든 세상적 걱정과 근심으로부터 자유롭게 하는 데 큰 공헌을 한 영혼돌봄이다. 그러한 영혼돌봄을 강조한 사람은 바로 베른하르트 폰 클레보(Bernhard von Clairvaux)다. 그러나 그는 마지막에 비참한 결과를 가져온 십자군전쟁을 독려하는 설교까지 하면서 강력한 종속과 복종의 질서를 요구했으며, 성지 탈환을 위한 십자군전쟁을 하나님과 악마가 싸우는 대전투의 격전장으로 보았다고 할 수 있다.

그러면서도 또한 그는 '우리가 수고하고 무거운 인생 짐을 진 사람들의 모든 것을 이해하고 받아들이는 그리스도의 사랑을 가지고 만날 것이며, 그 때 그들이 그리스도의 자비로움을 느낄 수 있도록 하라.'고 그리스도인들에게 간곡하게 요청하면서 그리스도의 사랑과 자비로움에 의한 영혼돌봄의 중요성과 효력을 강조한다.

폰 클레보에 의하면, 자비는 구원받을 수 없는 조건이 있는 곳에서 필수적이다. 위와 같은 영혼돌봄의 이해 그리고 그에 따른 영혼돌봄 행위의 특징에서 가장 중요한 것은 상대방에 대한 진정한 감정적 동참이다. 물론 이것은 잘못한 사람 또는 이방인을 대상으로 무조건적으로 긍정하고 받아들여야 된다는 기독교적 보상주의와도 연관된 생각이라고 볼 수도 있다.

참회

중세기 전성기의 영혼돌봄의 또 다른 특성으로 참회를 들 수 있다. 특히 개인별 참회가 큰 비중을 차지하였다. 개인별 참회는 켈트족 교회에서 서구 유럽 교회로 전해진 것이며 스콜라 신학의 영향을 받고 나중에 치유에 꼭 필요한 참회예식으로 확대되기 위해 더 강조되었다. 사제는 회중에 대한 공개

없이 죄의 용서에 대하여 말하고 참회할 것을 강요하며, 그것은 돈으로 배상할 수도 있다. 교회의 핵심은 참회능력이다.

1215년부터 매년 한 번씩 성례전과 관련하여 의무적인 참회를 하도록 했다. 참회는 교회의 은총의 수단으로서 토마스 아퀴나스는 이것을 교리적인 사고에 의해 설명한다. 원죄와 행위로 인한 죄는 그리스도의 고통에 의해 용서되었는데 그것은 성례전에 의해 효능을 발휘한다. 따라서 참회는 그러한 성사다. 아퀴나스는 영혼돌봄을 주로 교회권적인 개념으로 사용하였으므로 영혼돌봄은 본래적인 의미에서 오직 주교의 의무가 되었다.

은거와 침잠의 훈련

신 플라톤 신비주의로 표현된 중세 후기 영혼돌봄의 특성은 은거와 침착의 훈련이다. 따라서 다른 것을 바라고 행동하는 모든 신앙행위는 거부된다. 마이스터 에카르트(Meister Eckart)에 의하면 안전보장에 대한 욕구로 다른 것을 바라는 신앙행위는 결국 겉치레의 허영과 형식 그리고 허무한 마술에 피폐하게 되고 단지 심리적인 안정을 얻는 데 도움이 될 뿐이다.

에카르트는 아는 것만 많은 '지식의 대가'가 아니라 실제로 그렇게 살았던 '행동의 대가' 였으며 인간에 대한 지식이 아주 풍부한 사람이었다. 그의 설교는 매우 실제적이었다.

> 우리 인간이 가진 가장 약한 점을 극복하기 위해 늘 부지런히 자기를 관리하고, 자기의 가장 큰 약점이 어디에 있는지 늘 주의 깊게 점검한다면, 그 사람은 진정으로 좋은 점을 많이 소유한 사람이 될 것입니다(Eckart, 1956: 205).

선한 행동을 하는 영혼은 모두 하나님과 하나가 되려고 하며 결국 영혼돌봄을 하나님을 찾는 영혼돌봄이 되도록 만든다. 위와 같은 '신비적 하나됨'

이 에카르트의 영혼돌봄의 핵심 사상이고 목적이다.

또한 중세 후기에 나타난 영혼돌봄의 특성은 일상생활에서 신앙적 내면성의 중요성을 강조한 것이다. 토마스 아 켐피스(Thomas à Kempis)는 삶에 위로를 주는 하나님과의 가까움에 대해서, 그리고 우리를 평안하게 하거나 또는 괴롭게 만드는 내면적인 생각들과 행동들을 잘 표현하고 있다.

특히 중세 후기의 영혼돌봄은 '겸손(humilitas)'의 훈련을 통해 7가지 죽음의 죄, 그중에서도 '교만, 즉 자신을 과장되게 여김(superbia)'과 '나태와 우울(tristitia)'에 대하여 신앙인들을 무장시키고자 하는 목표규정을 강하게 나타낸다. 특히 죽어가는 사람을 위한 영혼돌봄에 참회를 활용한 것은 스콜라 철학적인 은총론의 부수현상과 목회적인 조작으로 이해할 수 있다. 그것은 나중에 종교개혁자들에 의해 원칙적으로 예리하게 비판을 받았다.

3. 종교개혁 시대의 영혼돌봄

종교개혁을 기점으로 영혼돌봄은 교회목회의 본질적인 분야로서 강조되기 시작하였다(다음 내용은 Greschat, 1997b 참조하였음). 그렇다면 개개의 종교개혁자들을 중심으로 그들이 어떻게 영혼돌봄을 생각하였고 또 실제로 실행하였는지 루터, 츠빙글리, 부처, 칼빈의 순서대로 살펴보기로 한다.

루터의 영혼돌봄

마틴 루터(Martin Luther)는 교회목회의 입장에서 중세기의 영혼돌봄을 현대적인 영혼돌봄의 방향으로 바꾸었다. 그것은 다음과 같은 문제제기에서 출발한다. 무엇이 사람들에게 갈등을 유발하게 만드는 것인가? 그와 같은 상황에서 신앙태도를 양심에서 자유롭게 만드는 것은 무엇인가?

루터의 영혼돌봄에 있어서 교외로 삼고 있는 말은 '위로받은 양심' 이다. 루터는 이것을 중심으로 다양한 영혼돌봄의 역사와 그 영향력을 받아들이면서 혁신적인 종교개혁의 과정 속에서 더욱 심화시키고, 종교개혁 정신과 상반되는 영혼돌봄의 전통을 비판한다(Winkler, 1984). 신학적 훈련을 받은 가톨릭 수도자로서 루터는 자연스럽게 가톨릭교회가 가지고 있었던 고해신학과 고해성사 제도의 전통 속에 있을 수밖에 없었다(Uhsadel, 1961).

동시에 영혼돌봄의 이론과 실제에 대한 루터의 입장도 독일 교회의 특별한 역사적 상황과 연관될 수밖에 없었다(Hauck, 1958: 249; 1959: 264ff; Rössler, 1986, 156ff 참조). 게르만 민족에게 기독교가 확대 선교되면서 '회개와 고해성사를 통한 영혼돌봄' 이라는 주제가 아주 특별하게 강조된다. 프랑케 왕국 정치지도자들 아래에서, 특히 독일 황제 칼 대제 때 매일매일 그리스도인들의 생활 속에서 진부하고 오래된 참회제도가 활성화되기 시작했다. 그래서 사제 또는 수도자 앞에서의 개인 고해성사 제도가 도입되었다.

수도원 규칙들이 영혼돌봄 및 일반 대중의 신앙생활에 도입되면서 소위 '회개목록서' 라는 것을 통해 죄가 되는 것들이 아주 구체적으로 제시된다. 예를 들면, 성직자와 평신도의 폭력 사용, 엄청난 성적 문란 행위, 절제되지 못한 폭식, 그리고 이방 종교예식과 관습을 따르는 것 등이 나와 있다. 개인과 사회의 행동양식을 더욱 더 확대하여, 보편적이며 일상적이며 동시에 영적인 규칙들이라고 생각되는 수도원 규칙에 억지로 종속시키기 위해서 정치와 교회의 경직된 감시구조 아래에서 실행되게 되는데, 이것 때문에 그 당시 영혼돌봄은 부정적인 인상을 주게 된다. 개별적인 죄의 경중에 따라서 다양하고 오랜 회개의 기간이 벌로서 내려지며, 거기에 특별금식과 자선 기부금이 부과되며 또는 고향으로부터의 추방이나 수도원 고행훈련도 따르게 되었다. 이렇게 일반 대중을 '기독교식으로 길들이기' 가 이루어질 수 있게 된다.

그 후 '교황제교회의 확립' 이라는 맥락 속에서 1215년에 영혼돌봄에 매우 중요한 결과를 가져온 제4차 라테란 공의회가 열리게 되었다. 이 세계교회 공의회는 모든 신도들에게 1년에 한 번씩 그리고 견진성사 때 반드시 사제 앞에서 고해성사를 받도록 엄격하게 규정했다. 사람들은 대중들을 관습적/도덕적으로 적응/순응시키며 일반적 삶을 성례전화시키는 도구로서 이러한 회개와 참회제도가 교회의 목회 또는 영혼돌봄이라고 생각했다.

바로 이러한 상황 속에서 루터는 신학적인 관점에서 교회의 목회와 영혼돌봄에 대해서 비판하면서 기존 교회의 현상에 반대하기 시작한다. 그는 특히 어거스틴의 영향을 많이 받고 있었으며 그의 회심경험은 우리에게 잘 알려져 있다(Hamel, 1934). 특히 루터는 수도원에서 공부할 때 튀빙겐 신학자인 가브리엘 비엘(Gabriel Biel)의 저서에서 아주 강한 영향을 받았다. 여기서 그는 '하나님과의 관계에서 사람의 의지가 결정적으로 중요한 요소가 된다.' 는 가브리엘 비엘의 근본사상을 받아들이게 된다. 그 당시 전통적으로 강한 회개신학의 맥락 속에서도, 이러한 학문적/신앙적 배경을 바탕으로, 가브리엘 비엘이나 루터는 이제 내담자의 심리적 과정을 엄밀하게 관찰하는 것을 영혼돌봄의 특별한 과제로 인식하게 되었다(Schwarz, 1968). '포괄적인 모든 참회' 라는 의미의 '콘트리치오(contritio)' 가 개개인의 개별적인 감정상태 안에서 고통스럽지만 자세하고 면밀하게 분리되기 시작했다. 루터는 그가 존경하는 선생인 요한 폰 스타우피츠(Johann von Staupitz)가 "진정한 회개는 하나님에 대한 사랑에서 시작되고, 예수 그리스도와 연결되며, 그리고 깊은 위로를 동반한 확신에 이르게 된다."라고 그를 납득시키기 전까지는 '자기학대' 라는 특별한 형태를 경험한다.

이것을 바탕으로 루터의 새로운 종교개혁적인 돌파구가, 곧 루터가 생각하는 새로운 형태의 고해제도와 영혼돌봄이 나타나게 된다. 결국 참회제도에서 엄중한 자기비판(Selbstgericht)과 그 잘못된 행동의 대가로 치루는 '공동체에서의 소외' 라는 규칙은 폐기된다. 이제 기존의 참회제도는 새로운 특성이 필요했다. '만인제사장론' 을 추구하는 가운데 사제와 평신도의 차이는 상대화되기 시작했다. 기독교 영혼돌봄에서 그리스도인 개개인이 가지고 있는 양심의 기능이 새롭게 정의되기 시작했고, 이제 양심이 주는 위로가 새로운 주요 신학적/신앙적 과제로 떠오르게 된다.

영혼돌봄의 실제에 있어서 루터가 가장 중요하게 생각했던 것은 좌절되고 아무 희망이 없는 고달픈 인생의 상황에서 사람들을 '이끌어 내는 일(Emporziehen)'이었다. 그는 내담자에게 세상에서 고통당하지만 세상을 극복하는 그리스도를 정면으로 회상하도록 하며, 그러한 그리스도와 내담자 자신을 신앙적으로 동일시하도록 한다. 예를 들면, 사랑하는 아들을 잃은 한 부부가 있었다. 루터는 그 슬퍼하는 부부를 다음과 같은 말로 위로한다(약 1531년경).

> 당신들이 그렇게 슬퍼하고 눈물을 흘렸을 때, 당신들의 아들은 아름답게 이 세상에서의 마지막을 마쳤고 그리스도 안에서 영원히 잠들었으며, 의심할 여지 없이 당신의 아들은 그리스도가 주는 영원한 안식 가운데 있게 되었고 이제 그의 품 안에서 부드럽고 평안하게 잠들었습니다. 당신들은 그 사실로 위로받아야 되고, 더욱이 기쁨으로 하나님께 감사드려야 합니다.

루터에게서 가장 큰 영혼돌봄의 위로는 가장 높은 위로자이신 예수 그리스도와 연관시키는 것이다.[3] 이러한 그리스도 중심적인 루터의 위로에 대한 이해는 기독교역사에 큰 영향을 미치게 된다. '그리스도와 동일시함으로 위로받을 것'이라는 종교개혁자 루터의 권면은 이미 1519년에 나온 「위로를 주는 14개의 말씀」에 나타난다(Luther, 1941). 거기에 중병에 걸린 프리드리히

---

3) M. Luther, Briefwechsel 6, Nr. 1876, in: *D. Martin Luthers Werke. Kritische Gesamtausgabe.* Weimar 1883ff, WB 1930ff (Kreft, 1983: 63에서 재인용). 학문적으로 또한 교회사학적인 관점에서 그리고 조직신학적으로 광범위한 루터의 목회학 또는 목회상담을 다룬 저서는 최근에 나온 에벨링의 저서다(Ebeling, 1997). 에벨링은 그의 저서 '후기'에서 루터 연구를 통해서 신학과 목회 또는 목회상담의 관계를 설정해 보려 했다는 목적을 다음과 같이 말하고 있다. "루터의 편지를 연구한 것은 내 자신에게도 많은 도움이 되었다. 이 연구는 다른 사람들에게도 '신학이란 단지 공허한 사상이거나 쓸데없는 과거와 연관된 학문이 아니고, 다양한 상황 속에서 삶 자체와 연관된 것이다.' 라는 그들의 경험을 다시 한 번 확신시켜 줄 것이다." (484)

선제후에게 보낸 글이 나온다. 루터는 거기서 다음과 같이 쓰고 있다. "나는 여러분의 육체 때문에 그리스도가 나를 부르고, '보십시오. 내가 병들어 누워있습니다.' 라고 외치는 당신들의 소리를 들었다는 것을 숨길 수 없습니다. 그 병과 같은 그런 몹쓸 악을 없앨 수 있는 것은 우리 그리스도인들이 아니라, 우리의 주님 그리고 우리의 구원자이신, 예수 그리스도 자신입니다." (Luther, 1941: 62; Möller, 1994: 25ff.)

그러나 시대가 변하면서 '위로의 적절한 시간이 언제이고 무엇이 올바른 위로인가?라는 질문은 처음 루터가 제기한 위로의 개념과 부딪치면서 항상 새롭게 개신교 목회상담의 틀 속에 나타나고 있다.

츠빙글리의 영혼돌봄

종교개혁운동이 확대되면서 새로운 영혼돌봄의 운동이 다양한 전통들과 연결된다. 종교개혁가 츠빙글리(Huldrych Zwingli)의 영혼돌봄 행동양식에 가장 상이한 형태가 나타나게 된다. 그리스도인이란 반드시 공동체의 도움을 통해서 그리고 모든 가능한 수단을 가지고 교육적으로 뒷받침되는 이상적인 사상에 도달했을 때 자기의 삶을 가장 훌륭하게 사는 것이다. 츠빙글리는 루터와 마찬가지로 영혼돌봄과 설교 직무의 근원은 성서라고 보았다.

츠빙글리는 1524년 「목자(Der Hirt)」라는 제목의 설교문에서 올바른 개혁교회의 목회자, 그리고 영혼을 돌보는 자에 대한 모범을 제시하고 있다(Zwingli, 1962: 169). 이러한 의도에서 츠빙글리는 성서에서 말하는 진정한 목자상의 대표자로서 무엇보다도 예수 그리스도를 들고 있다(Zwingli, 1962: 170). 츠빙글리에 의하면 교회직분자들은 사회의 모든 악습을 막는 파수꾼의 역할을 지닌 사람들이다. 이 파수꾼의 직분이란 개개인에서 시작하여 점차로 공동체 전체를 살피는 일이다.

> 개인과 공동체 전체가 살펴지고 평가되어야 합니다. 왜냐하면 하나님은 예레미아 24장과 29장에서 읽을 수 있는 것처럼, 죄짓는 세상을 경고하기 위하여 자기의 예언자들을 적절한 때에 보내시기 때문입니다. 그들이 경고한 다음에 그들이 변화되고 나아지는 것 외에는 그들을 도울 수 있는 것이 아무것도 없습니다. 왜냐하면 아무 변화가 없을 때, 더 큰 악이, 모든 민족이 망가질 때까지 매일 문 앞에 도사리고 있기 때문입니다(Zwingli, 1962: 172) .

츠빙글리에 의하면 우리가 이 목표를 이루기 위해서는 영혼돌봄의 모든 수단이 동원되어야 한다.

> 그것은 마치 목자가 양들을 약간 때리듯이, 마치 손으로, 발로 살짝 양들을 차듯이, 휘파람을 불면서 양들을 몰듯이, 만약에 양들이 약하면 억지로 끌고 가듯이, 또한 약한 양들이 튼튼해질 때까지 우리에 머무르게 하는 것과 같습니다. 목자는 자기 주인을 위해, 다시 말하면 주인의 어린 양들이 깨끗하고 건강하게 자라고 수가 늘어날 수 있도록 그 모든 일을 합니다. 동시에 목자는 하나님의 양들을 늘리고 훈련시키기 위해서 모든 일을 사랑으로 해야 하는 것입니다(Zwingli, 1962: 109).

「잘못된 목자란 누구인가?」라는 자기 시대의 목회자에 관한 글에서는 사회와 교회에 대한 츠빙글리의 비판도 나타난다.

> 따라서 오! 잘못된 목자들이여, 만약 당신들 마음속에 하나님이 계신다는 생각이 눈꼽만큼이라도 있다면, 그리고 만약 당신들 마음속에 사람을 사랑하는 마음이 한 방울이라도 있다면, 당신들은 하나님을 위해서, 그리고 우리 사회를 위해서 저 불쌍한 사람들을 돌보아야 한다. 특히 높은 지위에 있는 주교들이여, 당신들은 그렇게 오랫동안 사람들이 하나님 말씀에 굶주리도록 만들었고, 당신들도 지기 힘든 인생의 짐을 그들에게 지웠다. 그들을 그 감옥에서 빼내고, 당신들만의 욕심과 사치를 위해서 모든 세상을 혼란스럽게 만들지 말라(Zwingli, 1962: 178; Lutz, 1995: 65ff).

루츠(S. Lutz)는 츠빙글리의 영혼돌봄의 핵심을 다음과 같이 정리하고 있다.

> 츠빙글리의 활동 전체를 한마디로 말한다면, 넓은 의미에서 그리스도를 선포하는 것이라고 이해할 수 있다. 영혼돌봄이란 그리스도를 선포하는 것으로서 목사 직분의 전체이지 목회의 여러 사역 중에 있는 한 부분이 아니다. 영혼돌봄은 복음으로부터 자극을 받아서 모든 목회사역과 활동 그리고 말하는 가운데 나타나는 사건이거나, 또는 아무것도 일어나지 않는 것, 이 둘 중에 하나다 (Lutz, 1995: 71).

츠빙글리는 사려 깊은 목회자가 해야 될 영혼돌봄을 위한 교육의 목적에 대해서 1523년에 쓴 그의 글 「어떻게 우리는 멋있는 청소년들을 교육시킬 것인가(Wie man edle Jünglinge heranbilden soll)」에서 아주 분명하게 말하고 있다.

> 따라서 청소년은 바른 시기에 순수하고, 그리고 가능하면 하나님과 같이 훌륭한 사람이 되기 위하여 노력해야 한다는 것을 알아야 합니다. 하나님은 모든 사람을 쓰십니다. 사람 스스로가 먼저 자기 스스로를 망치지 않는다면, 그는 아무에게도 상처를 주지 않습니다. 그래서 모든 사람에게 도움이 되기를 원하며, 모두에게 모든 것이 되기를 원하고 모두에게 악으로 대하지 않는 사람은 하나님과 가장 비슷한 사람입니다. 이것은 우리의 능력을 살펴볼 때, 아주 어려운 과제입니다. 그러나 마가복음 9장 23절에 나오는 말씀처럼 신앙인에게는 모든 것이 가능합니다(Zwingli, 1962: 163).

종교개혁적인 관점에 의하면 위와 같은 영혼돌봄의 교육과정에서 가장 중요한 것은 항상 교회공동체를 세우고, 그 공동체가 조직된 집합체로서 영혼돌봄의 차원에서 활동하고 영향을 끼칠 수 있도록 영적으로 조직하는 것이다(Köstlin, 1907: 70).

부처의 영혼돌봄

마틴 부처(Martin Bucer)는 자신의 저서를 통해서 종교개혁이 추구해야 할 목회학 또는 영혼돌봄이란 주제를 보다 심화시키며 이론적인 것을 보완한다. 이렇게 하여 그는 최초로 종교개혁적 신학에 근거한 영혼돌봄의 이론을 발전시킨다. 종교개혁적인 목회학 개념의 출발점으로서, 다시 말하면 개혁교회 영혼돌봄 이론의 출발점이라고 말할 수 있는 것은 특히 1538년 출판된 부처에 관한 책 『마틴 부처가 말하는 그리스도 교회에 세워야 할 진정한 영혼돌봄과 바른 목회에 대하여(Von der waren Seelsorge und dem rechten Hirtendienst, wie derselbige in der Kirchen Christi bestell und verrichtet werden solle, durch Martin Bucer)』라는 책에 나온다(Stupperich (Hg.), 1964: 67).

먼저 여기서 가장 중요한 것은 종교개혁적 영혼돌봄과 목회의 범위, 그리고 새로운 방향이다.

> 진정한 주교와 목회자란 어떤 사람인가에 대한 본래적인 입장, 그리고 그들에 의한 영혼돌봄, 또는 목회가 변질되었습니다. 따라서 그것은 빨리 새롭게 되어야 합니다. 그러나 지금 교황주의자들은 그 모든 것들을 헛되고 우상적인 것으로 만들어 버렸습니다……. 따라서 교회사역 곳곳에 그렇게 많은 결함들이 나타나게 되었다는 사실은 결코 놀랄 일이 아닙니다. 주님은 우리가 그 부실하게 된 교회사역들을 바르게 인식할 뿐만 아니라, 그것들을 꼭 우리에게 필요한 것으로 개선시키기를 원하십니다. 그런데 하나님이 우리를 통하여 자신의 나라를 세우고, 그 나라를 풍성한 열매를 맺는 민족에게 주시지 않는다면 우리는 아무것도 할 수 없습니다(Stupperich (Hg.), 1964: 140).

따라서 부처에게 가장 중요한 것은 예수 그리스도 구원의 사역 안에 있는 한 그리스도인으로서 그것에 대한 자신의 입장과 역할을 분명하게 인식하는 일이다. 동시에 이 말이 의미하는 것은 포괄적인(신자와 비신자 모두에 대한)

목회자 직분 속에서, 그리고 올바른 성서적 근거에서 자신이 섬기는 직분과 섬기는 자인 것을 받아들이는 일이다.

> 이 경우 수많은 그리스도인들이 있습니다. 그들은 각자 모두가 그리스도의 몸입니다. 따라서 한 사람은 그리스도 안에서 다른 사람을 위해 존재합니다. 곧 그것이 진정한 그리스도적인 존재이고, 그리스도적인 존재는 항상 사랑이 넘치고, 진실하여야 합니다. 모든 이 속에 있는 그리스도의 영이 그들을 깨우고, 모든 사람들과 지체들을 공동체로 이끌어 줍니다(Stupperich (Hg.), 1964: 101).

부처에 의하면 교회 공동체 안에서 그리스도인 개개인들은 주인이 되시는 '머리(그리스도)'의 도구이며, 그들은 '무엇보다도 다섯 가지 영혼돌봄의 사역'(Stupperich (Hg.), 1964: 103)을 위하여 보내심을 받은 사람들이다. 부처가 말하는 다섯 가지 영혼돌봄의 사역을 요약하면 다음과 같다. 먼저, 타락한 생활이나 잘못된 예배에 의해서 하나님으로부터 멀어진 사람들을 교회공동체로 인도하는 일이다. 둘째, 예전에는 교회공동체의 일원이었지만, 지금은 잘못된 생활이나 잘못된 교리 때문에 신앙의 길에서 벗어난 사람들을 다시 불러 모으는 일이다. 셋째, 교회공동체 안에서 죄를 진 사람들이 그 죄에서 벗어날 수 있도록 돕는 일이다. 넷째, 그들이 믿던 기독교에 신물을 느끼며, 신앙적으로 약해지고 병든 사람들을 강하게 하고 내적으로 건강하게 만드는 것이다. 마지막 다섯째, 어렵게 교회공동체의 구성원이 된 사람들을 타락하지 않도록 보살피며 그들이 선한 행동을 하도록 돕는 일이다(Rössler, 1986: 161).

위와 같이 개개인이 가진 내적인 그리고 외적인 문제와 갈등을 정확하게 분류하는 가운데 일반적으로 교인들을 교육시키는 직무를 영혼돌봄의 차원에서 분담하는 역할은 교회공동체에 일반적이면서 영적인 성장을 가져왔다.

> 모든 개개의 그리스도인은 다른 사람들을 돕고, 최선을 다해서 그들이 악을 피하고, 선한 일을 하도록 권면해 주어야 한다. 무엇보다도 (교회공동체 내에

서) 다른 사람에 대해서 최고 권한을 가진 사람은 집안의 책임자로서 또한 최고의 학자로서 모든 사람들의 지도자가 될 수 있도록 노력해야 한다(Stupperich (Hg.), 1964: 214).

종교개혁에서 말하는 만인제사장론은 개혁교회 영혼돌봄의 이론에 결정적인 역할을 하게 된다. 이때 개혁교회 구성원들은 의식적으로 강하게 예정론의 영향을 받은 상태에서 실제적으로 성령의 역사를 체험하게 된다. 이제 질서정연한 기독교 도시에서의 한 이상적인 시민상을 만들기 위한 교회훈련 조항들이 영혼돌봄의 수단으로 실천되기 시작한다(Friedrich, 1995: 85ff).

실천신학자 프리드리히(R. Friedrich)는 부처의 영혼돌봄의 핵심적인 출발점에 대해 다음과 같이 말한다.

루터가 우리 사람들의 마음에 예수가 있다는 것을 말했다면, 부처는 우리 믿는 사람들의 내면에서 역사하는 성령에 대해서 말한 것이다. 부처의 영혼돌봄의 신학은 초기 기독교신학의 입장에 가깝다. 곧 그의 영혼돌봄의 신학은 아우구스티누스의 신학전통 속에서 인간의 본래 모습을 '하나님 형상(Imago Dei)'으로 이해하며, 세례받은 그리스도인의 사명이란 이 하나님 형상을 새롭게 하는 데 있다고 보았다. 따라서 부처는 하나님의 형상으로 사람을 새롭게 하는 것이 현재 그리스도인들의 과제라고 강조했고, 그 속에서 이루어지는 성령의 역사를 보고자 했다. 부처에 의하면 그렇게 됨으로써 모든 그리스도인들은 내적으로 성장하며 동시에 교회는 '종교개혁적인 교회'가 된다고 믿는다(Friedrich, 1995: 87).

실천신학자 슈츠(W. Schütz)도 부처의 저작들에 대해서 다음과 같이 평가하고 있다.

부처의 신학 전체가 새롭고 훌륭한 영혼돌봄의 신학적 틀을 가지고 있다. 그의 목회신학의 핵심은 고해성사가 아니며 오히려 갈등 속에 있는 인간의 양심을 위로하는 것이다. 부처의 전체 저작이 말하는 핵심은 교회 구성원들이란 가장 어려울 때 서로 섬기고 권면하고 도와야 하는 그리스도의 몸이라는 모범적인 신학적 교회의 상을 말하려는 것이다(Schütz, 1977: 22).

칼빈의 영혼돌봄

존 칼빈(John Calvin)은 기독교의 오랜 전통, 곧 '영혼돌봄이란 교회공동체의 구성원이 되도록 만드는 과정'임을 새롭게 주장하게 된다. 여기서 선택된 그리스도인이 내적으로 성장하는 교회공동체에 참여하는 모습은 구원의 필수적인 과정으로서 관찰될 수 있어야 하지만 동시에 그 과정은 일관성 있게 그리고 엄격하게 관리되어야 한다.

칼빈의 영혼돌봄의 신학에 있어서 가장 중요한 것은 사람들을 영혼돌봄이 있는 교회의 구성원으로 만드는 일이다. 여기서 전체적으로 볼 때, 목회신학 그리고 각 교회구성원의 영혼치유에 대한 교회의 책임의식과 신학적 돌봄 등이 나타나고, 더 자세하게 보면 그것은 교회가 세세하게 개인을 간섭하는 목회적 돌봄의 틀이라고 할 수 있다. 물론 위와 같은 시도에 대한 평가는 당연히 여러 의견으로 갈린다(Schütz, 1977: 22ff).

어쨌든 칼빈이 가장 중요하게 생각하고 있는 것은 교회구성원들의 영혼에 대한 강력한 지도력이다. 따라서 칼빈은 참회제도가 교인들에게 직접적으로 영향을 줄 수 있는 수단으로서 중요한 가치가 있다고 인정하고 있다. 무엇보다도 칼빈에게 있어서 모든 영혼돌봄은 교회훈련이란 차원에서 실행된다. 다시 말하면 사람들이 그것을 거부할 경우 또는 잘못된 행동을 했을 경우에 경고를 받거나, 그에 상응하는 벌을 그 차등에 따라 받게 된다는 것이다. 칼빈의 목회활동들 가운데 칼빈의 목회실천에서 고정된 제도라고 볼 수 있는 심방은 반드시 두 사람, 곧 목사와 장로에 의해서 진행되는데, 이것은 교회구성원들에 대한 일종의 시험과 감시의 성격을 가지고 있는 제도다. 정중하게 성만찬에 참여하는 것도 하나의 감시 장치와 연관된다. 또한 규칙적으로 병자나 감옥에 갇힌 사람을 방문하는 것도 목회자의 중요한 직무 중 하나다. 교회활동의 모든 것이 목회이고 영혼돌봄인 것이다.

확고한 신학적 체계와 교회론에 기반을 둔 칼빈은 그리스도인들이 자기의 삶을 행복하게 영유하는 것이야말로 그들이 교회의 교육체계 속에서 하나님에 의해서 선택받고 발전하는 하나의 증거로 생각했다(Benoit, 1960: 1ff).

실천신학자 숄(H. Scholl)은 위와 같은 칼빈의 영혼돌봄에 대해서 다음과 같이 평가하고 있다.

> 칼빈의 영혼돌봄에서 가장 중요한 관점은 개개인에 대한 영혼돌봄이 교회공동체와 분리되지 않는다는 사실이다. 규칙적인 예배세례자를 위한 교육, 개개인에 대한 사회적인 구제활동 등이 성숙하고 책임성 있는 성만찬을 중심으로 하는 교회공동체에 의하여 진행된다. 따라서 영혼돌봄의 활동이 곧 교회공동체 활동이라고 말할 수 있다(Scholl, 1995: 103ff).

또한 숄은 칼빈의 영혼돌봄의 영향을 '신론과 예정론 그리고 교회론으로 이루어진 영혼돌봄(Scholl, 1995: 117)'이라고 규정한다. 다시 한 번 그는 칼빈의 영혼돌봄에서 '영혼돌봄과 기독론'이 결코 분리될 수 없음을 강조하고 있다.

> 칼빈에게 있어서 원칙적인 의미에서 교회훈련이란 그 어떤 교회권력의 수단이 아니고 오로지 영혼돌봄에 도움이 되는 수단이다. 우리는 그것을 신론의 핵심을 이루는 칼빈의 기독론이 특별한 영혼돌봄의 관점을 서술하고 있다는 사실에서 분명하게 알 수 있다. 칼빈의 기독론 속에 영혼돌봄과 연관된 인간의 영혼관에 대한 뚜렷한 관점이 나타나 있다(Scholl, 1995: 120ff).

칼빈에 의하면 인간이 부딪치는 극단적인 현실상황에서 우리 인간도, 우리처럼 인간의 육체와 본성을 가지고 있던 그리스도가 십자가 위에서 겪었던 '처절한 상황', 곧 엄청난 좌절과 두려움 그리고 완전히 하나님에게서 버림받았다는 느낌 등을 경험한다고 본다. 따라서 전체적으로 본다면 칼빈의 신학전통 속에 있는 영혼돌봄은 기독론에 그 신학적 근거를 두고 있다고 볼 수 있다.

지금까지 살펴본 종교개혁자들의 영혼돌봄은 적어도 겉으로 보기에는, 삶의 위기에 빠진 사람들에게 적절한 삶의 행동방식을 말해 줄 수 있는 것 같다. 그러나 실천실학자 슈츠는 그의 글 「루터에게 있어서 신앙질의문답(Glaubensverhör)」에서 어떻게 종교개혁 초기에 자유의 틀 속에서 자기 구원을 이루어 가기 위한 '영적 절제'에 대한 복음적 요구가 얼마 지나지 않아 일종의 도덕적 '각성'으로 변화되었는지를 정확하게 지적하고 있다(Schütz, 1977:14ff.).

> 16세기 전반부에 루터는 신앙이 타성화되고 황폐화되어 가는 공동체 신앙의 상황에서, 성만찬에서 빵과 포도주가 일반 평신도에게 허용되기 시작하고 교회훈련이 필요한 상황에서 소위 말하는 '신앙질의문답'을, 일종의 감시 장치로써 공동체 구성원들에게 어쩔 수 없이 또 다시 요구하게 된다. 그래서 교육적인 조치들, 교회교육, 윤리교육과 교회훈련의 기술 등이 새롭게 참회제도에 도입되었던 것이다(Schütz, 1977: 16)

개혁교회에서 꿈꾸는 모범적인 인간상에 대한 도덕적 각성은— 여기서 신앙생활의 조절자로서 개개인의 양심이 아주 중요한 요소인— 개혁교회의 정통주의 시대에까지 이어지게 된다. 16세기 루터교회에서 뿐만 아니라, 개혁교회가 설정한 교회규칙체계들이 그것에 대한 확실한 증거라고 말할 수 있다. 그것에 대한 자세한 사항들은 하르델란트(A. Hardeland)의 저서 안의 「교회규칙에 따른 참회와 회개제도의 형성(Die Kirchenordnungsmäßige Ausgestaltung des Beicht-und Busswesens)」과 「병자방문에 대한 교회규칙서

(Die Vorschriften der Kirchenordnungen über den Krankenbesuch)」(Hardeland, 1898: 311ff; 326ff)라는 제목의 글에 자세히 나와 있다.

> 이제 교회훈련은 성례전 차원으로 높아졌다. 하나님은 교회 직분자를 통하여 양육받은 사람을 돌보신다(니이더작센 주 교회규정)(Hardeland, 1898: 320).

실천신학자 슈츠도 어떻게 참회제도가 신앙으로 이끄는 교회교육 과정에서 필수적인 과정으로서 갑자기 부각되게 될 수밖에 없었는지 설명하고 있다(Schütz, 1977: 23ff; 30ff).

일반 대중들이 성만찬에 참여하는 것과 연결하여 영혼돌봄 및 신앙에 관한 질의 문답은 하나의 고정된 교회규칙이 되었다. 또한 교회훈련과 연관하여 개개 그리스도인에 대한 영혼돌봄이 이루어졌다.

이제 확실한 영혼돌봄의 역할규정에 따라서 영혼돌봄은 규정된 필수 조항으로서 모든 신앙생활의 문제에 적용되어야 되는 것으로 여겨졌다. 쾨스틀린(A. Köstlin)은 이미 이것에 대해서 다음과 같이 말하고 있다.

> 교회의 지도자가 의무를 다하고 말씀의 사역을 자신의 의무로 잘 이행한다면, 그들은 구원의 말씀사역을 확고하게 만드는 것이며, 그들이 그 사역을 주님의 뜻과 질서에 따른 직무로서 맡을 때 인간적인 조직이 그것을 돕는 한, 영혼구원은 확실한 것이다(Köstlin, 1907: 61).

병자와 감옥에 갇힌 사람들에 대한 의무적인 영혼돌봄 규정조차도 이 상황에서는 반드시 교육적인 조치를 취하게 되었다. 하르델란트는 '혹독한 시련의 세월을 보내고 교회와 멀어져야만 했던' 어떤 병든 사람에 대하여 언급하면서, 1585년 니이더작센 주의 교회규정에 대해서 다음과 같이 보고하고 있다.

> 여러 번 요청이 있을 경우에 목회자는 환자에게 가야 하는데, 증인으로 부목회자와 동반해야 하고, 방문할 때 그 환자의 이웃도 같이 있어야 한다. 그리고 죄 많은 인생을 살아온 그를 강력하게 꾸짖어야 한다. 만약에 그 병든 사람이 권면을 받아들인다면, 그리고 목회자가 병자가 자기의 죄를 뉘우치고 있다고 느끼게 되면, 그때 그 병자는 목회자로부터 사죄의 선언을 듣고 성례전에 참여할 수 있다. 그러한 병자에게 위로하는 것을 거부할 경우 교회규정은 그것에 대해서 책임이 없다고 말할 수 없다. 왜냐하면 예수는 십자가 위에서 강도를 용서해 주었기 때문이다(Hardeland, 1898: 332).

이제 점차로 기독교의 신앙은 교회공동체의 규범적인 틀이 세세하게 설명된 교회규정으로 만들어지게 되었다. 개신교 정통주의 시대에 들어서게 되고 가톨릭교회와 개신교 간에 있었던 30년 전쟁으로 인해서 사회가 피폐하게 되자, 그 세세한 교회규정들은 어느 정도 영향력을 잃어버리게 되었다. 교회가 가진 규범이 붕괴되자, 상황은 이제 새로운 영혼돌봄의 형태를 요구하게 된다.

4. 경건주의와 합리주의 시대의 영혼돌봄

이 시대에는 정신적/영적으로 커다란 영향을 미쳤으며, 현재까지도 영향을 미치고 있는 두 가지 상반된 신학적 조류가 나타나게 된다. 하나는 경건주의이고 다른 하나는 계몽주의와 합리주의다. 따라서 영혼돌봄도 이 두 가지 상반된 신학적 관점에서 나타나게 된다.

경건주의의 영혼돌봄

17세기 말 그리고 18세기 경건주의 시대의 개신교 영혼돌봄은 또 다시 그 형식에 있어서 결정적인 변화과정을 경험하게 된다. 즉, 개인 신앙에 대한 관심이 이전 시대와는 비교가 안 될 만큼 중요하게 여겨졌다. 목회자는 이제 '사람과 사람이 직접 만나는 방법으로' 그리스도인들의 일상생활과 신앙생활에 영향을 주게 되었다. 경건주의에 의하면 사람들은 영적으로 깨어나고 거듭나야 하며 그 후에야 성화될 수 있다. 의미 없는 교회의 참회제도에서 나타나는 것과 같이 그 당시 기계적이며 인간미가 없는 거짓, 또는 겉모양의 경건신앙은 이제 비판의 대상이 되었다. 그리고 복음에 대한 주관적 경험이 영혼돌봄의 중요한 관심사가 되었다. 여기서 특별한 공동체 형태가 생기게 되었는데, 그 속에서 그리스도인 자매들과 형제들이 집단적으로 모여 감정적으로 자신을 타인에게 개방하는 것을 원칙으로 하였으며, 그 공동체에서 서로가 서로에게 권면하고 돕게 되었다. 신앙적 불일치와 불신앙이 이곳에서 가장 빨리 사라지고 바른 신앙으로 인도되었다. 공동체 구성원들은 서로 성화된 삶, 그리고 다른 사람의 모범이 되는 삶으로 서로가 서로를 돕고, 동시에 그것으로 나타나는 외적인 영향에 의해서 신앙공동체를 구성하게 되었다(Köstlin, 1907: 79).

이 경건주의 영혼돌봄이 표방하는 중요 핵심을 말할 때 항상 스페너, 프랑케, 친첸도르프 세 사람의 이름이 언급된다. 먼저 스페너(P. J. Spener)는 영혼돌봄에 대해 새로운 영적인 관심을 가지고 종교개혁사상의 핵심적 선언 중에 하나인 '만인제사장론'을 강조하기 시작했다. 프랑케(A. H. Franke)는 자기 시대에 나타난 기독교의 타락상에 저항하여 새롭고 영적인 교회질서 모델을 제시하고자 하였다. 마지막으로 친체도르프(N. G. v. Zinzendorf)는 경건주의운동의 공동체인 '형제공동체(Brüdergemeinde)' 안에서 경건주의 영혼돌봄을 정립시킨다. 이 영혼돌봄은 더불어 함께하고 서로가 서로를 잘 파악하고 있는 소규모 집단에 영적으로 아주 중요한 의미를 부여하고 있다. 동시에 이 영혼돌봄은 강한 공동체 정신을 가지지만 개개인의 인격적인 중요성을 강조한다. 실천신학자 뢰슬러(D. Rössler)는 이 시대의 영혼돌봄을 다음과 같이 표현하고 있다.

> 이 시대의 영혼돌봄이란 삶과 신앙에서 일어난 개별적인 문제들과 더 나아가 크거나 또는 단순한 문제에 관한 '대화'라고 말할 수 있다(Rössler, 1986: 79).

스페너 경건주의의 아버지라고 불리우는 필립 야곱 스페너는 루터처럼 '편지를 통해서' 목회를 한, 아주 뛰어난 '편지목회자'(Wallmann, 1995: 268ff. 경건주의 시대의 '영혼돌봄과 교회성장', '위로와 신앙의 어려움' 과 관련하여 271ff 참조할 것)라고 할 수 있다. 그는 특히 그의 저작 『경건한 요망(*Pia Desideria*)』[4] 을 통해서 영혼돌봄에 많은 영향을 끼쳤다. 그는 교회개혁과 목회에 관한 일종의 '제안서'를 제시하고자 했으며, 이 책에서 제시한 여러 제안들을 통해서 교회 상황이 훨씬 향상될 것으로 기대하고 있다(스페너의 영향력에 대해서는 Schütz, 1977: 37ff, Wallmann, 1995: 261ff 참조할 것).

종교개혁의 핵심주장이었던 '만인제사장론' 이 어떻게 새롭게 스페너 시대에 자극을 주고 있는지, 다음에 인용한 그의 저서 『경건한 요망』에서 매우 분명하게 잘 보여 주고 있다.

> 성서 자체를 매우 부지런하게 읽는 것, 특히 신약성서를 읽는 것은 매우 중요하다. 집의 가장인 아버지가 성서를, 특히 신약성서를 소유하는 일과 매일매일 성서를 조금씩 읽는 일, 또는 읽어 보지 않은 성서구절을 다른 사람에게 읽어 주도록 부탁해서 듣는 일은 결코 어려운 일이 아니다(Spener, 1955: 54).

> 모든 그리스도인들은 자신을 위해서, 자신에 관한 것을 위해서 기도하고 감사하며 선한 일을 해야 될 뿐만 아니라, 주님의 말씀을 열심히 연구하고 다른 집안 사람들에게 그가 받은 은혜를 가르치고, 그들을 책망하고, 권면하고, 회개

---

4) 이 저작의 기원과 반응 그리고 형식에 대해서는 D. Blaufuβ, in: Philipp Jacob Spener, *Schriften*. Bd. I. eingeleitet v. E. Beyreuter D. Blaufuβ , Hildesheim/New York 1979, 43ff 살필 것.

> 토록 하고, 바른 길로 가게 하며, 그들의 삶을 관찰하고, 무엇보다도 그들을 위해서 기도하고 그들이 축복받을 수 있도록 도와야 한다. 이 모든 것들을 그들이 보게 되는데, 따라서 모든 그리스도인들은 자기 스스로 조심하고, 자기 자신을, 그리고 자기 가까이에 있는 사람들을 바로 세우는 일에 최선을 다해야 한다(Spener, 1955: 59).

스페너에 의하면 가장 친밀한 공동체, 곧 가정에서도 한 사람은 다른 사람에게 사제 또는 목회자가 된다.

> 따라서 부부는 서로가 서로를 필요로 한다. 곧 그들은 영적인 영역에 있어서 서로가 서로를 세우는 것이고, 따라서 그들은 서로가 서로에게 훌륭한 본보기가 되며, 서로가 서로에게 배우며, 서로가 서로를 위해서 기도하고, 서로가 힘을 합하여 그들의 가정교회를 지키며, 그들이 가지고 있고 서로 서로 나누고 있는 사랑은 하나님의 사랑과 신랑되신 주님을 생각나게 하는 사랑이 되도록 만들어야 한다.[5)]

스페너는 위와 같이 예를 들어 결혼생활에서의 영적인 관계를 표현하고 있으며 영혼돌봄의 사역이 사제, 또는 목회자에게만 국한된 것이 아니라 만인제사장론의 논리에 따라 평신도에게로 확대된다.

스페너는 그 당시 교회규율과 교회훈련의 붕괴상황 그리고 그 당시 진행되던 교회 내 파행적인 참회제도에 대하여 '목회에 대한 두려움', '극단적인 혐오감' 등으로 반응했다. 스페너가 생각하는 핵심적 의도는 소위 말해서 공동체 내에 있는 '적극적인 참여자들'을 영적인 모임에 들어갈 수 있도록 후원하고 세우려는 것이었으며 그는 자신의 이러한 목회방침에 대한 확고한 신념을 가지고 있었다.

---

5) 스페너의 독일어 그리고 라틴어로 쓴 신학적 사상들은 F. A. E. Hennicken이 1838년 할레(Halle)에서 편집한 스페너의 글 "Philipp Jakob speners deutsche und lateinsiche theologische Bedenken"을 보면 된다.

프랑케 다음에 우리가 살펴볼 사람은 아우구스트 헤르만 프랑케다. 무엇보다도 먼저 영적인 각성에 기반을 두면서, 동시에 개인적으로 뛰어난 지적 능력을 가지고 있으며, 조직적이고 엄격한 경건생활과 목회를 특징으로 하고 있는 프랑케의 목회는 특별히 그 당시 사회와 교회에 많은 영향을 주었다. 프랑케에 가장 중요한 것은 스페너처럼(프랑케는 스페너와 개인적으로 알고 지냈다.) 교회개혁이었으며 동시에 거의 황폐된 상태에 놓여 있는 교회를 다시 새롭게 세우는 일이었다. 이때 퇴락한 교회의 참회제도가 가장 큰 문제였다. 프랑케의 목회방향 속에는 개인과 공동체를 위한 철저하면서도 일관성 있는 그리고 엄격하게 훈련시키는 과제와 근본적으로 세계를 변화시킬 수 있다고 믿는 두 가지 관심이 서로 연결되어 있다. 다시 말하면 프랑케의 목회에서 회개는 개인적 회심이 전제가 되지만 다른 한편으로 끊임없는 자기 성찰과 신앙인의 자기훈련이었다. 그러나 이외에도 프랑케가 강조하는 목회는 모든 주위 환경에 대한 포괄적인 변화였다. 따라서 슈츠에 의하면 프랑케 목회의 핵심이란 "개인적인 영혼돌봄과 세계갱신이라는 두 가지 축이라고 말할 수 있다. 여기서 땅 끝까지 복음을 전파하는 하나님의 도구를 키우는 온실로서 역할을 할 수 있는 세계적인 신학교를 세우는 계획이 세워지게 된다(Schütz, 1977: 40ff; 42).

따라서 모든 경우를 반영할 수 있는 학습과정, 곧 가난한 사람과 고아들과 어린이들과 중고등학생들과 대학생들 그리고 교사와 성직자를 위한 학습과정이 생기게 된다. 그래서 도시 할레(Halle)를 중심으로 교육 시스템이 생기기 시작했다. 일정한 한 지역에 집중적으로 가난한 사람들, 중상층 가정들 그리고 귀족들의 '아동교육'을 책임지는 학교에서부터 교사들을 위한 기숙사와 신학교가 만들어졌다. 이들은 세계적으로 다양한 개신교 교회들과 연계하는 에큐메니칼 정신을 바탕으로 한 학교교육을 지향했다.

신앙인들에 의한 사회현실 극복이라는 프랑케의 신앙적 교육목표는 금욕적인 요구와 세상 것의 포기라는 근본적인 태도를 바탕에 깔고 있는 듯하다.

다시 말하면 변화시켜야 될 세상에 있는 교육장에는 이들만의 독특한 감독 체계가 있었다. 놀고 싶은 자연적 충동, 음악을 즐기는 것, 자유 시간 등은 아동교육에서부터 가능하면 제한되었다.

프랑케의 목회는 이러한 상황에서 그리고 위와 같은 방법을 사용해서 그 당시 사람들이 요구하는 것을 채워 주었던 것이다. 프랑케는 그가 목회할 당시 수많은 사람들이 힘들고 고통스러운 상황에서 그로부터 조언과 도움을 얻을 정도로, 독일에서 가장 뛰어난 목회자 중에 하나로 꼽히게 된다.

프랑케의 글들은 호평을 받고 광범위하게 읽혔다. 교회의 충격적인 상황을 고발하는 논문이라고 할 수 있는 1697년에 쓴 「참회제도의 오용에 관한 짧은 단편(Kurzer und einfältiger Entwurf von dem Miβbräuchen des Beichtstuhls)」이라는 글에서 그는 다음과 같이 말하고 있다.

> 이것은 참회제도와 그것을 오용하고 있는 실태에 관한 것입니다. 길을 내주시는 하나님을 찬양합니다. 그것은 오히려 모든 하나님의 종이 가지고 있는 두려움과 고통의 의자입니다. 그러나 그와는 반대로 악마는 그것을 돈을 위해 일하는 사람들 그리고 자기 배만을 채우는 사람들을 위한 일종의 세관으로 만들어버렸습니다(Francke, 1969: 92).

> 그러한 오용이 여기서 벌어지고 있습니다. 곧 사람들은 참회의 기도를 처음 배울 때, 그 의미를 알지 못합니다. 그들은 단지 그 단어들을 달달 외워서 말할 뿐입니다(Francke, 1969: 93).

> 참회제도를 망치는 그 수단들을 없애기 위해서, 사람들은 그들이 처음 교회에 나왔을 때 알았던 교회가 요구하는 규칙을 실천해야 합니다. 그렇지 않으면 우리는 적어도 교회 안에서 공적으로 죄를 지은 사람들을 용납하지 않기 때문에 우리는 위선적인 것을 참아야만 합니다(Francke, 1969: 103).

따라서 고해성사를 받는 사제나 목회자는 다음과 같아야 한다고 했다.

> 사람들에게 외형적으로 단지 교리공부만 시켜서는 안 되고, 그들 자신들이 가르친 대로 스스로 그렇게 행동해야 합니다……. 그리고 다른 목회자들과 상의해야 하고 다른 목회자들이 어떻게 하는지를 알아보아야 합니다. 마지막으로 목회자는 개개인이 처한 특별한 상황에 따라서 사람들을 다루어야 합니다. 사람들은 회개하지 않고, 또는 전혀 회개의 기미를 보이지 않은 채로 성찬식에 참석해서는 안 됩니다. 그런 사람들은 거부되어야 합니다. 사람들은 그들의 죄 때문에 두려운 마음으로 교회에 나와야 합니다. 그리고 목회자는 그러한 사람들에게 위로를 전해야 하는 것입니다(Francke, 1969: 106).

프랑케는 1689년에 쓴 「성서가 말하는 삶의 규칙(Schriftmä*β*ige Lebens-regeln)」이라는 글에서 그리스도인들이 이 세상에서 취할 완전한 행동 이외에 다음과 같은 말도 하고 있다.

> 만약 누군가가 당신에게 대적한다면, 조심하십시오. 당신이 덩달아서 죄를 짓게 될 경우이기 때문입니다. 하나님의 영광이 나타나게 하고 이웃에게 최선을 다하도록 하십시오. 사람들은 매우 자주 다툽니다. 그리고 싸움이 일어날 경우, 누가 옳은가를 판단하는 것은 매우 중요한 일이 됩니다. 그러나 책임소재를 가려야만 할 경우에, 흥분된 감정에 휩싸이지 말아야 합니다. 왜냐하면그것은 육적인 격정에서 나오는 것이기 때문입니다. 만약 당신이 진리를 분명하게 그리고 선한 목적으로 제안했다면, 평안하게 있으십시오. 더 큰 불화와 시비에 대응하면, 당신은 이길 수 없습니다. 당신이 당신의 진리에 확신을 가지고 있지만, 결코 싸울 생각이 없다는 것을 당신의 적이 알았을 경우에, 당신의 적은 그 문제를 곰곰이 다시 생각해 볼 것입니다. 당신의 적은 직접 당신으로부터 더 이상 배우려 하지 않을지라도, 당신이 보여 준 행동에서 온유함과 절제는 배울 것입니다(Francke, 1969: 352).

프랑케는 1702년에 쓴 「진정으로 축복받고 현명해지기 위한 짧고 단순한 교회교육(Kurzer und einfältiger unterricht, wie die Kinder zur wahren Gottseligkeit und christlichen Klugheit anzuführen sind)」이라는 논문에서 자

기가 생각하는 '교회교육의 핵심가치'들을 제시하고 있다.

> 영혼을 가꾸는 것 또는 감정을 다스리는 것, 이것이 유일한 수단입니다. 청소년 교육의 가장 큰 목적은 이 수단을 통해서 이루어지는 것입니다(Francke, 1969: 125).

> 진정한 마음교육은 피교육자의 의지와 이성에 대한 교육입니다. 우리들이 그 둘 중에 하나라도 무시한다면, 아무것도 선한 것을 기대할 수 없습니다. 여기서 가장 중요한 것은 사람들이 본래 가지고 있는 아집이 깨지게 되는 것을 겪는 일입니다. 따라서 (교육과정에서) 그것을 관찰하는 것이 가장 중요한 것입니다. 청소년을 단지 똑똑하게 만들기 위해서 교육시키려는 사람은 선한 것이지만 충분하다고 말할 수 없는 인간의 이성을 다듬는 것에만 집중하는 사람입니다. 왜냐하면 그는 가장 훌륭한 것, 다시 말하면 '순종'을 가르치는 교육을 잊어버렸기 때문에, 거기에서 어떤 진정한 열매도 기대할 수 없기 때문입니다. 이제 그와는 반대로 멋대로 고집을 부리며 행동하려고 할 때, 우리 인간의 이성은 구원의 가르침을 배워야 됩니다(Francke, 1969: 126).

> 따라서 여기서 우리들은 감성이 예민한 시절의 청소년들에게 심어 주어야 할 세 가지 덕목을 목표로 삼아야 합니다. 그것들은 근본적으로, 그리고 항상 하나님의 축복으로 그들을 인도할 것입니다. 그것은 바로 '진리를 향한 사랑', '순종'과 '부지런함' 입니다. 그와는 반대로 청소년들이 온 힘을 다해서 피해야 되는 악덕이 있는데, 그것은 바로 다름 아닌 거짓말, 아집 그리고 게으름입니다(Francke, 1969: 137).

친첸도르프　친첸도르프는 신앙적으로 그리고 신학적으로 성장하는 과정에서 그의 신앙선배인 스페너나 프랑케와는 다른 자기만의 독특한 것을 강조했다. 그는 그것을 '우리 형제공동체가 계속해서 주장하고 책임져야 할 신학적인 프로그램'이라고 말한다. 그는 독창적인 조직 형태와 신앙생활을 시작했으며 그것을 통해서 공간적으로 시간적으로 그리고 광범위하고 지속적인 영향을 기독교 목회에 끼치고 있다. 경직되고 권위적인 할레의 교회구조와 지도자들과는 완전히 다르게, 친첸도르프가 주도한 '형제공동체' 안에서는 이제 새롭고 특별한 '공동체 정신'이 분출되기 시작했다. 친첸도르프가 생각하는 새롭게 각성된 기독교란 처음부터 공동체 안에서 '가족의식'과 '형제자매와 같은 돌봄'이 덧붙여진 그리스도를 말한다. 신앙인들 상호간에 신앙적 돌봄이란 개개인이 가지고 있고 바꿀 수 없는 개별성과 특수성을 분명하게 인정하는 것에서 시작된다. 모든 의사전달은 매우 신중하게 구성된 조직에 기초를 둔다. 그러한 틀 안에서 신분과 성별에 따른 '합창단을 구성하는' 문제와, 과제별로 나누어진 '모임(Klassen)', 취미와 관심에 따라 나누어진 '동아리(Banden)'들로 구성되었다. 이렇게 해서 공동체 안에 다양한 조직문화가 생기기 시작했다. 그 조직문화는 목회적으로 보면 공동체 구성원들의 실제 생활에 도움이 될 뿐 아니라, 그들의 신앙생활에 지속적이고 새로운 활력소를 불러일으켰다.

여기서 공동체를 구성하는 데 있어서 지도력과 권위가 문제가 되는데, 그들은 그 문제를 그들의 공동체가 포괄적/절대적으로 그리스도와 관계되어 있는 공동체라는 강한 의식으로 해결하고 있다. '왕위에 오르신 하나님의 어린양'은 그들 공동체의 모든 사건들과 행동양식에 직접적인 영향을 주는 분으로서 심지어는 애매한 투표에서조차 주님의 뜻을 알려 주시는 분으로서 결정적인 역할을 하게 된다.

한편으로는 거룩한 모임의 정신을 그리고 다른 한편으로는 모든 구성원들이 그리스도와 관계되어 있다는 의식을 강조하고 또한 새롭게 인식시키고자 했던 이 경건주의운동은 정신적인 독립성을 낳았으며, 이러한 독립성은 이 운동에 깊게 뿌리박힌 '선교적 열정'에서부터 '교파 문제', 또는 교회정치 문제에서 두드러지게 나타난다. 그것에 대해서 마이어(D. Meyer)는 다음과 같이 말하고 있다.

> 친첸도르프에게 있어서 목회 또는 영혼돌봄이란 자신의 교파적 정체성을 상대화시키는 것이고, 이 세상에 있는 모든 하나님의 자녀는 하나라는 세계교회 일치의(에큐메니칼) 공동체성을 인정하고 활성화시키는 것이다(Meyer, 1995).

이러한 방법으로 그들은 그리스도인들의 생활방식을 정하고, 현실을 극복하려고 시도하며, 갈등을 해결하려고 할 때 단지 이성과 도덕적 잣대로 해결하려는 것이 아니라, '풍부한 관계 속에서' 체험된 감성 또는 경험들을 중요하게 여긴다.

계몽주의와 합리주의 시대의 영혼돌봄

경건주의 입장에서는 18세기 계몽주의와 합리주의 시대에는 자신들의 목회학과는 '상반되는 목회학'이 나타났다고 본다. 이제 완전히 달라진 새로운 시대의 인간상은 지금과는 완전히 다른 목회적 돌봄을 요구하게 되었다. 목회자는 시대가 요구하는 지식과 일반 사회가 요구하는 윤리선생이 되었다. 인간은 자기가 만족하는 인생의 목적의식에 따라서 자신 스스로를 찾으려고 했다. 곧 이 말은 다음과 같은 것을 의미한다. 사람들은 개개인이 자유롭게 자신의 양심에 의해 결정하는 것을 존중하기 시작했다. 경건주의에서 보인 '개개인의 영혼들을 압박'하는 일은 포기되었다. 그 대신 이제 중요한 것은 종교적 문제에 있어서 자율적인 종교적 독립성을 향상시키기 위한 교육이다.[6] 그러므로 이제 영혼돌봄은 인간에게 방향을 제시하여 자신의 이성을

---

6) 이러한 경향을 주장하는 대표적인 학자가 니마이어(A. H. Niemeyer)다. 그는 『부모, 가정교사 그리고 교사에게 있어서 가정교육과 학교교육의 기초개념들: 확대된 의미에서의 교육(Grundsätze der Erziehung und des Unterrichts für Eltern, Hauslehrer und Schulmänner)』이라는 그의 책에서 다음과 같이 설명하고 있다. "우리 사람들 속에서 발전시킬 수 있는 능력의 모든 것 그리고 한 인간이 자신이 되고자 하는 능력을 자신에게서 발전시키려는 모든 것, 우리는 그것을 넓은 의미에 있어서 직업교육 그리고 교육이라고 부른다. 이러한 의미에서 교육은 어린 시절 그리고 청소년기에

자율적으로 활용하도록 이끄는 것이 되었다.

이 시대에 와서 (이성에 기초하여 설명하는) 종교를 통해서 인간적인 인격을 형성시키는 데 도움이 되는 것은 더 이상 참회제도나 교회훈련이 아니라, '친절한 대화' 또는 강요하지 않는 '개인적 대화'였다. 이제 사람에게 도움이 되고 사람들에게 친근한 영혼돌봄의 모형이 구체적으로 거론되기 시작했다. 다시 말해서 인격을 존중하는 만남이 강조된 것이다. 우울한 감정상태는 병으로 간주되었다. 영혼을 돌보는 사람은 영혼의 문제를 다루어야 할 뿐 아니라, 자신의 몸에 병이 있는지 살펴야 했으며(Schütz, 1977: 49), 또한 상담자로서 목회자의 자발성이 중요했다.

요약해서 말한다면, 이 시대에 있어서 개개인의 어려움을 상담하고, 공동체에 도움을 주고자 하는 모든 활동은 하나의 기본자세를 가지고 있는데, 그것은 '인간에 대한 계속적인 교육'이라고 말할 수 있다. 이것은 근본적으로 하나님의 의도와 명령과 일치한다.[7]

스팔딩 계몽주의 신학에 있어서 목회학과 윤리이론에 있어서 가장 대표적인 신학자는 베를린 지역의 교회 감독 겸 종교국 평정관이었던 스팔딩(Johann Joachim Spalding)이다. 그는 1748년에 쓴 자신의 유명한 책 『인간의 정의에 관한 연구(Betrachtungn iiber die Bestimmung des Menschen)』에서 '윤리적 미덕'에 대하여 다음과 같이 쓰고 있다.

한정시킬 수 없으며, 정신적인 완전함에 이르기 위한 인간의 능력을 평생토록 계속 받아야 한다. 따라서 인간의 전 생애, 곧 어린 시절뿐만 아니라, 이 세상 이후의 삶을 위한 것까지도 교육의 과정으로 볼 수 있다." (1부, 4)

7) 쾨스틀린(H. A. Köstlin)에 의하면, 위와 같이 주장하는 이 시대의 사람으로 목회자 겸 신학자인 헤르더(J. G. Herder)를 들 수 있다. 쾨스틀린에 의하면 헤르더는 이상적인 목회자가 해야 할 진정한 과제가 무엇인지 훌륭한 문체로 우리 교회에게 알려 주었다. 곧 그는 목회자의 진정한 과제란 하나님의 이름으로 그리고 사제의 방법으로 사람들을 고귀하게 훈련시키는 것이라고 말한다(Schütz, 1977: 87ff).

그럼에도 불구하고 이것은 항상 나의 주된 관심사입니다. 곧 나는 내 영혼이 추구하는 보다 높고 숭고한 충동들을 억제해서도 안 되고 무시해서도 안 된다는 사실입니다. 내 속에서 내 스스로가 충분히 인식하고 있는 그 충동들은 합리적으로 움직여야 합니다. 나는 내 속에 있는 선의를 보이려는 마음이 항상 더 강해지도록, 그리고 모든 방법을 통해서라도 그러한 경향이 충족될 수 있도록 노력하고 있습니다. 나 자신을 편안하게 만드는 인간의 행복이 내가 가장 진정으로 추구하는 불변의 목표가 되어야 합니다. 그리고 그 행복은 나 자신만의 독특한 행복이 되어야 합니다. 내가 잘못이 없는 사람을 보호해 줄 때, 불행한 사람들을 도와줄 때 그리고 고통당하는 사람들이 그 고통을 헤치고 나온 것을 볼 경우에, 나는 내 마음 속에서 느끼는 그 충만감을 위해서 완전히 나 스스로를 헌신하겠습니다. 그리고 나는 내 영혼이 가진 그런 부드러움에 대해서 명예롭게 생각하겠습니다. 왜냐하면 내 영혼의 그러한 경향은 내 본성 깊은 곳에 본질적으로 존재하기 때문입니다……. 그러한 경향이란, 모든 사람에 대한 정의, 내 모든 행동에 있어서 바르게 처신하는 것, 조국과 선한 사람들에 대한 감사하는 것, 적들 앞에서 담대하게 행동하는 것, 그리고 넓은 이해력을 가진 상식적인 사랑을 말합니다. 그와 같은 경향들은 올바른 나의 내면에서 솟아나는 것인데, 그 속에 내 영의 자랑과 건강함이 있습니다. 그것이 가장 기쁘고, 가장 오래 가는 일이 되어야 합니다. 나는 어디서든지 내가 바라보는 선함과 행복, 아름다움 그리고 질서들을 기쁘게 관찰하는 데 익숙해지기를 원합니다(Spaldings, 1908: 22).

신학자 슈츠는 계몽주의 시대의 영혼돌봄에 대해서 특별한 관심을 가지고 연구하고 있으며, 그것에 대해서 대단히 해박한 지식을 가지고 있었다 (Schütz, 1977: 44ff). 그는 이 시대가 말하는 이상적인 그리스도인 삶에 대한 기본적인 입장에 대해서 다음과 같이 말하고 있다.

이 시대 영혼돌봄의 목적은 행복과 평안과 만족과 충만감이다. 그러나 그것은 우리에게 익숙한 칸트의 행복론이 말하는 것과 같은 천박한 행복론을 말하는 것은 아니다. 행복이란 이성을 가진 인간의 성취와 완성이며 동시에 행복이란

> 인간 자신의 도덕적이며 이성적인 자기실현이다. 평안과 만족은 삶의 의미를 찾는 인간이 지향하는 존재의 목적이다. 이 시대의 목회학에서 자주 말하는 개념들은 모든 신앙의 근본적인 행동으로서 보호받는 것과 존재로의 용기, 의미 있는 삶의 성취 그리고 확신과 희망 등이다(Schütz, 1977: 45).

바움가르텐 스팔딩 외에 슈츠가 그의 책에서 특별하게 인용하고 있는 계몽주의 시대의 뛰어난 신학자는 할레의 프랑케 재단의 감독이며 할레 대학의 교수였던 바움가르텐(S. J. Baumgarten)이다. 그는 신학을 새로운 학문의 세계관에 기초해서 전개해야 된다고 주장하였다. 또 다른 이 시대의 뛰어난 신학자로 니마이어(A. H. Niemeyer)를 들 수 있는데, 그는 프랑케의 손자이고 프랑케 재단의 책임자이면서고 할레 대학에서 신학 및 교육학 교수였다. 위기에 빠진 부부상담을 한 바움가르텐의 보고서(Baumgarten, 1749: 1ff)에 저자의 영혼돌봄에 대한 입장이 잘 나타나 있다. 바움가르텐은 위기에 처한 결혼생활에 대한 목회상담자로서의 입장 22가지를 정리하고 있다.

그 중에서 아무런 법적인 보호 없이 첫 번째 남편과 헤어졌고, 두 번째 결혼생활도 파국을 맞은 불행한 여자에 대한 상담기록을 적으면서 그는 자기의 글 처음에 이 불행한 일의 초기 단계를 자세하게 서술하고 있다.

> 루치아는 1705년에 태어났다. 그의 아버지는 집안의 난폭자로서 아주 나쁜 사람이었다. 그는 아내와 아이들을 죽을 정도로 심하게 때렸고 결국 자기 아내와 자녀들을 처참하게 방치해 놓았다. 루치아는 늘 배고픔과 고통이 따라다니는 아주 고통스러운 가정사를 겪어야 했다. 그가 14살이 되었을 때 부모가 시키지 않았는데도 이곳저곳으로 돌아다니기 시작했다. 결국 그 때부터 그는 4년 동안 남의 집 하녀로 일하기 시작했다(Baumgarten, 1749: 3).

이러한 배경을 가지고 루치아는 23살 때 거의 자기 아버지와 똑같은 폭력적인 사람과 결혼을 한다.

> 이 결혼생활도 아주 불행했다. 그의 남편은 선천적으로 도둑질이 몸에 밴 사람이었다. 그가 수건이나 상자, 유리그릇 그리고 그와 비슷한 것들을 집으로 가져오는 경우는 한 번도 없었다. 그에게는 강도짓이 더 중요했다. 그러나 그의 남편은 자기의 보호막으로 만들기 위해서 루치아를 계속 잡아두기를 원했다. 그러나 루치아는 그것을 거부했다(Baumgarten, 1749: 3).

그때부터 루치아의 남편은 자기 아내를 심하게 때리고 고문하기 시작했고, 그는 그 범죄행위 때문에 시 당국에 넘겨졌으며, 그래서 그는 군복무를 해야 했으며 그의 구타행위가 조금 잠잠해지는 듯 보였다.

이제 루치아는 첫 번째 남편과의 결혼생활을 끝내려고 마음먹자, 첫 번째 남편은 그를 거의 죽을 정도로 때렸다. 이제 루치아는 이 일을 고해성사 때 목회자에게 알렸다. 루치아는 자기가 첫 번째 결혼을 파기하고 다시 결혼할 수 있는지, 어떻게 공적인 기관에 알려야 하는지, 어떻게 결정해야만 하는지에 대해서 자문을 구했다. 이와 같은 영혼돌봄의 상황에서 바움가르텐은 깊게 생각한 끝에 다음과 같이 판단한다. "루치아와 목회자는 공적인 기관에 알려야 할 의무는 없다. 그보다 중요한 것은 루치아를 목회적으로 돌보는 일이며, 루치아의 주변이 잘 정리가 되어서 두 번째 결혼으로 새롭게 출발할 수 있도록 돕는 일이다." 바움가르텐은 계속해서 상담상황을 적고 있다.

> 루치아는 불확실한 외부상황에 처했을지라도 자기 문제에 대해서 간절히 기도하고 모든 것을 하나님의 선하신 손길에 맡겨 그분의 뜻에 맡겼습니다. 이때 루치아는 공적인 기관에 진실을 숨기지도 않으면서 또한 루치아 자신이 지은 죄에 대해서 변명하지도 않고 또 다시 죄를 짓는 일 없이 하나님의 인도하심을 분명히 보게 되었습니다(Baumgarten, 1749: 60).

물론 이렇게 상담이 진행되는 동안 루치아가 성찬식에 거부되지 않고 참석할 수 있었다.

바움가르텐의 영혼돌봄에서 나타나듯이 이렇게 계몽주의 시대에는 인간애와 인간의 가치의 정신이 기독교의 표어가 되었다. 모든 신학은 인간적인 존재에 대한 물음에 답을 했고 영혼돌봄은 계몽과 도덕적인 개선을 목적으로 하는 일반적인 그리스도인의 의무로 생각했다. 그러므로 심리학적인 사전 지식이 영혼돌봄의 전제가 되었으며, 영혼돌봄의 목표는 인간이 이성적인 결정을 잘 하도록 하는 것이었다.

5. 근현세 교회의 영혼돌봄과 심리치료의 등장

실천신학과 목회신학의 등장

19~20세기에 와서 기독교 영혼돌봄이 (어느 정도) 독립적인 학문으로서 신학의 다른 분야와 구별되고 학문적 정체성이 확립되었다고 말할 수 있다(Kantzenbach, 1984 참조). 영혼돌봄이 독자적 학문으로서 형성된 과정은 '실천신학(Praktische Theologie)'이라는 신학 분야가 두드러지게 부각되기 시작하면서 이루어진다. 실천신학 분야의 개척자라고 할 수 있는 슐라이에르마허(F. Schleiermacher)와 니치(Karl Immanuel Nitzsch)는 영혼돌봄을 신학의 한 분야로 자리매김했다. 영혼돌봄은 그 시대가 요구하는 실제적인 것과 연관된 실천적인 다른 신학 분야의 영역과 맥을 같이 하며 동시에 자기 자신의 학문적 역사를 구축하기 시작했다. 이제 실천신학적 관심에 대한 포괄적인 신학의 입장들은 매우 다양한 것들을 포함하게 되었다. 그 다양한 입장들은 각각의 시대가 안고 있는 문제들을 제기하게 된다. 동시에 그것들은 그리스도 신앙의 입장에서 자기 시대에 맞는 위기상담에 대한 아주 분명한 인식과 범위의 가능성을 열어놓았다. 이제 이 시대에 다음과 같은 개괄적인 특징들이 나타난다.[8]

먼저, 이 시대에 와서 신학적 인간론의 영역이 폭발적으로 확장되기 시작한다. 이제 인간론은 루트비히 포이어바흐(Ludwig Feuerbach), 칼 마르크스(Karl Marx), 프리드리히 니체(Friedrich Nietzsche), 지그문트 프로이트(Sigmund Freud)와 같은 철학적, 사회과학적, 심리학적 지식의 대표자들의 종교비판과 연결된다. 따라서 영혼돌봄은 불가피하게 '하나님 앞에 서 있는 인간' 이란 도대체 누구인가라는 질문에 대한 답변을 해야만 했다.[9] '하나님 앞에 선 인간' 이란 제목은 대표적인 인간의 행동양식을 표현하는 말이 되었다. 그리스도인은 일반사회 속에서 신앙과 연결된 미덕을 갖춘 '하나님 앞에 선 인간' 으로 있다. 그러한 것을 목회적으로 의식하도록 만들고 지지하는 것은 매우 중요하게 되었다. 물론 또다시 시간이 지나감에 따라 그런 목회학적 입장은 점차로 비판받게 된다.

다음으로, 이 시대의 목회학에서 무엇보다도 전반적인 목회경험에 근거한 '목회신학(Pastraltheologie, pastoral theology)'이 나타나게 된다. 이러한 현상과 동시에 '영혼돌봄(Seelsorge)'이라는 하나의 차별된 분야가 신학 속에 편재되기 시작하며 점차로 이 학문은 확대된 인간과학의 영역(사회학, 심리학, 사회심리학 등의 학문처럼)으로 자리 잡기 시작한다. 그리고 영혼돌봄과 일반상담학은 다양한 형태에서 경쟁적인 입장에 놓이게 된다. 그러나 이와 같은 상황은 한편으로는 양 학문 간 공통적인 분야에서 협력관계로 나아가게 하기도 하였다.[10] 또한 양 학문 간의 관계 설정에 있어서 차별성의 문제

---

8) 여기에 대해서는 잘 설명하고 있는 두 권의 저서가 있다. W. Offele, *Das Verständnis der Seelsorge in der pastoraltheologischen Literatur der Gegenwart*, Mainz 1966; F. Wintzer (Hg.), Seelsorge. *Texte zum gewandelten Verst ndnis und zur Praxis der Seelsorge in der Neuzeit*, Müchen 1978.

9) 이 문제에 관해서는 K. Winkler, *Werden wie ein Kinder? Christliche Glaube und Regression,* Mainz 1992, 71ff를 살필 것. 이 주제에 대한 논의가 현재에도 매우 활발히 진행된다는 사실은 다음 논문에 잘 나타나 있다. "Kirche: Angst produzierend - Angst reduzierend. Eine religionskritsche Konfrontation," in: H. M. Stenger, *Für eine Kirche, die sich sehen lassen kann*, Insbruck/Wien 1995, 134ff.

10) 예를 들면, 목회학과 의학과 새로운 협력관계를 모색하기 위하여 만든 학술지로서 *Europäischen Arbeitsgemeinschaft Arzt und Seelsorge*가 있다. 이 잡지는 이미 1925년에 베를린에서 *Arzt und*

가 제기되었으며, 이 관계 설정에 관한 문제는 시간이 가면서 계속해서 새로운 설명을 찾아야만 되었다. 어쨌든 이제는 심리학에서 심리적 과정에서도 경험적 이해의 차원에 대한 설명이 불가피하게 요구되었으며, 동시에 영혼돌봄에서도 심리학과 관계된 교육과정을 받아들이지 않을 수 없게 되었다. 따라서 목회상담학만이 가진 신학적인 독창성을 찾고 묻는 과제도 자연히 뒤따르게 되었다. 이제 이와 같은 맥락에서 '영혼돌봄과 심리치료' 라는 주제는 '영혼돌봄의 이론' 에서 빠질 수 없는 주제가 되었다. 그러나 이것과 더불어 영혼돌봄에서 일반심리학의 이론과 신앙적 차원의 '신앙고백적인 독특성' 과의 관계도 점차 대두되기 시작한 것이다.

세 번째로, 이 시대에 와서 목회신학과 더욱 더 분리되기를 원했던 영혼돌봄은 특히 '교육과정' 에서 자기만의 정체성을 찾기 시작한다. 개개 그리스도인들이 가지고 있는 성격과 (공동체와의 관계에서 나타나는) 특징들이 특별히 부각되면 될수록, 다양한 사람들이 가진 경험의 차이점들을 받아들일 수 있을 뿐만 아니라, 그것을 신앙의 영역에서 재인식할 수 있으며, 더 나아가 그 문제를 집중적으로 다룰 능력이 목회상담자들에게 있는가에 대한 질문이 심각하게 제기되기 시작했다. 이제 목회학은 목회자가 어떻게 잘 목회사역에 적응할 수 있는가, 그리고 어떤 목회자상을 추구할 것인가라는 주제를 넘어서서 특별한 신학의 영역이 되었다.

---

*Seelsorger*이란 이름으로 목회학과 의학과의 상호협력을 위한 것으로 창간되었는데, 이 잡지가 유럽 전체를 대상으로 하는 새로운 이름의 학술잡지로 확대된 것이다. 그런데 오늘날 또다시 이 잡지의 제목은 *Internationale Gesellschaft für Tiefenpsychologie*라는 이름으로 변경되어 간행되고 있다. 예를 들어 이 학술잡지에 나온 주목할 만한 논문으로 W. Bitter, "Psychotherapie und Seelsorge" (1952); "Angst und Schuld in theologischer und psychotherapeutischer Sicht" (1953); "Vorträge über das Vaterproblem in Psychotherapie, Religion und Gesellschaft" (1956); "Die Wandlung des Menschen in Seelsorge und Psychotherapie" (1956) 등이 있다.

대표적 학자들

이 시기에 나타난 몇몇 대표적인 신학자들의 영혼돌봄에 대한 견해를 소개하면 다음과 같다. 슐라이에르마허는 영혼돌봄을 학문화시킨 대표적인 사람이다. 그는 영혼돌봄을 목회사역 가운데 개별적인 교회사역의 한 부분으로 이해했다. 영혼돌봄의 목표는 인격의 재통합이다. 그러나 목회자는 교인에게 자신의 생각을 강요하지는 말아야 한다. 목회자는 후견인이 아니라 오히려 경청과 공감으로 대화를 시작해야 한다. 다른 사람에게 사건이 명백해지고 스스로 결정을 하도록 이끌었다면 그 대화는 성공한 것이다. 그것은 오직 목회자와 교인이 신뢰관계가 될 때 가능할 수 있다. 슐라이에르마허는 후기에 와서 성숙의 원리를 고집했다. 그는 나중에 위로의 필요성을 더 이상 예외상황으로가 아니라 일반적인 인간적인 상황으로 설명한다. 즉, 모든 사람은 누구나 실제로 위로를 필요로 한다. 그러므로 영혼돌봄은 일반사회적 판단을 하는 것을 도와주면서 여러 특별한 인간적 상황들에 집중하게 된다.

따라서 영혼돌봄은 전적으로 특별한 위기상황을 돕거나 또는 방황하는 사람들을 돕는 것이 아니다. 영혼돌봄은 오히려 엄격한 믿음에 기초하여 삶의 질을 향상시키고 신앙인들에게 영적인 분명함을 제시하는 것이다. 슐라이에르마허가 말하는 영혼돌봄이란 일종의 특별한 관계작업이라고 말할 수 있는데, 여기서 말하는 관계작업이란 개인의 '미성숙성'을 깨닫게 만드는 일이다. 그렇게 영혼돌봄은 자신의 종교적 감성을 예배 속에서 표현하는 기독교공동체에 도움이 되게 하는 것이다. 또한 알렉산더 슈바이처(Alexander Schweizer)에 의하면 영혼돌봄은 '각 사람의 내면의 삶에 상호적으로 참여하여 생기는 사랑의 증명'이다. 그러므로 목회자의 영혼돌봄과 평신도의 영혼돌봄은 구별은 되지만 분리되지는 않는다.

니치에 의하면 위로적으로 접근해 들어가야 하는 사회심리학적인 상황은 특별한 방법으로 고려해야 할 부분이다. 한편 인간적이고 시간적이며 공간적인 필요와 수용, 그리고 요구의 개별화에 상응하는 '하나님 말씀의 개별화' 가 '영혼돌봄' 의 목표이며 복음적인 '위로의 가르침' 인 하나님의 말씀을 올바르게 가르치는 것(딤후 2: 15)이 영혼돌봄의 가장 중요한 특징이다. 영혼돌봄의 실제에서 영혼돌봄을 개인 또는 사회윤리적인 문제, 그리고 디아코니아적인 과제와 분리하지 않는다. 교회적으로뿐만 아니라 일반적으로 인간의 삶의 실제는 기독교적으로 사로잡혀져야 한다는 것이다. 그는 종종 떠맡게 되는 목회상담자의 '진단적이고' '치료적인' 능력의 차이를 강조한다.

니버갈(Friedrich Niebergall)은 '현대 인간'의 삶의 현실을 고려하기 위해 경험적, 심리학적인 상황에 깊은 관심을 갖고 문화적인 차원에서 영혼돌봄을 살펴보고 있다. 그는 '민속학' 내에서 영혼돌봄의 출발점을 보며 특히 개인의 '경험'과 '태도' 그리고 '신앙'을 주의 깊게 살필 필요성을 갖는다. 니버갈과 관련하여 피스터(Oskar Pfister)는 특히 예수의 치료적인 행위처럼 '종교적/도덕적 갈등' 을 해결할 때 시도하는 정신분석적이며 치유를 목표로 하는 영혼돌봄에서 프로이트의 심리학을 수용한다.

이 시대[11)]의 신학사상과 신앙 그리고 영혼돌봄의 특별한 배경을 결정지은 것은 무엇보다도 계몽주의 시대와 그것을 극복하고자 했던 시도다. 그리고 경건주의와는 다르게 완전히 새롭고 다른 방식으로 이 시대가 중요하게 생각하여 존중하는 것은 외부의 간섭 없이 오직 내적인 변화에 의한 양심의 형성과 개인의 자유다. 1813~1815년에 있었던 해방전쟁과 유럽의 나폴레옹시대의 종말은 새로운 민족의식을 싹트게 만들었다. 개신교 영역을 살펴보면, 교회연합운동과 교회기관별 통합시도, 그리고 거기에 덧붙여 상대적으로 새로운 의미의 교파운동이 생기게 되었다. 그 외에 독일의 경우를 보면 새로운 신앙각성운동들이 독일의 교회적 또는 종교적 분포도를 만들어 나갔다. 그 새

---

11) 여기에 대해서는 M. Greschat, *Christentumsgeschichte II. Von der Reformationszeit bis zur Gegenwart. Grundkurs Theologie, Bd.* 8, Stuttgart/Berlin/Köln 1997. 특히 단원 III: Das Jahrhundert der Revolutionen(1780–1914)이 나오는 136ff를 살필 것.

로운 신앙각성운동은 그 당시 자연과학적 세계관이 주는 강한 영향력에 대항하는 저항세력이었으며 세속적인 인생관에 맞선 운동이라고 볼 수 있다.

사실 그 시대조류는 진부하고 고루한 복고풍으로 돌아가고자 하는 삶의 형태에 대한 100년 동안의 혁명적인 저항이라고 말할 수 있다. 동시에 이 시대는 도시화에 의한 거대한 도시빈민이 생기기 시작한 산업화의 시대였다. 교회와 영혼돌봄은 거대한 '사회문제'라는 과제 앞에 직면하게 되었다. 이제 그동안 계속되어 왔던 '국외선교' 이외에 영적인 도움과 사회경제적인 도움을 분리시키지 말자라는 의도에서 그 유명한 '국내선교(Innere Mission)'가 설립되게 되었다. 이 시대의 영혼돌봄의 특징들을 살핀다면 신앙적인 자기인식에서 해방시키는 것 외에 개인적인 영적의 자유와 개인들의 상호친교가 강조되었다. 위와 같은 구체적인 목회의 목표 때문에, 점차로 사람들은 목회자에게 현실생활과 밀접하게 연관된 인간의 본질에 대해서 풍부한 인식을 가져 줄 것을 요구하기 시작했다. 여러 다양한 모습 가운데서 이 시대의 신앙생활에서는 일반적인 생활자세를 강조하거나 교회생활에 참여시키기 위한 교육이 강조되었다. 또한 교회와 사회의 붕괴징후를 막아보기 위한 교회 목회자들과 일반 평신도들의 노력은 대중에게 긍정적인 영향을 끼쳤다.

» 참고문헌 «

신명숙 역(2007). **목회상담—영혼돌봄**(원저: K. Winkler). 서울: 학지사.

Baumgarten, Siegm, J. (1749). *Theologische Bedenken*. Vierte Sammlung, 2. Aufl., Halle.

Benoit, J-D. (1960). Seelsorge und Theologie in der Institutio. In J. Moltmann

(Hg.), *Calvin-Studien.* Neukirchen: Neukirchen-Vluyn.

Clebsh, W. & Jaekle. C. (1994). *Pastoral Care in Historical Perspective.* Northvale, NJ: Jason Aronson.

Ebeling, G. (1997). *Luthers Seelsorge. Theologie in der Vielfalt der Lebenssituationen an seinen Briefen dargestellt.* Tübingen.

Eckart, M. (1956). *Predigten und Schriften.* Ausgewählt und eingeleitet von Friedrich Heer, Frankfurt a. M/Hamburg.

Francke, A. H. (1969). Kurzer und einfältiger Entwurf von dem Mißbräuchen des Beichtstuhls. In E. Peschke (Hg.), *Werke in Auswahl.* Berlin.

Friedrich, R. (1995). Martin Bucer. In C. Möller (Hg.), *Geschichte der Seelsorge in Einzelportraits, Bd. 2.* Göttingen: Vandenhoeck & Ruprecht.

Greschat, M. (1997a). *Christentumsgeschichte II. Von der Reformationszeit bis zur Gegenwart. Grundkurs Theologie, Bd. 8.* Stuttgart/Berlin/Köln.

Greschat, M. (1997b). *Geschichte des Christentums II. Von der Reformation bis zur Gegenwart. Grundkurs Theologie, Bd. 4.* Stuttgart/Berlin/Köln.

Hamel, A. (1934). *Der junge Luther und Augustin,* Gütersloh: Gütersloher Verlaghaus.

Hardeland, A. (1898). Geschichte der speciellen seelsorge in der vorreformatorischen Kirche und in der Kirche der Reformation, Berlin.

Hauck, A. (1958). *Kirchengeschichte Deutshlands, Bd. 1.* Berlin.

Hauck, A. (1959). *Kirchengeschichte Deutshlands, Bd. 2.* Berlin.

Kantzenbach, F. W. (1984). *Programme der Theologie. Denker, Schuler, Wirkungen - Von Schleiermacher bis Moltmann.* 3. Aufl. München.

Köstlin, A. (1907). *Lehre. von der Seelsorge nach evangelischen Grundsützen.* Berlin.

Kreft, R. (1983). Praktische Seelsorge in Martin Luthers Briefen. In *Berliner Hefte für evangelische Krankenhausseelsorge, Nr. 49.* Berlin.

Luther, M. (1941). Vierzehn Tröstungen für Mühselige und Beladene (tesseradecas consolatoria pro laborantibus et oneratis). Übers. und eingeleit. v. Bischof D. Heckel. *Schriften der Luther-Agricola-Gesellschaft in Finnland, Nr. 3*. Helsinki.

Luther, M. Briefwechsel 6, Nr. 1876. In *D. Martin Luthers Werke. Kritische Gesamtausgabe*. Weimar 1883ff, WB 1930ff.

Lutz, S. (1995). Huldrych Zwingli. In C. Möller (Hg.), *Geschichte, Bd. 2*.

McNeill, J. T. (1952). *History of the Cure of Souls*. London: SCM Press.

Meyer, D. (1995). Nikolaus Graf von Zinzendorf. In C. Möller (Hg.), *Geschichte der Seelsorge, in Einzelportratits, Bd. 2*. Göttingen: Vandenhoeck & Ruprecht.

Möller, C. (1994). Gregor der Groβe. In ders.,(Hg.), *Geschichte der Seelsorge in Einzelportraits, Bd. 1*. Göttingen: Vandenhoeck & Ruprecht.

Möller, C. (1995). Martin Luther. In ders., (Hg.), *Geschichte der Seelsorge in Einzelportraits, Bd. 2*. Göttingen: Vandenhoeck & Ruprecht.

Niemeyer, A. H. (1801). *Grundsätze der Erziehung und des unterrichts für Eltern, Hauslehrer und Schulmänner*. Halle.

Oden, T. (1984). *Care of Souls in the Classic Tradition*. Philadelphia: Fortress.

Rössler, D. (1986). *Grundriβ der praktischen Theologie*. Berlin/New York: Walter de Gruyter.

Scholl, H. (1995). Johannes Calvin. In C. Möller (Hg.), *Geschichte der Seelsorge in Einzelportraits, Bd. 2*. Göttingen: Vandenhoeck & Ruprecht.

Schütz, W. (1977). *Seelsorge. Ein Grundriβ*, Gütersloh: Gütersloher Verlaghaus.

Schwarz, R. (1968). *Vorgeschichte der reformatorischen Buβ theologie*. Berlin.

Siegm, J. (1749). *Baumgartens theologische Bedenken*. Vierte Sammlung. 2.

Aufl. Halle.

Spalding, Johann J. (1908). Bestimmung des Menschen -1748- und Wert der Andacht. In H. Stephan (Hg.), *Studien zur Geschichte des neueren Protestantimus*. Gießen 1908.

Spener, Philipp J. (1955). *Pia Desideria.* In K. Aland (Hg.). Berlin

Spener, Philipp J. (1979). Eingeleitet v. E. Beyreuter & D. Blaufuß, *Schriften, Bd. I. 1.* Hildesheim/New York.

Spener, Philipp J. (1988). In Paus Grünberg (Hg.), *Schriften, Bd. I. 2.* Hildesheim/New York.

St. Gregory the Great. (1950), Pastoral Care: Regula Pastoralis. In Henry Davis (tr.), *Ancient Christian Writers: The Works of the Fathers in Translation, vol. 11.* Westminster, Maryland.

Stupperich, R. (Hg.), (1964). *Martin Bucers deutsche Schriften. Bd. 7,* Gütersloh: Gütersloher Verlaghaus.

Uhsadel, W. (1961). *Evangelische Beichte in Vergangenheit und Gegenwart.* Gütersloh: Gütersloher Verlaghaus.

Wallmann, J. (1995). Philipp Jacob Spener. In C. Möller (Hg.). *Geschichte der Seelsorge in Einzelportraits, Bd. 2.* Göttingen: Vandenhoeck & Ruprecht.

Winkler, K. (1984). *Zumutung im Konflicktfall. Luther als Seelsorger in heutiger Sicht.* Hannover.

Winkler, K. (2000). *Seelsorge.* Berlin/New York: Walter de Gruyter.

Zwingli, H. (1962). *Auswahl seiner Schriften.* E. Künzli (Hg.), Zürich/Stuttgart.

05

목회상담의 역사 : 현대 및 미래 전망

무엇이 현대적인 '목회돌봄과 목회상담' 인가? 그것은 어디에서 누구에 의해 언제 시작된 것인가? 그리고 그것의 전개는 어떻게 이루어지고 있는가? 이런 질문들에 대한 대답은 대답을 하는 사람들의 시각과 그들의 전통에 따라 다를 수 있다. 그러나 현대 목회돌봄과 목회상담(이 장에서는 줄여서 '목회돌봄/상담'으로 기술하고, '목회상담'이라 할 때에는 특수하게 구조화된 상담방식의 목회상담만을 의미함)이 대체로 미국 교회에서 시작되었고 발전하였으며, 그것이 전통적인 것과는 구별되는 현대적인 상담 및 심리치료와 상당히 밀접한 관련을 맺어 왔고, 지나간 세기 후반부에 유럽과 아시아 및 오세아니아 등지로 퍼져 나갔다는 것 등은 일반적인 사실로 받아들여지고 있다. 따라서 우리는 미국 교회를 중심으로 현대적 의미의 목회돌봄/상담을 기술하고, 거기에 영국과 독일을 중심으로 한 유럽 교회의 목회돌봄/상담을 덧붙여 기술함으로써 현대 목회돌봄과 목회상담의 역사를 살펴보고자 한다.

1. 현대 목회돌봄/상담의 배경

앞에서 살펴보았듯이, 종교개혁과 그 이후 교회생활 속의 영혼돌봄은 중세의 그것과는 다른 면모를 보이기 시작하였다. 특히 심방을 통한 대화 형태의 영혼돌봄이 산업사회 이후에 두드러졌고, 경건주의적 신앙활동이 증진되면서 신앙인의 내면세계에 대한 주의와 관심이 영혼돌봄의 중요한 측면으로 부각되었다. 이런 면은, 성사 및 성직계라는 제도적 돌봄이 주축을 이루고 있었던 중세 가톨릭교회의 영혼돌봄을 넘어서서 개인적 신앙 및 경건생활에서 영혼의 길을 찾던 종교개혁과 그 이후의 개신교적 신앙 양태에 기초한 것이었다. 이런 면이 아메리카 대륙을 발견하고 신세계를 개척하던 미국의 개신교 교인들 속에서 보다 자연스럽게, 그리고 보다 실험적으로 이루어지게 된 것은 이 신대륙이 상대적으로 옛 전통의 그늘이 엷고, 새로운 전통을 형성해 나가려던 기풍이 강하였기 때문인 것으로 보인다.

위와 관련하여 주목할 만한 사람은 영국의 개혁교회 목사 리처드 백스터(Richard Baxter)였다. 그는 목회돌봄/상담에 관하여 무엇보다도 '사적인 담화(private conference)' 라는 방식을 장려함으로써, 현대 목회상담을 선구하는 면을 보였다. 그는 교인들의 가정을 방문하여 그들의 애환을 직접 듣고 대화를 나누면서 개인 및 가족의 영혼돌봄을 하는 심방적 상담목회를 추천하고 실행하였던 것이다. 이런 면은 그의 주저 *Gilvas Salvianus, the Reformed Pastor*(1656)(Baxter, c1956)에 잘 나타나 있다. 특히 그는 죽음을 앞둔 사람을 만나 그의 마지막 시간과 신앙적인 소망을 견지하는 등, 오늘날의 '죽음맞이 상담' 을 선구하는 일에 주의를 기울였고, 그에 대한 책을 펴내기도 하였으니, 이것이 *The Saint's Everlasting Rest*(1650)이다.

또한 경건주의적 전통은 인간의 내면 경험을 중요시하였기 때문에 현대적인 목회돌봄/상담에 대하여 직간접적으로 많은 영향을 미쳤다. 이런 면은 이미 앞의 장에서 자세히 살펴보았다. 이와 관련하여 감리교회의 창시자 존 웨슬리(J. Wesley)의 목회돌봄/상담은 특이한 면을 지니고 있었다. 웨슬리는 영국국교회 신부로서 전통적인 영혼돌봄의 전통에 서 있었으나, 그가 회심을 하고 난 이후 속회나 반회를 만들어 신자들의 생활을 직접적으로 돌보면서 특이한 형태의 목회돌봄/상담이 나타나기 시작하였다. 그것은 소규모 그룹을 통한 목회돌봄/상담이요, 평신도 지도자들을 활용하는 목회돌봄/상담이며, 또한 직고(accountability)라는 개념 아래에서 말하자면 '공개적 고백' 의 형태를 통한 목회돌봄/상담이기도 하였다(안석모, 1993: 234-247).

이러한 형태의 신앙생활 외에도 새롭게 현대의 목회돌봄/상담의 배경으로 등장한 것은 18세기부터 신대륙에서 주기적으로 일어난 대각성운동이었다. 새로운 대륙에 청교도적인 이상을 품고 이주한 신앙인들이 영적 사명에 대한 망각과 나태의 늪으로 빠져갈 때, 회개와 영적 회심을 외치면서 나타난

뉴잉글랜드 지역의 대각성운동 및 신학은 현대적인 목회돌봄/상담에 큰 파장을 일으킬 수밖에 없었으니, 그것은 인간의 내면세계, 그중에서도 감정에 대하여 예민한 감수성을 보였기 때문이다. 각성운동 및 부흥운동을 통하여 수많은 신자들이 변화된 혹은 뒤흔들린 내적 상태를 보였기 때문에 목회자들은 이들을 돌보기 위해서 주의를 기울이지 않을 수 없었다. 각성운동의 대표적 신학자였던 조나단 에드워즈(Jonathan Edwards)가 *Treatise Concerning Religious Affections*(1746)(서문강 역, 2003)을 쓰게 된 것도 이런 이유였다. 이렇게 내면적인 세계 및 감정에 대한 돌봄과 상담의 필요성은 이후 19세기에 계속된 부흥 및 각성운동에서도 마찬가지로 지속되었다. 19세기 전반부에 계속되었고, 미국의 서부개척 시대를 맞아 중부지방을 중심으로 한 캠프 예배 형식을 통해 진행된 두 번째 각성운동도 신자들의 감정에 호소하는 경우가 많았고, 열정과 영적 흥분은 매우 높은 정도로 진행되었기 때문이다.

이상의 개혁주의 심방 및 대화전통과 웨슬리의 소그룹 지지방식 및 직고제도, 나아가 새롭게 전개되는 영적 각성운동의 파장 속에서 19세기 후반 무렵에 이르러 미국의 목회돌봄/상담은 상당히 심리학적인 성격을 띄게 되었다. 미국 내의 목회돌봄/상담에 대한 연구로 저명한 브룩스 홀리필드(E. Brooks Holifield) 교수는 대각성운동 이래 심리학적인 관점의 영혼돌봄이 얼마나 중요하였는지를 문헌적으로 자세히 살피고 있다(Holifield, 1983: 69ff, 144ff, 175ff). 게다가 독일의 베를린 대학교 신학부의 슐라이에르마허(F. Schleiermacher)가 1811년 *Brief Outline of the Study of Theology*(김경재, 선한용, 박근원 역, 1983)을 펴내면서, 실천신학을 신학의 큰 가지로 정의하고, 거기에서 목회돌봄을 실천신학의 중요 학문으로 정립하면서 목회신학에 대한 관심 또한 미국 신학교와 교회에서 더욱 더 커져 가고 있었다. 그리하여 이르게는 1800년대 전반부에 벌써 '목회신학' 혹은 '실천신학'이라는 이름 아래 미국 내 신학교들이 강의를 열고 있었다(그러나 아직은 이론신학의 우산 아래에 있었다) (Holifield, 1983: 118ff). 결국 19세기 말엽에 가면, 목회신학과 목회에 대한 지침서들은 점점 더 당대의 심리학 및 의학이 제공하는 인간에 대한 지식과 경험을 그 내용으로 받아들이고 있었다.

이렇게 본다면, 미국에서 기원한 현대적인 목회돌봄/상담은 당시에 변화하던 사회 및 산업 환경이라는 외부적인 측면으로부터의 영향도 받았지만, 유럽과 미국에서 발달하고 있던 심리학 및 의학이라는 인접학문의 영향도 받았음을 알 수 있다. 잘 알려진 대로 1870년대 후반(1879)에는 과학적인 실험심리학이 독일의 빌헬름 분트(Willhelm Wundt)에 의해서 확립되고 있었고, 미국에서는 윌리엄 제임스(William James)가 1890년에 *Principles of Psychology*를 펴냄으로써 내성적인 방법을 통하여 생리학과 연관된 그러나 독립적인 체계와 의미를 갖춘 심리학을 제시하였다. 제임스가 이 책을 펴내던 때에, 유럽의 비엔나에서는 지그문트 프로이트(Sigmund Freud)가 자유연상과 꿈분석을 통하여 신경증 환자들을 치료하는 정신분석적 심리치료법을 시작하고 있었다. 이 두 사람은 우연하게도 인간의 의식 밑에서 움직이는 무의식 혹은 잠재의식을 생각하고 있었고, 인간 정신의 불합리와 역기능적인 면이 인간 내면의 분열 때문이라는 생각을 하고 있었다. 동시에 이 두 사람은 그런 인간을 치유하는 면에 대해서도 깊이 관심을 두고 있었다. 다만 제임스가 프로이트와 달랐던 것은 제임스는 종교의 역할에 대하여 보다 긍정적이며 적극적이었던 반면에, 프로이트는 부정적이었다는 점이다.

2. 현대 목회돌봄/상담의 출발과 그 특징

종교심리학운동

앞에서 보았듯이 현대 목회돌봄/상담이 인간의 내적인 면에 대한 관심과 기대 및 그와 연관된 심리학적인 지식과 경험을 토대로 출발하였다는 것은 매우 분명해 보인다. 이런 면에서 윌리엄 제임스가 1902년에 *The Varieties of Religious Experience*을 출간한 것은 여러 모로 뜻이 깊었다. 이것은 단순히 종교체험을 현상학적으로 분류하여 기술한 것이 아니었다. 그것은 인간의 힘을 넘어서는 존재와 역동을 가리키면서, '병든 영혼' 혹은 '분열된 정신'을 통합하고 살아갈 수 있게 만드는 종교적 회심과 그 역동을 설명하는 심리적 치유에 관한 것이기도 하였다. 그것은 자기를 넘어서는 어떤 힘에게 자신을 굴복시키고 자기의 의식을 보다 더 넓은 의식에게로 개방함으로써, 즉 자기를 포기하고 내적인 강제를 풀어 버리고 보다 큰 실재를 받아들임으로써 삶의 변화를 가져오는 측면을 가리키고 있었다. 즉, 치유의 측면을 설명하는 일종의 심리치료적인 면을 보여 주고 있었던 것이다(이에 대한 구체적인 설명은 Holifield, 1983: 184–195 참조).

이처럼 종교의 역할과 기능에 대한 적극적인 견해, 나아가 교회와 기독교 신앙이 사람들의 내면세계를 다루고 치유하는 일에 대하여 일반 학문이 긍적적으로 인정해 준 것은 현대 목회돌봄/상담의 출발에 중요한 원동력이 되었다. 이것은 비단 제임스만의 이론이 아니었다. 이미 1900년을 전후하여, 미국의 심리학회지에는 제임스 류바(James Leuba) 같은 학자가 종교를 기능적인 면으로, 특히 회심 같은 것을 심리학적으로 설명하는 글을 싣고 있었다(Leuba, 1896: 309–385). 그는 특히 종교를 가리켜 "영혼을 태어나게 하는 새로운 산파술(new form of soul–midwifery)"이라고 적극적으로 해석하였다. 이런 면은 에드윈 스타벅(Edwin Diller Starbuck)도 마찬가지였다. 퀘이커교 신자요 윌리엄 제임스의 제자였던 그는 1899년 *Psychology of Religion*이라는 제목의 책을 처음으로 출간하였다. 그는 특히 청소년들의 회심에 대하여 관심을 가졌는데, 그들에게 있어서 신체적 변화가 발달적인 과정인 것처럼, 이들의 회심 역시 그와 흡사한 것이라는 설명을 하면서 종교적 회심의 당연성을 설명하였다.

임마누엘운동

이런 배경 속에서 후대에 '임마누엘운동(Emmanuel Movement)'으로 알려진 치유운동이 1905년 보스턴의 〈임마누엘 영국국교회 교회〉에서 처음으로 시작되었다. 이것은 그 교회의 사제였던 엘우드 우스터(Elwood Worcester)가 몇몇 의사들과 힘을 합하여 사람들을 영적으로 치료하고자 하던 운동이었다. 말하자면 당대의 의학과, 영혼의 길을 다루는 신앙 및 종교의 힘이 서로 협력하여 사람들을 치유하려던 노력이었다. 오늘날로 말하면 그룹상담이나 그룹치료 같은 형태를 취한 이 운동과 관련하여 1980년에는 *Religion and Medicine*이라는 책이 출간되기까지 하였다. 이 잡지의 주요 협력자로는 우스터 신부와 그의 같은 교회 동료였던 맥콤(Samuel McComb) 신부, 신경정신과 의사 코리앗(Dr. Isador Coriatt) 등이 있었다(Holifield, 1983: 202–203). 또한 나중에 임상목회교육에 큰 힘을 발휘하는 리처드 캐벗(Richard Cabot)도 한때 이 운동에 가담하여 많은 활동을 보였다.

이 운동의 가장 큰 특징은 의료와 종교가 합하여 인간의 건강을 증진한다는 목표를 가진 것이었다. 사람은 육신이나 영혼만을 가진 존재가 아니라, 그 둘이 유기적 관계를 지닌 통합체로 여겨졌다. 또한 종교는 의학의 생리적/의학적 치료를 권장하고 유효하다고 인정하며 나아가 그것을 증진시키는 것으로 보았다. 그런 면에서 영적인 치료 또한 당연히 그 정당한 위치를 갖는 것으로 여겨졌다. 그러나 이 운동은 1930년대에 들면서 점차 시들해졌고, 1940년대에는 완전히 자취를 감추었다.

심리학의 발흥

흔히 빌헬름 분트가 1870년대에 독일 대학에서 행한 실험적인 심리연구를 현대 심리학의 시초라고 본다. 동시에 1880년대 말부터는 지그문트 프로이트에 의해서 오늘날의 정신분석이 시작되었다. 미국에서도 이미 윌리엄 제임스나 스탠리 홀(Stanly Hall) 등에 의해서 독자적 심리학이 발전하고 있었다. 특히 스탠리 홀은 우스터의 클라크 대학 총장이 되어 1909년에 프로이트와 칼 융(Carl Jung)을 초대하여 강연을 하게 함으로써 심층심리학이 미국 내에 퍼지게 하는 중요한 역할을 하였다. 목회상담운동의 발흥이 이런 여러 심리학들의 발흥과 연대적으로 겹치는 것은 단순한 의미 이상의 것이었다. 이런 점은 앞서 말한 임마누엘운동에서도 보이고 있고, 뒤에서 이루어질 목회임상교육에서도 마찬가지였다.

1914년 존 왓슨(John Watson)은 *Behavior: A Textbook of Comparative Psychology*를 출간했다. 이것은 러시아의 과학자 이반 파블로프(Ivan Pavlov)의 조건반사 이론에 근거하여, 사람의 심리를 조건화된 행동의 관점에서 보면서 연구할 것을 제창한 것으로서 행동주의 심리학의 주요 근거가 된 책이었다. 실제로 어떤 아이든 행동심리적 양육을 통하여 원하는 아이로 만들어 낼 수 있다는 주장을 편 왓슨의 심리학은 이후 광고나 산업심리에 이용되면서 1920년대와 1930년대에 사람들에게 심리학이 마술적인 힘을 지닌 것처럼 보이게 만들어 심리학의 유행에 크게 영향력을 미쳤다. 당대의 행동주의 심리학자 손다이크(E. L. Thorndike) 및 이후의 저 유명한 스키너(B. F. Skinner) 등을 통해 1930년대 이후 행동주의 심리학은 행동교정요법 등으로 더욱더 사회에 널리 퍼져나가고 영향을 미치게 되었다. 특히 스키너의 '조작적 조건화(operant conditioning)'는 '강화'나 '처벌' 및 '조성(shaping)' 등의 개념을 통하여 환경적 조작을 통해 원하는 행동을 일으키거나 소거하는 등의 원리를 가지고 행동교정을 기하는 치료법의 발견을 낳게 되었다.

두 차례의 세계 대전과 징병제를 통하여 사람을 이해하고 훈련시키는 일에 필요한 심리적 지식과 경험 그리고 산업활동 및 문화활동에 연관된 심리학의 활용, 여기에 더하여 현대 목회상담도 그 한 몫을 담당하게 되는 '심리치료의 문화'의 유행은 심리학이 현대 생활의 한 주요 부면으로 자리하게 하는 결정적 역할을 하였다.

이처럼, 정신분석과 행동주의 심리학이 크게 번지고 있던 심리학의 지평에 1940년대에 들어서서 새로운 내용의 심리학이 등장하게 되었으니 그것이 바로 인간 중심의 심리학(humanistic psychology)이었다. 소위 '제3의 심리학(third force)'이라는 기치를 내세우던 이 심리학운동은 1960년대 초에 'humanistic psychology' 로서의 기치를 내걸었으나, 이미 1942년에 칼 로저스(Carl Rogers)는 저 유명한 *Counseling and Psychotherapy*를 출간하였다. 이 책에서 로저스는 이전의 심리치료와는 대비되는 '비지시적 상담' 을 이야기하면서 상담자와 내담자 사이의 관계를 중시하고 내담자의 본유적인 능력 및 감정의 자유로운 표현 그리고 내담자 자신과 그의 경험을 새롭게 보고 조직하는 통찰의 힘을 주장하기 시작하였던 것이다. 공감과 경청, 상담자가 보여 주는 태도와 자세, 내담자에 대한 존중 등을 중시하는 이 새로운 상담과 심리치료는 단순히 심리학적 유파를 떠나서 현대의 영혼돌봄과 상담에 지울 수 없는 큰 자취를 남기게 되었다.

정신위생운동

20세기 초엽 클리퍼드 비어스(Clifford Beers)라는 사람은 정신질환을 앓고 정신병원생활을 체험한 후에 그 체험담을 책으로 펴내었다(*A Mind That Found Itself*). 이것이 널리 읽히면서 일반 사회에 정신건강과 정신위생에 대한 사회의 경각심 및 주의를 불러일으키게 되었다. 이를 위해 특히 노력한 사람들이 각 지역의 목회자들이었다. 그리하여 미국 내 전국단위의 〈정신위생위원회〉가 1909년에 결성되었고, 후에 〈미국연방교회연합회〉는 1937년에 〈the Commission on Religion and Health〉까지 결성하고 힐트너(Seward Hiltner)가 그 첫 번째 위원장으로 일하게 되었다. 이즈음은 미국에 경제공황이 불어닥치고 바야흐로 목회자들은 회중들의 심리와 영혼을 돌보는 일에 가장 큰 노력을 기울이게 되던 때였다. 또한 뉴욕 리버사이드 교회의 해리 에머슨 포스딕(H. E. Fosdick)은 '생의 정황 설교(life-situation preaching)'로 알려진 설교방식을 통하여 많은 영혼들을 돌보고 위로하고 있었다. 그리하여 그의 설교는 영혼의 돌봄을 위하여 상담과 심리치료가 얼마나 중요한지 회중들에게 일깨우고 있었던 셈이었다.

이렇게 변화해 가는 미국 내 사회 및 교회의 정황 중에, 2차 대전의 종료는 교회에게 영혼돌봄을 위한 막중한 짐을 주게 되었으니, 전쟁을 통한 사상자들이 미국의 대다수의 가족들과 교회들에게 크나큰 상담 및 돌봄 거리를 제공하였기 때문이다. 따라서 크게 세 가지 흐름의 심리학 및 상담 이론들이 점차 사회 전체에 '심리치료적 문화'를 형성해 가고, 교회와 목회자도 영혼에 대한 치유와 돌봄을 가장 중요한 목회사역으로 여기게 되었다. 동시에 사회 전체는 소위 말하는 내면세계의 통합과 자기실현을 목표로 하는 '심리적 인간'을 가장 현대적인 전형의 인간상으로 여기기에 이르게 되었다.

목회임상교육

현대 목회상담운동이 목회자들에게 임상적 훈련을 제공하면서 본격적으로 시작되었다는 것은 확증된 사실이다. 임상훈련은 의료계에서는 근대 의학의 발전과 함께 이미 시작된 것이었다. 또한 법률계에서도 이미 19세기 후반부부터, 예를 들어 하버드 의대에서는 1871년부터 이 방법을 도입하고 있었다. 종교계에서 이런 임상훈련을 제창한 사람은 바로 임마누엘운동에 참여하였던 하버드 의대의 리처드 캐벗이었다. 그와 협력하여 안톤 보이슨(Anton Boisen)은 1924년에 우스터 주립 정신병원 원목으로 일하기 시작하였고, 병원장의 허락을 얻고 1925년에 서너 명의 학생을 정신병원으로 초대하여 낮에는 병원의 스태프로 일하고 환자들을 돌보다가 저녁에는 세미나를 하면서 학생들과 함께 '살아있는 인간문서(living human documents)'를 읽고 돌보는 일을 시작하였다. 바로 이 해에 캐벗은 「신학훈련 중 1년은 임상실습을 할 것을 호소함(Plea for a Clinical Year in the Course of Theological Study)」이란 글을 써서 많은 호응을 얻었다.

이렇게 시작된 임상목회교육은 1930년대에 〈신학생들을 위한 임상훈련원(Council for Clinical Training of Theological Students)〉이란 기관이 세워짐으로써 더욱 힘을 받게 되었다. 그러나 이 모임은 곧이어 의사인 던바(Flanders Dunbar)를 중심으로 한 뉴욕 임상목회 그룹과 캐벗의 보스턴 그룹으로 나뉘어 반목하게 되었다. 캐벗을 중심으로 한 보스턴 그룹은 필립 가일스(Philip Guiles)와 함께 일반병원을 중심으로 신학생의 신학적 교육을 위한 현장교육을 중점으로 하였다. 따라서 자연이 신학생들의 '성장점'을 찾게 도와주고 합리적인 인간정신과 수련생의 자기 절제 등을 중점적으로 수련하였다. 그렇기 때문에 자연히 목회현장의 목회적 기능과 신학의 기능 및 신학의 효용을 찾으려 노력하고 있었다. 이에 비하여 뉴욕 그룹은 정신병원을 중심으로 보다 심리적인 면에 천착하면서 사람의 내면세계의 혼돈과 갈등을 찾아보고 그것을 어떻게 치료하고 또 인도할 수 있을지에 보다 관심을 두고 훈련을 하는 방향을 취하였다. 이들은 신학보다는 심리학을 중하게 여겼고, 특히 '축어록'을 많이 사용하였으며 심층심리학을 활용한 사례 연구 등에 많은 힘을 기울였다. 이렇게 서로 두 그룹이 나뉘어 각기의 특색을 지니고 임상적 신학교육을 경주하던 중, 1944년 미국남침례교회가 웨인 오우츠(Wayne Oates)를 중심으로 또 하나의 임상목회교육을 시작하였다. 그러다가 보스턴과 뉴욕 그룹이 1950년에 *The Journal of Pastoral Care*를 공동으로 내기 시작하였다. 그리고 마침내는 1967년에 양측 및 루터교의 임상목회교육 그리고 남침례교의 임상목회교육이 모두 합하여 오늘의 〈미국임상목회교육협의회(ACPE)〉를 구성하고 오늘에 이르도록 크게 활약하고 있다.

중요한 것은 바로 이런 임상목회교육을 통하여 현대 목회상담운동의 기수들이 훈련과 경험을 쌓으면서 목회상담의 기반을 든든하게 쌓고, 그들이 현장목회상담만이 아니라 신학교 내의 신학교육의 일환으로서의 상담교육도 공고한 자리에 올려놓았다는 점이다. 1936년에 리처드 캐벗과 러셀 딕스는 *The Art of Ministering to the Sick*라는 귀한 저술을 펴내어 목회임상 및 영혼돌봄의 기초를 다졌다. 특히 이 책에서 '축어록' 방법이 소개되었다. 같은 해에 보이슨도 *The Exploration of the Inner World*를 펴내어 정신건강과 기독교신앙의 관계 및 교회의 영혼돌봄을 위해 소중한 경험과 이론들을 소개하였다. 이후 미국 현대 목회상담운동의 지도자들이 되는 시워드 힐트너(Seaward Hiltner), 캐럴 와이즈(Carroll Wise), 롤린 페어뱅크스(Rollin Fairbanks), 프레드 퀴더(Fred Kuether), 도널드 비티(Donald Beaty) 등이 모두 이 임상목회교육을 통해 배출된 인물들이었다.

3. 현대 목회상담이 활짝 핌

2차 세계 대전 후 미국의 교회와 목회에는 많은 변화가 일어났다. 영혼돌봄과 상담의 영역에 있어서는 이제 지시적이고 훈계적인 돌봄과 상담 대신에 로저스 방식의 공감과 존중과 진솔함의 관계 양태가 바람직한 것으로 여겨지게 되었다. 또한 전쟁으로 인한 상처를 치유하려는 노력과 함께 전후의 낙관주의 속에 자기향상을 위한 심리, 자기실현의 중요성, 전쟁 중의 목회, 특히 군목 활동 등을 통한 영혼에 대한 배려 등이 주도적인 목회의 형태로 자리 잡았다. 그렇게 현대 목회상담운동은 전후 점차로 힘을 얻어 1960년대에 이르러 '목회상담의 르네상스'를 맞게 되었다(Holifield, 1983: 269ff). 심리학은 전후 미국 사회에서 가장 성행하는 학문 분야가 되었고, 심리치료를 하는 정신과 의사나 심리치료 전문가, 사회사업가, 목회자들에 대한 요구가 급증하였다. 1946년 미국 의회는 〈National Mental Health Act〉를 통과시켰다. 이후 많은 펀드와 연구기금들이 정신건강 및 정신건강 관련 분야 종사자에게 집중되었다. 그리하여 1940년에는 3,000여 명이던 〈미국심리학회(American Psychological Association)〉 회원들이, 1957년에는 16,000여 명으로 늘어났고, 이때 미국 내 정신과 의사만도 9,000여 명에 이르게 되었다(Holifield, 1983: 262–263).

상황은 목회상담의 장에서도 마찬가지였다. 2차 대전 현장에 투입된 군목들은 8,000여 명을 헤아렸다(Holifield, 1983: 270). 그러나 이들은 영혼돌봄이나 상담을 위한 특별한 경험이나 훈련이 없는 사람들이었다. 당연히 이들을 위한 목회돌봄/상담교육이 특별 군목학교에서 제공되었고, 이들의 경험은 전후 목회상담의 증진에 큰 역할을 하였다. 또한 전후의 나아진 경제상황은 목회자들로 하여금 돌봄과 상담에 대하여 발달된 교육을 받을 수 있도록 하였다. 1939년에는 상담을 가르치는 신학교들이 몇몇에 불과하였다. 그러나 1950년대에 이르면 거의 모든 신학교들이 상담을 가르쳤고, 80% 이상의 신학교들이 상담 이외의 심리학 과목들을 개설하고 있었으며, 상담을 가르치는 교수가 한 명 이상 있는 신학교가 80%를 넘고 있었다. 이 점은 목회임상교육에서도 드러났다. 1950년대 말에 이르면 목회임상센터만도 117곳에 이르렀다(Holifield, 1983: 271). 목회상담을 제공하기 위하여 목회자, 사회사업가, 정신과 의사들이 연합하여 세운 개신교 '목회상담센터' 만도 1950년대 말에 이르면 전국적으로 84개소에 이르게 되었다(Holifield, 1983: 273).

이렇게 해서 일어나게 된 현상 중의 하나가 '목회돌봄'과 '목회상담'이 많은 경우에 구분되어 사용되기 시작한 것이다. 목회돌봄은 전통적인 영혼돌봄을 포함한 광의의 돌봄과 비구조화된 상담을 포괄하여 이르게 되었고, 목회상담은 심리치료적 전통 위에 서서 구조화된 만남 가운데에 전문적 돌봄이 이루어지는 것만을 지칭하기에 이른 것이다. 그리고 이렇게 현대 목회상담운동이 불 일듯 일어날 때는 목회적 돌봄이 아니라 상담적인 돌봄만을 지칭하는 것이 대부분이었다. 그리고 목회상담을 중심으로 한 저널들도 생겨나게 되었다. 1947년에 *The Journal of Pastoral Care*와 *The Journal of*

*Clinical Pastoral Work*가 창간되었으며 1950년에는 *Pastoral Psychology*도 창간되었다. 이런 잡지들은 수천 부 이상씩 구독되었다.

현대 목회상담이 이렇게 부흥하면서 자연스럽게 지도적인 학자들과 임상가들도 출현하게 되었다. 이들 중에 몇 명의 이론가 및 임상가들이 두드러지게 활약을 보였는데, 그중 시워드 힐트너, 캐럴 와이즈, 웨인 오우츠, 폴 존슨(Paul Johnson) 등 네 사람을 꼽는 데 대부분의 견해가 일치하고 있다. 힐트너는 장로교 목사로서 시카고 대학교 신학부(1950~1961)와 프린스턴 신학교(1961~1980)에서 가르쳤다. 그는 젊어서부터 임상목회교육의 확립에 투신하고 정신건강운동 등에 앞장 선 목회상담과 목회신학의 선구자였다. 그의 *Pastoral Counseling*(1949)은 한국어로도 번역되었는데(마경일 역, 1976), 프로이트의 심층심리와 로저스의 인간중심주의 요법들이 녹아 있는 가운데에 특히 교회의 전통적 자원 및 '예비상담'이라는, 목회자만이 가지는 교인(내담자)과의 관계상의 자원들을 활용하는 면에 특별한 주의를 쏟았다. 1958년에 그가 출간한 *The Preface to Pastoral Theology* 역시 한국어로 번역되었는데(민경배 역, 1968), 당시로서는 파격적인 실천신학 저서로서 목회적 실천들을 자료로 삼아 어떻게 그것들을 목회 프락시스의 이론으로 구성할 수 있는지에 대하여 제시하는, 목회실천과 이론 간의 상관적 방법을 취한 획기적 저서였다. 여기서 그는 무엇보다도 목회를 하나의 '관점(perspective)'으로서 재인식하고, 그것을 조직, 전달, 목양이라는 관점으로 제시한다. 또한 그 목양을 다시 치유, 지지, 인도라는 세 가지 돌봄의 관점으로 제시함으로써 목회실천에 대한 새로운 해석적 바탕을 마련하였다.

캐럴 와이즈는 감리교 목사로서 보이슨의 뒤를 이어 우스터 정신병원의 원목이 되었고 후에 시카고 근교의 개렛 신학교에서 가르쳤다. 1951년 그가 쓴 *Pastoral Counseling: Its Theory and Practice*는 한국 최초의 목회상담 교과서로 번역 출간되었다(이환신 역, 1962). 또한 그가 쓴 *The Meaning of Pastoral Care*(1966)도 번역되어(이기춘 역, 1984) 돌봄 혹은 상담이란 도움이 필요한 시점에 복음의 내적 의미가 무엇인지를 전달하는 것이라고 하는 고전적 정의를 한국 교회에 알려 주었다. 그는 복음의 의미는 개인의 인격을 통해서 드러나고 전달되며 또한 그 전달도 개인과 개인 사이의 인격적인 관계를 통해서만 가능하다는 보스턴 학파의 'personalism'에 선 이론가였다.

폴 존슨은 감리교 목사로 보스턴 대학교 신학부에서 종교심리학 교수로 일하였다. 그 이전에는 중국의 선교사(1925~1927)로 중국 내 대학에서도 가르쳤다. 그는 보스턴 대학교에 임상목회교육을 설치하고 이후 임상목회교육기관과 그 기관들끼리의 통합에 큰 공헌을 한 사람이었다. 보스턴 대학교의 'personalism'을 계승하여 종교의 인격적인 면 및 정신역동적인 모습에 주의를 기울였다. 그는 로저스 심리학에 기반하여 *Psychology of Pastoral Care*(1953)를 저술하였는데, 이것은 한국어로도 번역이 되었다(김관석 역, 1964). 이후 그는 인간관계를 중시하고 관계 속에서 결국 치유와 변화가 일어난다는 일종의 관계의 신학과 심리학을 제창하면서 보스턴 학파를 시원하였다.

웨인 오우츠는 남침례교회의 목사요 임상심리 교육가이면서 또한 저명한 치료자였다. 남침례교신학교의 교수(1947~1974)였고, 이후에는 켄터키 주 소재 루이빌 대학교의 의학대학원 정신과 및 행동과학 교수로 재직했다. 그는 미국 남부지역의 임상목회에 지대한 공헌을 하였는데, 후에는 남침례교만의 임상목회연구원을 창설하여 운영하기도 하였다. 이 단체는 후에 〈미국임상목회협의회〉와 합병하였다. 목회돌봄과 상담에서 성령의 역할 및 영적 차원을 강조하였던 그는 특히 현대의 정신역동 이론을 중시하면서도 성서 및 기독교적 전통을 언제나 시야에서 놓지 않았다. 그리하여 인간의 이해에 기독론적 요소를 언제나 강조하고 교회 및 목회의 역할을 중시하였다. 따라서 현대 목회상담운동에서 심리학이 일종의 우상적 위치에 있을 수도 있음을 경계하였다. 1951년에 쓰고 1964년에 개정증보된 *The Christian Pastor*는 한국어로 번역되어 교재로 쓰였다(김득룡 역, 1974).

그 밖에도 오우츠의 종교심리학적 저서들이 많이 번역되어 우리나라에서 많이 활용되고 있다. 특히 그는 일반 의과대학원에서 가르치고 임상을 한 경력 때문에 종교에 대한 의학적 문제를 많이 다루었다. 그의 주요 저서로는 *When Religion Gets Sick*(정태기 역, 1987), *The Psychology of Religion*(정태기 역, 1994), *Behind the Masks: Personality Disorders in Religious Behavior*(안효선 역, 1996) 등이 있다. 그는 생전에 50여 권의 저서를 낸 바 있으며, 'workaholic'이란 용어를 처음으로 유행시킨 사람으로도 유명하다.

1960년대에 들어서면서 현대 목회상담은 본격적인 중흥기를 맞이하였다. 전문 목회상담자들의 협의체인 〈The American Association of Pastoral Counselors(AAPC)〉가 창립되고 하워드 클라인벨(Howard Clinebell)이 초대 회장으로 선출되었다. 이와 함께 목회상담자가 일종의 정신건강 전문가로 미국 사회에 등장하게 되었다. 목회상담이 교회와 연관을 맺지 않고 독자적으로 사회적 역할을 감당할 수 있는가에 대하여 교회 내에서도 많은 논쟁이 있었다. 이에 반대하는 입장에는 힐트너와 오우츠가 서 있었고, 많은 이들은 찬성하는 편에 서 있었는데 그 대표적인 사람으로 프레데릭 퀴더(Frederick Kuether)와 아더 팅(Arthur Tingue) 등이 있었다(Hunter et al., 1990에서 'Pastoral Care Movement' 참조). 그러나 이듬해 이 협회는 일반 교구 목회자들도 회원으로 가입할 수 있도록 하였고, 또한 교회와 전혀 상관없이 '사적인 치료' 를 하는 것에는 반대하는 입장을 취하게 되었다.

이렇게 보다 전문적인 상담사역을 중심한 현대 목회돌봄/상담운동이 주도적인 면모로 등장하면서 각 지역마다 교회와 연계되거나 지역교회들의 협력을 얻은 목회상담센터들이 생겨나게 되었다. 거슬러 올라가면 필립 가일스는 일찍이 보스턴에서 임상목회 교육자들을 중심으로 이런 센터를 열었었다. 그러다가 1950년대에 이런 센터들이 10여 개에 이르렀고, 앞서 말한 대로 1950년대 말에 이르면 84개소, 그리고 1963년에는 벌써 149개에 이르고 있었다(Hunter et al., 1990에서 'Pastoral Care Movement' 참조). 이렇게 전문적 목회상담이 미 전역에 퍼질 때에 목회적 상담의 여러 가지 면모를 소개한 교과서가 출간되었으니, 그것이 클라인벨이 쓴 *Basic Types of Pastoral Counseling*(1966)이다. 이 책은 5년 후 한국에도 번역되어 교과서로 쓰이기 시작하였고, 이후 다른 곳에서도 번역되어 널리 알려지게 되었다(민병길 역, 1971; 박근원 역, 1979b).

클라인벨은 한국에도 여러 번 방문하고 많은 한국인 제자들을 둔 국제적 학자였다. 그는 1959년부터 은퇴할 때까지 클레어몬트 신학교에서 후학을 가르치면서 현대 목회상담을 세계적으로 퍼뜨리는 데에 큰 기여를 하였다. 뉴욕의 윌리어 화이트 정신분석연구소에서 훈련을 받고 알코올중독을 연구하여 학위를 받은 그는, 그 이전의 목회상담이 개인적이고 심리 내적 역동성을 중시하고 또한 비지시적인 방법을 중시하던 것에 반하여 보다 여러 가지 방법들을 목회상담 안으로 불러들였다. 또한 지시적인 면들을 물리치지 않되 사람이 가진 성장 가능성들을 북돋아 주는 방식으로 상담을 발전시켜 나갔다. 이런 상담은 '성장상담(growth counseling)'으로 불리게 되었고(이종헌 역, 1988) 이 성장의 반경은 페미니즘, 사회 · 정치 · 환경 문제에까지 확대되었다. 또한 개인적인 부면에서는 개인의 성(性), 신체, 행동, 감정, 영성 등에까지 영역을 넓혀 나갔다.

현대 목회상담이 어떤 양상으로 발전해 나갔는지는 그의 베스트 셀러 *Basic Types of Pastoral Counseling*이 1984년에 개정된 모습으로 나타날 때 *Basic Types of Pastoral Care and Counseling*이란 제목을 단 것에서도 잘 드러나고 있었다.[1] 이것은 1960년대의 목회상담에서 1980년대 사이에 목회상담에서 어떤 심각한 반성이 일어났다는 것을 의미한다. 그동안 목회상담에 가려져 상대적으로 위축되었던 목회돌봄이 새로운 의미를 담고 재발견되기 시작하였으며, 전문가의 상담실 내 일대일 대면 상담 모델로부터 교회의 여

1) 이 책은 번역되어 목회상담교과서로 널리 쓰인다(박근원 역, 1987).

러 가지 다양한 모습과 그 현존 양태를 포괄하는 보다 다양한 돌봄의 모델로 현대 목회돌봄/상담이 방향전환을 하였음을 의미하는 것이었다.

4. 현대 목회상담의 정체성 문제 대두

이제까지 살펴본 대로 현대 목회상담운동은 심리학과 매우 밀접한 연관을 맺으며 발달해 왔다. 그러나 그 연관이 도가 지나쳐 어떤 의미에서는 목회상담이 '심리학의 포로'가 되었다는 지적까지 나올 정도가 된 것도 사실이었다. 이런 지적 내지는 반성은 몇몇 새로운 흐름으로 구체화되었다. 그 하나가 복음주의 및 근본주의적 신앙과 신학을 지닌 교회들 안에서 위에서 설명한 주류 목회상담과는 그 성격을 달리하는 목회상담운동이 나타나기 시작한 것이다. 동시에 주류 목회상담운동 내에서도 신앙과 신학의 전통을 다시 찾으려는 소위 '정체성 확립' 의 노력이 시작되었다.

복음주의적 목회상담운동

아주 넓은 의미의 복음주의란 사실 기독교신앙과 전통 전체를 아우르는 용어지만, 여기서 사용하는 복음주의란, 근현대의 신학사조 중 자유주의적이며 진보주의적인 신앙과 신학운동, 즉 이른바 'liberal'한 신앙/신학과는 대를 이루는 의미를 함축하고 있다. 성서의 높은 권위에 대한 신뢰, 그리고 속죄와 칭의의 교리에 대한 문자적 충성, 안수받은 목회자만이 아니라 모든 믿는 이들이 목회적 의미와 권한을 지니고 있다는 가르침을 강조하는 것 등이 이 복음주의의 주요한 면모들이다. 여기서 한 걸음 더 나아가 성서무오설을 주장하며 현대적인 신앙/신학을 철저히 배격한 근본주의를 따로 분류할 수도 있겠다. 그러나 여기서는 현대 목회상담운동에 대를 이루면서 발전한 상담운동이라는 측면에서 복음주의 및 근본주의를 함께 묶어 설명한다.

복음주의적 목회상담을 처음으로 제창한 사람 중의 하나로서 한국에서도 알려져 있는 사람은 목회자가 아닌 평신자로서 캘리포니아에서 활동하던 심리학자 클라이드 내러모어(Clyde Narramore)였다. 그는 성서와 기독교전통에 입각하여 목회자와 교사 등 상담을 해야 하는 사람들을 위하여 1960년대에 이미 *Psychology of Counseling: professional techniques for pastors, teachers, youth leaders, and all who are engaged in the incomparable art of counseling*을 펴냈다. 이 책은 우리말로도 번역이 되었는데(양승달 역, 1979), 그동안의 심리학적 지식과 경험의 발달을 원용하면서 복음과 성서의 메시지가 어떻게 정신건강을 위하여 의미 있게 사용될 수 있는지를 모색한 책이었다. 또한 제이 아담스(Jay Adams)는 설교와 목회 등을 가르치는 신학자로 상담과 정신건강에는 훈련과 교육이 거의 없는 사람이었는데, 1970년에 *Competent to Counsel*을 펴내었다. 그는 자신의 상담을 이른바 '권고적 상담(nouthetic counseling)'이라 부르면서 인간의 문제적 상황에 성경의 말씀이 어떻게 권고하는지에 대하여 주안점을 두었다. 이런 상담이 인간의 내면적 갈등이나 사회적 정황보다 성경 말씀의 권위와 힘에 보다 더 강조점을 두었음은 말할 나위 없다. 비슷한 시기에 복음주의 계열의 상담가로 한국 교회에 또한 많이 알려진 분이 로렌스 크랩(Lawrence Crabb)이다. 그는 *Basic principles of Biblical Counseling*를 저술하면서 특별히 성서에 바탕한 상담을 주창하였다. 이후 그는 여러 방면에 걸쳐 성서를 중심으로 한 상담적 저술을 펴내었는데, 한국 교회에도 '성경적 상담'이라는 주제를 널리 알리는 일에 많은 자극을 주었다.

이처럼 복음주의 계열의 목회상담은 진보적 목회상담보다는 늦게 출발하면서 기독교전통에 충실하려고 많은 노력을 하였다. 그런데 이들은 기존의 목회상담이나 임상목회연구의 연합단체들과는 별도로 또 다른 연합기관들을 세우기에 이르렀다. 그리하여 미국 내의 교회나 연합기관들이 신학적 노선을 따라 별도의 단체를 결성하듯이 복음주의 계열의 별도의 목회상담기관과 임상목회기관들이 생겨나게 되었다. 1988년 애틀랜타에서 전 세계의 복음주의를 표방하는 기독교 상담자들이 모여서 대회를 가졌다. 여기에는 목회자나 전문상담자만이 아니라 정신과 의사, 간호사 등 복음주의 계열의 여러 분야의 정신건강 전문가들이 총집결하였다. 이 모임은 후에 〈The American Association of Christian Counselors(AACC)〉라는 기구를 낳았고, 2007년 현재 약 2만 4천여 명의 회원을 가진 큰 단체가 되었다. 비교적 짧은 역사에도 불구하고 많은 회원을 확보하게 된 이유 중의 하나는 AAPC에 비하여 임상적인 전문가로 입회하는 문턱을 낮춘 결과이기도 하다. 즉, AAPC는 신학적으로는 매우 개방적이지만 임상적인 회원을 관리하고 자격증을 주는 과정은 지극히 엄격한 것과 대조적으로, 보수적인 신학노선에 기초한 AACC는 매우 개방적으로 임상회원을 받아들인다. 동시에 이 기구는 *Christian Counseling Today*라는 정기간행물도 발행하고 있다.

이 기구의 중요한 리더는 게리 콜린스(Gary Collins)였다. 임상심리학자요 저술가인 콜린스는 *Christian Counseling: A Comprehensive Guide* 등 50여 권의 저술을 펴냈고, 한국 교회에도 잘 알려진 *Resources for Christian Counseling series*(1980년대)와 *Contemporary Christian Counseling series*(1990년대)를 편집하기도 하였다. 그는 퍼두 대학교에서 임상심리학으로 학위를 받고 오랫동안 트리니티 에반젤리칼 대학에서 상담을 가르쳤으며 1991년 이후 AACC의 지도자로서 활동하여 오고 있다. 그는 프로이트나 융 혹은 로저스 같은 일반상담과 심리치료의 지식이나 경험을 반대하는 것은 아니나, 성서 및 기독교전통의 빛 아래에서 조심스럽게 가려 사용할 것을 권하고 있다.

이 밖에도 복음주의 기독교상담의 중요한 기관인 〈Christian Association for Psychological Studies(CAPS)〉은 1950년대 중반(1956)에 기독교신앙과 심리학을 모두 중시하는 정신건강 전문가들이 모여서 심리학과 신앙/신학의 통합을 기하기 위해 결성된 모임이었다.[2] 이들은 *Journal of Psychology and Christianity*를 출간하고 있다. 풀러 신학대학교의 심리학대학원, 로즈미드 심리학대학원(Rosemead Graduate School of Psychology), 위튼 대학 대학원, 웨스턴 뱁티스트 신학대학원(오레곤 주), 트리니티 신학대학원 등에서 고급과정의 기독교상담자들을 배출해 내고 있다. 이러한 교육기관에서 기독교상담을 가르치는 학자들은 주로 신학대학원에서 M.Div.를 마친 후, 목회(실천)신학훈련을 받지 않고, 일반심리학을 전공한 평신도 기독교심리학자들이 주를 이룬다.

목회상담의 정체성 찾기 운동

1960년대에 들어서 목회상담 전문가들의 단체가 결성된 후, 목회상담은 점점 더 심리학과 심리치료에 의존하여 갔다. 또한 '가족치료' 이론이나 기타 여러 가지 심리치료 이론들이 일반상담 및 정신건강 운동에 영향을 미치게 되면, 곧바로 이런 이론들은 목회상담에 활용되거나 이용되었다. 이런 가운데에 목회상담학계 내에서도 반성의 기운이 번져나가기 시작하였다.

이런 면의 반성은 1970년대에 들어오면서 구체화되기 시작하였는데, 특히 시카고 대학교의 돈 브라우닝(Don Browning) 교수의 *The Moral Context of Pastoral Care*는 매우 중요한 전환점이 되었다. 이제까지 심리학과 심리치료 이론은 중립적인 도구로만 쓰인다고 믿었고, 또한 목회돌봄/상담은 가치중립적인 면에서 사람들을 돌본다고 여겨져 왔지만 사실은 심리학이나 목회상담 모두가 독특한 도덕 및 윤리 가치 위에서 행해진다는 것을 그는 명확하게 표방하였다. 그는 사회와 문화가 다원화되어 감에 따라, 신앙인들의 가장 근본적인 문제는 이런 다원사회 속에서 구체적으로 어떤 가치를 추구하면서 어떻게 실천적으로 살아갈 것인가를 묻는 것임을 지적하였다. 따라서

---

2) http://www.caps.net/about.html

현대의 목회돌봄/상담은 이런 '실천적 도덕적 문제'에 대하여 '도덕주의'에 빠지지 않으면서 동시에 구체적이고 실제적인 '도덕적 사유'를 하도록 도와야 한다고 주장하였다(Browning, 1976: 125–129). 이런 면에서 우리 기독교 목회돌봄/상담이 유대–기독교적 전통을 되살리고 동시에 신학적 사유와 뿌리를 되찾을 수 있을지 브라우닝 교수는 심각하게 질문하였던 것이다. 브라우닝은 평생 동안 시카고 대학교에서 '목회신학', '종교와 심리학' 그리고 '종교윤리와 사회과학' 등의 다양한 과목을 맡아 가르치면서, 목회돌봄/상담의 주제들을 가지고 보다 광범위한 상호학문적인 영역에서 공적이고 실천적인 의미를 만들어 내는 데 공헌하였다. 브라우닝이 어떻게 심리학과 신학을 해석학적으로 통합하는가는 이 책의 다른 장에서 보다 자세히 다루어질 것이다.

이와 동시에 평신도 임상심리학자이며 임상목회교육 전통에 참여하고 있던 폴 프루이저(Paul Pruyser) 같은 이도 현대 목회상담이 기독교전통을 잃어버리고 있음을 애석히 여긴 결과, 기독교신학에 바탕한 진단적 방향을 제시함으로써 목회상담의 정체성을 확립하고자 하였고 그 결과물이 *The Minister as Diagnostician: Personal Problems in Pastoral Perspective*이다. 그 구체적인 내용은 이 책의 다른 장에서 자세히 다루어지고 있다. 다만 중요한 것은 이른바 '영적인 진단'으로 명명된 것들이, 우리의 기독교전통을 활용함으로써, 실제 돌봄/상담 현장에서 적용 가능함을 위의 책에서 보여 주었다는 것이다.

목회상담의 정체성과 연관된 매우 적극적이고 과감한 제안은, 기독교 윤리학자면서 상담과 심리치료에 많은 접촉을 하여 온 토머스 오든(Thomas Oden) 교수에게서 나왔다. 그는 현대 목회상담의 일선 운동가들과 학자들의 책에 기독교전통에 입각한 사유나 경험들이 거의 반영되지 않음을 문헌적으로 실증하면서 '잃어버린 정체성'이라는 단어를 쓰고 그 전통을 되살릴 것을 강하게 주장하였던 것이다(Oden, 1984: 26ff). 그는 자신의 저서 *Pastoral Theology*에서 목회돌봄/상담에 도움을 줄 수 있는 기독교전통적 자원들을 매우 상세히 기술하였다. 그러나 기독교전통을 인용하고 그것을 돌봄이나 상담에 적용한다고 목회상담의 정체성이 곧 살아나는 것은 아니다. 그것은 성서 구절을 인용하여 들려준다고 상담이 자동적으로 기독교적이 된다고 볼 수 없는 것과 마찬가지다.

그런 면에서 주류 목회상담이 정체성을 찾기 위하여 애를 쓰는 것은 '복음주의적 목회상담'이 기독교전통과 성서적 전통을 유지, 보존하려고 하였던 것과 일맥상통하면서도 동시에 다른 면을 가지고 있었다. 이러한 목회상담의 정체성 논의는 현대 심리학과 심리치료 이론의 용어나 내용들을 비판하고 그것을 취사선택하는 입장에 있기보다는 신학적 입장과 신학적 접근방식을 새로이 함으로써 보다 적극적으로 현대 심리치료 이론을 수용하면서 변용을 시도한다. 이런 면에서 에모리 대학교의 찰스 거킨(Charles Gerkin) 교수가 쓴 *The Living Human Document: Revisioning Pastoral Counseling In a Hermeneutical Mode*는 새로운 접근을 보여 준 것이었다. 그는 신학과 심리학을 해석학이란 제3의 입장에서 보면서, 양자가 내담자의 이야기 속에서 어떻게 서로 영향을 미치며 어떻게 분석의 도구로 쓰이고 결과적으로 '영혼의 이야기'를 꾸며 나가는 데에 어떻게 상호 도움을 줄 수 있는지를 찾아보려고 하였다. 이것이 전적으로 성공했는지의 여부는 차치하고서라도 심리학과 신학을 메타 이론적 입장에서 종합하고 통합하려 했다는 점에서 새로운 기원을 보여 준 것이었다.

5. 새로운 세기의 목회상담

이렇게 신학적 언어와 교회라는 맥락, 더 나아가 기독교공동체라는 맥락을 중요시하면서 목회상담의 지평을 넓히려는 시도는 1980년대 이후 계속되고 있다. 미국 내 목회돌봄/상담을 가르치는 학자들 중 신학적 방법론의 재건을 중요시하는 주요 학자들이 '목회신학(pastoral theology)'이라는 기치

아래 다시금 신학적 성찰을 중요시하는 연구학회를 시도한 것은 주목할 만하다. 1985년에 시작된 〈미국목회신학회(Society of Pastoral Theology)〉는 심리학에 빼앗긴 목회돌봄/상담의 신학적 언어를 재건하는 분과별 연구와 학술지 간행, 연례 학술대회 개최를 지속하고 있다.

한편 지나간 1세기 동안의 목회상담을 통해 축적된 지식 및 경험을 집대성한 기념비적인 저작은 바로 1990년에 출간된 *Dictionary of Pastoral Care and Counseling*이다. 500여 명의 학자들과 상담가들이 10여 년에 걸쳐 1200여 개의 항목을 집필한 이 백과사전적 저술은 모든 교파와 모든 시대의 목회돌봄/상담 및 그에 관련된 부대 지식들 그리고 신학적인 면들을 담고 있는데, 중요한 것은 일반심리학과 심리치료에 관한 것들도 간명하나마 모두 담고 있다는 것이다. 여기에는 현대 목회상담운동을 있게 만든 과거의 유산들과 동시대에 이루어지고 있는 중요한 돌봄/상담의 자원과 경험들도 실려 있다. 최근에 이 사전도 20여 년을 흐르는 동안에 새로운 물결을 담기 위하여 추가된 글들을 실은 확대본이 출간되었다(Ramsey, 2005). 이 추가된 항목들을 살펴보면 오늘 우리 시대에 이루어지는 목회상담의 흐름들을 간단하게 짚어 볼 수 있다.[3)]

그중 가장 중요한 흐름 중의 하나가 상담이 이루어지는 현장 속의 문화에 대한 자각이다. 목회상담이 20세기 미국이라는 특수한 현장에서 특수한 동인들을 가지고 탄생한 것은 틀림없는 사실이다. 그러나 미국 사회와 교회도 한 세기를 거치면서 격변을 거쳤고, 동시에 지구촌에도 많은 변화가 일어났

---

3) "A time of ferment and redefinition" by Nancy J. Ramsay; "Pastoral theology as public theology: revolutions in the 'fourth area' " by Bonnie J. Miller-McLemore; "Power and difference in pastoral theology" by Christie Cozad Neuger; "Globalization, internationalization, and indigenization of pastoral care and counseling" by Emmanuel Y. Lartey; "Ferment and imagination in training in clinical ministry" by Loren L. Townsend; "Methods in pastoral theology, care, and counseling" by Joretta L. Marshall; "Contemporary pastoral theology: a wider vision for the practice of love" by Nancy J. Ramsay 등이 실려 있다.

다. 20세기 후반에 들어서서 민족국가들이 수없이 많이 탄생하였으며, 인권에 대한 각성이 비로소 보편화되기에 이르렀다. 이것은 단순히 눌린 자나 유색인종에 대한 것만이 아니라 여성과 아동, 나아가 제3세계의 사람들과 문화들에 대한 존중까지 포함하는 광범위한 운동이었다. 이것을 가장 넓게 포괄하는 상담운동이 '다문화상담(multicultural counseling)' 혹은 '교차문화상담(cross-cultural counseling)'이라는 이름 아래에서 이루어지고 있는 상담운동이다. 목회상담에는 선교가 이뤄지는 선교지의 문화를 소중히 여겨 상담이 이뤄지는 것을 포함하여, 개개인 혹은 개개의 계층이나 민족들이 가진 특수한 문화적 정황을 소중히 여기는 상담 등이 표현되기에 이르렀다. 앞서 언급한 〈미국목회신학회(Society for Pastoral Theology)〉의 2003년 연례 학술대회의 주제가 '자기와 공동체 내의 다중문화성 존중: 미국 내 한인경험들(Honoring Multiculturality in Self and Community: Korean American Experiences)'이었던 것은 매우 고무적인 일이 아닐 수 없다.

또 다른 중요한 흐름의 목회상담은 '여성'이 주체적 자각을 하면서, 이제까지의 상담이론이나 운동이 남성 중심으로 이루어졌다는 것에 대한 자각과 더불어 '여성주의 상담'이 활발하게 논의되고 동시에 실행되기에 이른 것이다. 상담에 종사하거나 실제로 상담을 수혜하는 사람들의 많은 부분이 여성임에 비추어 이런 '여성주의적 상담'은 더욱더 발전되고 논의되어야 할 분야다. 최근 미국에서는 중산층 백인 여성들의 평등권 주장을 위한 여성주의적(feminist) 접근과 그 관점을 달리하는 '우머니스트(womanist)' 접근이 등장한다. 많은 유색인종 여성이나 노동자 계층 여성들, 사회참여를 할 능력이 결여된 소수자 여성들은 오히려 평등한 사회참여를 주장하는 자유주의적 여성주의(liberal feminism)에 의하여도 소외된다. 그러므로 새로운 유색인종 여성의 목소리를 대변하는 우머니스트 접근이 중요하게 등장하게 되었다(북미 목회신학의 여성주의적이고 우머니스트적인 접근에 대한 고찰은 Miller-McLemore & Gill-Austern, 1999 참조). 우머니스트적인 접근은 차별이 단순히 남녀의 성 차이에서 비롯되는 것으로 보지 않는다. 흑인 여성은 흑인 남성을 그들의 차별의 근원적 요소라고 보지 않고, 오히려 인종차별을 비롯한 각종 차별과 억압에 함께 투쟁하고 함께 극복해 나가기 위하여 연대감을 가지며 동반의식을 나눌 수 있는 상대로 보기 때문이다(대표적인 우머니스트 목회적 돌봄과 목회신학적 접근은 Watkins & Carroll, 1999 참조).

또 하나 중요한 목회상담의 흐름은 영성에 대한 새로운 자각이다. 그간의 목회상담이 심리학에 많이 의존해 왔던 것과 달리, 영성수련이나 영성형성에 관하여 교회가 최근에 관심을 많이 가지게 되면서 상담도 이런 영성에 관하여 관심을 가짐과 동시에 영성수련의 전통을 상담에 활용하는 방안이 논의되고 있다. 이런 면은 목회상담이 신학적인 뿌리를 회복하는 것과도 관련을 가지고 있다. 구체적인 연구 주제로는 오랜 전통을 가진 영적 지도(spiritual direction)와 목회상담을 통합적으로 대화시키려는 시도를 들 수 있겠다(Conn, 1998; Sperry, 2002). 이와 같이 현대 목회돌봄/상담은 인간과 인격 및 영성의 형성과 성장과 변혁에 보다 많은 관심을 갖게 되었다.

현대 목회상담의 흐름 가운데에 가장 크고 분명한 흐름이 있다면 현재 목회상담의 모델이나 이론이 미국 교회 같은 선교 제1세계를 중심으로 한 것에서 벗어나 바야흐로 다양한 문화와 국가 및 그 지역과 시대에 맞는 토착화된 상담운동으로 퍼져나가고 있다는 사실이다. 이것은 물론 지구촌화 및 세계화와 직접적인 관계를 맺고 있지만 동시에 각 지역과 문화의 자기각성 및 자기발견과도 깊은 연관을 맺고 있다. 이것은 미국 교회 내에서도 일어나고 있고, 각 나라나 각 문화권의 목회상담자들 사이에서도 일어나고 있다. 임마누엘 라티(Emmanuel Lartey) 교수가 지적하고 있는 대로(Lartey, 2004) 이제 목회상담도 지구촌화와 더불어 국제화되고 있고, 또한 토착화되어 가고 있다. 우리 한국 교회에서도 목회상담이 한국적인 심리적 문제와 더불어 어떻게 이런 것들을 돌보고 치유할 수 있는지 관심하고 있으며,[4] 아프리카, 아시아, 호주 등지의 교회들이 함께 힘을 모아 각 지역별 목회돌봄/상담을 위해서 애

를 쓰고 있다. 그리하여 세계적으로도 여러 개의 국제적인 목회돌봄/상담 단체가 생겨나고 있다.[5)]

그러나 새 천년대에 들어와서 현대 목회상담에 또 하나의 큰 변화가 일어나고 있다. 그것은 현대 목회상담이 교회나 공동체를 중심으로 한 기독교전통을 보다 중시하려는 노력을 보이고 있다는 점이다. 최근의 목회돌봄/상담에서는 목회상담이라는 용어 대신에 '목회대화(pastoral conversation)' 라는 용어를 쓰는 분들이 생겨나고 있다. 이것은 20세기에 들어서서 생긴, 독특한 구조화된 일대일 만남의 상담이 가지는 제한성과 특수전문성이 교회의 사역과 영혼의 돌봄에 미치는 역기능 때문에 생겨나는 것이다. 실제로 목회자들의 교인들과의 대화를 통한 진지한 영혼의 돌봄이 세속의 심리치료나 상담과는 다른 독특한 전통과 자원과 정체성을 갖는다. 목회자들은 자신들이 정체성을 살리면서 동시에 일반적 경험과 지식을 활용하려는 노력을 보인다.

이와 더불어 목회신학에 대한 새로운 정의 및 건설에 대한 활발한 논의가 전개되고 있다. 목회신학이 19세기에는 '목회에 대한 신학(theology about ministry)' 이었다가, 20세기에 이르러서는 설교학, 예전학 등이 독립된 분과로 빠져 나가고, '목회적 돌봄과 상담의 신학(theology of pastoral care & counseling)' 으로 축소된다. 그러나 최근 목회신학 혹은 실천신학의 정의는 보다 광범위한 신학적 성찰방법론으로 변모된 것을 볼 수 있다. 목회적 돌봄이나 상담만을 위한 신학을 구성하는 것이 아니라, 일반적인 신학적인 주제를 어떻게 목회적으로 실천할 것인지를 학제 간 대화를 통하여 성찰하고자 하는 '신학하기(doing theology)' 의 방법론이다. 요약적으로 말하자면, '신학을 어떻게 목회적으로 할 것인가에 대한 방법(a way of doing theology pastorally)' 이라고 할 수 있다(Hunter et al., 1990). 결국 현대 목회돌봄/상담은 단순한 치료적 기술이나 지식이 아니라 하나님에 대한 신앙과 신학적 지

---

4) 제7차 한국목회상담학회 추계 학술대회. "한국종교문화와 목회상담." 2007년 11월 25일.

5) 한 예로 라티 교수는 〈International Council on Pastoral Care and Counseling〉을 들고 있다(http://www.icpcc.net). 이 밖에도 복음주의 기독교 상담의 국제단체 등 여러 단체들이 있다.

혜를 더하는 것이요, 그것을 새롭게 경험하고 생성시켜 나가는 중요한 교회의 사역이자 하나님의 역사시기 때문이다. 이런 의미에서 새 천년대의 목회 돌봄/상담은 돌봄과 치유의 지식과 기술을 넓혀 가고 세련화할 뿐 아니라, 교회의 존재와 의미 및 하나님 나라를 확장시켜 나가는 중요한 사역의 하나로 발전되어 나갈 것이다.

6. 독일의 현대 목회상담

독일의 현대 목회상담(Seelsorge)[6]은 크게 세 가지 조류 속에서 전개되고 있다. 첫째, 20세기 초 바르트로 대표되는 말씀의 신학의 영향을 받은 말씀 중심의 목회상담이다. 그것은 심리학이나 기타 다른 학문이 아닌 하나님 말씀에서 그리스도교 목회상담의 본질을 찾으려고 하는 것이다. 둘째, 하나님 말씀이 아닌 인간이 상담의 중심이 되는 심리학적인 방법을 도입한 목회상담이다. 이것은 1960년대 말경에 나타난 목회상담운동으로서 새로운 목회상담 이해라고 할 수 있다. 즉, 말씀 중심의 목회상담이 1960년대 이후 탈권위화된 유럽 사회와 현대인에게 맞지 않는 '권위적' 상담방법이라는 비판을 받으면서 미국의 영향을 받아 일어난 내담자 중심의 목회상담운동이다. 따라서 전자가 신학적인 내용을 전달하는 것이 중심을 이루었다면 후자는 경험적 사고가 목회상담을 결정해야만 한다는 것이다. 불프(Hans Wulf)는 목회상담의 이러한 발전과정을 다음과 같이 설명하고 있다. "신학으로부터 인간에게로, 선포로부터 도움으로, 지시로부터 조언으로 변하는 추세다." (Wulf, 1970: 192) 셋째, 심리학을 중심으로 발전하고 있는 경험적 사고와 과

6) 독일어 'Seelsorge' 의 의미는 '영혼(Seele)' 과 '돌본다(sorgen)' 는 의미의 합성어다. 독일어 'Seelsorge' 를 일반적으로 '목회' 라고 번역하고 있는데, 여기서 Seelsorge로서 목회는 예배, 설교, 심방 등 전체적인 목회의 교역을 의미하기보다는 개인에게 다가오는 여러 가지 문제들을 해결하기 위한 '대화' 로서의 상담의 의미가 강하다.

거 말씀 중심의 목회상담의 결점을 보완한 통합차원의 목회상담이다.

말씀 중심의 목회상담

독일의 말씀 중심의 목회상담가로서 대표적인 사람은 아스무센(Hans Asmussen)과 투르나이젠(Eduard Thurneysen)이다. 먼저 1933년 히틀러에 대항했던 고백교회의 대표적인 아스무센은 '영혼돌봄과 영혼인도(Seelsorge und Seelenfuehrung)'에 관한 그의 저서에서 목회상담은 "인간과 인간과의 대화로서 그 대화 속에서 무조건적으로 복음을 개개인의 머릿속에 심어 주는 것이다."(Asmussen, 1937: 15) 라고 정의한다. 그의 상담이론은 전반적으로 내담자와 그의 상황을 무시한 바르트 신학에 기초를 둔 수직적/권위적인 것으로 교회목회상담의 본질은 이웃에 대한 봉사이고 그 봉사방법은 성서 말씀의 선포에 있다고 보며 그의 목회상담의 핵심은 죄의 용서다. 아스무센의 목회상담의 또 다른 특징은 현대 인접학문인 심리학에 대하여 배타적이라는 사실이다. 즉, 그는 심리학을 사탄적 위험이라고 표현한다.

바르트의 가장 친한 친구이자 그와 함께 1920년대 '말씀의 신학'을 주도했던 투르나이젠은 말씀의 신학을 교회의 장으로, 곧 실천신학의 장에 적용하고 이론을 발전시킨 독일 목회상담가다. 그의 목회상담 이론은 현대 독일 실천신학에서 언제나 제일 먼저 다루어지는 목회상담 이론의 고전이 되었다. 그의 관심은 개신교 목회상담의 독특한 본질을 밝히는 데 있었다. 투르나이젠은 1946년 그의 저서 *Lehre von der Seelsorge*에서 목회상담을 "각 개인에게 대화를 통해 하나님의 말씀을 세우는 것"(박근원 역, 1979a: 193)으로 정의하고 있다. 이와 같은 맥락에서 그는 목회상담을 하나님 말씀의 '선포(Verkuendigung)'라고 말한다. 그도 아스무센과 같이 기독교 목회상담의 독특한 내용으로 '죄의 용서'를 강조하고 있으나, 상담자의 역할은 내담자가 먼저 죄인인 것을 인식할 수 있도록 유도하며, 또 그때 하나님 말씀이 주시는 죄의 용서에 이끌리도록 하는 것으로 보는 점이 다르다. 또한 투르나이젠의 또 다른 공헌은 이미 1920년대 초부터 목회상담에 방법론적으로 심리학이 유용하며, 그것의 필요성을 인정한다고 언급한 점이다.

그러나 투르나이젠의 목회상담 이론에 대한 가장 큰 비판은 오직 말로써 도움을 주려는, '말에만 의지하는 목회상담'이라는 것이다. 또한 그가 말하는 대화는 권위적이며, 위로부터 아래로 향하고 있기 때문에 진정한 의미의 대화가 될 수 없음이 비판된다(Riess, 1973: 182).

심리학을 적극적으로 수용한 미국 목회상담과의 교류

1950년 후반 그리고 1960년대 유럽의 학생운동은 유럽의 전 문화풍토를 바꾸어 버릴 정도로 사회적으로, 신학적으로 큰 영향을 끼쳤다. 이러한 상황 속에서 미국에서 그 당시 붐을 이루고 있던 내담자 중심의 목회상담 등 심리학을 이용한 목회상담이 소개되기 시작하였다(Clinebell, 1962; 박근원 역, 1987). 그 당시 젊은 목회상담학자 피퍼(Hans Christoph Piper)는 파베르(H. Faber)와 슈트(E. v. d. Schoot)의 *Praktikum des seelsorgerlichen Gespraechs* 이라는 책을 독일어로 번역함으로써 목회상담의 변화에 도움을 주었다. 그는 또한 병원 목회자의 병실에서의 예식적인 행위를 비판하면서 오히려 개개인과의 평등적 의사소통이 이루어져야 한다고 강조하고 있다(Piper, 1986: 347; 1972: 99).

1970년에는 슈톨베르크(D. Stollberg)에 의해 구체적으로 심리학을 이용한 미국 목회상담 이론이 알려지기 시작했다(Stollberg, 1970). 그는 목회상담을 '교회의 장에서의 심리치료'(Stollberg, 1978: 39)라고 정의하고 있다. 샤휀베르크(J. Scharfenberg)는 프로이트(S. Freud)의 이론을 근거로 대화를 강조하고 전이(Uebertragung)와 역전이(Gegenuebertragung) 현상을 활용한 목회상담을 전개하였다(Scharfenberg, 1972).

이렇게 하여 그리스도교 목회상담의 초점이 말씀이나 상담자의 인격, 자세에서 내담자로 이동하게 된다. 또한 심리학이라는 학문을 통해 그리스도교 목회상담도 배울 수 있고 훈련될 수 있는 과학적 방법론을 언급할 수 있게 되었다. 1960년대 이후 이 방향을 추구하는 목회상담가들은 목회상담을 선포가 아닌 '대화'로 정의하고 있다. 그렇기 때문에 투르나이젠까지의 목회상담에서 목회상담자는 주로 말해야 하는 위치였으나 이제는 내담자의 말을 주로 들어야 하는 '경청'의 입장으로 바뀌게 되었다.[7)]

말씀 중심의 기독교상담과 심리치료와의 통합: 타케를 중심으로

1975년 이후 다시 한 번 목회심리학에 대한 문제점과 재평가가 이루어지기 시작한다. 특히 타케(H. Tacke)는 바르트 학파의 하나님 말씀 신학에 근거를 두고 그의 책 *Glaubenshilfe als Lebenshilfe*(Tacke, 1975; 신명숙, 1997: 581-588)에서 미국으로부터 들어온 새로운 목회상담운동에 대하여 이의를 제기한다. 그는 심리치료 과정에서 의사와 환자 또는 치료자와 내담자의 관계가 교회목회상담에도 적용될 수 있는지 물음을 던지면서 심리학을 이용한 목회상담에 전통 신학이 결여되었음을 지적하고 있다(Tacke, 1975: 172). 특히 타케는 현대 목회상담에서는 인간의 죄에 대한 하나님의 용서가 목회상담자에 의한 내담자 수용으로 대치되어 버렸다고 비판하고 있다.

그러나 타케는 이렇게 투르나이젠의 전통을 계승하면서 동시에 아스무센과 투르나이젠의 목회상담 개념—인간의 고통과 걱정을 없애기보다 내담자에게 설교하는 듯한 의미에서—의 위험성을 지적한다. 그에 따르면 목회상담의 가장 중요한 수단은 대화와 그 대화에 알맞는 복음의 전달이다. 타케는

7) 특히 1972년 이후 독일목회신학협회인 〈Deutsche Gesellschaft fuer Pastoralpsychologie(DGfP)〉가 교회의 목회심리학적인 과제를 돕는 목적으로 창설되었다.

신앙을 강조하는 기독교전통의 목회와 심리학을 이용한 목회상담의 양면을 수정, 보완하여 목회상담에서 하나님과 세상, 하나님의 말씀과 인간의 상황을 서로 연결시키려고 시도했다. 타케와 투르나이젠의 분명한 차이는, 더 이상 목회상담을 설교의 연장 내지 설교의 보조적 도구로 보지 않으며 교회와는 거리가 먼 비기독교인들에게도 다가갈 수 있는 목회상담의 완전한 독자적인 역할을 강조하는 것이다(Lauther & Möller, 1996).

타케는 목회상담을 삶에 직접적으로 어떤 도움을 줄 수 있는 것으로 보지 않는다. 그러나 목회상담의 결정적인 내용은 삶에 도움이 될 수 있도록 이끄는 '신앙을 돕는다' 는 것이다(Lauther & Möller, 1996: 105–124; Tacke, 1975: 222–249). 신앙을 통해 삶이 변화되고 잘못된 적용을 막으며 중요한 목회적인 결론을 제시할 수 있기 때문에, 신앙은 목회적인 차원에서 이야기되어야 한다는 것이다.

마지막으로 타케는 목회상담을 목사나 기관 차원의 상담소에서만 할 수 있도록 제한할 것이 아니라 교회 회중들에게도 그 역할의 기회가 주어져야 한다고 강조하고 있다(Lauther & Möller, 1996: 351). 그들 역시 다른 사람의 고통을 함께 나누고, 의지할 데 없는 사람을 받아들이고 이해하도록 소명받았기 때문이다. 여기서 타케는 목회자나 상담요원 중심의 목회상담 형태를 극복하고 다양한 교인들의 삶과 신앙의 경험을 이용하는 방법을 제시하고 있다.

7. 최근 독일 목회상담의 흐름과 모형

목회상담에 대한 독일 교회의 반응은 미국의 그것과 유사하다. 최근 심리치료의 방법을 이용한 목회상담의 신학적인 내용에 대한 비판과 재검토의 소리가 독일 신학계에서 일어나고 있다. 목회상담에 대한 정체성의 확립을 기하려는 노력도 나타나고 있다. 따라서 더 이상 목회상담이 말씀 중심이냐, 아니면 심리치료적이냐는 식의 불균형적인 양자택일성은 깨어져야 한다는 것이 독일 목회상담의 전체적인 조류다.

동시에 기독교전통을 부활시키려는 노력도 나타나고 있다. 예를 들면, 하이델베르크 대학교 실천신학 교수인 슈타이거(J. A. Steiger)는 개신교 목회상담의 원리와 내용 그리고 방법을 루터와 17세기 정통주의에서 찾으려고 시도하고 있다. 또한 같은 대학에 있는 묄러(C. Möller)는 독일 전국에 있는 학자들로 구성된 집필진의 편집자가 되어 3년에 걸쳐(1994~1996) 세 권의 책을 엮어 출판하였다.[10] 그 책들은 신약과 구약에 나타난 목회상담 그리고 속사도교부, 사막교부, 초대교부, 중세, 종교개혁자들과 현대 기독교 목회상담자와 가톨릭 신학자인 칼 라너(K. Rahner)까지 기독교역사에 나타난 목회상담을 광범위하게 다루고 있다.

또한 상담자와 내담자의 관계도 대화로써 상대방과의 공감을 형성시키는 '친구의 형태(Freund-Paradigma)'를 강조하고 있다. 특히 루터의 'mutuum colloquium et consolatio fratrum et sororum(상호간의 대화와 형제자매적인 위로)'에 근거하여 목회상담은 신앙을 도와 상호간에 삶에 대한 확신을 얻게 한다는 것이다. 타케나 슈톨베르크는 이러한 형태를 '동반자 관계(Partnerschaftliche Gegenseitigkeit)'로 표현하고 있다.

8. 영국의 현대 목회상담

영국에서는 대학이나 신학교에서 가르치는 목회상담(pastoral care and counseling) 분야를 'pastoral studies'라고 부르는데, 이는 영국이 목회상담

10) C. Möeller (Hg.), *Geschichte der Seelsorge in Einzelportraets*, Bd.1, Goettingen/Zuerich 1994; Bd.2, 1995; Bd.3, 1996.

분야에 대해 갖고 있는 독특한 입장을 보여 준다. 폴 발라드(Paul Ballard)는 영국에서의 'pastoral studies'의 등장 요인으로서 성직자의 전문화에 대한 요구, 신학의 세속화에 대한 요구, 교회의 공동체적 성격에 대한 새로운 발견, 미국 목회상담운동의 영향, 심리학 및 상담의 발전 등을 제시한다(Ballard, 1986). 이러한 요인들에 대한 영국 목회상담학계의 반응은 미국의 목회상담운동과는 사뭇 다른 방향 및 양상을 갖는다. 미국의 목회상담운동은 세속화 및 전문화 요구에 대하여 매우 적극적으로 부응하여 세속적인 심리학 및 정신의학의 전문성을 강조하는 방향으로 나아간 반면, 영국의 목회상담은 이러한 방향에 대하여 매우 신중하게 경계하여 오히려 교회의 전통적인 신학 및 공동체적 자원을 보전하려는 의지를 강하게 보여 왔다. 미국에서 흔히 사용되는 'pastoral counseling'이라는 용어가 개인적 및 세속적 전문성을 함축하고 있는 반면, 'pastoral studies'라는 용어는 역사적인 교회의 목회적 전통을 이어가려는 의지를 담고 있는 것으로 보인다.

이러한 입장은 교회의 전통을 중시하는 영국국교회의 역사적 특징과 관계가 있다고 볼 수 있다. 리드(J. Reed)는 영국국교회의 신학이 목회적 돌봄(pastoral care)에서 몇 가지 특징들을 가져오게 되었음을 지적한다(Reed, 1990). 첫째, 영국국교회에서 목회적 돌봄은 그리스도에 대한 사람들의 신앙을 발달시키고 심화하려고 한다는 측면에서 기본적으로 교육적 과제를 갖고 있다. 여기에서 윤리적 삶을 강조하는 두 번째 특징이 나오게 된다. 세 번째 특징은 예배, 복음 선포, 사람들의 돌봄, 사회 정의 실천 등의 실현의 장으로서 교회공동체가 그리스도인들의 삶의 중심이 된다고 강조하는 것이다. 교회가 집례하는 성례전이 삶의 초점을 이루며, 교회공동체는 삶의 장이자 돌봄의 장이 된다. 이러한 특징들은 결국 목회적 돌봄이 소수의 전문가에 의해 이루어지는 것이 아니라, '역사적 기초 위에 현존하는 공동체 속에서, 평신도 및 성직자의 목회의 도움을 받아 살아 움직이는 오묘한 형태(art form)임'을 강조한다.

'pastoral studies'라는 이름으로 처음 현대적 모습의 목회상담 교육과정을 설치하게 된 것은 정신과 의사인 동시에 신학자였던 램본(R. A. Lambourne)의 주도에 의해 1964년에 버밍엄 대학교(University of Birmingham)에서 이루어졌다. 이 과정의 목적은 주로 성직자들을 대상으로 목회적 돌봄(pastoral care)을 훈련함으로써 지역 공동체와 교인들의 건강을 증진하고자 하는 것이었다. 이 과정 속에서 신학, 의료, 정신의학, 사회사업 등의 학제 간(interdisciplinary) 대화를 주도하였던 램본은 신학적 기초 위에서 목회적 돌봄뿐만 아니라 지역 사회의 의료 및 복지적 돌봄에 대한 비판 및 방향을 제시하고자 노력하였다. 램본은 기독교 인식론(Christian epistemology)이라는 말을 사용하였는데, 그에게 있어서 '기독론적'이라는 것은 기독교 종교 영역 내에 있어야 한다는 것을 의미하는 것이 아니라 하나의 보편적인 태도를 의미한다. "그리스도에 대한 신앙을 갖는다는 것은, 공동체 속의 전인적 인간(whole man in community)이 전체 세계에 대한 참된 인식의 가능성을 그리스도의 은사 안에서 실현하는 것"을 의미한다(Lambourne, 1983: 87). 이러한 신학적 기초 위에서 그는 교회의 목회적 돌봄에 대해서뿐만 아니라, 의료 및 보건 서비스에 대해서도 개인주의적이고 전문주의적인 경향에 대해 신랄하게 비판하였다. 그는 교회가 역사적으로 갖고 있는 공동체적 이해와 자원을 가지고 이원론적이고 개인주의적인 보건 및 복지 서비스를 개혁하기 위한 비전을 제시하기도 하였다.

1968년부터 1969년 사이에 미국을 방문한 램본은 미국에서 당시 발전되고 있던 목회상담에 대해 신랄한 비판의 글을 발표하였다(Lambourne, 1983: 135–161). 그 글에서 그는 "목회상담은, 정의(definition)에 있어서나 실천(practice)에 있어서나 집단적으로 이해되는바, 교회공동체와의 살아있는 관계의 표지가 거의 없다. 그러므로 목회상담이 또 다른 센터를 찾고 섬김으로써 교회로부터 떠나고 있으며 교회를 약화시키고 있다는 사실은 놀라운 일이 아니다. 그 센터란 의학적 진료를 모방하고 있는 하나의 전문가 문화

(professional culture)다."라고 말한다. 램본은 자신이 심리치료나 상담 자체를 공격하는 것이 아니라 그것의 우상화를 공격하는 것임을 말하면서, 참된 목회상담이 현재보다도 더 교회에 중심적이고 중요한 역할을 해야 한다고 말한다. 그러나 그러기 위해서는 목회상담이 그 진정한 목적을 회복해야 한다는 것이다. 그 진정한 목적은 '온전함을 향해 자라나는 교회(the Church growing toward perfection)'이며, 이는 공동체적 친교(koinonia) 안에서 기독교 행동 윤리를 배우고 실천하는 책임적 행위들을 통해 이루어질 수 있다고 말한다. "목회상담은 두 사람 이상이 모여 그들이 세상에서 교회로서 함께 해야 할 것이 무엇인가를 결정하는 기독교 친교(Christian fellowship)의 한 부분으로서, 교회로부터 그 성격을 부여받는다."

1970년대 초 미국의 〈American Association of Pastoral Counselors (AAPC)〉와 유사한 전문 목회상담자협회를 영국에서 발족시키려는 움직임에 대해 램본은 강하게 반대하였다. 그는 이러한 단체가 공동체 속에서의 평신도의 자발적이고 확산적인(voluntary and diffuse) 목회적 돌봄을 방해할 것이라고 주장하였다. 그러나 램본의 노선에 기본적으로 동조하는 스티븐 패티슨(Stephen Pattison)조차도, 협소한 전문화에 반대하고 교회의 공동체적 돌봄을 강조하는 것이 영국 목회상담의 장점이라고 평가하기는 하면서도, 한편으로는 이러한 강조가 보다 효과적인 목회적 기술을 향상시키는 데는 부정적일 수 있음을 인정한다(Pattison, 1988: 24). 이러한 강한 논쟁에도 불구하고 결국 1977년에 〈목회상담협회(Association for Pastoral Care and Counseling)〉가 〈영국상담협회(Britisch Association for Counseling)〉와의 연계 하에 전국적으로 조직되어 상담훈련과 감독을 제공하고 자격증을 수여하게 되었다. 이 단체는 현재 〈목회영성상담협회(Association for Pastoral and Spiritual Care and Counseling)〉라는 이름으로 '인간에 대한 이해와 돌봄을 위해 신학의 통찰과 행동과학을 활용하며 목회적 돌봄과 아울러 상담에 공헌하는 것'을 목표로 하여 활동하고 있다.

1960년대에 또 한 사람의 정신과 의사였던 레이크(Frank Lake)에 의해 설립된 〈임상신학협회(Clinical Theology Association)〉는 보다 더 임상적인 훈련을 강조하여 왔다. 레이크는 멜라니 클라인(Melanie Klein) 등의 대상관계 심리학에 의지하여 심층심리의 역동들이 개인의 영적 갈등들에 어떻게 연관되는지를 살펴봄으로써, 정신의학적 통찰들과 영적 과정 및 목회적 실천 사이의 연속성을 밝히려는 데 주력하였다. 이 단체는 1982년 레이크의 사후 〈브리지목회협회(Bridge Pastoral Foundation)〉라는 새로운 이름으로 활동해 오고 있고, 목회상담의 전문적 훈련 및 신학과 심리학의 통합을 강조하고 있다.

영국에서의 'pastoral studies'를 위한 주요 학술지로서 *Contact: The Interdisciplinary Journal of Pastoral Studies*라는 잡지가 1960년에 창간되어 목회상담 분야의 글들이 연구되고 발표될 수 있는 창구의 역할을 해 왔다. 한편, 목회상담과 관련하여, SPCK에서 출판된 저서들을 포함하여 다양한 분야의 저서들이 출판되고 있다. 1960년대 이후의 주요 학자들로는 앞에서 언급된 램본과 레이크를 포함하여 영적 지도에 중점을 두었던 손튼(Martin Thornton) 등이 초기에 활동하였고 그 이후의 학자들로는 마이클 윌슨(Michael Wilson), 존 스윈튼(John Swinton), 프란시스 워드(Frances Ward), 폴 발라드(Paul Ballard), 스티븐 패티슨, 데이비드 리얼(David Lyall), 임마누엘 라티 등이 있다.

» 참고문헌 «

김경재, 선한용, 박근원 역(1983). **신학연구입문**(원저: F. Schleiermacher). 서울: 기독교서회.

김관석 역(1964). **종교심리학**(원저: P. Johnson). 서울: 기독교서회.

김득룡 역(1974). **기독교 목회학**(원저: W. Oates). 서울: 생명의 말씀사.

마경일 역(1976). **목회카운슬링**(원저: S. Hiltner). 서울: 기독교서회.

민경배 역(1968). **목회신학원론**(원저: S. Hiltner). 서울: 기독교서회.

민병길 역(1971). **효과적인 목회 상담: 상담의 개정방식**(원저: H. Clinebell). 서울: 대한예수교장로회총회 교육부.

박근원 역(1979a). **목회학원론**(원저: E. Thurneysen). 서울: 성서교재간행사.

박근원 역(1979b). **현대목회상담: 카운셀링의 기본유형**(원저: H. Clinebell). 서울: 전망사.

박근원 역(1987). **목회상담신론**(원저: H. Clinebell). 서울: 대한예수교장로회출판국.

서문강 역(2003). **신앙과 정서**(원저: Jonathan Edwards). 서울: 지평서원.

신명숙(1997). 서평—H. Tacke, *Glaubenshilfe als Lebenshilfe*. **신학연구, 38**, 수원: 한신대학교 신학부.

안석모(1993). **웨슬리와 상담목회**. 서울: 감리교신학대학교출판부.

안효선 역(1996). **그리스도인의 인격장애와 치유**(원저: W. Oates). 서울: 에스라서원.

양승달 역(1979). **상담심리학**(원저: C. Narramore). 서울: 성암사.

이기춘 역(1984). **목회학개론: 패스토럴 케어의 의미**(원저: C. Wise). 서울: 기독교서회.

이종헌 역(1988). **성장상담**(원저: H. Clinebell). 서울: 한국신학연구소.

이환신 역(1962). **목회문의학**(원저: C. Wise). 서울: 기독교서회.

정태기 역(1987). **신앙이 병들 때**(원저: W. Oates). 서울: 대한기독교출판사.

정태기 역(1994). **현대종교심리학**(원저: W. Oates). 서울: 기독교서회.

제7차 한국목회상담학회 추계 학술대회. 한국종교문화와 목회상담. 2007년 11월 25일.

Adams, J. (1970). *Competent to Counsel: Introduction to Nouthetic Counseling*. Phillipsburg, N.J.: Presbyterian and Reformed Pub. Co.

Asmussen, H. (1937). Die Seelsorge. *Ein Praktisches Handbuch ueber Seelsorge und Seelenfuehrung*. Muenchen.

Ballard, P. H. (1986). The Emergence of Pastoral Studies In P. H. Ballard (Ed.), *The Foundation of Pastoral Studies and Practical Theory*(The Board of Studies for Pastoral Studies, Univevsity College, Cardiff).

Baxter, R. (c1956). *The Reformed Pastor* (Hugh Martin ed.). London: SCM Press.

Browning, D. (1976). *The Moral Context of Pastoral Care*. Philadelphia: Westminster.

Clinebell, H. (1962). *Basic Types of Pastoral Care and Counseling: Resourses for the Ministry of Healing & Growth*. New York.

Conn, W. E. (1998). *The Desiring Self: Rooting Pastoral Counseling and Spiritual Direction in Self-Transcendence*. New York: Paulist Press.

Crabb, L. (1975). *Basic principles of Biblical Counseling*. Grand Rapids: Zondervan Pub. House.

Faber, H., & Schoot, E.v.d. (1968). *Praktikum des seelsorgerlichen Gespraechs*. Goettingen.

Holifield, B. (1983). *A History of Pastoral Care in America: From Salvation to Self-Realization*. Nashville, TN: Abingdon Press.

Holifield, B. (1986). *Health and Medicine in the Methodist Tradition: Journey toward Wholeness*. New York: Crossroad.

Hunter, R. et al., (Eds.) (1990). *Dictionary of Pastoral Care and Counseling*. Nashville, TN: Abingdon Press.

Lambourne, R. A. (1983). *Explorations in Health and Salvation*. University of Birmingham.

Lartey, E. Y. (2004). Globalization, internationalization, and indigenization of pastoral care and counseling. in Nancy J. Ramsay (Ed.), *Pastoral care and counseling: redefining the Paradigms.* Nashville, TN: Abingdon Press.

Lauther, C., & Möller, C. (1996). Helmut Tacke. In: C. Moeller (Hg.), *Geschichte der Seelsorge in Einzelportaits, Bd. 3,* Goettingen und Zuerich.

Leuba, J. (1896). A Study in the Psychology of Religious Phenomena. *American Journal of Psychology, 7.*

Miller-McLemore, B., & Gill-Austern, B. (Eds.) (1999). *Feminist Womanist Pastoral Theology.* Nashville, TN: Abingdon Press.

Möller (Hg.), C. *Geschichte der Seelsorge in Einzelportraits, Bd.1,* Goettingen/Zuerich, 1994; *Bd. 2,* 1995; *Bd. 3,* 1996.

Narramore, C. (1960). *Psychology of Counseling: professional techniques for pastors, teachers, youth leaders, and all who are engaged in the incomparable art of counseling.* Grand Rapids: Zondervan Publishing. House.

Oden, T. (1983). *Pastoral Theology.* New York: Harper and Row.

Oden, T. (1984). *Care of Souls in the Classic Tradition.* Philadelphia: Fortress Press.

Pattison, S. (1988). *A Critique of Pastoral Care.* London: SCM Press.

Piper, H. C. (1972). Theologische Perspektiven und Erfahrungen im Clinical Pastoral Training. In *Wege Zum Menschen 24.*

Piper, H. C. (1986). Wir muessen Kommunikation neu lernen. Die Kirche im Wandel—am Beispiel der Seelsorge, LM 25.

Pruyser, P. (1976). The *Minister as Diagnostician: Personal Problems in Pastoral Perspective.* Philadelphia: Westminster.

Ramsey, N. (2005). (Ed.) (2005). The *Expanded Edition of Dictionary of Pastoral Care and Counseling.* Nashville, TN: Abingdon Press.

Reed, J. (1990). Anglican Pastral Care. In R. J. Hunter (Ed.), *Dictionary of Pastoral Care and Counseling.* Nashville: Abingdon Press.

Riess, R. (1973). Seelsorge-Orientierung, Analysen und Alternativen. Goettingen.

Scharfenberg, J. (1972). *Seelsorge als Gespraech. Zur Theorie und Praxis der seelsorgerlichen Gespraechsfuerung.* Goettingen.

Sperry, L. (2002). *Transforming Self and Community: Revisioning Pastoral Counseling and Spiritual Direction.* Collegeville, Minnesota: The Liturgical Press.

Stollberg, D. (1970). *Therapeutische Seelsorge. Die amerikanische Seelsorgebewegung. Darstellung und Kritik. Mit einer Dokumentation, 2 Aufl.* Muenchen.

Stollberg, D. (1978). *Wahrnehmen und Annehmen.* Guetersloch.

Tacke, H. (1975). *Glaubenshilfe als Lebenshilfe. Probleme und Chancen heutiger Seelsorge.* Eukirchen.

Thurneysen, E. (1946). *Die Lehre von der Seelsorge.* Zuerich.

Watkins A., & Carroll, A. (1999). *Survival & Liberation: Pastoral Theology in African American Context.* St. Louis: Chalice Press.

Wulf, H. (1970). *Wege zur Seelsorge.* Neukirchen.

06

목회상담자의 정체성

목회가 목회자와 신자 사이의 관계에서 이루어지듯, 목회상담도 목회자 혹은 우리의 기독교신앙을 표방하는 상담자와 문제를 안고 온 사람 사이의 관계에서 이루어진다. 그러나 길지 않은 목회상담의 역사에서 목회상담자가 누구이며 어떤 사람이어야 하는지에 대해서는 많은 논의가 있어 왔다. 목회상담자는 단순히 목회자이면 족한 것인가? 상담자로서의 목회자는 다른 독특한 면을 준비해야 하고 또한 그만의 특수한 성격을 갖는 것인가? 목회상담자로서의 준비가 단순한 목회자 이상의 것을 필요로 한다면 그것은 무엇인가?

이런 질문들은 일반상담과 목회상담을 구별하고자 할 때 더더욱 중요해진다. 결국 목회상담을 규정하는 요소는 상담자가 누구이며 어떤 사람인가가 매우 단순하고도 확실한 기준이 되기 때문이었다. 이 장에서는 이런 주제들만이 아니라 목회상담자가 누구이며 어떤 역할을 하는 것인지에 대해서도 다루어 보고자 한다. 먼저 헨리 나우웬(Henry Nouwen)의 책 *Creative Ministry*에 나오는 한 사례를 인용하면서 이에 근거하여 목회상담자에 관하여 논의하고자 한다.

1. 마이클의 병실 방문

마이클은 수련의 하얀 가운을 입고, 가슴에는 '원목'이라는 이름표를 붙이고서, 목회 방문을 위하여 컨 씨의 병실로 들어갔다. 그 후에 다음과 같은 대화가 이어졌다.

> 컨: 당신은 새로 온 의사군요. 당신을 그전에 본 것 같지 않네요.
>
> 마이클: 맞습니다. 나는 오늘보다는 더 자주 방문할 것이며 원목실 소속 마이클 목사라고 합니다.

컨: 안녕하십니까?

마이클: 안녕하십니까? 우리는 가까이에 있고요, 우리가 할 수 있는 한 당신을 도우려 합니다. 저희 원목실 전화번호는 2765입니다. 그리고 관심이 있으시다면, 일요일에는 개신교 예배와 가톨릭 미사가 있습니다.

컨: 나는 유태인입니다.

마이클: 괜찮습니다. 매일 이곳에 오지는 않지만 랍비가 이곳 병원에 정기적으로 방문합니다. 제가 그를 불러 드릴까요?

컨: 제발 그러지 마십시오. 나는 그를 괴롭히고 싶지 않습니다. 그리고 그 누구도 괴롭히고 싶지 않습니다.

마이클: 그러시다면…… 얼마나 아프십니까?

컨: 죽을 만큼 아픕니다. 그러나 나는 죽지 않습니다. 그리고 이곳의 의사들은 신통치 않습니다. 계속해서 고통만 주는 걸요. 그러나 말하는 데는 별 지장이 없습니다. 죄송하지만, 이제 나가 주시겠습니까?

마이클: 제가 시간을 잘못 맞춰 온 것 같군요. 그러나 선생님을 방해하거나 화나게 하지 않았기를 바랍니다. 저는 가끔 이 병실에 들릴 것입니다. 그저 안부 인사 차나, 그저 모든 게 잘 되어 가는가 보러 오게 될 것입니다.

컨: 목사님은 제게 이미 큰 호의를 베풀어 주시고 계십니다. 제가 바라는 것은, 이미 다른 의사들에게 말했습니다만, 목사님은 물론 다른 누구도 저를 그냥 홀로 있게 내버려 두었으면 합니다. 가족도 나의 아내 말고는 아무도 오지 않습니다. 제 딸에게도 오지 말라고 말했습니다. 이런 상태에 있는 나를, 제 딸이 보는 것을 원치 않습니다. 그런데 사람들이 말을 안 들어요. 죽어 가는 동물도 스스로 죽기 위하여 기어 나갈 수 있습니다. 반복하여 말합니다. 제발 나를 혼자 있게 내버려 두고 나가 주십시오. 그게 나에게 베푸는 가장 큰 호의가 될 것입니다. 그리고 다시는 오지 마십시오.

마이클은 원목실로 돌아와서, 이렇게 기록하였다. "나는 용기를 잃었다. 심지어는 죄의식까지 느꼈다. 나는 거의 배를 발로 차인 것 같은 느낌이었다."

헨리 나우웬은 이 사례를 제시하면서, 그 고통스러운 병실 방문과 그 고통스러운 방문 결과에 대한 반응이 목회상담에 제기하는 세 가지 질문을 다음과 같이 정리하였다(Nouwen, 1971).

① 환자 컨 씨의 병실을 방문한 당신은 누구인가?
② 그와 당신은 어떤 관계를 갖기를 기대하는가?
③ 그를 위하여 당신은 무엇을 할 수 있다고 생각하는가?

이 세 가지 질문은 각각, 목회상담자의 정체성과 목회상담의 관계 설정, 목회상담의 접근방법에 관한 것들이다. 최근에 목회상담자들은 내담자들의 요구를 보다 더 잘 돌보고 상담하기 위하여, 특별한 훈련에 참여하고 있다. 유능한 상담전문가들의 슈퍼비전을 받으며, 정신역동과 특히 심리치료가 제공하는 새로운 통찰의 도움을 얻으려고 노력하고 있다. 삶과 죽음의 의미로 인해 갈등하고 있는 많은 남녀 내담자들을 돌보고, 그들의 사역의 적절성을 위하여 많은 목회상담자들이 상담사역에 수고하고 있다. 그러나 그들 자신의 정체성과 내담자와의 관계, 그리고 그들이 제공할 수 있는 목회돌봄과 상담에 집중하면 할수록, 그들 자신의 개인적 삶에 대하여 보다 관심을 가져야 한다는 것을 깨닫기 시작하고 있다. 이번 주제가 관심하는 바는 바로 그 점이다.

2. 목회상담자의 정체성: 자세와 관련하여

목회상담자들이 상담현장에서 제일 먼저 부딪히는 문제는 무엇보다도 "나는 누구인가?" 라는 질문이며, 이는 인간 존재(being)에 관한 질문이다. 존재에 관한 질문이란 다시 말해 정체성에 관한 질문이다.

폴 틸리히(Paul Tillich)는 치유에 종사하는 직책을 세 가지 차원으로 정리하였다. 치유에는 의학적 치유 차원, 심리치료적 차원, 종교적 차원이 존재한다. 그 각각은 인간의 육체, 인간의 심리, 인간의 영혼을 치유한다고 보는 시각이라고 할 수 있다. 그런 면에서 이 세 차원은 구별은 되지만 분리되는 것은 아니다(Tillich & LeFevre, 1984: 129). 다시 말하면, 틸리히의 인간이해는 바울의 신학적 해석을 따라 인간을 영, 혼, 육으로 구분한 삼분법적 인간이해를 근거하여 그 치료적 차원을 세 가지로 정리한 듯하다. 목회상담자는 그 세 전문 분야의 치유행위 중 어느 분야에 속하는가? 물론 세 번째 종교적 치유라고 하는 분야에 속한다고 보아야 할 것이다.

목회상담자는 물론 그 세 분야 중 인간의 육체를 치료하는 의사는 아니다. 또는 불안과 같은 심리적 문제를 대처하기 위하여 훈련받은 일반 심리치료사도 아니다. 그리고 더 세분하여 사회복지 문제를 다루는 사회복지사도 물론 아니다. 그러면 그의 전문직은 무엇인가? 그가 고유하게 공헌할 수 있는 독특성은 무엇인가? 그가 담당하고 있는 전문 분야를 위하여 그가 가장 잘 사용할 수 있는 도구로는 무엇이 있는가(Nouwen, 1971: 44-45)?

목회상담자는 전문적 목회자와는 구별된, 그러면서도 일반상담자와도 구별된 상담자다. 물론 틸리히가 강도 높게 지적하였듯이 목회상담자는 그 성격상 목회자로 제한될 수 없음은 주지의 사실이다.

> …… 목회상담에 종사하는 사람은 누구인가? 원칙적으로, 종교개혁의 가장 소중한 유산인 만인제사장론의 법칙에 따라, 모든 기독교인은 목회상담자다 (Tillich & LeFevre, 1984: 118).

그렇다면, 목회상담자의 정체성을 자기-긍정과 자기-부정이라고 하는 다음 두 가지 태도와 그것이 함축하는 내용을 가지고 설명하고자 한다.[1)]

자기-긍정: 궁극적 공간

앞에서 언급한 사례에서 목회상담자[2)] 마이클은 그 자신이 의기소침하지 않을 수 없었으며 심지어는 죄의식까지 느꼈다. 그는 자신을 필요로 하지 않는 사람에게 또는 그 자신의 도움을 원하지도 않은 사람에게 자기 자신이 마치 그에게 필요한 존재라도 되는 듯 스스로 찾아갔고, 그 결과 그는 환자에게 불필요한 존재로 또는 성가신 존재로 비쳐졌다는 사실을 느껴야 하였으며, 그 후 그는 목회상담자로서 완전히 실패한 사람이라는 생각이 들기까지 하였다.

그러나 목회상담자의 정체성이 단순히 의미 있는 대화나 환영받는 순간에 의지하는 것은 아니다. 오히려 우리는 그러한 대화와 그 대화가 일어났던 삶의 공간 속에서 컨 씨와 그를 사랑하는 많은 사람들이 남겨 둔 또 다른 한 공간을 발견하게 된다. 바로 그 공간은 어떤 공간인가? 그가 죽어 갈 때 자기 자식도 보지 말기를 원했던 그 상황 그리고 그에게 치료와 위안을 제공하는 의사마저도 저주하여야 하였던 그 조건 그리고 이제는 더 이상 삶을 이어갈 수 없는 상태 속에서 마치 동물처럼 혼자서 쭈그리고 앉아 죽어 가고 싶었던 작은 구석을 찾던 그가 서 있는 자리, 그 자리는 도대체 어떤 공간인가?

의사도, 심리치료사도 그리고 그 어느 사회복지사도 감히 찾아갈 수 없는 텅 빈 공간이 있는 법이다. 삶과 죽음에 대해 질문하는 그리고 삶의 순환과

---

1) 이 두 가지 국면은 헨리 나우웬이 목회자의 정체성을 논하는 자리에서 제시하였던 바로서, 목회상담자의 정체성을 논하는 이 자리에서도 그 차이점이 없을 것 같아서, 그대로 전용하도록 한다.

2) 이곳에서 마이클은 병원 원목이라는 직함으로 병실을 방문하였다. 원목은 목회자이며 동시에 목회상담자다. 일반 교회를 담임하는 목회자와는 구별되어야 할 직책이다. 그 점에서 업무의 성격상 그는 상담의 역할을 담당하는 목회상담자다.

정 속에서 삶의 의미와 그 실현을 질문하게 되는 그 공간이 있는 것이다. 더 나아가 이제 막 죽음의 현실을 눈앞에 두고, 인간으로서 죽지 못하고 하나의 동물처럼 죽어가고 있다는 끔찍한 생각이 전 존재를 휩싸는 그 현실을 직시하면서, 이제 그의 삶이 이 땅에서 종지부를 찍고 말 것이라는 사실을 결코 받아들이고 싶지 않은, 받아들일 수 없는, 혼자서는 결코 견디기 힘든 그 캄캄한 공간 속에서 어느 누가 대화를 나누고 싶겠는가? 아무도 찾아오지 않고 그 누구도 들여다보지 않는 구석을 찾아 동물처럼 쭈그리고 앉아서, 죽어가고 싶다는 생각밖에 무슨 생각이 더 나겠는가? 막막한 상황 속에서 눈을 들어 먼 하늘을 바라보지 않을 자가 어디 있겠는가? 컨 씨는 마이클이 자기를 치료할 수 없다는 사실을 너무나 잘 알고 있다. 그래서 그에게 이 병실에서 나가 달라고 부탁하였다. 다시는 오지 말라고 요청한 것이다.

바로 그 공간, 바로 그 상황, 바로 그 자리가 목회상담자가 설 자리이며, 찾아가야 할 공간이고 상황이다. 목회상담자는 그 순간에 그로 하여금 죽음이 곧 인간의 한계상황으로서 신에 대한 인간의 순명(順命)이라고 하는 사실을 가르쳐 줄 수 없을지도 모른다. 삶에 대한 생각이 그렇게 한순간에 바뀌기가 쉽겠는가. 그러나 분명히 그 순간에 목회상담자는 그에게 희망을 제공할 수는 있을 것이다. 미움을 사랑으로 바꾸고, 죽음은 인간에게 부여된 하늘의 선물이라고 하는 사실을 넌지시 전할 수 있을지도 모른다. 죽음이라는 한계상황은 또 다른 세계에로 진입하는 입구라고 하는 사실을 암시할 수도 있을 것이다. 그의 아내와 딸이 그가 바라보는 그 눈빛 속에서 반사되어 나오는 바로 그 빛으로 인하여 오히려 삶을 긍정하고 용기 있게 살아가도록 도울 수 있을지도 모른다.

틸리히는 이러한 공간 속에서 목회상담자가 설 자리를 찾는다. 궁극적 관심은 그것이다. 그는 육체적 또는 심리적, 사회적 건강과 같은 주변적 관심이 아닌 궁극적 관심, 즉 영원성에 비추어서 상담할 것을 종용한다.

> 목회상담(자)은…… 무엇을 상담하든, 궁극적 관심에 비추어서 상담해야 한다. 그리고 그는 절대로 의사나 사회복지사 그리고 정신분석가나 다른 어떤 것으로든 단순하게 대체되어서는 안 된다. 그는 기능적으로 교회를 대표하며 새로운 존재(new being)를 대표하고, 그 모호성에도 불구하고, 이러한 대표성 때문에 다른 사람들과는 다르게 기능하여야 한다는 것을 깨달아야 한다. 그 이상은 만인제사장론이며, 그렇기 때문에 모든 돕는 사람은 또한 영원의 빛 아래서 도울 수 있는 가능성을 갖는다. 이것은 다른 모든 기능들을 혼합하여 성취될 수는 없는 것이다(Nouwen, 1971: 44–45).

목회상담자는 내담자로 하여금 삶의 조건을 직면하도록 도와주므로, 그에게 생명을 부여할 수 있을 것이다. 동시에 그는 그 자신을 삶의 현실이라고 하는 주변에 머무는 자로 바라보는 일을 중단하게 될 것이다. 그는 그 순간 삶의 한복판에 우뚝 서서 삶을 직면하고 있는 것이다.

이런 면을 나우웬은 다음과 같이 지적하고 있다.

> 의사들은 삶의 의지가 없는 환자를 수술한다는 것이 위험하다는 것을 잘 알고 있다. 심리치료사들은 사람들이 서로 상처를 주거나 치유를 베풀도록 동기를 부여하는 통찰들을 그들이 가지고 있다 하더라도, 삶과 죽음에 의미를 부여할 수 없노라고 고백한다. 수많은 사회학자들은 구조적 변화에서 그 변화가 가져다줄 미래가 불투명한 한, 의미를 발견하지 못한다. 인간이 삶의 의미를 발견하지 못하면 그는 삶에 대한 관점을 상실하며, 당장 그에게 필요한 욕구를 충족시켜 줄 무언가를 찾아, 환상, 섹스, 마약 그리고 마침내는 자살에 이르게 되고 만다(Nouwen, 1971: 47).

목회상담자는 최소한 그러한 질문에 귀를 기울일 줄 알아야 한다. 목회상담자들은 그들 자신이 알고 있는 것보다도 훨씬 더 필요하고도 중요한 존재들이다. 수많은 사람들이 그들을 필요로 하고 있다. 많은 사람들이 절규하고 있다.

목회상담자가 설 자리는 바로 텅 빈 공간이다. 바로 그 공간 속에서 울려 나오는 좌절, 절규, 비통한 한탄을 바로 목회상담자가 들을 수 있다면 그리고 그 공간을 궁극적 관심을 가지고 영원성에 비추어서 조명할 수 있다면, 그는 삶의 핵심에 접근할 수 있을 것이다. 그때, 그는 다른 사람들의 삶을 긍정하게 되면서, 그 자신이 목회상담자로서의 정체성을 긍정하는 자리에 한 걸음 더 깊숙이 들어서게 될 것이다.

자기-부정: 자기-비움

목회상담자가 지니는 또 하나의 기본적인 자세는 자기-부정이다. 이 진리는 단지 목회자에게만 주어진 명령이 아니다. 그 길을 따라 가는 자 모두, 구도자 모두에게 주어진 하늘의 부름이다. 하물며 목회상담자는 말할 것도 없다. 목회상담자가 생명의 핵심에 접근한다고 생각되었을 때, 그리하여 마치 그의 희망을 성취하고 그 자신이 열망하던 자신의 삶을 실현하고 있으며 삶을 긍정적으로 바라보고 있다고 여겨질 때 그는 또 하나의 다른 부름에 직면하게 된다. 그 자신을 부정하고 하나의 종으로 여기며 마지막 줄에 서 있는 쓸모없는 일꾼으로 생각하라고 하는 준엄한 명령을 듣게 되는 것이다.

마이클은 하얀 가운을 입고 병실에 들렀으나 의사는 아니다. 그는 컨 씨를 치료할 수 없다. 도구도 없다. 그는 방관자이며 컨 씨의 암에 대하여 아는 바가 없다. 단지 그의 신상에 관하여 조금 알고 있을 뿐이다. 그러나 그는 환자의 병에 대하여 아무것도 할 수 없다 할지라도 그 환자가 생명을 선택하는가 아니면 죽음을 선택하는가의 방식에 대하여는 관심을 가질 수 있다.

많은 목회상담자들이 그 자신이 갖고 있는 유능함을 자랑할 수 있으며, 상담자로서의 자신에 대한 명백한 정체성, 긍정적 정체성을 가질 수 있다. 그러나 그 자리에서 헨리 나우웬은 이렇게 질문한다.

> 전문가로서의 자기-실현에 이르는 것이 정말로 그렇게 중요한 것인가? 프로이트와 융, 로저스 그리고 프랭클의 심대한 영향으로 많은 목회상담자들은 하나의 질문에 도달하게 된다. 나는 개인적으로 그리고 전문적으로 참된 나 자신(my real self)이 될 수 있는가? 그러나 우리가 목회상담자로서, 궁극적으로 우리 자신을 성취하는 것이, 그리하여 가장 의미 있고 아름답고 집중적인 경험이라고 여겨지는 상태에 이르도록 하는 상황을 창조하는 것이 하나님께서 우리에게 부여한 소명인가?(Nouwen, 1971: 49)

토마스 머튼(Thomas Merton)은 다음과 같이 썼다.

> 우리가 특별한 경험을 하여야 할 잠재적 주체로서 또는 실현, 달성 그리고 성취를 위한 후보자로서 우리 자신을 개념화하고 있는 그 매일 매일의 생각으로부터 초연해지는 것은 대단히 중요한 일이다(Merton, 1960: 76).

목회상담자가 그를 찾아 온 내담자에게 어떤 도움을 제공할 수 있다면 그것은 그가 내담자의 문제에 대하여 또는 내담자가 질문하는 삶의 문제에 대하여 무언가를 알고 있기 때문이 아니다. 그것은 단지 그는 무장해제한 상태에 있는 사람이며 누군가를 위하여 자신을 버릴 수도 있는 사람이고 그리하여 그에게 무엇이든지 자유롭게 말할 수 있는 기회를 제공할 수 있기 때문이다. 그것이 사형선고에 해당하는 육체적 질병인 암이든지 또는 그가 당면한 다른 어떤 문제이든지, 목회상담자는 그가 왜 그런 방식으로 살아가는지 그리고 어떻게 내담자가 죽음을 마주하고 있는지에 대하여 궁극적 관심을 가지고 영원성에 비추어서 열려 있는 사고로 그들을 마주할 수 있기 때문이다.

어느 목회상담자도 자기-부정의 자리에 들어서지 않고는 다른 내담자로 하여금 하나님께서 내담자의 영혼 한복판에서 하나님의 일을 하실 수 있도록 텅 빈 공간을 마련하게끔 도울 수가 없다. 우리가 우리 자신에 집중하고 있으면서 어떻게 참으로 다른 사람을 도울 수가 있단 말인가? 무언가 사물에 관심하고 있는 한 우리는 진정으로 영혼에 집중할 수가 없다. 우리가 아직 잠에서 깨어나지 못했다는 것은 우리는 아직 그렇게 하고 있지 못하다는 것이다. 우리가 자기 자신에 대하여 잊어버리고 있을 때에만 우리는 내담자에 대하여 관심을 가질 수 있으며 그 사람의 관심의 중심에 들어설 수 있는 것이다.

자기-긍정과 자기-부정은 목회상담자가 가져야 할 정체성의 중요한 요소들이다. 그들은 서로 모순되는가? 서구의 행동과학적 방법론의 영향은 지대하다. 의식의 두 형태가 그 전형이다. 헨리 나우웬은 다음과 같이 그 영향을 지적하였다.

> 우리는 의식의 두 가지 유형이 있다는 사실을 자각하게 되었다. 첫째, 너 자신이 되라. 그러면 너는 창조적이 될 것이다. 그리고 둘째, 너 자신을 상실하라. 하나님이 네 안에서 창조적이 되도록. 전자는 개인을 강조하고 후자는 통일을 강조한다(Nouwen, 1971: 50).

전문적 정체성을 강조하는 입장은 자기와 개인의 창조성을 강조하는 입장을 선호한다. 그리하여 목회상담학의 최근 경향이 전문적 정체성 찾기에 관심하는 것은 당연하다. 그러나 우리는 상징적이지만 예수를 경배하였던 현자, 곧 지혜로운 사람(the Wise Men) 동방박사를 기억한다. 그들은 참으로 그리스도를 경배한 사람들이었다. 더 나아가 헨리 나우웬도 지적하였듯이, 헤르만 헤세가 그려 낸 싯다르타의 삶의 길이 점증적 관심의 대상이 되고 있는 사실도 주목하여야 할 것이다(Nouwen, 1971: 50). 어쩌면 그것은 미래의 목회사역, 목회상담사역을 위하여 강력한 암시를 주게 될 것이다. 만일에 목회상담자의 자아-확장이 하나님과의 신비적 결합에 장애가 된다면 목회상담자 마이클은 병실 환자 컨 씨의 죽음이 순명의 최종적 행위가 되도록 돕지 못할 것이다.

그러나 자기-긍정과 자기-비움은 결코 모순되지 않는다. 그가 소유하지 않은 것을 나누어 줄 수 없다. 그 자신을 자각하지 못하는 자는 자기 자신을 사랑 가운데 나누어 주지 못한다. 그 자신의 정체성을 갖추고 있지 못한 자는 다른 사람과 깊은 교제(intimacy)에 들어가지 못한다. 그럴 경우 목회상담은 중심에 이르지 못하고 겉돌게 마련이다.

전문가로서의 철저하고도 고통스러운 훈련의 과정을 거치지 않고서는 목회상담자는 삶 속에서 그의 자리를 찾지 못하며, 그 자신을 긍정하지 못하고, 그가 하여야 할 과제를 찾지 못한다. 그것은 그가 자기 자신이라고 하는 고유한 자산에 집착한다는 의미가 아니다. 밖으로 나가 자신이 소유한 그 자산을 나누어 봉사한다는 의미다. 그 자신을 비워 하나님이 그를 통하여 말씀하시도록 하고, 그 사람으로 하여금 새로운 삶에 이르도록 하는 것이다. 그 공간이 목회상담자의 자기 자리, 곧 '제-자리'다(이정기, 윤영선 역, 2006: 93-98).[3] 그러나 메이어오프(M. Mayeroff)가 말하듯이, "자리는 하나의 소유물처럼 내가 가지고 있는 어떤 물건이 아니다. 오히려 내가 타인과 관계하는 방식 때문에 나는 제-자리에 존재하고 있는 것이다. 그리고 그 자리는 계속해서 새로워지고 재확인되어야 한다. 그것은 딱 한 번만 확보되는 것이 아니다. 왜냐하면 그것은 우리에게 자리를 제공하는 타인의 성장 욕구에 우리가 반응하는 것이기 때문이다." (이정기, 윤영선 역, 2006: 94)

그러므로 목회상담자의 정체성은 자기-긍정과 자기-비움이라고 하는 양자 사이의 긴장 속에서 태어난다. 그것은 자기-긍정과 자기-부정, 자기-성취와 자기-비움, 자기-실현과 자기-희생 사이의 긴장이다. 물론, 강조점이 어느 다른 편에 집중되는 시기가 있을 수 있다. 그러나 성숙한 시기에 이르면, 자기 자신에 관심하기보다는 그의 손을 벌려 그분을 따라서 자신을 희생하면서 그분이 주시는 생명을 따르게 될 것이다.

---

3) 메이어오프는 이 책에서 돌봄의 행위와 돌봄을 받는 행위를 통하여 사람들은 '제-자리(In-place)'를 찾을 수 있으며, 그렇게 '제-자리'를 찾음으로 삶의 의미를 발견하게 된다고 강조하고 있다.

3. 목회상담자의 정체성: 관계의 측면에서

최근 들어서 전문가로서의 위치를 확보해 가는 목회상담자의 역할이 강조되면서, 내담자와 갖는 관계 설정이 목회상담자의 정체성을 다시금 생각하도록 만들어 주고 있다. 과연 목회상담자는 일반상담자와 어떻게 다른 것인가? 이것은 통상 일반적인 상담관계에 근거하는 관계 설정인 계약적 관계와 성서적 관계 설정인 언약적 관계 속에서의 긴장을 이야기하도록 만든다. 그러므로 목회상담자가 내담자와 갖는 관계는 그 두 가지로 설명될 수 있다. 이 둘은 긴장을 초래하며 목회상담자로 하여금, 그 적절한 위치에 대하여 고민하게 하고 있다.

계약적 관계

모든 전문적 관계는 계약적 관계다. 그 계약이 분명하지 않을 때, 전문적 관계는 실패한다. 두 사람이 갖는 인간관계 속에는 공식적인 관계든 비공식적 관계든 그리고 은밀한 관계든, 계약이행에 실패하면 그 관계는 단절된다. 특히 전문가와 갖는 관계는 더욱 그러하다. 김계현은 첫 회 상담을 운영하는 요령 가운데, '계약적인 절차'라는 항목을 신중하게 다루고 있다. 그 절차를 구두로 하는 약속의 개념을 넘어서서 문서로 하는 공식적인 성격으로 규정하여 첫 회 상담에서 구조화하여야 할 사안의 하나로 꼽고 있다(김계현, 2003: 106-107).

> 상담관계의 경우, 사람들은 다양한 방법으로 도움을 받을 수 있다. 지지, 충고, 교훈, 교정, 감정의 명료화 또는 단순한 청취 등 그 방식은 다양하다. 그러나 분명한 것은 그들이 기대하는 것과 받는 것이 다를 경우, 그들은 결코 도움을 받을 수 없다는 것이다. 목회상담자가 내담자를 돕기 위하여 가져야 할 첫 번째 책임은 내담자로 하여금 그가 정말 원하는 것이 무엇이며, 그가 그에게 정

말로 도움을 줄 수 있을 것인가를 알도록 하는 것이다(Nouwen, 1971: 52).

목회상담에서는 목회상담자와 내담자의 관계 설정에 있어서 소위 전문적 상담관계에서 갖는 계약관계를 취하려는 경향이 최근에 점증하고 있음을 본다. 그 모델도 또한 일반상담과 유사하게 목회상담자와 내담자가 만나 그의 느낌을 명료화하고 그의 에너지를 동력화하여 그 자신의 방법을 모색한다. 이것은 종종 아주 잘 구조화된 만남과 목회상담자에게 있어서 전문적인 기술 그리고 내담자의 입장에서의 특별한 태도를 필요로 한다. 목회상담자의 능력과 감수성에 따라서 그 관계는 보다 더 동력적인 접촉과 대화의 발생을 가능하게 할 수 있을 것이다.

언약적 관계

위에서 말한 자기-긍정이라는 낱말은 목회상담자의 정체성의 국면을 지칭하는 개념일 뿐만 아니라, 목회상담자와 내담자의 관계를 위해서도 중요한 의미를 갖는다. 의사나 심리치료사가 상상할 수 없는 관계를 목회상담자는 가정할 수 있다. 즉, 목회상담자는 의사나 심리치료사와는 달리 상담의 주도권을 쥘 수 있다는 점이 그것이다. 데이빗 베너(David Benner)는 그 점을 목회상담자의 특성 중 하나로 꼽고 있다(이정기 역, 2005: 17).

인간관계 속에서 계약이라는 용어는 경제 용어이며, 인간관계의 영역에서 강력한 힘을 갖고 있는 낱말이다. 그러나 그 계약이라는 낱말만으로는 목회상담자의 관계를 설명할 수 없다는 사실은 분명하다. 목회상담자가 내담자와 갖는 관계는 다른 건강전문가들이 갖는 전문적 관계와는 다르다. 성서적 용어인 언약이라는 개념은 목회상담자와 내담자의 계약적 관계 설정에 대하여 비판적 시각으로 바라본다. 즉, 하나님은 인간을 대할 때 계약적 관점이 아니라 언약적 관점에서 대한다고 보는 것이다. 계약은 상대편이 약속을 어길 때에는 파기된다. 환자가 의사에게 치료비를 내지 아니하면 의사는 그 시간에 다른 환자를 보아도 무방하다. 내담자가 심리치료사에게 상담 심리치료비를 지출하지 아니하면, 심리치료사는 내담자와의 상담을 거부한다.

목회상담자와 내담자의 관계의 근거는 전문적 계약적 관계가 아니라 하나님이 세우신 언약적 관계(divine covenant)다. 언약 속에는 신실성 이외에 조건이 따로 없다. 그것은 무조건적 봉사에의 헌신이다. 계약적 관계가 지배하는 세상에서 성서가 제시하고 있는 언약적 관계를 목회상담자가 가져야 할 관계로 설정한다는 것은 커다란 도전이다. 일을 하고 나서 그 대가를 바라지 않는 자가 어디 있는가?

헨리 나우웬은 충격적 실례를 전해 주고 있다. 그의 친구이며 전직 신부로서 암스테르담에서 술집 종업원으로 일하는 사람이 다음과 같이 말하였다.

> 나는 소위 성직자라고 하는 사람들이 몇 푼의 돈을 받고 사랑을 파는 영적 창녀로 사는 것을 너무나 많이 보았다. 만일에 내가 나의 이웃과 갖는 관계가 지속되기 위해서는 그가 술을 마시지 말아야 하며 마약은 끊어야 하고 성행위도 삼가야 하고 머리는 짧아야 하며 교회를 가야 한다면, 나는 사실 그와 진정한 관계에 들어가 있지 않으며 나의 선입관, 가치체계와 기대와 관계하고 있는 것이다. 그리하여 나는 나의 영적 조작의 희생물을 만듦으로써 나 자신을 창녀로 만들고 나의 친구의 품위를 격하시키는 것이다(Nouwen, 1971: 56-57).

만일에 우리의 감사가 우리가 받는 돈 몇 푼으로부터 온다면, 우리는 하나님을 비즈니스맨으로 만드는 것이며, 우리 자신은 그 회사의 세일즈맨이 되고 마는 것이다.

목회상담자와 내담자와의 관계는 전문적인 계약관계라고 하는 논리로 이해되어서는 안 된다고 생각한다. 모든 사람들이 감사를 요구하고, 성공을 희망하며, 봉사에 대한 대가를 요구한다. 다른 직종은 말할 것도 없고, 성직자의 경우도 마찬가지다. 그러나 하나님은 우리에게 계약을 주시지 아니하고 언약을 주셨다. 그리고 우리에게 도전하셨다. 언약은, 이 세상에서 드러나기를 원하는 사람들에게, 인간의 성공이 사람을 사랑하는 데 척도가 되어서는 결코 안 된다고 도전하고 있다.

4. 목회상담자의 정체성: 해석자로서

현대의 목회상담자들은 특별한 훈련을 많이 받는다. 그리하여 이른바 상담의 '요령(Know-how)'을 알고 쌓기 위해 노력한다. 어떻게 내담자와 좋은 대화를 나눌 수 있는가? 위기 상황을 맞은 사람하고는 어떻게 대화하여야 하는가? 혼란에 빠진 청소년이나 반항적인 청년과의 의미 있는 접촉은 어떻게 하는가? 죽어 가는 환자에게는 어떻게 도움을 줄 수 있는가? 이것은 어떻게 하고 저것은 어떻게 하는가?

이들 당면한 문제에 대한 해답을 얻기 위하여 종종 목회상담자들은 심리학자들, 행동과학자들을 바라보곤 한다. 사회학자들, 상담전문가들, 감수성 훈련가들이 다양한 기법을 제공하여 준다. 물론 사회과학이 엄청난 도움을 줄 수 있다는 점을 부정해서는 안 된다. 목회상담자들은 심리학자, 사회학자, 사회복지사, 정신의학자 등과 더불어 다양한 심층적 대화를 나누어야 한다. 그러나 분명한 것은 목회상담자는 나름의 독특하고 고유한 영역이 따로 있다는 것이다. 그것은 행동과학자들의 전문성과 그것을 넘어서는 다양한 전문가들이 가지고 있는 전문성을 능가하는 무엇이다. 목회상담자들이 다루어야 할 차원은 바로 그러한 점에 있다는 것을 아무리 강조하여도 지나칠 것이 없다.

목회상담자의 고유한 역할

임상목회훈련의 개척자 중의 한 사람이었던 러셀 딕스(Russel Dicks)는 다음과 같이 말하였다.

> 목회자가 그가 만난 내담자와의 대화를 계속하여 기록, 보관하는 방법을 개발하기 전까지는 그 자신이 인간의 성격을 다루는 분야에서 숙련된 전문가라고 말할 권리가 없다(Dicks, 1936: 256).

목회상담자는 내담자와 나눈 대화를 정리하여 기록으로 남김으로써, 그 자신의 경험을 잘 명료화할 수 있다. 그는 또한 목회상담 과정에서 일어난 일들을 정확하게 확인하는 구체적인 방식과 내담자와 대화를 나누는 언행에 대하여 생각하는 독특한 기회를 가질 수도 있다. 이러한 방식으로 그는 무엇이 발생하였으며, 무엇을 하여야 하는가에 대하여 목회상담자의 역할을 다시 정확하게 정의할 수 있다.

마이클이 컨 씨를 방문하고 난 다음에 남긴 기록은, 그가 긴장하고 있었다는 구체적인 정보를 제공하였으며 목회상담자라기보다는 사무실에서 일하는 사무원과 같은 인상을 남겼다고 하는 것을 깨달을 수 있게 한다. 그리고 그가 병실을 방문하기 이전에 컨 씨에 대하여 의사나 간호사에게 알아보았다면, 컨 씨의 병명과 그의 상태에 대해서도 알았을 것이며, 그의 종교가 무엇인지도 알고 갔을 것이므로, 덜 당황하였을 것이다.

그는 흰 가운을 입느냐 마느냐 고민하였을 테지만, 환자가 의사에 대한 적의를 갖고 있는 상태에서 생각 없이 행동한 것은 실책이다. 또는 그는 그 상황을 다르게 해석할 수도 있을 것이다. 그 자신을 직면하기를 거부하는 환자, 그래서 누구의 도움도 받지 않겠다고 고집하는 환자가 가지고 있는 적대감을 다르게 적용할 수도 있었을 것이다. 그러므로 마이클은 그의 경험으로부터 많은 것을 배울 수 있다. 그는 그가 어디에 있는지 배울 수 있고, 어디로 가야 할지도 배울 수 있을 것이다. 모든 전문가들은 그 자신의 정의에 대하여 책임을 진다. 목회상담자들이 자신의 역할에 대하여 명백한 정의를 내릴 수 없을 때, 그는 다른 사람들에게 그들의 역할에 대하여 명백하게 정의를 내려 줄 수 없다. 마이클은 그의 경험을 기록함으로써, 자신의 역할에 대하여 정의를 내릴 수 있었다. 아마도 다음번 병실 방문에서는 보다 덜 좌절하게 될 것이다.

해석학적 관상

마이클이 그의 경험을 기록하였다는 것은 그의 역할을 재정의하는 기회를 주었지만, 그것은 거기서 끝나지 않는다. 그는 해석학적 관상을 말로 표현할 수 없는 그 이상의 자원을 갖게 된 것이다. 임상목회운동의 아버지인 안톤 보이슨(Anton Boisen)은 그의 학생들에게 그의 경험을 기록하라고 요청하였다. 그리고 그는 "how to do it" 라는 질문보다 먼저 "목회상담자로서 내가 만난 이 내담자로부터 '나는 무엇을 배울 수 있는가?" 라는 질문을 생각하였다. 그에게 있어 신학에서 잊혀진 자원은 '살아있는 인간문서' 였다. 그는 『내면세계의 탐구(The Exploration of the Inner World)』라는 책에서 다음과 같이 말하고 있다.

> 역사학자라는 이름을 가지고 있는 사람은 연구 중에 있는 문제에 관하여 다른 학자가 저술한 단순화된 진술의 권위를 받아들이는 것만으로는 만족할 수 없다. 마찬가지로 나는 책 속에서 다루어진 기성품적인 해답이 아니라, 살아있는 인간문서, 즉 그들이 살고 있는 복잡하고 실제적인 삶의 조건을 가지고 시작하였다(Boisen, 1936: 135).

하나님을 믿는 사람에게 우연이란 존재하지 않는다. 목회상담자와 내담자의 만남은 결코 우연이 아니다. 마이클과 컨 씨의 만남도 마찬가지다. 마이클은 컨 씨가 말한 내용을 잊을 수가 없다. 인간은 어려움에 처할 수 있으며, 비통에 잠길 수도 있고, 절망에 처할 수도 있다. 그의 유일한 소원은 어쩌면 고양이처럼 구석을 찾아 들어가서 죽는 것일 수도 있다. 컨 씨는 사랑의 가능성을 상실하였을 때 인간이 보여 줄 수 있는 가장 밑바닥을, 곧 벌거벗은 자기의 본모습을 드러내 주었다고 볼 수 있다.

바로 여기 목회상담자의 해석학적 관상이 요청된다. 탁월한 현대 목회상담학자인 찰스 거킨(Charles Gerkin)이 통찰하였듯이, "해석학적 관점은 신학과 심리학을 포함한 모든 인간의 언어 체계들을, 인간이 이해할 수 있고 감지할 수 있는 것 너머에 있는 신비를 꿰뚫어 이해하기 위한 노력들로 여기고, 그것의 의미를 밝혀 준다. 물론 신학과 심리학 양쪽이 관심을 갖고 있는 전통적인 신비들은 인간의 경험과 행동이다." (안석모 역, 1998)

목회상담자들은 신학, 철학, 문학, 심리학, 상담학 등 다양한 서적을 읽는다. 마이클의 경우도 마찬가지다. 그는 실존주의자들의 문서를 읽었을 것이다. 즉, 키르케고르(Søren Kierkegaard), 사르트르(Jean Paul Sartre), 까뮈(Albert Camus), 카프카(Franz Kafka) 등 많은 글들을 섭렵하였을 것이다. 그리하여 그는 죄의식, 소외, 고독, 죄, 죽음 등을 접하였을 것이다. 그러나 그는 지금, 살아있는 인간문서를 앞에 두고 있다.

> 당신이 이 병실을 떠나 주시는 것이 나를 도와주는 길입니다. 그리고 다시는 이 방에 들르지 마십시오.

마이클은 물론 이렇게 생각할 수 있다.

> 오, 여기 또 다른 고집 세고, 자만심에 넘치는 사람이 혼자 있고 싶어 하는구나.

그러나 그때 그는 컨 씨의 눈에 보이는 모습을 통하여 인간의 조건을 해석학적으로 관상하지 못할지도 모른다. 컨 씨는 말로 하는 것 이상을 보여 주고 있다. 그는 살아있는 인간문서인 것이다. 즉, 신학의 가장 근본적인 질문을 제기할 수 있는 생생한 인간문서인 것이다. 죄와 구원, 죄의식과 용서, 소외와 화해 그리고 삶과 죽음의 문제가 그것들이다. 더 나아가, 이 사례는 이론적인 문제 이상이다. 그는 그와 관계된 사람에 대하여 그가 갖고 있는 생각의 일단, 곧 암시를 담고 있다. 그가 다시는 못 보게 될 의사, 그가 죽어 가는 동안 만나기를 거절한 딸, 남편의 죽음으로 인한 비통한 기억 속에 살게 될 아내……. 그가 죽는 것을 도와주고 싶지만 마이클은 도울 수 없다.

목회상담은 목회적 염려와는 같지 않다. 그것은 인간의 조건에 대하여 돌보는 자세로 비판적으로 관상하는 것이다. 이 관상을 통하여 목회상담자는 베일을 벗겨 낼 수 있으며, 선악은 단지 낱말이 아니라, 모든 인간의 삶 속에서 드러나 보이는 실재라는 사실을 그에게 보여 줄 수 있는 것이다. 이러한 의미에서, 모든 목회상담자와 내담자의 만남은 새로운 방식으로 인간의 삶 속에 역사하시는 하나님의 실재를 이해하도록 도전하는 것이다. 그리고 점증하는 감수성으로 인간의 가슴 속에 있는 빛과 어둠을 구별하도록 도전하는 것이다.

헨리 나우웬의 통찰은 목회상담자에게 자신의 역할을 새롭게 정의할 수 있는 접근방법을 일깨워 준다.

> 이러한 점에서, 관상은 목회상담자의 삶 속에서 중요한 국면이고, 풍성한 사역을 위하여 필수적인 조건만이 아니다. 목회상담은 하나의 신학적 관상의 사건이다. 그것은 계속적으로 실제를 드러내며, 하나님의 계시와 빛 그리고 인간의 어둠을 드러내는 것이다. 이러한 점에서, 목회상담은 어떤 기술이나 숙달로 제한될 수 없다. 왜냐하면 궁극적으로 우리가 도우려고 하는 사람의 삶 속에서 계속적으로 하나님을 추구하려는 것이기 때문이다. 목회상담사역의 역설은 우리가 내담자로 하여금 그들의 삶 속에서 만나도록 하려는 그 하나님을 우리는 그들의 삶 속에서 찾게 될 것이라는 것이다(Nouwen, 1971: 63).

그러므로 목회상담사역의 접근방법이 숙련과 기술을 넘어서지 못한다면, 목회상담자는 사람을 조작하는 사람이 될 가능성이 높다. 이와 같은 목회상담의 관계를 해석학적 관상의 활력적인 근거로 볼 경우에만, 우리는 오히려 우리가 도우려는 그들로부터 도움을 받을 것이다.

5. 존재로서의 목회상담자

우리의 관심은 목회상담자의 삶 속에서 목회상담이 갖고 있는 암시를 찾아보려는 것이었다. 전문가적 관심에서 영적 관심으로의 전환이 필요하다고 생각된다. 틸리히가 궁극적 관심을 강조하면서 영원성에 비추어 상담하여야 한다고 지적한 것이 곧 그것이다. 목회상담자는 전문가적 정체성을 추구함에 있어서 자기-긍정에서 자기-부정으로 움직여야 할 것이며, 전문적 관계를 설정함에 있어서 계약에서 언약으로 바뀌어야 할 것이고, 내담자의 요구에 대하여 전문가적으로 접근하려는 태도에서 역할을 새롭게 정의하며 살아있는 인간문서를 직접 대하는 해석학적 관상으로 옮겨가야 한다.

내담자를 정말로 도우려면, 목회상담자는 특별한 정보, 특수한 훈련, 특수한 기술을 갖추고 있어야 할 뿐 아니라 이 세상의 조작적 사슬을 통과하여야 하고, 전문가적 자세를 넘어서야 하며, 자기-부정과 해석학적 관상을 통하여 하나님의 언약을 증거하는 신실한 증거자가 되어야 한다.

목회상담자는 숙련된 사람이어야 하나 기술자여서는 안 된다. 지식과 정보에 익숙하여야 하나 속이는 자가 되어서는 안 된다. 전문가여야 하나 조작자가 되어서는 안 된다. 목회상담자가 그 자신을 부정할 수 있을 때, 인간의 고통의 의미를 이해하고 그것에 신실할 수 있을 때, 내담자는 목회상담자와의 상담을 통하여 하나님이 그에게 보여 주시는 부드러운 사랑의 하나님을 발견할 수 있을 것이다.

마이클의 사례가 나온 책에서 헨리 나우웬은 이런 예화를 들려 준다.

> 아주 바쁜 사람이 아주 귀한 꽃 앞에 이르러 그 꽃에게 말하였다. "하나님을 위하여 너는 이곳에서 무엇을 하고 있느냐? 너는 좀 바쁘게 일할 수는 없느냐?" 그러나 그 신사는 그에게 들려 온 그 꽃의 반응을 이해할 수 없었다. "선생님, 죄송합니다만, 저는 이곳에 그저 아름답기 위하여 존재합니다." (Nouwen, 1971: 10)

'존재'는 '행위'에 선행한다. '행위'는 단지 '존재'의 부산물일 뿐이다. 목회상담자에게 있어서 자신이 무엇을 하느냐에 앞서 자신이 누구인지를 아는 것이 우선시되어야 할 것이다.

» 참고문헌 «

김계현(2003). **카운슬링의 실제**. 서울: 학지사.

안석모 역(1998). **살아있는 인간문서**(원저: C. Gerkin). 서울: 한국심리치료연구소.

이정기 역(2005). **전략적 목회상담**(원저: D. Benner). 부천: 한국상담신학연구소.

이정기, 윤영선 역(2006). **돌봄**(원저: M. Mayeroff). 부천: 한국상담신학연구소.

Allport, G. (1960). *The Individual and His Religion*. New York: Macmillan.

Boisen, A. (1936). *The Exploration of the Inner World*. New York: Harper Torchbools.

Dicks, R. (1936). T*he Art of Ministering to the Sick*. New York: Macmillan.

Horman, P. (1960). *The Dialogue between Theology and Psychology*. Chicago: The University of Chicago Press.

Merton, T. (1960). *Zen and the Birds of Appetite*. New York: New Direction.

Nouwen, H. (1971). *Creative Ministry*. New York: Doubleday Dell Publishing Group Inc.

Tillich, P., & LeFevre, P. (1984). *The Meaning of Health*. Chicago: Exploration Press.

07

목회상담자의 역할과 기능

앞에서 우리는 목회상담자의 존재와 그 의미를 살펴보았다. 그렇다면 목회상담자의 역할과 기능은 무엇인가? 목회상담은 개인적인 변화와 성장에 머무르지 않고 '전인적인 구원'을 추구한다. 이런 목회상담의 목표에 비추어 볼 때, 목회상담자는 목회적 돌봄과 치유사역에 주력해야 하며, 또한 교회 공동체를 대표하는 지도자로서 예언자적 기능도 담당해야 한다. 이제까지 목회적 돌봄과 영적 지도에 있어서 소홀히 다루어 온 진단 면에서 목회자의 진단적 기능도 강조되어야 할 것이다. 교회는 하나님의 창조와 구원의 역사를 완성해 가는 생명력 있는 공동체다. 목회상담자는 상처입은 치유자로서, 또한 하나님의 창조의 동역자로서 그 역할과 사명을 다해야 할 것이다.

1. 목회상담의 목표

목회적 돌봄과 상담은 교회와 지역사회 안에서 인생주기를 따라 이루어지는 상호 치유와 성장을 전제로 한 포괄적인 사역을 의미한다. 목회적 돌봄의 한 차원인 목회상담은 사람들로 하여금 제각기 직면하고 있는 문제와 위기를 성장 지향적으로 대처해서 상처의 치유를 경험하도록 돕는 다양한 치유방법의 활용이라고 정의할 수 있다. 그것은 사람들의 성장이 위기상황에서 아주 위태롭게 되거나 단절되었을 경우에 요청되는 회복적인 기능이다. 사람들은 그들의 삶 속에서 목회적 돌봄을 필요로 한다. 목회상담을 필요로 하는 것은 심각한 위기상황에 직면했을 경우 그리고 보통 짧은 기간에 한해서다.

목회적 돌봄과 상담은 인간의 전인성의 모든 차원에서 치유와 성장의 가능성을 추구한다는 입장에서 '통전적(holistic)'이어야 한다. 이 모델은 체계 지향적인 것으로서 인간의 전인적인 건강을 다른 인간과 집단 그리고 조직체와의 중요하고 상호의존적인 관계성 속에서 일어나는 상호작용을 포함하는 것으로 이해되고 있다. 그런 의미에서 개인에 대한 목회적 돌봄과 집단(예를 들어 가족)에 대한 목회적 돌봄 그리고 더 광범위한 체계(제도)에 대한 돌봄은 똑같이 중요한 것이다.

목회적 돌봄과 상담에는 목회자의 독특한 전문직으로서의 특성과 기능이 발휘되어야 한다. 여기에는 목회적 돌봄과 상담을 필요로 하는 사람들에게 도움을 제공하기 위해 목회자 편에서 주도적으로 접근할 수 있는 목회자의 긍정적인 권위와 사회적으로 인정받는 기대를 활용해야 된다는 것도 포함된다.

목회상담자는 효과적인 성장촉진자가 되기 위하여 목회자로서 자신을 계속 성장시켜 가야 하며, 다른 사람들에게 삶의 용기와 희망을 북돋아 주기 위하여 목회자 스스로가 활기 있게, 건강하게 살아야 한다. 치유를 가능하게 하기 위해서는 목회상담자가 자신의 치유의 필요성을 바로 알고 인정해야 한다. 그리하여 목회자는 헨리 나우웬(Henri Nouwen)이 말하는 '상처입은 치유자'가 되는 것이다.

목회적 돌봄과 상담의 핵심적 목표에 대해 클라인벨(Howard Clinebell)은 다음과 같이 기술한다.

> 사람들이 자기들의 삶을 보다 풍요롭고 의미 있게 살 수 있도록 스스로를 자유롭게 하는 과정을 제공해 준다는 의미에서 상담자는 해방자인 것이다. 이 자유를 가지는 경험을 통해서 사람들은 행복이야말로 스스로가 지니고 있는 잠재력 개발의 부산물임을 발견하게 된다. 정신적이고 영성적이며 동시에 관계적인 건강이란, 자기의 삶을 보다 충만하게, 보다 기쁘게, 보다 생산적으로 살 수 있게 나아가는 계속적인 운동이다. 전인건강이란 성장의 여정이지 목표 지점에 도달하는 것이 아니다(Clinebell, 1979: 17-18).

교회가 개발해 주고 능력부여를 해야 할 사명이 있는 전인건강은 영성적인 건강(spiritual wholeness)이 핵심이다. 즉, 하나님과의 관계에 있어서 치유와 성장을 경험하도록 돕는 일이야말로 참다운 목회적 돌봄과 상담의 핵심에 위치되어야 한다는 것이다.

목회적 돌봄과 상담의 목표는 자기–이웃–사회의 전체성 개발에 있다. 그러한 전체성 개발을 통해 조직사회와의 관계에 있어서의 해방과 치유 그리고 성장을 가능하게 하는 것이다. 지금까지 목회상담은 지나칠 정도로 개인주의적 접근에 치중하였다. 사유화된 목회적 돌봄과 상담은 모든 사회에 팽배해 있는 인간의 전인성을 가로막는 사회 현실, 예를 들어 성차별, 인종차별, 계급주의, 경제적 착취, 정치적인 억압 등을 무시하고 있다. 앞서 언급했듯이 집단과 조직체에 대한 목회적 돌봄은 개인적이고 관계적인 치유와 성장사역의 다른 면을 보아야 할 것이다.

목회적 돌봄과 상담은 사람들로 하여금 개인적인 아픔과 상처 그리고 차단된 성장의 사회적 원인에 대해서 깨닫도록 의식화하는 일을 해야 한다. 목회적 돌봄과 상담은 사람들을 자유롭게 하고 동기를 가지게 하며 능력을 갖추도록 해서, 조직사회에 속한 다른 사람들과 함께 우리의 사회가 각자의 전인성을 보다 촉구하는 사회가 되도록 노력하게 하는 데 목표를 두어야 한다(Clinebell, 1984: 30–33).

2. 목회상담의 특수성

일반적으로 말해서 상담의 목표는 개인들의 인격의 성장과 발달을 촉진하고, 사람들로 하여금 그들의 삶을 불행하게 만든 잘못된 생활 태도를 수정하도록 돕는 것이며, 인생에 있어서 불가피한 상실과 실망에 직면한 사람들에게 위로와 삶의 지혜를 제공하는 것이다. 상담을 요청하는 사람들은 대체로 내면적, 대인관계적 갈등을 겪고 있다. 목회상담도 일반상담과 마찬가지로 사람들의 정서적 장애나 인격장애를 다루며, 그들이 정상적인 삶을 회복하도록 하는 일에 참여하고 있다. 그러면서도 목회상담은 다른 상담들과 다른 독특성, 목적과 방법, 내용을 갖는다. 그러면 무엇이 상담을 '목회적인(pastoral)' 상담이 되게 하는가? 상담자로서 목사의 임무를 구별되게 하는 것이 무엇인가? 목회상담은 기본 관심에서, 사용하는 자원에서, 상담자의 독특성에서 다른 상담과는 구별되는 독자성이 있다.

궁극적 관심

상담을 '목회적인' 것이 되게 하는 첫 번째 요소는 바로 하나님과의 관계성을 전제로 하는 궁극적 관심에 있다. 틸리히(Paul Tillich)에 따르면, 신학자나 목회자는 바로 궁극적인 질문에 대답하고자 하는 궁극적 관심을 가지고 탐구하며 인간을 돌보고자 하는 자다. 상담자와 내담자가 상담과정에서, 인간과 관계를 맺고 인간의 삶에 관여하시는 하나님을 의식하고 그들의 삶의 과정과 하나님과의 관계성에 초점을 맞출 때 그 상담은 '목회적'인 상담이 된다는 것이다. 그것은 상담과정에 개입하시는 하나님의 임재에 대한 신앙으로부터 출발하는 것이다. 그래서 대니얼 윌리엄스(Daniel Williams)는 하나님에 대해 '상담관계의 제3자'가 되신다고 표현하고 있다. 이 제3자는 방관적 제3자가 아니라 참여적 제3자로서 상담자와 내담자 사이에 임재하여 상담의 방향, 가치와 의미, 변화와 성장의 가능성을 제공하시는 분이라고 윌리엄스는 주장한다. 상담자와 내담자가 의식적으로 상담과정을 하나님과 인간과의 관계구조로 변화시킬 때, 그 상담은 목회적인 상담이 된다는 것이다.

상담을 목회적으로 만드는 요소는 이와 같이 상담의 관계가 단순히 상담자–내담자의 관계일 뿐만 아니라 하나님–상담자–내담자가 각기 상호 유기적인 관계로 작용한다고 믿는 신앙이다. 상담자와 내담자가 하나님의 현존이 상담대화, 상담과정, 상담결과에 중대한 영향을 줄 것이라고 믿을 때, 그

상담이 어떠한 문제와 내용으로 진행되든, 또는 어떠한 방법과 절차로 진행되든 상관없이 그 상담은 목회적인 상담이 된다는 것이다.

환자에 대한 접근에 있어서 정신과 의사와 목사의 접근은 서로 다르다. 정신과 의사는 '환자가 심각한 인지왜곡으로 인해 고통을 받고 있다.'고 진단하고, 정신과 의사로서 그가 할 일은 환자의 인지왜곡을 가능한 한 명료화하는 일이라고 주장할 수 있다. 그런데 이 환자가 갖고 있는 하나님에 대한 인식이 올바른지를 판단하는 일은 신학적 지식을 갖고 있는 목사가 해야 할 일이다. 목사는 환자와 하나님과의 관계에 초점을 맞춘다. 인간은 하나님의 피조물로서, 우리 모두는 우리가 알고 있는 바대로 하나님과의 관계성 속에 있는 존재다. 상담관계에서 내담자는 하나님을 필요로 하며, 하나님과의 새로운 관계를 통해 인격의 변화와 성장을 경험하며 거듭난 삶을 향해 나아갈 수 있다. 목회상담자는 궁극적인 관심을 가지고 내담자의 전인적 회복을 도울 수 있다(Oates, 1974: 9-12).

교회공동체의 지도력과 공적 책임

목회상담자는 교회공동체를 대표하는 지도자다. 이 점이 바로 목회상담을 목회적으로 만드는 것이다. 내담자인 교인이 자기 자신의 문제에 내재한 종교적 요소를 의식하든 의식하지 않든 간에 목사는 그것을 분명히 인식할 수 있다. 때때로 세속적인 문제로 보이는 내담자의 문제가 보다 중요한 영적인 문제와 관련되어 있을 수 있다. 목사는 교회공동체의 지도자로서 상담과정에서 언제나 상담자로서만이 아니라 목회자로서 기능한다. 목회상담자와 내담자는 상담과정에서 종교적 목적, 자원 그리고 의미 유형에 접근한다. 목회상담자는 내담자를 이해하고 내담자와 대화하기 위하여 종교적 용어들과 개념들을 선택하여 사용하기도 한다.

상담자로서 역할을 수행하는 데 있어서 목사는 항상 교회공동체를 대표하는 지도자다. 따라서 목회상담자는 상담자로서 어느 정도의 임상훈련을 받았느냐에 상관없이 전체 회중에 대한 책임 때문에 내담자와 보낼 수 있는 시간에 제한을 받는다. 목회상담자는 또한 내담자와의 관계를 끝맺기가 다른 상담가들에 비해 자유롭지 못한데, 내담자는 교인으로서 목사와 지속적인 관계를 갖게 되기 때문이다. 목회상담자가 목사이자 상담자로서 보다 폭넓은 종교적 틀에서 기능한다는 사실은 치료에 도움이 되기도 하고 장애가 되기도 한다. 치료에 도움이 되는 점은, 내담자가 상담자인 목사에 대해 이미 신뢰를 갖고 있기 때문에 상담관계 형성이 용이하다는 것이다. 치료에 장애가 되는 점은, 상담자가 목사라는 위치를 이용하여 상담상황을 지배할 수 있다는 것이다. 여기서 목회자의 권위의 남용 문제가 제기된다.

클라인벨이 주장하듯이, 목회상담은 '정상인들을 위한 개인치료 및 집단치료'를 발전시켜야 한다. 대부분의 목회상담은 예를 들어 혼전상담이나 신혼부부상담, 임종 환자를 둔 가족상담, 자녀문제가 있는 부모상담, 결혼갈등 부부상담 등 예방적 성격을 지닌다.

상담의 특유한 목회적 차원은 목사가 하는 상담의 공동체적 특성에 있다. 목사가 갖고 있는 특유한 공적인 특성은 상담을 목회적인 것이 되게 하는 요소다. 즉, 목사는 공적으로 말해야 하며, 논쟁적 이슈들에 대해 공적 입장을 취해야 한다는 것이다. 목사는 이혼에 직면한 사람들이나 재혼을 고려하는 사람들을 상담할 뿐만 아니라 이혼이나 재혼에 대한 목회자로서의 자신의 입장이나 견해를 교회공동체에 공식적으로 표명할 수 있다.

목회상담자가 어떤 입장을 취하는 경우에 그는 공적으로 책임을 지며, 여론과 논쟁점에 대해 이야기할 수 있다. 따라서 개인상담을 하는 다른 상담가에게 적용되는 윤리적 중립성이란 목회상담자에겐 취할 수 없는 환상이다. 이러한 모호성은 목회상담자의 개인적인 책임과 공적인 책임 간에 긴장을 야기한다. 이런 긴장을 감소시키는 것은 목회상담의 특유한 예언자적 요소를 제거하는 것이다. 그것은 일반적으로 좋은 상담은 될 수 있을지 몰라도 더 이상 '목회적' 상담이라고 할 수 없다.

목회상담자는 개인이나 집단 그리고 지역 주민들과 함께 사회적 이슈에 대해 논의하는 예언자적 책임을 지닌다. 목사는 대중들 앞에서 그가 돌보는 사람들을 대변하는 위치에 서게 된다. 결과적으로 그는 사회변화에 참여하며, 사회에 편만한 불의에 대한 사회적 양심의 대변자로서 활동하는 것이다. 이런 사회적 불의는 목회상담자에게 상담을 받으러 오는 개인이나 가족에게 수많은 문제를 야기하는 원인이 되는 것이다. 목사는 사회적 불의의 희생자들과 분리될 수 없으며, 무기력하고 억압당하는 사람들 그리고 목자 없는 양같이 방황하고 버림받은 사람들을 대변하는 예언자적 역할을 감당해야 한다(Oates, 1974: 18–21). 이 점이 바로 상담을 목회적인 것으로 만드는 목회상담의 또 다른 특수성이라고 할 것이다.

3. 진단자로서의 목회상담자

이상과 같이 목회상담의 정체성과 그 목표 및 특수성을 다시 한 번 새롭게 살펴보았다. 그렇다면 이제 이 목회상담자가 수행해야 그 구체적 기능은 무엇인가? 이미 위에서 살펴보았듯이 목회자로서의 일반적 기능은 대부분 언급되었다. 그러나 목회상담자가 하는 상담의 내용에 따라 그 구체적인 면을 이야기한다면 그것은 어떻게 보일까? 그것을 상담과 그 과정 및 치유의 관점에서 살펴보고자 한다. 그것은 크게 진단자, 상처입은 치유자, 예언자의 세 차원으로 나눠서 기술할 수 있다.

우선, 목회상담에서 진단의 역할이 강조되어야 한다. 그것은 진단이 치료에서 차지하는 중요한 위치에서만이 아니라, 이제까지 목회상담의 진단적 측면이 소홀히 취급되거나 심리학적이거나 정신의학적 진단에 치우친 경향이 있어 왔기 때문이다. 목회상담이 지니는 특수성과 관련하여 목회적/신학적 진단 지침이나 평가 모델이 개발되고 제시되어야 할 것이다. 목회상담자는 또한 상처입은 치유자다. 고통을 통해 얻은 상처가 다른 사람을 치유하는 원천으로 사용되는 방법을 목회자가 깊이 이해하지 못한다면, 진정한 치유의 사역은 이루어질 수 없을 것이다. 목회상담자의 세 번째 기능인 예언자로서의 목회자는 목회적 돌봄과 상담이 예언자적 사역과 이분법적으로 분리될 수 없음을 전제한다. 예언자적 사역과 관련하여 우리 사회에서 권리를 박탈당하고 소외된 자들과의 연대, 하나님의 절대적 주권, 그리고 권력관계의 재정의와 갱신이 진정한 치유와 건강의 핵심적인 이슈들로 제시되고 실천에 옮겨져야 할 것이다. 이것들을 보다 구체적으로 살펴보고자 한다.

진단은 목회적 돌봄과 상담에 있어서 중요하면서도 무시되어 온 경향이 있다. 폴 프루이저(Paul Pruyser)가 지적하듯이 오늘날 임상목회훈련을 받은 목사들을 포함하여 대부분 개교회 목사들이 반진단적인 경향을 보이는 것은 사실이다. 정신의학적 진단체계를 대리적으로 사용하고 있는 목사들은 사실상 진단은 신학적이거나 목회적인 활동이 아니라 의학적인 특권이라고 생각하는 것 같다(이은규 역, 2000: 37). 사람들을 치유하는 전문 분야의 다원주의가 성행하고 있는 현 시점에서 이제는 특정 전문 분야의 특징과 독특성을 고려해야 할 시기에 도달했다고 평가된다. 진단의 측면에서 목회상담의 신학적 정체성이 진지하게 고려되어야 한다. 이와 더불어 심리학적/정신의학적 관점과 구별되는 신학적 관점에서 사람들의 종교적/영적 문제에 대한 목회적 진단이 이루어져야 할 것이다.

진단에 대한 이해

목사는 어떤 관점에서 그리고 어떤 방법, 개념, 언어로 내담자의 문제를 평가할 수 있는가? 그리고 그것이 가능하다면 어떻게 심리학적인 평가와 자신의 목회적 평가를 구별할 것인가? 어떤 용어로 내담자를 기술하고 그의 실제적인 문제를 포착할 것인가? 내담자에게 도움을 주려면 목사는 어떻게 그 사람을 치유하고, 인내하며 북돋아 줄 것인가? 일반적으로 사용된 기존의 평가방법을 사용할 것인가? 문제를 어떻게 진단할 것인가? 목사의 진단방법은 자신이 사용하는 치유방법, 상담기법이나 목표, 내담자에 대한 충고, 격려, 중재에 어떤 의미를 가지는가? 내담자가 목사에게 추구하는 것을 알고 있는가? 왜 내담자는 변호사, 의사 혹은 사회복지사에게 가지 않고 목사에게 치유받고자 하는가(이은규 역, 2000: 19)? 여기에서 관심의 초점은 '목사들이 도움을 찾는 사람들을 어떻게 진단하는가에 있다.

프루이저는 목회사례연구를 통해 관찰한 결과, 상담과정에서 심리학적 용어의 남용과 적절한 신학적 탐구가 행해지지 않는 문제점을 지적하고 있다. 목사들은 심리학 용어를 너무나 빈번하게 사용하였고, 우울증, 편집증, 히스테리와 같은 심리학적 용어를 오용하는 경우가 너무 많다는 것이다. 내담자는 분명히 양심이나 올바른 신앙에 대한 의문을 목사가 해결해 주기를 기대하였으나 목사는 이런 의문들을 무시하거나 심리적 혹은 사회적 상호작용의 모호한 상황으로 바꾸어 답하는 경우가 많았다는 것이다. 신앙의 문제가 부부역할 행동, 부모에 대한 청소년의 저항, 상담상황에서의 전이의 역동성 등의 문제에 휘말려 버렸다는 것이다. 상담과정에서 밝혀진 내담자의 생활과 목사가 상담과정에서 사용한 방법과 내용이 신학적으로 적절한지에 대한 탐구가 전혀 없었다는 것이다(이은규 역, 2000: 25-26).

치유전문가가 되고자 하는 사람은 먼저 자신이 무엇을 다룰 것인지를 분명히 알아야 한다. 그렇지 않으면 그 조치는 막연한 추측이 될 뿐이다. 이런 의미에서 볼 때, 진단은 역시 목사의 과업이다. 진단은 목사사역의 실질적인 일부분이다. 목사는 교인들의 조건이나 상황 또는 어려움에 대해 분별력을 가지고 무엇이 바람직한 중재인지를 잘 알아서 그들의 교인에게 접근해야 한다(이은규 역, 2000: 28).

프루이저는 현대의 목회치료와 상담의 실제 진단의 역할에 대해 두 가지 비판적인 해석을 제공한다. 첫 번째는 임상훈련을 받은 목사가 진단적 사고를 한다는 것은 전형적으로 정신의학적인 분류체계와 언어를 사용하는 것을 의미한다는 것이다. 목사로서 그들은 정신의학의 분류나 특징을 그들의 내담자에게 그대로 적용한다. 무엇보다도 한 인간의 심리적 상황에 대한 지식은 앞으로 치유자가 될 사람에게 분명히 중요한 것이다. 특히 그러한 지식이 치유에 종사하는 다른 전문가로부터 나온 유용한 것이라면 더욱 좋을 것이다. 내담자의 실제적 문제에 대한 전문적 지식의 필요성을 인정해야 하지만, 목사는 신학이나 종교적 자원에서 나온 인간에 대한 지식을 또한 필요로 한다. 치료의 열성을 보이기 전에 목사는 인간의 종교적인 상황에 대한 지식, 즉 신앙 혹은 불신앙, 희망이나 절망의 상태, 경건한 신앙인의 생활에 반대되는 어떤 책임을 부정하려는 인간의 완고함을 알려고 해야 한다.

두 번째 비판은 다른 전문적인 비판인데, 세속적인 상담기법에 대한 반성에서 비롯된다. 수십 년 동안 임상적인 목회상담에 지대한 영향을 미쳐 온 칼 로저스(Carl Rogers)의 학파는 여러 가지 이유에서 진단과 처치의 구별을 비난하여 왔고 사전의 평가와 진단을 혐오해 왔다. 상담과정은 내담자의 감정을 자연스럽게 유도하는 상담자의 도움을 받아 내담자 스스로 자신의 문제가 무엇인지를 발견하는 과정이다. 이 과정은 내담자의 자아존중을 소중하게 여기고 자아결정의 능력을 자극한다. 이러한 접근은 의식 가능한 현상 자체를 제한하고 내담자의 지속적인 성격구조를 형성하는 강력한 심리적 결정요인을 보지 못하게 하는 경향이 있다. 로저스의 상담 이론과 실제는 기본적으로 모든 진단에 내포되어 있는, 이른바 상담자의 지시적인 권위주의와 최근에 자주 나타나는 불필요한 상담자와 내담자의 비인간적인 관계 때문에 진단체계를 싫어한다고 할 수 있다. 진단의 권위주의적인 반인본주의적 특성에 대한 비판의 요지는, 어려움에 처한 인간은 그 병을 진지하게 고려할 수 있는 권리를 가진다는 것이다. 문제에 대한 치료의 단계에 접어들기 전에 어려움의 특성을 파악하는 데는 아무리 하찮은 것이라도 세심하게 고려되어야 한다.

사려 깊은 치료작업은 초기의 진단을 보강하거나 때때로 바꾸는 과정이므로 "진단은 치료다."라고 말할 수 있다. 이러한 정의는 평가가 내담자 문제의 초점을 제시하여 그 문제를 더욱 해결 가능하도록 하기 때문에 종종 평가 자체가 치료의 효과를 가진다는 것을 의미한다. 확실히 진단과 치료의 과정은 서로 조금씩 영향을 주고받기는 하지만 하나가 다른 하나를 대치할 수는 없다(이은규 역, 2000: 36–37).

목회적/신학적 진단의 필요성

문제에 빠져 있는 사람들은 자신을 신학적인 관점에서 보려는 욕망에서 기인한 깊은 이유들 때문에 목사로부터 도움을 얻고자 한다. 그들은 신학적인 질문을 제기하고 있고, 그 목적 때문에 목사의 문을 노크하고 있는 것이다. 만약 목사가 교인의 그러한 질문에 심리학적/사회학적 설명을 하면서 신학적인 해답을 제시하지 않는다면, 얼마나 실망하겠는가!

아내 구타, 자기혐오, 분노의 감정에 대한 최소한의 신학적인 언급도 없이 목사의 상담기법이 부부간의 의사소통, 낮은 자존감의 문제, 솔직하게 화를 표현하지 못하는 내담자의 무능력에 초점을 맞출 수도 있다. 목사는 교인의 문제를 신학적인 관점에서 볼 수 있는 권리와 의무를 가진 신학자인 것이다. 목사가 자신의 사역에 도움이 된다고 생각하거나 다른 분야에 많은 관심을 가지고 있다면, 다른 관점도 사용할 수 있다. 그러나 예를 들어 아내 구타는 심리학적, 사회학적, 혹은 범죄학적 이상으로 신학적이다. 아내 구타가 무엇인가라는 질문은 그것을 어떻게 간주하느냐에 따라 그 의미가 완전히 달라진다(이은규 역, 2000: 44–46).

십자가와 고난당하는 종과 같은 기독론의 상징은 아내 구타의 희생자들로 하여금 그들의 고통을 신앙의 연단을 위한 하나님의 뜻으로 알고 인내하도록 하는 데 이용되어 왔다. 고통의 신학에 대한 잘못된 해석과 오용은 희생자의 전인성을 손상시키고 생명을 위협하는 결과를 초래하는 것이다. 마리 포춘(Marie Fortune)은 다음과 같이 지적하였다.

> 이러한 '고통을 정당화하는 신학'은 사람들이 고통을 당하는 것이 하나님의 뜻이며, 유일한 선택은 그 고통을 인내하는 것이라고 가르친다. 불의로 인한 고통을 문제삼고 도전하고 분노를 느끼고 자신의 환경을 변화시키기 위해 노력할 여지가 전혀 없다. 이러한 신학은 결과적으로 희생자로 하여금 무기력한 상태에 빠지게 하고, 희생을 당하고만 있도록 하며, 결과적으로 희생자의 신체적, 심리적, 정신적 생존이 위협을 받게 된다. 이와 같이 고통의 의미에 대한 잘못된 이해는 정의를 원하시고 풍성한 생명을 약속하시는 하나님의 의도를 무시하는 것이다(Fortune, 1989: 139).

내담자 교인이 도움을 얻고자 제기하는 문제에 대해 목사는 그 문제와 관련된 종교적/영적 차원을 볼 수 있어야 하며, 올바른 신학적 해석과 진단을 통해 교인의 문제 해결에 적절한 도움을 제공해 줄 수 있어야 한다.

개인적인 문제를 해결하기 위해 목사를 찾는 사람들은 일종의 종교적이거나 도덕적인 자기평가를 하기 위해 목사로부터 도움을 얻으려는 사람들이다. 그들은 자신에게 적용 가능한 신앙의 표준을 찾기를 원한다. 내담자가 목사에게 도움을 청하였으나 그 목사가 실제적인 도움을 줄 수 있다고 생각하는 또 다른 치유전문가를 소개했다면, 그는 그 목사에게 큰 실망을 느낄 수 있다. 사실상 그 목사는 그의 도움으로 내담자가 성취하고자 한 진지한 종교적인 영혼탐색을 무시한 것이다. 내담자는 신성한 성과를 얻고자 하였으나 목사는 그에게 세속적인 것을 판매하였다. 왜 목사는 믿음의 상징을 가지고 해결하지 못하였는가? 왜 그는 목회적 또는 신학적인 진단을 시도하지 않았는가(이은규 역, 2000: 46–49)?

정신의학에서는, 진단이란 한 인간을 분류하고 진단 매뉴얼에서 나오는 호칭을 사람에게 사용하는 시도에 불과한 것으로 잘못 생각하는 경우가 허다하다. 이상적으로 내담자나 환자는 자기진단을 할 수 있어야 한다. 이것은 치유자나 전문가와의 개인적인 관계에서 환자 자신이 능동적으로 헌신하고 그들과 함께 문제가 무엇이고 그 문제를 해결하기 위하여 무엇을 할 것인지를 철저하게 찾는 것을 의미한다. 환자는 그의 상태를 명확하게 알아서 자신의 곤경을 능동적으로 평가할 수 있는 권리를 가지고 있다. 진단은 고민이 있는 사람이 하나의 명확한 관점에서 자신을 평가하고 판단할 수 있는 기회를 가지는 설명과정이다(이은규 역, 2000: 53–55).

앞서 언급했듯이, 목회상담과 치유의 과정에서 목사는 교인의 신앙적/영적 요구를 파악하고, 해결하고자 하는 교인의 문제에 대한 목회적/신학적 관점을 제시해 줄 수 있어야 한다. 이러한 관점에서 교인은 자기 문제를 이해하고 평가하며 해결할 수 있는 기회를 가져야 할 것이다.

목회적 진단의 지침들

프루이저는 목회적 진단을 위한 7가지 지침을 제시한다(이은규 역, 2000: 61–78). 이러한 목회적 진단에 있어서는 목사의 권위와 진단내용의 신뢰성이 주요 관심사다. 목회적 진단의 7가지 지침은 다음과 같다.

거룩함의 인식과 경외감 '거룩함의 인식과 경외감'은 목회적 진단의 중요한 기준이다. 왜냐하면 이 기준은 신학자들이 우상숭배라고 부르는 것을 유도해 내는 잠재력을 지니고 있기 때문이다. 거룩함과 경외는 우상숭배를 정의하는 한 방법인 부적절한 상징으로 대체될 수도 있다. 진단자로서, 목사는 내담자들이 말하는 '하나님 이야기(God-talk)'를 당연시하지 말고 사고와 행동에서 그것이 의미하는 바를 찾으려고 노력하면서 내담자들이 나타내는 우상숭배에 많은 관심을 기울여야 한다. "여러분의 보물이 있는 곳에 마음도 있을 것이다."라는 본문 속에 진리가 있다면, 마음을 탐색하는 것은 그 보물에 대한 단서를 제공하고 또한 진단적 실마리를 제공한다(이은규 역, 2000: 61).

예를 들어 다른 사람들에게 과도하게 인정받고자 하는 것은 하나님에 대한 경외에서 벗어난 인간 중심적인 잘못된 태도이다. 이런 경우 목사는 "당신의 문제는 남에게 과도하게 인정을 받으려고 애쓰고 그것이 뜻대로 되지 않을 때는 불안해하고 낙심하는 것입니다. 그런데 남에게 인정을 받는 것과 하나님께 인정을 받는 것은 어떤 관계가 있습니까?" 라는 질문을 제기할 수 있다. 디모데후서 2장 15절에서는 "내가 진리의 말씀을 옳게 분별하며 부끄러울 것이 없는 일꾼으로 인정된 자로 자신을 하나님 앞에 드리기를 힘쓰라." 고 권면하고 있다.

섭리 두 번째 진단적 요소는 섭리라는 단어로 잘 표현된다. 이 단어는 철저히 신학적이고 교리적인 용어이다. 정신분석학자인 어니스트 존스(Ernest Jones)는 "인간이 하나님의 목적을 진실로 알고자 하는 것은 자신에 대한 신의 의도다." 라고 말하였다(이은규 역, 2000: 61에서 재인용). 섭리를 추상적으로, 교리적으로 정의를 내리는 것과 개인적으로 의미를 부여하는 것은 전혀 별개의 것이다. 목회상담 상황은 일반적으로 섭리에 대한 함축적인 언급을 포함한다. 곤경에 직면한 사람들은 다음과 같은 질문을 제기한다. "왜 내가 이런 괴로움과 고통을 받아야 하는가? 내가 이런 것을 받을 만한 무엇을 하였는가? 진실로, 나 자신에 대한 '하나님의 의도' 는 무엇인가?"

이런 개인적인 의미에서 볼 때, 섭리란 몇 가지 중요한 경험의 유형을 나타낸다. 그것은 믿음을 암시하기도 한다. 목사는 "당신의 삶에는 선하거나 감사할 만한 것이 있습니까? 혹은 모두 비참하기만 합니까?" 라고 물을 수 있다. 내담자가 하나님의 뜻을 알고자 하는 것은 돌봄에 대한 욕구를 나타내는 것이기도 하다. "목사님! 말씀해 주십시오. 나는 어디서 위안을 찾아야 합니까? 무엇을 해야 합니까? 어떤 것을 하지 말아야 하며 내 자신이 변화하기 위해서는 무엇을 해야 합니까?"

섭리는 신뢰의 능력과도 깊은 연관이 있다. 신뢰가 없으면 섭리도 없다. 목사를 찾아간 사람은 목사를 진실로 신뢰하는가? 그는 목사가 그를 도울 수 있다고 믿는가? 그는 자신이 모든 면에 도움을 받을 수 있고, 도움을 받을 만한 가치가 있다고 믿는가? 목사의 돌봄이 실제로 중재된 하나님의 돌봄이라는 사실을 그는 알고 믿는가? 만약 그렇다면 앞으로의 전망은 밝으나, 그렇지 않다면 다른 것들을 살펴보아야 한다. 왜냐하면 섭리를 거의 믿지 않고 그것에 전혀 개의치 않는 사람들이 있기 때문이다.

또한 뛰어난 재능을 과신함으로써 섭리를 거부하는 사람들도 있다. 이 같은 경우에 목사의 도움을 구하기란 그리 쉽지 않다. 자존심 강한 사람들이 목사의 사무실을 찾아 도움을 구하는 경우가 있으나, 대부분 그들은 자기충족감을 보인다. 어쩌면 자기충족적이고 유아적인 승리감을 보이는 태도는 외형이자 과장된 자기표현일 뿐, 이면에는 이와 모순된 욕구가 내재되어 있음을 그들은 어렴풋이 인식하고 있다.

안내자로서 섭리를 생각하는 목사는 내담자에 대한 세밀한 진단적 관찰로 그들의 현 위치에 대해 많은 것을 말해 줄 수 있다. 치료상 매우 중요한 희망과 약속의 관점에서 섭리가 이해될 수 있다. 여기서 희망과 소망은 전적으로 다른 두 개의 과정이다. 희망하는 사람은 인생, 자유, 해방, 구원과 같은 태도를 나타내며 지구적인 이익에 관심을 둔다. 반면, 소망하는 사람은 금전, 값비싼 생일선물, 적대자의 죽음과 같은 특별한 것에 초점을 두는 경향이 있다. 희망하는 사람은 이해할 수 없는 목적을 지니고 있는 초월적인 힘을 알아보고 경의를 표하는 반면, 소망하는 사람은 자기 자신에게 순응하려고 한다.

희망과 소망의 다른 면은 또한 인간이 자신과 관련하여 하나님의 목적을 어떻게 받아들이는가다. 하나님이 자신에게 약속하였다고 생각하는 것을 면밀하게 숙고해 보면, 그 사람의 성격을 어느 정도 밝힐 수 있다. 현재의 문제에 대한 신속한 해결을 포함하는 특별한 이익을 하나님에게서 받고 있는 것처럼 그가 느끼고 행동하는가? 또는 하나님이 약속하신 선물이 충분한 것이고, 그것이 그가 놓치면 안 되는 모든 것이라고 느끼는 겸손을 그가 지니고 있는가? 그는 목사가 특별한 해결책을 제시하도록 약속받았다고 느끼는가? 또는 도움에 대한 목사의 태도를 개방적인 것으로 이해하는가(이은규 역, 2000: 61–64)?

믿음 세 번째 진단의 기준은 믿음이다. 어떤 정신분석학자가 환자에 대해 '그리스도가 자신의 구세주이며 자신의 삶을 그리스도에게 맡겨 왔다는 환상'을 가진 것으로 묘사하는 것을 어떤 목사님이 들었다고 한다. 이 경우, 그는 개인적인 환상이라기보다는 그의 신앙고백에 상응하는 공적인 믿음의 내용을 단순히 묘사했던 것이다. 믿음을 진단의 기준으로 사용하는 것은 면담과정과 개인의 삶에 대한 긍정적 또는 부정적 자세, 적극성 또는 소극성에 대한 목사의 관찰에 달려 있다. 전형적으로 내담자는 이상과 현실 그리고 삶의 일반적인 양식에 대해 '예'라고 말하는 긍정적인 사람인가, 아니면 '만약', '그러나', '그렇지만' 등의 말을 하는 비판적이고 조심성 많은 부정적 성향의 사람인가? 그는 삶의 경험을 포용하는가 아니면 회피하는가?

틸리히는 존재하고자 하는 용기의 소유 여부에, 제임스(William James)는 믿고자 하는 의지에, 예수님은 믿음의 능력에 대하여 질문하였다. 사용된 단어들은 그렇게 중요하지 않지만, 도움을 구하는 사람의 성향은 대단히 중요한 것이다. 그 사람이 어느 정도의 믿음을 지니고 있는가, 즉 믿음의 크기는 인간의 개방성이나 한계성에 대하여 많은 것을 시사해 주기 때문에 그것은 목사가 바람직하거나 실행 가능한 목회적 중재를 계획하는 데 반드시 고려해야 할 사항이다. 더 큰 개방성을 갖게 하는 것, 다시 말해 더 큰 믿음을 갖게 하는 것 자체가 목회적 중재의 궁극적인 목표가 될 수 있다(이은규 역, 2000: 65–66).

은혜 또는 감사 은혜에 대한 목사의 특수한 신학이 무엇이든 간에, 목사는 은혜가 역동적으로 중요한 그 같은 경험의 단계에서 문제에 직면한 사람을 확실히 만족시켜 주어야 한다. 죄의식에 사로잡혀 있는 상황에서는 용서가 요구된다. 용서의 특별한 적용은 반드시 그렇게 분명하지는 않다. 왜냐하면 일부 사람들은 용서받으려는 욕구와 용서하고자 하는 개인적 판단 사이에서 상당한 긴장감을 경험하기 때문이다. 어떤 이들은 은총을 쉽게 수긍하지 않는다. 심지어 신학자들의 '불가항력적인 은혜'에도 쉽게 수긍하지 않는다. 스스로 용서가 필요 없다고 느낄 경우, 그들은 죄의식의 짐보다 더욱 큰 확신을 가지려고 노력해야 할 것이다.

목사는 교인이 감정을 토로할 때 잘 경청하고 공감적인 대화를 통해 '은혜'라는 단어를 말하지 않고 그가 어떤 실패에 대하여 자신을 용서할 수 있는지를 물을 수 있다. 문제에 처한 많은 사람들은 축복받기를 원하지만 그것을 요청하는 방법을 찾을 용기가 없거나 아예 자신이 원하는 바를 모르고 있는 것이다. 또한 노여움이나 좌절감에 사로잡혀 있는 일부 목사들은 그들의 내담자는 축복받을 가치가 없다고 느끼기 때문에 축복하려고 하지 않는 경우가 있다. 만약 그런 태도를 보인다면, 값없는 은혜의 선물로써 은혜를 확실하게 정의하는 목사 자신의 신학이 얼마나 무용한 것인가를 증명하는 것이다. 만약 목사가 어떤 방법으로든 보다 자유롭게 축복하려는 마음을 가진다면, 그는 축복의 진단적 가치도 발견할 수 있을 것이다. 그러한 축복을 누가 진심으로 감사하는 마음으로 받아들일 것인가? 누가 양심의 가책을 느끼며 그 축복에 순종할 것인가? 누가 저항할 것인가? 문제와 씨름하기 위해 새로운 에너지를 받을 자 누구인가? 지금 우리는 목사와 내담자 양쪽의 잘못된 소심함으로 인해 이러한 질문들을 확실하게 파악하지 못하고 있다(이은규 역, 2000: 67-69).

회개 다섯 번째 진단의 기준은 회개다. 회개는 느껴진 불만족이나 고뇌의 상태에서 보다 큰 행복의 상태에 도달하려고 하는 자기 주도적인 변화의 과정이다. 도덕적으로, 회개의 과정은 부정직함으로부터 정직에로의 교정의 하나로 기술될 수 있다. 구속론적으로, 사악함에서 성스러움으로 또는 저주에서 구원으로 변화하는 과정이다. 이것은 매우 복잡한 변인임에는 분명하지만, 진단적인 구별을 가능하게 하는 변인이다.

목사가 고해신부로 인식되든 안 되든 간에, 그는 문제 해결, 위기 해결, 위기 해소와 같은 과정을 직면하고 회개하려는 사람의 성향으로부터 힘(효과)을 얻게 된다. 그러므로 목사는 내담자가 회개하려는 성향을 가지고 있는지의 여부와 회개의 독특한 형태에 민감해야 한다.

죄에 대한 후회는 문제상황에 대한 책임을 가정한다. 그 사람은 전적으로 모든 책임을 지고자 하는가? 또는 자신은 환경이나 운명의 순수한 희생자이므로, 잘못에 대해 책임이 없다고 하고 책임을 지지 않을 것인가? 그는 무저항의 희생의 역할을 강조하며 몹시 괴로워하는가? 또는 복수라는 환상을 만들어 분노하는가? 또는 그가 처한 문제를 해결하는 데 어떠한 역할도 거부하고, 자신의 내부에서 개선할 수 있는 것에 무관심하며 극도로 의욕을 상실한 모습을 보이는가?

목사는 믿음의 상징을 이용하여 회개하는 사람들을 구조적으로 도울 수 있는 좋은 위치에 있게 된다. 만일 목사가 건설적인 목적을 향하여 회개의 과정을 이끈다면, 그는 회개를 향한 내담자의 성향에 대한 어떤 진단적 평가를 내렸는지를 분명히 하는 것이 좋다. 그리고 그 회개의 과정이 개인을 위해 취할 수 있는 특유한 형태를 명백히 하는 것이 좋다(이은규 역, 2000: 69–71).

친교 여섯 번째 진단의 기준은 친교다. 친교는 마음속에 간직함, 손을 내밀음, 돌봄, 존중받는 느낌과 관계가 있다. 친교의식의 가장 기본적인 일면은 자신을 다른 사람이나 자연과 연속적인 존재로서 또는 불연속적 존재로서 보려는 인간의 성향일 것이다. 여기서 연속적 존재로 보는 입장은 포용,

불연속적 존재로 보는 입장은 회피와 유사하다. 이러한 정서적 반응에 대한 기본적인 선택은 개인의 사고유형에도 영향을 미친다.

친교와 관련하여 진단적 과제는 사람들이 본질적으로 소속감 또는 소외감, 세계에 대한 개방 또는 폐쇄, 접촉 또는 고립, 통합 또는 분리를 느끼는지 느끼지 못하는지를 평가하는 것이다. 목회적인 치유상황에서 사람들은 자신의 신앙집단과 소속된 교회 안에서 한 사람으로서 특별한 소속감에 직면하고 있다. 사람들이 신앙집단 혹은 소속된 교회 안에서 강한 소외감을 경험하게 되는 것은 목사들이 알다시피 종종 있는 일이다. 자신이 속해 있는 작은 단체에서의 소외감은 별 관계가 없는 단체와 소원해지는 것보다 훨씬 민감하고 고통스럽게 느껴진다. 왜냐하면 그 소외감은 일대일 접촉으로 잘 알게 된 사람들을 포함하고 있기 때문이다(이은규 역, 2000: 71–73).

목사가 인식해야 할 점은 교인들이 항상 도움과 충고를 얻기 위해 목사에게 오는 것은 아니라는 것, 그들이 항상 문제 해결을 위해 전문적인 의견을 찾는 것은 아니라는 것, 그들이 단지 속을 털어놓기 위해 오지 않는다는 것, 목사가 축하의식의 사회자로 종사하기를 바라지 않는다는 것 등이다. 이런 목사에게 사람들이 무엇을 원하는지를 물어본다면, 무엇보다도 그들은 친교를 원한다고 이야기할 것이다. 그들은 교회의 친교에서 그들 목사와 약속함으로써, 사랑하고 사랑받기를 원하며 또한 사랑이 무엇인지를 알기를 원한다(이은규 역, 2000: 110).

소명감 일곱 번째 목회적 진단 기준은 소명감이다. 소명감은 직업선택이나 연구목표를 의미하는 것이 아니라, 창조와 섭리의 계획에 기꺼이 참여하고자 하는 자발성을 말한다. 진단적 통찰력을 가지고 있는 목사는 사람의 소명감의 거대한 개인차를 보게 될 것이고, 그 개인차에서 목사는 상담개입의 실마리를 찾을 것이다. 소명감은 삶을 경험하는 것에 대한, 에너지를 발산시키는 것에 대한, 그리고 스트레스에 대처하는 것에 대한 양식의 경향으로 발전한다.

소명감(또는 직업의식)의 개인차를 살펴보기 위해서는 더 많은 차별화가 첨가될 것이다. 소명(직업)의 개념은 인간에 대한 다양한 신학적 교리들과 일상생활의 구체적이고 세세한 일들 사이에 전략적으로 위치한다는 것이다. 그것은 진단적 관점들을 마련한다. 목사는 "당신의 삶에서 진정으로 하고 싶은 것은 무엇입니까?" 라고 물을 수 있고, 내담자는 "저는 무엇을 해야 합니까?" 라고 반응할 수 있다(이은규 역, 2000: 74–78).

종교적/영적 진단을 위한 평가 모델

웨슬리 브런(Wesley Brun)은 앞서 언급한 폴 프루이저의 목회적 진단 지침들에 영향을 받아 '종교적/영적 진단을 위한 평가 모델'을 제시하고 있다. 브런은 또한 피상담자의 종교적/영적 관심을 이해하기 위한 방법을 찾는 데 노력할 때 고려해야 할 점들을 구체적으로 제시한다(Brun, 2005: 425–440).

브런이 제안한 종교적/영적 진단을 위한 평가 모델은 임상가나 목회상담자에게 개인의 종교적/영적 성숙의 수준을 평가하는 진정한 지침을 제공해 준다고 평가할 수 있다. 여러 가지 진단적 관심들에 대한 그의 긍정적인 기술은 인간의 영적 본성의 보편성을 강조하며, 인간적 곤경에 돌봄과 치유를 제공하는 보조수단으로서의 진단의 역할을 강화시키고 있다(Brun, 2005: 441).

여기서 우선 '종교적 관심(religious concerns)'과 '영적 관심(spiritual concerns)'을 구별하여 그 정의를 살펴보고자 한다. '종교적 관심'은 종종 개인들이 종교집단이나 '신앙집단'과 관련하여 그들 자신을 어떻게 이해하는지와 관계가 있다. '영적 관심'은 종교적 관심과는 아주 다른 문제다. 오늘날 많은 사람들은 중요한 '영적' 관심들을 갖고 있지만 결코 조직화된 '종교적' 집단과 의미 있는 관계를 가진 적이 없거나 구조화된 '종교적 표현들'에 영향을 받지 않으며 그것들로부터 소원하다. '영적인 것'은 많은 이들에게 한 인간으로서 자신의 존재의식의 핵심에서 비롯된 깊은 개인적인 경험의 형태를 의미할 수 있다. 이러한 '영성'은 우리 자신보다 위대한 신적 존재와의 만남에서 삶의 목적, 자기 자신과 타인 그리고 세계에 대한 관점을 제공하는 것이며, 자신과 타인, 세계에 대한 느낌과 사고를 변화시킬 수 있는 것이기도 하다(Brun, 2005: 428–429).

일부 종교적/영적 표현들은 다른 표현들에 비해 보다 '성숙'하고 보다 '건전'하다. '성숙하고 건전한' 종교적/영적 특징이나 행동과 구분되는 '미성숙하고 병리적인' 종교적/영적 특징이나 행동을 진단하는 몇 가지 지침이나 평가기준은 다음과 같다.

거룩함/신성함에 대한 의식과 경외의 능력 거룩한 존재/신성한 존재에 대한 의식의 부재나 잘못된 인식을 보이는 사람들은 다음의 특징들을 나타낸다.

① 그들은 세계를 임의적이고 혼란한 실재로 믿거나 경험한다.
② 그들은 세계를 '우호적인' 것으로 경험하지 못하며, 오히려 '적대적인' 것으로 경험한다.
③ 그들은 삶과 관계에 대한 그들 자신의 기본 입장을 불신한다.
④ 그들은 생명에 대한 긍정적인 신비감이 결여되어 있으며, 두려움과 불확실성으로 가득 차 있다.
⑤ 그들은 생명, 세계, 우주의 '큰 그림'을 볼 수 없으며, 또한 사물의 상호관련성을 보지 못한다.
⑥ 그들은 '최고의 힘(신성한 존재)'에 대한 의식이 없으며, 또한 이러한 최고의 힘이 인격적이며 그들과 관계되어 있다는 의식이 없다.
⑦ 광대한 세계와 관련하여 그들은 냉담하거나 무감각하다. 그들은 우주에 대한 경외감이 없다.

섭리/은혜에 대한 인식과 의존의 능력 섭리/은혜 또는 의존에 대해 건전치 못하거나 잘못된 인식을 지닌 사람들은 다음의 특징들을 나타낼 것이다.

① 그들은 자신의 부의 수준에 상관없이 박탈이나 결핍을 느끼는 경향이 있다. 충분한 것이 그들에겐 결코 충분하지 못하다.
② 그들은 의존 때문에 위축됨을 느낀다.
③ 그들은 감사할 일에 대해 어떤 '자격' 이 있다고 느낀다.
④ 그들은 돌봄을 받아야 하는 것에 대해 절망감을 갖고 있다.
⑤ 그들은 은혜나 감사에 대한 의식이 결여되어 있다.
⑥ 그들은 자신의 위안의 수준으로 인해 '축복받았다는 사실' 을 의식하지 못한다.
⑦ 그들은 '은혜'의 경험(자신이 받을 자격이 없음에도 불구하고 받는 것)을 기억해 본 적도 없고 기억할 수도 없다.

자연에 대한 올바른 인식과 청지기로서의 능력 자연에 대한 올바른 인식이나 청지기 의식을 갖지 못한 사람들은 다음의 특징들을 나타낼 것이다.

① 그들은 지구/자연에 대한 연대의식이 결여되어 있다.
② 그들은 지구상의 자원들을 무진장한 것으로 보는 경향이 있다.
③ 그들은 보다 광의의 목적이나 맥락에서 자원들을 관리하는 책임의식이 없다. 그들은 이기적이거나 탐욕적인 경향이 있다.
④ 그들은 다른 사람들, 특히 불운한 사람들에 대한 연대의식이나 책임감이 없다.
⑤ 그들은 창조 세계/질서의 체계적인 연관성을 논박하거나 부인하는 경향이 있다.
⑥ 그들은 부 자체를 위해서 부의 축적에 과도하게 몰입한다.

'자기' 의식과 고독의 능력 '자기(self)' 의식이나 고독의 능력이 손상되어 있거나 잘못된 사람들은 다음의 특징들을 나타낼 것이다.

① 그들은 자기 자신의 독특성에 대한 의식이 결여되어 있으며, 종종 부적절감이나 열등감을 느낀다.

② 그들은 자신의 삶에 대한 방향과 목적의식이 불분명하거나 혼란을 느낀다. 그들은 자기 자신의 삶을 의미 있게 해 줄 수 있는 어떤 것을 발견하지 못하는 것 같다.
③ 그들은 그들 자신과 다른 사람들을 부정적으로 비교하며, 다른 사람들도 자신과 마찬가지로 그들에 대한 부정적인 견해를 갖고 있다고 생각한다.
④ 그들은 외롭거나 배제되어 있다고 느낀다. 그들은 그들 자신 밖의 자원들을 통해 그들이 전부 옳고 용납할 만하다는 부당한 확인이나 인정을 구하기도 한다.
⑤ 그들은 홀로 있는 것을 싫어하며, 자기탐구를 하지 못하도록 막는 방식들을 찾는다.
⑥ 그들은 자신의 인간성을 인정할 수 있기보다는 비판받을 때 방어적으로 되며, 자신의 결점이나 약점을 감추고자 한다.
⑦ 그들은 그들 자신에 대해 그리고 그들이 누구이며 어디 출신이냐에 대해 분명하게 말할 수 없으며, 기본적인 '수치심'과 당혹스러움을 느낀다.

공동체/소속에 대한 욕구와 권위에 대한 존중 불건전하거나 잘못된 공동체 의식과 권위와의 관계 능력을 지닌 사람들은 다음의 특징들을 나타낼 것이다.

① 그들은 공동체의 사회적 환경 속에서 어려움을 겪거나 자의식을 드러낸다.
② 그들은 공동체 자체나 그룹의 리더십에 의해 위협을 받으며, 공동체의 주변으로 물러나거나 머무른다.
③ 그들은 공동체에서의 자신의 '위치'를 경시한다.
④ 그들은 공동체 내에서의 자신의 능력이나 중요성에 대해 과장된 의식을 갖고 있다.
⑤ 그들은 공동체의 지도력을 무시하며, 적극적으로 또는 소극적으로 공동체의 지도력을 약화시킨다.
⑥ 그들은 공동체의 지원을 진심으로 바라면서도 지원을 받아들이는 데 어려움이 있다. 그들은 공동체에서 다른 사람들을 지원해 주는 것 역시 곤란해 한다.

⑦ 그들은 소속을 구하며 이 단체, 저 단체를 전전하나 그 단체들로부터 배제됨을 느끼게 된다. 그들은 자신에게 문제가 있다고 보지 않고 그들을 거부한 단체들을 비난한다.

가치/도덕성/윤리에 대한 의식과 죄의식/회개/용서의 능력 불건전한 가치/도덕성/윤리의식과 죄책감/회개/용서의 능력을 지닌 사람들은 다음의 특징들을 나타낸다.

① 그들은 가치의 적용에 있어서 선택적이며, 자신의 목적에 유리한 방식으로 행동한다.
② 그들에겐 '목적'이 수단을 정당화한다.
③ 그들은 율법의 '정'에 따르지 않고 '율법의 문자'대로 행동한다.
④ 그들은 가치의 위반에 대해 정의를 집행하는 데 있어서 자신이나 타인에게 매우 엄격하고 율법주의적이며 융통성이 없다.
⑤ 그들은 갈등의 상황에서 '순교자적' 입장을 가정하며, 보다 상호 호혜적인 결과를 두고 협상하기를 거부한다.
⑥ 그들은 불의가 행해졌을 때, 자기 자신이나 타인을 용서하는 데 어려움이 있다.
⑦ 그들은 스스로 책임을 지지 않는 방식으로 타인에게 책임을 전가한다.

소명감과 의미의 능력 불건전하거나 미숙한 소명감을 지닌 사람들은 다음의 특징들을 나타낼 것이다.

① 그들은 자신의 일에 대해 개인적으로 지루하고 세속적인 것으로 혹은 성취하지 못할 것으로 느낀다.
② 그들은 자신의 일이 중요하지 않고 의미가 없다고 생각하거나 다른 사람들의 요구에 중요한 영향을 미치지 않을 것으로 생각한다.
③ 그들은 자기가 무엇을 하기를 원하는지를 알고 있다고 생각하지만, 심지어 부업조차도 어떻게 그 일을 시작해야 하는지를 알지 못한다. 그들은 자신이 원하는 대로 삶을 영위할 수 있을지 확신이 없다.

④ 그들은 '생계유지' 의 요구나 압력이 그들이 즐겨 하는 일의 의미 있는 헌신보다 우선적이라고 생각한다.
⑤ 그들은 하는 일에 대해 어떤 자격을 구비하고 있는지에 대한 과장된 의식이 있다.
⑥ 그들은 자신이 구비한 자격을 평가절하하거나 그들이 자신의 삶에서 개발해 온 일련의 기술을 낮게 평가한다.
⑦ 그들은 수년 전에 자기 일에 충실히 헌신하였지만, 지금은 그들이 특별할 것이 없는 평범한 일을 했다는 데 대해서 후회한다.

여가/자기돌봄의 욕구와 놀이의 능력 여가의 중요성에 대한 불건전한 의식을 가졌거나 자기돌봄/놀이의 능력이 감소된 사람들은 다음의 특징들을 나타낼 것이다.

① 그들은 자기 삶의 다른 측면들, 예를 들어 건강, 가족 등을 무시할 정도로 일에 과도하게 몰두한다.
② 그들은 여가시간을 시간낭비로 보며 휴식을 취하는 데 어려움이 있다. 그들은 항상 '바빠야' 한다고 생각한다.
③ 일이란 그들에게 소명감의 표현이 아니라 다른 불만족스런 욕구, 예를 들어 자기 정체성을 대신 충족시키는 것일 뿐이다. 따라서 휴식을 통한 자기돌봄은 위협적인 것이거나 불필요한 것으로 경험된다.
④ 그들은 자기 자신에 대해 완전주의적 기준들을 갖고 있으며, 그들이 휴식을 취하기 전에 뭔가 해야 할 것이 있는지를 항상 찾는다.
⑤ 그들은 자기 일 이외에 다른 것을 하려고 마음을 먹는 데 어려움을 느끼며 자기패배적인 방식으로 그들 자신을 보호하는 경향이 있다.
⑥ 그들은 너무 진지하게 자신을 고려하는 경향이 있어서 놀이에서조차 지나치게 경쟁적으로 되고 '어떻게든 이겨야 한다.' 는 태도를 가지고 놀이에 임하는 경향이 있다.
⑦ 그들은 은퇴에 대한 두려움으로 지레 걱정하는데, 이처럼 '부담이 되는 시간' 에 스스로 무엇을 할 것인가를 모르기 때문이다.

교제의 욕구와 친밀한 관계의 능력 교제에 대한 불건전한 욕구와 미성숙한 친밀함의 능력을 지닌 사람들은 다음의 특징들을 나타낼 것이다.

① 그들은 중요한 타인에게 헌신하는 데 어려움이 있다.
② 그들은 그들의 관계가 조숙하게 성적으로 되는 것을 허용하며, 이같은 성적 관계를 '친근함'이나 '친밀한 것'으로 혼동한다.
③ 그들은 자신의 성정체성에 대해서 혼동하고 있다.
④ 그들은 관계를 목적 자체로서가 아니라 '목적'에 대한 '수단'으로 이용한다.
⑤ 그들은 관계 속에서 보다 충분히 자기 자신을 알리는 데 어려움이 있으며, 종종 방어적으로 된다.
⑥ 그들은 파트너를 '필요로 하는' 것과 파트너와 함께 있기를 '원하거나 선택하는' 것의 차이를 알지 못한다.
⑦ 그들은 관계 속에 있으면서도 외로움에 대해 불평한다.

시간/유한성에 대한 올바른 인식과 죽음에 직면하는 능력 시간/유한성에 대한 불건전한 인식과 죽음에 직면하는 감소된 능력을 지닌 사람들은 다음의 특징들을 나타낼 것이다.

① 그들은 사랑했던 사람을 애도하는 기간이 지난 이후에도 자신의 삶을 살아가는 데 어려움을 겪는다.
② 그들은 사랑했던 사람을 애도하는 기간이 지난 이후에도 죄의식이나 적대감 혹은 불안의 감정을 해소하는 데 어려움을 겪는다.
③ 그들은 연기하거나 지체함으로써 그들 자신의 시간과 타인의 시간을 낭비한다.
④ 그들은 죽음을 다루기를 원치 않기 때문에 중요한 '죽음'의 문제들에 대해 가족과 함께 의논하기를 거부한다.
⑤ 그들은 개인적으로 중요한 상실로 인해 상심하지 않는 것처럼 보인다.
⑥ 그들은 자신의 삶에서 일찍이 연기해 버린 일들에 대해서 대단히 후회하면서 살고 있다.

⑦ 그들은 죽음의 순간에 자신의 신앙전통의 자원들로부터 어떠한 위안도 찾지 않는다.

⑧ 그들은 하나님에 대해 불평하며, 그들 자신의 상실에 대한 책임을 '하나님'에게 돌린다(Brun, 2005: 430-440).

이러한 종교적/영적 진단을 위한 평가 모델은 종교적 측면보다는 영성적 차원에 보다 초점을 두고 있다. 종교적/영적 평가는 심리적 차원을 포함하는 개인의 삶의 다른 차원들에 대한 평가와 관련해서 행해져야 할 것이다. 앞서 제시한 평가 기준들은 건전치 못하거나 병리적인 종교/영성을 평가하는 데 있어서 이러한 평가기준들의 원천이나 권위가 중요시될 것이다. 목회적 돌봄이나 상담을 제공하는 목회자들은 프루이저나 브런의 목회적/영적 진단기준을 적용하는 데 있어서 진단기준의 평가적 측면을 진지하게 고려해야 하며, 사람들을 잘못 판단하거나 진단자의 권위를 남용하는 문제를 경계해야 할 것이다.

4. 상처입은 치유자로서의 목회상담자

헨리 나우웬은 『상처입은 치유자』에서 내일의 세대의 특징을 지적하면서 미래의 목회사역의 역할과 목회적 지도력의 원칙을 제시하고 있다(최원준 역, 1999). 나우웬은 오늘의 세대의 특징이라고도 할 수 있는 미래 세대의 특징으로 내향성, 아버지의 상실, 강박성을 꼽았다. 자기중심적이고 반권위주의적이며 비전이나 이상을 상실한 세대 속에서 목회사역은 세 가지 역할을 감당해야 한다고 그는 역설하고 있다. 그 세 가지 역할이란 내면에서 일어나는 일들을 정확하게 표현하는 지도자, 긍휼히 여기는 사람, 그리고 묵상하는 비평가 등이다. 이러한 역할은 목회자가 지녀야 할 기본적인 자질이기도 하다. 목회자는 또한 위기와 고통의 상황에 전인격적으로 참여해야 하며, 삶의 가치와 의미에 대한 확고한 믿음을 전달해야 하고, 항상 내일을 기대하는 적극적인 소망을 품어야 한다는 것이다.

나우웬이 우리에게 보여 주는 목회자의 바람직한 상은 섬김을 통한 리더십에 기초한 상처입은 치유자다. 고통을 통해 얻은 상처가 다른 사람을 치유하는 원천으로 사용되는 방법을 사역자가 깊이 이해하게 될 때, 진정한 치유의 사역이 이루어질 수 있다는 것이다.

미래 세대의 특징과 목회자의 역할

나우웬은 현세대 및 다가오는 세대의 특징을 내향성, 권위에 대한 저항, 강박성의 측면에서 보고자 하였다.

첫째로, 내향적 세대는 개인적인 것에 절대 우위를 부여하는 세대이며 끊임없는 자아성찰로 표현되기도 한다. 이러한 내향성은 결국 개인주의가 될 수 있고, 이 개인주의는 반권위주의적이고 반제도적이며 자기중심적이고 물질적 안락함이나 욕구의 즉각적 만족을 추구한다. 다가올 세대의 내향성은 고차원적인 위선이 될 수도 있고 반면에 보이지 않는 영역의 실재를 발견하여 새로운 세계를 창조하는 계기가 될 수도 있다고 나우웬은 지적한다. 중요한 문제는 이 내향적 세대를 향해 어떤 사역을 하느냐다.

둘째로, 미래의 세대는 아버지 상실의 세대라는 것이다. 기성세대의 권위가 무너지고 통제가 사라지면서 젊은 세대 상호 간의 통제가 강화되고 있다. 젊은이에게는 아버지 대신 또래가 기준이 되고 있다. 아버지를 따르지 않는 것은 불순종을 뜻하고 죄의식을 갖게 하며, 또래들의 기대를 저버리는 것은 순응을 뜻하고 수치심을 갖게 한다는 것이다. 죄의식의 문화로부터 수치심의 문화로 분명하게 전환되고 있는데, 이런 전환은 현재에 안주하도록 하며, 자신이 속한 작은 집단과 보조를 맞추며 그들과 함께 하는 것을 중요하게 여기고 현상 유지를 절대적으로 지지하게 만든다는 것이다.

셋째로, 미래 세대의 특징은 강박성에 있다. 젊은이들은 살고 있는 세상에 대한 근본적인 불만과 세상을 변화시키고 싶은 욕망을 갖는다. 한편으로 그들은 부모 세대가 했던 것보다 그들 자신이 더 잘할 수 있을 것인지에 대해서는 매우 회의적이다. 나우웬이 지적하듯이, 젊은이들에게 비전이나 사물을 바라보는 안목이 절대적으로 부족하다. 다가올 세대는 자신을 헌신할 수 있는 비전과 이상을 필사적으로 찾고 있다(최원준 역, 1999: 41-54).

이와 같은 특징을 나타내는 오늘의 세대와 미래의 세대에서 목회자는 어떤 역할을 감당해야 할 것인가? 목회자는 목회적 대화, 설교, 가르침, 예배의식 등과 같은 모든 교역활동을 통해서 회중들이 자신 속에서 역사하시는 하나님을 인식하도록 실제적으로 도와주어야 한다. 사람들과의 깊은 만남에서 목회자는 자신의 믿음과 의심, 희망과 절망, 빛과 어두움을 기꺼이 내놓음으로써 그들이 내면의 불안과 혼란을 헤치고 자신의 존재의 근원인 하나님과 만나고 의사소통할 수 있도록 돕는 것이다. 또한 목회자가 우선적으로 그리고 가장 기본적으로 해야 할 임무는 사람들을 절망과 혼돈으로부터 소망으로 인도하는 것이다. 목회자는 내향적 세대를 섬기기 위해, 자신이 발견한 것들을 명확하게 표현하는 용기를 지녀야 할 것이다.

목회자는 미래 세대를 위한 하나님의 사람이 되기 위해서 먼저 인간을 향한 하나님의 긍휼의 마음, 예수 그리스도를 통해 하나님이 보여 주셨던 바로 그 긍휼의 마음을 사람들이 신뢰하도록 만들 수 있어야 한다. 목회자는 자신의 전문성을 핑계로 더 큰 임무(긍휼히 여김)를 등한시할 수 없다. 기독교 지도자의 과제는 인간의 내면에 있는 최선을 발굴해 내 인간을 보다 인간다운 공동체로 이끄는 것이다. 그 과정에서 나타나는 위험성은 긍휼히 여기는 동반자의 눈을 갖지 못하여 거리를 두고 정밀하게 분석하는 눈으로 진단만 내릴 수 있다는 것이다. 내일의 목회자들이 더 많은 기술을 훈련하는 것이 미래 세대의 기독교 지도자들이 직면하게 될 문제 해결의 방법이라고 생각한다면, 그들은 결국 오늘의 지도자들보다 더 큰 좌절과 실망을 경험하게 될 것이다. 사랑 없이 주는 빵이 평화를 가져오기는커녕 전쟁을 초래할 수 있는 것처럼, 긍휼이 없는 전문성은 용서와 거리가 멀고 하나님의 나라를 진실되지 못한 것으로 만들 뿐이다.

목회자는 이와 같이 긍휼히 여기는 마음을 소유한 사람이면서 묵상하는 사람이 되어야 한다. 묵상하는 사람이 강박적 세대의 지도자가 될 수 있는 이유는 즉각적인 욕구와 만족의 악순환을 극복할 수 있기 때문이다. 충동적 욕구를 극복하려는 사람들에게 방향을 제시할 수 있고, 그들의 변덕스러운 에너지를 창조적인 방향으로 이끌 수 있다. 비평적인 묵상가는 진실한 혁명가이기도 하다. 목회자는 자신이 보고 듣고 만지는 모든 것들을 참된 복음으로 검증함으로써 역사의 흐름을 바꿔 놓을 수 있고, 공포 때문에 강박적인 사람들로 하여금 그들이 보다 나은 세상을 만들기 위한 창조적 행동을 하도록 할 수 있기 때문이다. 목회자는 묵상하는 비평가로서 자신이 처한 상황 속에서 소망과 약속의 표징을 찾으려고 할 것이다. 목회자는 비판적 묵상을 통해, 이 세대의 강박적인 파괴성을 다가올 새 세상을 위한 창조적 사역으로 전환시킬 수 있다(최원준 역, 1999: 54-69).

목회 리더십의 원칙과 상처입은 치유자

나우웬은 현 세대 또는 다가올 세대의 목회 리더십의 세 가지 원칙을 제시한다. 첫 번째 원칙은 개인적 관심인데, 이것은 동료를 위해 자신의 생명을 내놓을 것을 우리에게 요구한다. 두 번째 원칙은 삶의 가치와 의미에 대한 확고한 믿음으로, 삶이 힘든 시기에도 변함없는 믿음이어야 한다. 세 번째 원칙은 항상 내일을 기대하는 적극적 소망이다. 이 소망은 죽음의 순간도 넘어서는 것이다.

목회자가 다른 사람에게 도움을 주기 위해서는 그가 처한 상황에 개입해야 한다. 남에게 도움을 주기 위해서는 그의 고통스러운 상황에 전 인격으로 참여해야 한다. 그 과정에서 마음이 상하거나 상처 입고 심지어는 파멸할 수도 있는 위험부담을 감수해야 한다. 목회 리더십의 처음이자 끝이 되는 핵심은 남을 위해 자신의 생명을 내어 주는 것이다. 목회자는 또한 절망과 죽음에 직면한 사람들에게 삶의 가치와 의미에 대한 확고한 믿음을 전달해야 한다. 다른 사람들을 미래로 인도하는 가장 깊은 동기는 소망에 있는데, 인간의 고통과 죽음까지도 넘어서서 미래를 바라보게 해 주기 때문이다. 소망이 있기 때문에 인간은 자신의 심리적 능력이 지니는 한계를 초월할 수 있다. 이 소망의 근거는 역사를 통해 계시되신 하나님 안에 있다. 내일을 기다리기 위해서는 개인적 관심, 삶의 가치와 의미에 대한 깊은 믿음, 죽음의 경계를 뛰어넘는 강력한 소망이 필요하다. 그러므로 목회 리더십은 섬김을 통해서만 성취될 수 있다. 우리가 다른 사람의 고통에 동참할 때만이 그 고통으로부터 구원받게 된다(최원준 역, 1999: 98–108).

우리는 상처입은 치유자가 되도록 부름받았다. 그것은 자신의 상처를 먼저 돌보는 동시에, 다른 사람들의 상처를 치유할 수 있도록 준비되는 것이다. 예수님처럼 해방을 선포하는 사람은 자신의 상처뿐 아니라 남의 상처도 돌보아야 한다. 또한 자신의 상처를 치유능력의 주된 원천으로 삼아야 한다. 자신의 고통을 깊이 이해할 때 사역자는 자신의 약점을 강점으로 바꿀 수 있으며, 그들의 고통을 잘못 이해하여 힘들어 하는 사람들에게 사역자 자신의 경험을 치유의 원천으로 제공할 수 있다. 일단 자신의 고통을 받아들이고 이해하게 되면 사역자는 더 이상 그것을 부인할 필요가 없고, 그러할 때 사역은 치유를 일으키는 섬김이 될 수 있다.

어떻게 상처가 치유의 원천이 될 수 있는가? '상처입은 치유자'의 개념을 '영적 노출증'의 옹호로 잘못 이해하거나 오용할 가능성이 매우 높다. 설교 중에 목회자가 자신의 개인적인 문제를 무작정 이야기하는 것은 성도들에게 도움이 되지 못한다. 고통받고 있는 사람에게 누군가 자신도 그와 똑같은 문제를 가지고 있다고 말한다고 해서 도움이 되지는 않기 때문이다. 노출된 상처는 악취를 풍길 뿐 치유의 능력이 없다. 자신의 상처를 치유의 원천으로 삼는다는 것은 개인적인 고통을 피상적으로 공유한다는 뜻이 아니다. 자신의 아픔과 고통은 모든 인간이 공유하는 깊은 실존에서 오는 것임을 깨닫기 위해 부단히 노력해야 한다는 것이다.

사역자의 주된 임무는 사람들이 그릇된 가정으로 인해 고통받는 것을 막는 것이다. 자신들에게 두려움이나 외로움, 혼란이나 회의가 전혀 없어야 한다는 생각, 그것이 바로 그릇된 가정이다. 이런 고통들은 우리 인간의 상태에 없어서는 안 될 상처들로 이해될 때만이 창조적으로 처리될 수 있다. 사역이란 인간의 상태를 직시하는 섬김이다. 사역을 통해 사람들은 자신이 죽을 수밖에 없고 깨어진 존재이며, 이런 인간의 상태에 대한 인식으로부터 해방이 계속된다는 사실을 계속해서 상기하게 된다.

교회공동체는 치유의 공동체가 되어야 한다. 교회공동체가 치유의 공동체가 될 수 있는 이유는 사람들의 상처가 치유되고 아픔이 경감되어서가 아니라, 상처와 아픔이 새로운 비전을 위한 출구나 기회가 되기 때문이다. 교회공동체 안에서 우리가 서로 고백할 때 서로의 소망이 깊어지며, 서로의 나약함을 공유할 때 용기와 힘을 얻게 된다. 상처입은 치유자는 자신의 고통이라는 무거운 짐을 자신의 상처는 물론 다른 사람들의 고통의 상태를 이해하게 하는 조력자로 받아들이게 된다. 서로 아픔을 나누는 일이 하나님의 구원 약속을 성취하는 것으로 받아들여질 때 교회공동체는 치유의 공동체로서 일체감을 갖게 될 것이다(최원준 역, 1999: 110–126).

5. 예언자로서의 목회상담자

예언자, 제사장 그리고 종이라는 예수의 사역의 전통적인 공식이 어느 정도로 전체 교회의 목회사역을 형성하고 있는가? 목회의 특성과 표현에 있어서 예언자적 사역은 어느 정도를 차지하고 있는가? 보다 분명하게 말해서, 교회의 목회가 예언자적 관심에 따라 이루어진다면 그 목회는 과연 유효할 수 있는가? 대중목회(public ministry)와 목회사역(pastoral ministry) 간의 관계는 무엇인가?

'대중목회자들'은 목회적 돌봄을 공동체 조직과 관련하여 보고자 하는 경향이 있었으며, 목회상담자들에 대해 상담을 구하는 수많은 개인들의 요구 배후에 있는 사회적 질병에 대해서 무관심하다고 비난하였다. 상담자들은 그들의 태만으로 현재 상태를 지지하고 일차적으로 내적인 또는 외적인 갈등의 해소에 헌신하는 자들로 간주되었다. 따라서 목회상담은 가장 활발하게 대중목회에 참여하는 사람들의 핵심 전략과는 무관한 것으로 여겨졌다.

예언자적 사역과 목회사역 간의 관계 문제는 교회뿐만 아니라 모든 회중의 삶과 사역과 관련하여 논의되어야 하며, 목회의 한 영역일 뿐인 목회상담의 분야에 국한되어서는 안 된다. 안수받은 목회자들의 예언자적 사역은 단순히 선택사항이 아니다. 그것은 그들의 역할과 정체성의 중요한 양상으로 그들에게 부과된 것이다(Shelp & Sunderland, 1985: 7–8).

예언자적 사역과 목회사역 간의 상호관련성

'예언자로서의 목사'의 개념은 양립되기 어려운 사명으로 보이는데, 목회자의 예언자적 임무와 돌봄의 임무가 상충되는 것으로 여기는 인식 때문이다. 개인주의적인 관심에서라기보다는 사회적인 상황에서 목회자는 예언자적 메시지를 전달하는 것이다. 하우어워스(S. M. Hauerwas)에 따르면, 예언자의 본질적인 역할은 피조물을 하나님의 섭리적 돌봄의 영역으로 지시하는 것이다. 특히 목회는 교회의 예언자적 사명을 감당할 수밖에 없다. 따라서 그가 지적하듯이, 목사냐 예언자냐가 문제시되는 것이 아니라, 예수의 이름으로 어떻게 목회를 하느냐가 중요한 문제다.

월터 브루그만(Walter Brueggemann)은 예언자적 목회는 본성상 체제의 안정을 뒤흔드는 것이라고 주장한다. 예언자적 목회는 가난한 자들을 이용하여 특권을 얻은 자들이 이기적으로 권력을 사용하는 부패한 체제에 의해 제공되는 사실과는 상반되는 하나님의 통치에 대한 진리를 선포하기 때문이다. 목회사역과 예언자적 사역을 이분법적으로 구분하는 것은 불가해한 것이다. 목회사역은 의도적으로 엄중하면서도 예언자적인 것을 요구한다.

하워드 요더(John Howard Yoder)의 논의에 따르면, 예수의 사역이 갖는 예언자적 특성은 복음서의 이야기들로부터 확인될 수 있다. 하나님이 인간의 역사에 관심을 가지시고 개입하신다는 확신을 포함하는 것으로 예언주의(prophetism)를 이해한다면, 세계를 향한 하나님의 의도에 대한 예수의 이해와 다른 예언자들의 이해가 어떻게 서로 다를 수 있겠는가? 요더는 그 차이점을 예수의 예언자적 비전의 내용뿐만 아니라 그 비전의 실현방식, 즉 십자가의 길에서 발견하고자 한다. 모세의 사역과 대비를 이루는 예수의 예언자적 사역은 사람들이 역사의 새로운 순간의 시작을 계속하도록 하는 데 있다.

예언자적 과업은 인류를 향한 하나님의 뜻을 선포하거나 해석하는 것이며, 이러한 과업은 사도의 직무와 불일치하는 것이 아니다. 현대 목회에 있어서 두 가지 주요한 결론은 다음과 같다. ① 현 시대에 하나님의 뜻에 대한 해석은 그렇게 하는 데 위험이 따른다고 하더라도 목회의 본질적인 요소라는 것이다. ② 예언자적 목회는 비록 개인의 중요성이 간과되지는 않는다고 할지라도 공동체에 그 초점을 맞춘다.

예언자적 사역과 목양적 사역을 통일성 속에서 보지 못하는 것은 동정이 없는 예언자적 행동주의를 낳거나 예언자적 비전과 헌신이 결여된 감상적 돌봄을 결과할 것이다. 이러한 문제에 대한 대안은 하나님의 열정을 반영하는 목회, 즉 권력의 남용을 공격할 뿐만 아니라 기독교공동체와 제자직에서 그 표현을 발견하는 목양적 목회다(Shelp & Sunderland, 1985: 23–26).

그렇다면 목사와 예언자가 과연 양립할 수 있는가? 예언자적 목사가 되는 문제는 특히 오늘날 교회가 처한 문화적 상황에 비추어 볼 때 복잡해진다. 종교지도자의 권위는 권위 있는 가르침의 내용을 해석하는 그의 능력이 아니라, 적어도 중요성 면에서 종교적 성향을 지닌 사람들을 설득하는 능력에 달려 있다.

보다 중요한 것은 목사가 사람들의 마음을 사로잡는 인격을 소유했는지에 있다. 이같은 상황으로 인해서 목사들은 예언자적 역할을 택하기를 꺼려하게 된다. 목사들이 진실을 말하기를 두려워하는 것은 그들이 경제적으로 교인들에게 의존하고 있기 때문이다. 설교자가 몸을 사리는 실제 단서는 사랑하라고 가르침을 받아 온 사람들에게 불편한 진실을 말하는 데서 발견하게 되는 어려움이다. 진리 안에서 사랑을 말하기란 어렵고도 때로는 거의 불가능한 것이다. 분명한 것은 인간적이면서 동시에 정직하기란 어렵다는 것이다.

예언자이면서 동시에 목사가 되는 것은 사랑과 정의 사이의 고전적인 긴장을 나타낸다. 공동체를 세우는 데 필수적인 사랑과 돌봄의 형태는 사회에 대해 비판적인 판단을 내리는 사람들이 되라는 요구와 긴장상태에 있는 것으로 보인다. 우리에게 요구되는 것은, 어떻게 목사의 임무들이 기본적으로 예언자적인 것인지를 재발견하는 것이다(Shelp & Sunderland, 1985: 28–31).

예언자의 본질적인 역할이 하나님의 섭리적 돌봄과 관련하여 세상을 해석하는 것이라면, 교회의 존재 자체는 예언자적인 것이다. 왜냐하면 교회가 없다면 우리는 진정 우리가 누구인가 혹은 어떤 세상에 우리가 존재하는가를 알 수 없을 것이기 때문이다. 이스라엘의 존재에 있어서 예언자가 특별히 중요했던 것은, 예언자는 이스라엘을 향한 하나님의 뜻과 사명에 비추어 과거와 현재 그리고 미래를 해석했던 자였기 때문이다.

예언자의 해석의 역할을 강조한다고 해서 예언자적 과업의 비판적 차원을 배제하는 것은 아니다. 예언자는 여전히 심판의 말씀을 전달해야 한다. 문제는 포함된 윤리의 형태에 있다. 예수의 삶과 죽음 그리고 부활을 통해 계시된 것으로 우리가 확신하고 있는 진리에 비추어 볼 때, 윤리적인 것은 정의의 문제들에만 국한되는 것이 아니라 해석의 문제를 포함하는 것이다. 이 같은 해석의 공동체가 된다는 것은 우리가 해석된 이야기를 통해서 변화된 사람들이 되어야 한다는 것을 의미한다. 이것은 단지 행동과 제도의 문제가 아니다. 오히려 우리는 소외된 자를 사랑할 수 있는 사람들이 되어야 한다는 것이다.

'목회의 직무들' 을 교인들을 돕기 위한 수단으로 받아들인다면 목회적 돌봄은 예언자적 사명을 감당할 수밖에 없다. 그리스도의 몸인 교회는 우리가 서로 지체로서 그리스도의 이름으로 서로를 섬길 때 세워지는 것이기 때문이다. 교회는 단순한 위안이 아니라 그리스도의 위안을 제공하는 것이다. 교회는 단순한 평화가 아니라 그리스도의 평화를 주는 것이다. 이 같은 위안과 평화는 교회와 세계에 대해 실로 분란을 일으키는 것이 될 수 있지만, 그것은 세상이 주는 위안이나 평안과는 다른 것이다(Shelp & Sunderland, 1985: 38–44).

목회상담은 종종 목사가 예언자적 입장을 취하기가 어려운 것으로 보이는 영역이며, 흔히 목회적 상황에서 교인들에게 엄격하게 윤리적 충고를 해주기가 어려움을 발견하게 된다. 남편과 두 자녀를 둔 여자 교인이 이혼을 고려하고 있는데 현재 임신 중인 사례를 들어 보겠다. 목사는 이혼을 앞둔 상황에서 그녀 자신과 자녀들에게 최선의 결정을 내리도록 돕고자 하였고, 그래서 그녀의 감정 해소와 결정에 좀 더 도움을 줄 수 있는 전문상담자에게 의뢰하였다. 상담과정에서 내담자는 유산을 결정하였고, 목사는 적절한 의료환경에서 유산하도록 도움을 주고, 유산 이후에도 내담자를 계속 지원해주었다.

이 사례에서 우선 목사는 '도덕주의자'가 되는 것을 우려한 나머지 여자 교인의 상황이 그녀가 속한 교회공동체와 어떻게 관련되어 있는가를 볼 수 있도록 도움을 제공하는 데 실패하였다. 목사는 또한 내담자가 교회공동체와의 관계와 그 공동체의 그녀에 대한 지지와 돌봄에 비추어서 자신의 상황을 해석하도록 돕지 못했다. 단지 내담자인 교인을 이해하고자 함으로써 목사는 그의 공동체에게 아무것도 요구하지 않았다. 목사는 임신한 내담자가 이혼의 불운한 상황 속에서도 자녀를 갖도록 교회가 지지해 주면서 서로를 돌봐 주는 사람들의 공동체가 되어야 한다는 사명을 진지하게 고려하지 않았다. 그 결과, 교회공동체는 내담자가 외로움과 곤경을 극복할 수 있도록 충분한 신앙적, 도덕적, 실제적인 지원을 제공해 주지 못하였다(Shelp & Sunderland, 1985: 44-48).

개인주의적인 가치관으로 인해 가족이 해체되고 공동체가 약화되고 있는 위기의 상황에서 개인의 권리와 행복이 판단과 결정을 내리는 기준이 되고 있다. 기독교신앙의 관점에서, 그리고 교회공동체와의 관계에서 기독교인으로 살아간다는 것이 무엇을 의미하는가를 진지하게 탐구하면서 그리스도인으로 부름받은 예언자적 과업에 신실하게 응답해야 할 것이다.

목회 실천의 예언자적 이해와 대안

월터 브루그만은 목회 실천에 유용한 예언자들에 대한 대안적 이해를 제시하였다. 예언자들의 사회현실에 대한 대안적 인식은 해방시키시는 하나님의 통치와 인간을 노예로 만드는 우상들의 지배, 도래할 하나님의 왕국과 유지되고 있는 현 정권, 그리고 정의를 향한 열망과 불의의 경험 사이에서 대조를 이루는 것이다. 브루그만이 주장하는 요지는, 예언이 공공연하거나 구체적인 의미에서 정치적인 혹은 사회적인 행동이 아니라는 것이다. 그것은 오히려 대중적 상상에 대한 공격으로서 현재 가정된 세계는 절대적인 것이 아니며 그것에 대한 대안을 상상할 수 있고 그 대안대로 살아갈 수 있음을 보여 주기 위한 것이다. 체제의 안정을 흔드는 것은 무엇보다도 혁명적인 전복이 아니라, 대안적인 상상을 가능케 함으로써 가정된 세계는 주어진 것이 아니라 상상에 의한 것임을 사람들이 인식하도록 하기 위한 것이다. 예언은 대안을 불가능한 것으로 만들고 비판을 꺼리며 순응의 경향이 있는 실증주의에 대한 대안이 될 수 있다(Brueggemann, 1985: 51–53).

체제의 안정을 해체시키는 예언자적 근거는 우리의 가정된 세계가 거짓임을 밝히는 하나님의 통치의 대안적 진리다. 또한 구약의 예언자들은 하나님의 통치의 진리와 소외된 자들의 외침 간의 특별한 연관성을 분별하고 있다. 예언자들의 의도는 지배체제의 참여자들이 체제의 변혁을 충분히 청종해야 한다는 것이다(Brueggemann, 1985: 54).

이제 우리는 우리가 신뢰해 온 사회적 권력의 형태들이 사실은 심각하게 역기능적이라는 사실은 분명히 인식할 수 있다. 예언자적 목회는 공공정책과 사회적 행동에만 국한되는 것이 아니라, 예배와 목회적 돌봄을 포함하는 것이다. 그것은 또한 그들의 존재가 하찮게 취급당하고 있는 약자들에게서 생명을 발견하는 것이기도 하다. 예수가 계신 곳에는 생명의 힘이 방출된다. 그 생명의 힘은 거부되거나 독점되지 못할 것이다(Brueggemann, 1985: 61–63).

현대 세계에서 하나님은 가족의 결속, 중산층의 도덕성의 기능 유지, 웰빙, 자유시장 체제의 유지, 혼란스러운 정신의 안정 등을 위한 하나의 기술로서 취급되고 있다. 바알숭배에 대한 선지자 엘리야의 공격은 주권자 하나님과 우리의 존재나 웰빙을 보장하기 위한 어떤 기술 간에 본질적이나 확실한 연관이 없음을 단호히 주장하는 것이다. 예언자적 신학은 지배 체제를 기능하도록 하는 우상들의 폭로에 관심을 가진다. 예언자적 목회는 이런 폭로를 하도록 하는 것이다(Brueggemann, 1985: 68–69).

브루그만은 대부분의 목회가 너무나 단일하게 심리학적 문제들에 몰두해 왔다고 지적한다. 그러나 목회의 분야에서 그것으로부터 벗어나려는 움직임이 있다. 오글스비(Oglesby)는 임상목회교육의 창시자 중 한 사람인 안톤 보이슨을 인용하면서 이렇게 말했다. "이제 우리는 교회의 주요 과제인 영혼 구원의 과제로 주의를 돌리고자 하며, 신학의 핵심 문제인 죄와 구원의 문제에 집중하고자 한다."(Brueggemann, 1985: 6) 예언자적 목회의 실천에 있어서 반드시 고려해야 할 세 가지 이슈는 우리 사회에서 권리를 박탈당한 소외된 자들과의 연대, 하나님의 절대적 주권 그리고 권력관계의 재정의와 갱신이다. 이것은 건강과 구원에 대한 성서적 이해에 속한다. 이런 핵심 문제들을 외면하는 목회적 돌봄은 우리가 당면하고 있는 진정한 건강의 이슈들이나 예언자적 목회와는 무관한 것이다(Brueggemann, 1985: 76).

생명의 살림과 창조적 변화

누가복음 4장 18절에서는 예수께서 이 세상에 오신 목적에 대해 이렇게 선포하고 있다. "주의 성령이 내게 임하였으니 이는 가난한 자에게 복음을 전하게 하시려고 내게 기름을 부으시고 나를 보내사 포로된 자에게 자유를, 눈먼 자에게 다시 보게 함을 전파하며 눌린 자를 자유케 하고 주의 은혜의 해를 전파하게 하려 하심이라." 또한 요한복음 10장 10절은 참 목자이신 예수에 대해 비유적으로 말하고 있다. "내가 온 것은 양으로 생명을 얻게 하고 더 풍성히 얻게 하려는 것이라."

목회상담자가 감당해야 할 본질적인 역할과 사명은 이런저런 이유로 인해 억눌리고 제한된 삶을 살아가는 사람들에게 해방되고 충만한 삶을 살게 하고, 불의한 지배체제를 유지시키는 우리 사회와 세계의 근본적인 변혁을 촉구함으로써 우리 모두의 전인건강이 새로운 현실과 미래로 다가오도록 하는 데 있다. 이처럼 생명을 살리고 창조적 변화를 일으키는 사역은 그 가능성의 원천을 생명의 원천이시며 구원자 되시는 하나님에게서 찾는다. 따라서 목회상담자의 정체성은 창조주 하나님의 존재와 구원의 역사에 대한 믿음에 기초하며 그러한 믿음에서 출발한다. 하나님은 창조주요 구원자시라는 기독교의 핵심 진리를 떠나서는 목회상담은 존립할 수가 없다.

지금까지 목회상담은 개인의 문제 해결에 치중하고 질병의 사회적 원인을 도외시하는 개인주의적인 접근 경향을 보여 왔다. 목회상담은 또한 개인의 문제나 증상에 대한 심리치료적 또는 정신의학적 진단이나 치료방법에 주로 의존해 왔다는 비판을 받고 있다. 목회상담이 지니는 전문성을 인정한다고 할지라도 일반상담과는 구별되는 목회적 돌봄의 사역으로서 그 독특성과 정체성을 견지해야 할 것이다.

상담이나 치료의 과정에서 내담자나 환자의 실제적인 문제를 어떻게 진단하고 평가하느냐는 대단히 중요한 문제다. 이런 의미에서 목회적/영적 진단을 위한 평가 모델을 제시하고자 하였다. 실제 목회임상면담에서 내담자인 교인을 진단하고 평가하는 기준들에 대한 보다 면밀한 평가적 분석이 이루어져야 하며, 보다 신뢰할 만하고 효과적인 목회적/신학적 평가를 위한 대안들이 지속적으로 개발되어야 할 필요가 있다.

목회상담자는 이 시대의 상처입은 치유자이자 예언자로서의 사명을 다해야 한다. 목회자 자신의 상처와 고통이 다른 사람들의 아픔과 고통을 깊이 공감하고 공유하는 힘으로 작용해야 하며, 목회자 자신이 지닌 깊이 있는 영성과 인격이 전인적인 치유의 도구로서 활용되어야 할 것이다. 목회상담자는 또한 개인적인 문제만이 아니라 개인이나 가족의 문제의 근원이 되는 사회적 악의 문제에 대해서도 예민한 예언자적 의식을 가지고 판단하며, 교회 공동체를 대표하는 공적 지도자로서 불의한 사회구조와 제도의 변혁에도 관심을 기울이며 적극적으로 참여해야 할 것이다.

목회상담이 추구하는 것은 개인의 심리적/정신적 건강뿐만 아니라 우리를 치유하시며 온전케 하시는 하나님의 구속적 변화의 능력을 경험하게 하는 데 있다. 그리하여 우리는 우리 존재의 근원이 되시며 생명의 원천이 되시는 하나님 안에서, 그리고 우리 삶의 참된 모델이 되시며 영생의 약속이 되시는 예수 그리스도 안에서 충만한 창조적인 삶을 영위해 나갈 수 있다.

» 참고문헌 «

박근원 외 역(2002). **목회상담신론**(원저: H. Clinebell). 서울: 한국장로교출판사.

최원준 역(1999). **상처입은 치유자**(원저: H. Nouwen). 서울: 두란노.

이은규 역(2000). **生의 진단자로서 목회자**(원저: P. Pruyser). 서울: 도서출판 동서남북.

Brueggemann, W. (1985). The Prophet as a Destabilizing Presence. In E. E. Shelp & R. H. Sunderland (Eds.), *The Pastor as Prophet*. New York: The Pilgrim Press.

Brun, W. L. (2005). A Proposed Diagnostic Schema for Religious/Spiritual Concerns. *The Journal of Pastoral Care & Counseling, 59*(5), 425–440.

Clinebell, H. (1979). *Growth Counseling*. Nashville, TN: Abingdon Press.

Clinebell, H. (1984). *Basic Types of Pastoral Care and Counseling: Resourses for the Ministry of Healing & Growth*. Nashville, TN: Abingdon Press.

Fortune, M. (1989). The Transformation of Suffering: A Biblical and Theological Perspective. In J. C. Brown & C. R. Bohn (Eds.), *Christianity, Patriarchy, and Abuse: A Feminist Critique*. New York: The Pilgrim Press.

Oates, W. E. (1974). *Pastoral Counseling*. Philadelphia: The Westminster Press.

Shelp, E. E., & Sunderland, R. H. (Eds.) (1985). *The Pastor as Prophet*. New York: The Pilgrim Press.

08

신학과 심리학의 관계 : 목회상담 측면에서

목회상담이란 '목회'와 '상담'이라는 두 낱말의 합성어라는 점에서 알 수 있듯이 그 학문적인 배경으로서 신학과 심리학이라는 두 개의 학문 전통이 서로 만나 상호 긴장과 갈등 그리고 보완 관계를 통해서 그 깊이와 폭을 넓혀 가고 있는 학문분야다. 1920년대부터 임상목회교육(clinical pastoral education)과 프로이트(Sigmund Freud)의 심리학이 소개되고 1945년 이후 칼 로저스(Carl Rogers)의 심리학이 소개되면서 심리학은 미국 문화 전반에 걸쳐서 큰 영향을 미쳤을 뿐만 아니라, 신학교에 목회상담학이란 학문을 태동하게 하였고 자연히 이러한 심리학적 이론들은 목회상담의 이론을 정립하는 데 주요한 영향을 미쳤다.

그러나 여기에서 끊임없이 제기되는 한 가지 문제는 전통적인 신앙과 심리학의 이론을 어떻게 조화시킬 수 있는가 하는 것이다. 그동안 심리학이 신학의 인간 이해에 크게 도움을 줄 수 있다며 이를 긍정적으로 받아들이는 입장과 심리학은 오히려 독이 될 수 있다고 보며 이를 철저히 배격하는 입장, 그리고 거의 심리학에 의존하여 신학을 풀어 가고자 하는 입장 등 다양한 견해가 있어 왔다.

앞으로 시간이 갈수록 사회에서는 인간 실존의 문제에 대한 이해를 얻기 위해서 심리학에 더 많은 관심을 보이려고 할 것이다. 인간의 본질, 정신건강, 행복에 관한 문제들의 해답을 심리학에서 찾으려는 경향이 짙어 가는 추세가 된 것이다. 폴 비츠(Paul Vitz)는 오늘날 이러한 심리학이 종교의 구실을 하고 있으며, 돈 브라우닝(Don Browning)도 심리학이 사람들의 삶에 크게 영향을 미치는 하나의 문화가 되었다고 말하고 있다(Vitz, 1977: 17-18; Browning, 1987: 5). 이러한 현실 속에서 신학과 심리학의 관계를 올바로 정립하는 것은 바람직한 목회상담을 위하여 필요한 기초적인 작업이라고 할 수 있다.

1. 신학과 심리학의 관계에 대한 모델들

그동안 신학과 심리학의 관계에 대해서는 여러 학자들이 논의를 하였다. 로렌스 크랩(Lawrence Crabb)[1] 이나 게리 콜린스(Gary Collins)[2] 도 나름대로 이 둘의 관계에 대해 논하고 있지만, 카터(John Carter)와 내러모어(Clyde Narramore)가 분류한 네 가지 유형, 즉 대립적 유형(against model), 종속적 유형(of model), 병행적 유형(parallels model), 통합적 유형(integrates model) 등이 그러한 관계에 대해 비교적 명확하게 설명하고 있다고 보인다. 따라서 그들의 분류를 중심으로 신학과 심리학의 다양한 관계를 제시한 후, 브라우닝의 이론을 중심으로 하여 바람직한 통합방안을 보다 심층적으로 제시해 보고자 한다.

기독교는 현대 심리학의 등장에 대해 다양한 반응을 나타내고 있는데, 먼저 심리학에 대해 적극적으로 환영하는 사람들이 있다. 인간 존재에 대한 과학적이고 객관적인 연구를 통하여 하나님께서 창조하신 가장 복잡한 작품인 인간에 대한 이해의 폭을 넓히고, 이러한 심리학적 통찰력을 통해 교회가 세상에 복음을 전하는 데 상당한 도움이 될 수 있다는 것이 그들의 지론이다. 그런가 하면 심리학을 배척하는 입장들도 있는데, 이들은 심리학이 은연중에 교회와 성경의 권위를 위협하게 될 것이라고 생각하는 사람들이다.

목회상담자들도 이러한 입장들 사이에서 혼란을 경험할 수 있다. 이들은 상담을 청해 오는 사람들의 심각한 정서적 문제들을 대할 때마다 인성에 대한 더 깊은 이해와 더 나은 상담원리들을 알아야 한다는 생각을 할 것이며,

---

1) 크랩이 나눈 유형은 다음과 같다. ① 신학과 심리학은 분리되었으나 동등하다. ② 신학과 심리학의 학문적 요소들은 새로운 결과를 위해서 함께 섞어야 한다. ③ 신학만이 인간의 문제와 욕구를 다루는 데 필요할 뿐, 심리학은 불필요한 학문이다. ④ 심리학 중에서 신학과 일치하는 내용은 어떤 개념이나 방법이든 활용하고 그것들을 성경의 권위하에 놓아야 한다.

2) 콜린스도 다섯 가지 유형으로 나눈다. ① 통합(integration) 자세, ② 무효화(nullification) 자세, ③ 대화적(dialogical) 자세, ④ 논쟁적(eristical) 자세, ⑤ 혐오적(xenophobic) 자세.

단순하게 영적인 대답만 해 주는 것으로는 부적절하다고 느낄 것이다. 그러나 이들은 한편으로는 성경 역시 인간의 곤경에 대한 해답을 제시해 준다는 것도 이미 알고 있다. 따라서 만약 심리학으로 기울게 된다면 은연중에 성경이 부적합하다고 인정하게 될지도 모르는 것이며, 이러한 생각으로 자신은 하나님과 말씀에 충실하지 못하다는 두려움을 느낄 수도 있다.

이와 같이 신학과 심리학의 관계에 대해 다양한 입장을 가질 수가 있는데, 많은 사람들이 이에 대해 갖고 있는 견해들을 종합해 보면 다음과 같이 네 가지로 나누어 볼 수 있을 것이다.

서로 대립한다는 입장

기독교신앙과 심리학은 본질적으로 호환될 수 없으며, 서로 대화할 가능성이 전혀 없다고 본다. 세속적 입장에서 보면 합리주의와 경험주의만이 진리를 찾게 해 주는 유일한 수단이며, 계시된 종교는 과학적 심리학의 견해들과 필연적으로 상충할 수밖에 없다. 그러나 한편으로는 이와 상반되는 기독교의 입장이 있는데, 제이 아담스(Jay Adams)가 이 입장을 가장 대표적으로 보여 준다고 할 수 있다. 즉, "어떻게 프로이트, 로저스 또는 스키너같이 성서와 기독교를 혐오하는 자들이 고통받고 죄에 빠져 있는 사람들을 회개시키고 은혜 안에서 자라게 할 수 있겠는가?" 라는 입장이다(Adams, 1979).

대립의 입장에서 볼 때, 기독교와 심리학을 종합하는 데 반대하는 이유는 다음과 같다.

① 성경은 모든 인간의 필요를 만족시키는 데 충분하다고 스스로 선포하고 있다(딤후 3: 16–17). 따라서 인간의 필요를 보다 잘 만족시키기 위하여 성경 이외의 어떤 것(심리학 같은 것)을 연구할 수 있다거나 연구해야 한다고 주장하는 것은 성경이 하나님의 종을 준비시키는 데 불충분하다고 단언하는 것과 다름이 없다(Bobgan & Bobgan, 1987: 11).

② 이 세상에는 상담의 두 가지 원천, 즉 하나님의 것과 사탄의 것이 있다. 따라서 "성경의 입장에 따르면, 성경적이 아니거나 하나님의 계시에 기초하지 않은 모든 상담은 사탄적일 수밖에 없다."(Adams, 1979: 4)

③ 심리학은 나쁜 과학이다. 우리들이 만일 진리를 받아들여야만 한다면 분명히 그것은 우리들이 실제적인 진리를 받아들이고 있다는 확신에 의한 것이어야 한다. 단순히 인간들의 헛된 사색들과 철학들은 우리들의 신앙 속에서 하나님의 말씀과 견주어 볼 때 아무런 쓸모가 없다(Bobgan & Bobgan, 1987: 29–30).

④ 종합화하는 것은 종교적 혼합주의다. 이것은 심리학을 하나의 종교적인 시스템이라고 가정하고, 이 둘을 혼합시켜 또 다른 잡종체를 만들려고 하는 것이다(Bobgan & Bobgan, 1987: 15; 23; 33).

그러나 이런 비평들에 대해서 다음과 같이 답을 할 수도 있다(이관직 역, 1995: 35–36).

① 우리는 성경의 충족성을 인정한다. 동시에 우리들은 삶과 관련된 모든 것을 충족하게 공급하시는 분은 하나님이시지 성경 자체가 아니라는 사실을 기억해야 한다. 또한 크리스천들은 성경이 스스로 선포하는 권위와 능력에 대해 그대로 용기 있게 주장하며 선포해야 하지만, 동시에 성경은 인간의 필요와 관련된 모든 면에서 유일하고도 모든 면에서 충족한 것이라고 선포할 수 없음을 알아야 한다. 예를 들어, 건물을 짓는 방법에 대해 성경은 말하고 있지 않으며, 농사짓는 비결에 대해서도 말하지 않는다. 그러므로 성경은 상담이나 심리치료에 대한 기독교적 접근을 하는 데 필수적인 기초가 되며 궁극적인 대답들을 제공한다 하더라도, 상담이라는 학문에 있어서 모든 면에서 충분한 지침서는 아닌 것이다.

② 우리들은 하나님의 조언을 따라야 하지만, 하나님의 조언이 어떤 크리스천의 조언과 항상 동일한 것은 아니고 사탄의 조언이 비크리스천의 조언과 항상 동일한 것이 아니라는 것이다. 인간들은 타락할 수 있으며, 타락하였고, 유한한 존재이다. 따라서 우리들의 신학, 전승되어 온 신앙고백들, 그리고 우리의 기도들도 때때로 눈에 띄는 오류들과 불완전함이 있을 수 있다.

또 한편 크리스천들만이 세상을 살아가는 모든 진리를 소유하고 있지는 않다는 점이다. 때로 불신자들의 안목 있는 저술 속에서도 진리는 발견될 수 있다. 로마서 1장은 자신의 본질에 관한 핵심적인 진리들을 불신자들에게까지 계시하시는 하나님에 대해 이야기하고 있다.

③ 물론 심리학의 주장들 중에는 기독교적 사고와 맞지 않는 것들도 있고, 때론 쓸모없는 주장들이나 조잡한 내용들도 있을 수 있다. 어쩌면 이것은 기독교신학이라는 이름으로 쓰여진 책에서도 발견될 수도 있을지 모른다. 성경의 계시는 완전하나 인간은 완전하지 않기 때문이다. 심리학은 다양한 영역을 다루므로 일관성이 없을 수 있으나, 다양한 상황에서 다양하게 적용될 수 있다는 것은 사실이다.

④ 사실 종합화를 한다고 어떤 크리스천 심리학자들은 조잡한 성경 해석과 무리한 신학적 해석을 하는 사람도 있을 수 있다. 그러나 이 바람직한 통합에 대한 내용은 다음에 나오는 '긍정적인 통합의 입장' 에서 심도 있게 다루고자 한다.

신학이 심리학에 대해 종속된다는 입장

기독교의 초자연적 요소를 부정하고 종교에 대한 인본주의/자연주의적 태도를 강하게 추구하는 신학적 자유주의에 서 있는 사람들은 과학적 주장과 이성을 성경의 권위보다 높게 평가하는 경향이 있다. 이들은 성경의 초자연적/구속적 측면보다 보편적 측면을 강조한다. 그들은 사랑, 자유, 책임, 그와 유사한 미덕들에 초점을 두는 반면 성경에서 강조하는 죄, 구원의 필요성 등은 뒷전에 둔다. 이런 후자의 개념들은 사람들의 마음을 상하게 하는 것들로서 바람직한 인간 이해에는 필요하지 않은 문제로 간주하는 것이다.[3] 그리고 기독교가 상징하는 것은 무언가 특별할 수도 있고 예수 그리스도를 '궁극적인 인간'으로 볼 수는 있지만, 핵심 사항에 있어서 기독교는 가치 있는

3) 예를 들어, 파울러는 전통적인 죄 개념이 약화되고, 그에게 있어서 죄라는 것은 단계에 따른 발달에 장애를 주는 것이라고 본다(박노권, 2003: 288).

삶의 진리를 찾게 해 주는 여러 길 중의 하나일 뿐이라고 보는 경향이 있다.

신학과 심리학을 자유주의 신학적 입장에서 연계하려는 다양한 시도 속에는 종속적인 태도가 많이 반영되는데, 융의 심리학에 영향을 받은 영국국교회 사제 샌포드(J. A. Sanford)의 말은 이것을 잘 보여 준다.

> 우리의 정신 속에 이렇듯 힘이 넘치는 하나님의 형상이 있다는 것을 깨달을 때, 비로소 성서에 나오는 사람들과 초대교회 사람들이 꿈을 하나님의 계시라고 생각했던 이유를 알게 될 것이다. 사실 꿈은 정신의 내적 힘을 나타낸다. 즉, 꿈은 우리를 이 힘의 중심점과 연결시켜 주며, 우리는 그 힘의 도움을 받아 무의식의 지시를 받게 된다. 요컨대 꿈은 우리 속에 있는 하나님의 마음을 나타내는 것이다. 이와 같은 이해를 통하여 우리는 종교 발달의 필연적 요소들을 이해하게 되며, 심리학과 전통적인 기독교신학의 교리를 더욱 흥미롭게 비교할 수 있게 한다(정태기 역, 1988: 178).

비록 샌포드가 이에 앞서 '궁극적 실재로서의 하나님과 인간 심성에 내재하는 하나님의 형상으로의 자아 사이의 의미상 차이점'을 조심스럽게 구분하고 있다고는 해도 하나님에 대한 그의 개념은 기독교의 전통적 입장과는 상당히 구별된다. 그는 또한 인간 내면의 불일치가 인격화된 형태로 인간의 외면으로 투사되어 남신, 여신, 귀신, 유령 등 여러 가지 신을 믿는 다신론의 형태로 표현되었으며, 유일신 사상은 하나님을 객관적 실재로 보는 데서 발생한 것이 아니라 한층 통일된 인간의 내적인 힘들이 외적으로 표현된 형태라고 하였다(정태기 역, 1988: 178-179).

종속적 입장을 고수하는 또 다른 인물로는 힐트너(Seward Hiltner)를 들 수 있는데, 그는 다음과 같이 말한다.

> 죄에는 '본연의' 영역이 있다고 하는 견해는 자유의 그릇된 남용의 의미와는 또 다른 것으로, 회개와 건전한 변화를 요구하는 사회와 인간의 내부에는 실제적으로 작용하는 사회적/역사적 힘이 존재한다는 것을 의미한다. 고대에서

> 현재까지 사람들은 자신과 부분적으로 얽혀 있는 사회적/역사적 힘에 의해 행동의 영향을 받는 것이 확실하다. 죄가 본래적인 영역을 확보하고 있다는 점에서 이해할 때 이것은 사실일 수밖에 없다. 이러한 확신을 얻게 된다면 죄가 비난받아 마땅한 것, 특히 개인적으로 비난받아야 할 것이라는 개념을 버릴 수 있을 것이다(Hiltner, 1972: 83).

힐트너는 신학적/심리학적 개념을 연계하려고 시도하는 가운데 원죄 개념을 거부하고 자신의 심리학적 신념에 더욱 완벽하게 들어맞는 환경적 입장을 취하였다.[4] 여기서 원죄 개념이 아담과 하와의 죄가 후손들에게 개인적으로 전가된다는 의미는 사라지고 사회의 조절과정으로만 표현되었다. 죄가 사회적 영역을 차지하고 있으며 종종 우리들은 죄의 본성을 지니고 있는 만큼 죄를 많이 짓는 것이 사실이지만, 힐트너의 분석은 자신의 심리학 체계에 적합하도록 성경을 재해석한 것이다. 그의 언급 속에서 예리한 통찰들을 많이 얻을 수는 있으나 그의 방식은 성경을 심리학에 속한 문헌으로 취급한 것이었다. 다시 말해, 종교적 맥락에서 출발을 하고는 있지만 결국 그 내용은 세속적인 것과 별로 다를 것이 없다는 것이다. 따라서 이러한 입장은 성경에 대한 정통적 견해를 고수하는 사람들의 입장에서는 여전히 결정적인 한계가 존재한다. 신학과 심리학 사이에 의미 깊은 대화의 돌파구를 마련할 가능성은 보이지만 성경에 대한 복음주의적 입장을 희생해야 한다는 문제가 있다. 즉, 성경(또는 신학)을 심리학에 국한시키고 계시와 초자연적 특성을 배제하게 될 때, 기독교의 독특한 특성들이 사라진 상황에서 서로의 대화라는 것은 모순이 될 수밖에 없는 것이다.

4) 이 점에서 그는 인간 본성에 대해 근본적으로 펠라기우스의 입장에 서 있다고 볼 수 있다.

서로 다른 영역을 다룬다는 입장

심리학은 과학으로, 종교는 개인적 경험이나 헌신으로 간주되어 서로의 영역이 다르므로 접촉하지 않으려는 입장이다. 이때 두 가지 입장이 있을 수 있는데, 하나는 성경(또는 신학)과 심리학이 서로 분리되어 있으며 특별히 중복될 만한 중요 사항이 거의 없다고 보는 고립적 입장이다. 또 하나는 서로 상관이 있다고 보는 것으로, 가령 초자아를 양심과 비교하고, 이드는 탐욕이나 옛 본성 등에 대비하며, 성경과 심리학의 일부 개념들이 상호 관련성이 있다고 보는 입장이다. 그러나 이것은 성경과 심리학의 저변에 있는 공통원리들을 찾아보는 심도 있는 대화가 아니라, 단지 두 개의 구별되는 개념을 정렬시키는 정도다.

고립적인 입장의 예를 들면, 실험심리학자인 지브스(Malcolm Jeeves)는 심리학과 신학은 '설명의 서로 다른 차원'을 다룬다고 주장한다. 그는 심리학의 엄격한 실험적 과학관을 취하면서, 심리학의 설명들은 경험에 대한 신학적 해석의 진실이나 가치에 대하여 이렇게나 저렇게 결코 말할 수 없다고 한다(Jeeves, 1976: 18).

또 상관이 있다고 보는 입장에서, 밀러드 샐(Millard Sall)은 정신분석과 기독교신학의 관계를 다음과 같이 말한다.

> 정신분석학적 자료와 성경을 비교해 보자. 성경은 "만물보다 거짓되고 심히 부패한 것은 사람의 마음이라."(렘 17: 9)고 하였다. 여기서 '마음'이라는 말은 성경에서 언급하는 '옛사람'(롬 6: 6)과 신학자들이 일컫는 아담으로부터 물려받은 '옛 본성'과 맥락을 같이 하는 것으로 옛 본성은 심리학의 '통제되지 않은 이드의 충동'과 유사한 의미를 갖는다. 바울은 이러한 충동으로 야기된 투쟁이 갈수록 약화된다고 묘사하였다. "나의 행하는 것을 내가 알지 못하나니 곧 원하는 이것은 행하지 아니하고 도리어 미워하는 그것을 함이라……. 내 속 곧 내 육신에 선한 것이 거하지 아니하는 줄을 아노니…… 오호라 나는 곤고한 사람이로다. 이 사망의 몸에서 누가 나를 건져내랴."(롬 7: 15; 18; 24) 바울

> 은 때때로 그의 자아가 이러한 이드적인 충동에 휩싸인다는 것을 인정하지만 예수 그리스도를 통한 하나님의 은혜로 죄를 극복할 수 있다고 주장하였다. 회심은 사람의 욕망을 변화시키지만 유혹을 제거해 줄 수는 없다. 유혹에 직면한 자아는 최고의 초자아와 같으신 하나님으로부터 대항할 힘을 얻게 되므로 유혹을 이길 수 있다(Sall, 1975: 22–23).

이와 같이 샐은 심리학에서 말하는 이드는 바울의 '나'에 비교될 수 있으며, 하나님은 초자아와 대비된다고 말한다. 그러나 이러한 적용은 원리나 개념적 차원의 만남을 가능케 할 만한 포괄적 이해가 부족하며, 자칫 성경을 심리학적으로 부정확하게 이해하거나 기독교의 입장에서 표면적으로만 심리학을 수용할 수도 있다. 상담을 성경적으로 이해하려는 아담스가 이런 입장을 거절하는 이유가 바로 이 때문이다. 신중하게 판단하지 못할 경우에는 기독교심리학이 단순히 일개 세속 심리학 이론을 기독교적으로 표현하는 것으로 전락할 수 있기 때문이다.

긍정적인 통합의 입장

세상을 다스리는 일을 수행하는 과정에서 교회는 어느 시대에서나 새로운 문제에 직면하면서 새로운 이해를 쌓아 갔다. 성경의 계시가 완전하고 최종적인 것에 비해 인간의 신학적 이해는 계속 발전해 갔는데, 예를 들어 니케아 종교회의(A.D. 325)에서 삼위일체의 교리가 형성되었고, 칼케돈 회의(A.D. 451)를 통하여 예수 그리스도는 완전한 인간임과 동시에 완전한 신이었다는 사실을 정립하게 되었다. 또 인간의 구원에 대한 교리 문제에서 종교개혁이 시작되었고, 이로 인해 수많은 공론 끝에 오늘날에는 은혜로 구원을 얻는다는 것이 정통적인 교리로 자리 잡게 되었다. 오늘날 기독교에서 가정 문제에 대해 신학적으로 많은 연구를 하는 것은, 가정 문제가 걷잡을 수 없이 심각해지고 이 문제에 대해 서로 상충하는 수많은 해결책이 등장하고 있는 최근에 들어서면서부터다.

이러한 의미에서 현대인에게 많은 영향을 미치고 있는 심리학이 기독교에 어떠한 의미를 줄 수 있는지 알아본다는 것은 상당히 고려해 볼 만한 가치가 있다. 예를 들어, 오늘날 인본주의적 심리학이 '자아존중'과 '자아수용'을 강조하기 때문에 교회에서도 존엄이나 가치에 대해 인식하기 위해 인간의 부패, 교만, 자기애와 같은 개념이 시사하고 의미하는 바가 무엇인지를 확인해야 할 필요가 있다. 사회심리학과 집단심리학이 인간관계를 중요하게 생각했기 때문에 교회가 '공동체'에 대한 이해를 보다 심층적으로 갖기 시작했다는 것은 부인할 수 없는 사실이다. 이와 같이 신학과 심리학이 서로 영향을 줄 수 있는 긴밀한 관계에 있음을 볼 때 이 둘의 관계를 바람직하게 정리하는 것이 필요하다고 본다.

그렇다면 긍정적인 통합의 입장에서, 신학과 심리학이 대화할 수 있는 근거는 무엇인가? 한마디로 표현한다면, 모든 진리는 하나님께서 주신 진리라는 것이다. 그러므로 심리학에서 발견된 진리도 역시 성경에 계시된 진리와 상충되지 않는다면 하나님께서 깨닫게 해 주신 학문의 결과라고 볼 수 있다(전요섭 역, 1997). 인간은 하나님의 형상을 따라 지어졌고 하나님께서는 성경이라는 특별계시와 창조 세계를 통한 일반계시를 통해 당신을 드러내시므로 성경과 심리학적 발견 사이에 일치점이 있을 수 있음을 기대할 수 있는 것이다. 브라우닝도 유한한 인간이 인간을 치유한다는 것은 하나님이 인간을 치유한다는 큰 존재 구조 안에 포함된다고 보았다. 왜냐하면 세상을 창조하시고 구원하시는 하나님은 한 분이시기 때문이다(Browning, 1966: 29). 이러한 근거로 서로 적극적으로 영향을 주는 대화를 할 수 있다는 것이다.

이들은 종속 모델이나 병행 모델에서 성경을 심리학화하는 데 만족하지 않는다. 교회가 과학 이론을 성경의 권위 위에 놓으려는 위험한 태도를 취하고 있다고 생각하며 이것은 기독교에서 얻을 수 있는 인간에 관한 독특한 통찰을 소멸하는 것이라고 한다. 동시에 과학의 발견들을 무시해서도 안 된다고 제안한다. 즉, 과학과 성경의 유익을 모두 인정해야 한다는 것이다. 로렌스 크랩은 다음과 같이 제안한다.

> 그러므로 기독교인들이 교회에서 세속적인 상담방식을 버리고 성경적인 접근방식을 택하는 것이 어떠한 것인지를 깨닫기 위해서는 기독교교리의 본질들을 축소하거나 배제시키지 말아야 할 것이다. 복음주의자들은 종종 단편적인 행동을 보이기도 한다. 예를 들어 우울한 내담자에게 그가 죄인이며, 자신의 죄를 예수 그리스도께 고백하고, 죄악된 생활을 그만두어야 한다고만 말해서는 안 될 것이다. 이러한 이야기를 듣는 내담자는 기독교에는 자유가 허락되지 않으며, 지키기 어려운 계율만 요구하는, 강압적이고 고지식한 체계를 가지고 있다고 여길 것이다. 확고한 성경적 원칙에 입각한 상담방식을 구상해야 하는데 이것은 세속적인 심리학을 탈피하여 성경의 기본적 입장에 위배되지 않는 것이어야 한다(Crabb, 1975).

이 진술 속에는 진리는 연합되어야 한다는 암시가 들어 있다. 크랩은 심리학적 연구와 성경적 연구 양측의 도움을 받는다면 한 가지 연구에서보다 인간에 관해 더 많은 이해를 얻을 수 있다고 가정했다. 따라서 이와 같은 통합적 관점에서 신학과 심리학의 관계를 보는 것이 바람직하다고 평가되며, 다음에서 이에 대해 심도 있게 접근한 돈 브라우닝의 접근방법을 중심으로 통합의 방향을 제시해 보고자 한다.

2. 신학/심리학 통합적 관계 이론: 브라우닝 중심으로

현대 심리학은 기본적으로 과학적이며 따라서 삶의 의미에 대해서는 대답을 제공하지 않는다고 일반적으로 생각되어 왔다. 사실 현대 심리학이 과학적 지식인 한에 있어서는, 그것이 논리적으로 신학의 주장들과 갈등을 가질 이유가 전혀 없다. 이반 바버(I. Barbour)는 이런 견해를 분명히 말한다.

> 이것은 과학과 종교의 문제에 대한 매력적인 해결책이다. 이 두 분야는 그들이 만일 전적으로 다른 기능을 한다면 갈등을 일으킬 가능성이 없다. 과학적 언어의 기능은 자연에 대한 예측이고 통제다. 종교적 언어의 기능은 자기위탁, 윤리적 헌신 그리고 실존적 삶의 방향에 대한 표현이다(Barbour, 1974: 5.)

그러나 브라우닝은 대부분의 뛰어난 심리학 이론 안에, 그들이 갖고 있는 기술적 가치가 무엇이든지 간에, 그것에 덧붙여서 긍정적인 문화, 즉 현대인의 삶에 영향을 주는 형이상학적 상징 체계와 윤리적인 차원이 있다고 주장한다. 즉, 그는 심리학을 과학적 또는 임상학적 관점으로 보기보다는 오히려 우리 사회의 성격과 우리가 사는 방법에 영향을 주는 '실천적 도덕 체계'로서 보는 것이다. 따라서 비록 감추어져 있지만 치료의 과정에서 어쩔 수 없이 유사종교의 영역으로 빠져드는 심리학의 형이상학적/윤리학적 차원은 인식되고 비판적 분석을 받아야만 한다고 주장한다.[5]

이런 관점에서, 심리학과 신학은 별개의 것을 다루는 분야라기보다는, 세계관과 윤리관이라는 같은 주제에 대해 서로 다른 견해를 갖고 있기 때문에 이 둘은 서로 갈등할 수 있으며, 상호간의 비판적 대화가 필요하다는 것이다. 이때 대화의 기준은 믿음에 근거한 것이 아니라고 한다. 즉, 심리학이 비신앙적이고 무신론적이며 예수 그리스도에 대한 언급이 없다는 이유로 인해 비판받아야 하는 것이 아니라, 이성(단순한 기술적/경험적 이성이 아니라 보다 높은 차원의 이성)에 근거해서 각자의 안에 있는 세계관과 윤리관을 비교함으로써 어느 것이 더욱 바람직한 것인가를 판단해야 한다는 것이다.

---

5) 브라우닝의 *Religious Thought and the Modern Psychologies*는 이러한 면들을 분석하고 신학과 비교하는 작업을 한다.

심리학과 신학 간의 대화의 필요성

왜 브라우닝은 심리학에 있어서의 형이상학적/윤리적 차원을 밝히려 하는 것인가? 이렇게 해서 신학과 심리학의 대화를 하려는 그의 의도는 어디에 있는가? 브라우닝의 가장 큰 관심은 무엇보다 다원주의 상황하에서의 효과적인 목회적 돌봄과 상담인데, 현대의 목회적 돌봄과 상담에 있어서 가장 심각한 문제는 도덕규범(윤리)의 결핍이라고 본다(Browning, 1976: 108–109). 그에 따르면 상담에서 많이 강조되는 사랑, 수용, 용서 등이 없이는 깨어진 관계가 회복될 수 없으나, 한편으로는 무엇이 선이고 무엇이 악인지를 얘기하는 도덕규범이 없다면 사람은 더 깊은 정신적 혼란으로 인해 파멸할 수밖에 없다는 것이다(Browning, 1976: 109). 오늘날 많은 사람들은 무엇이 옳고 최선인가를 알고 싶어 하나 오히려 도덕규범에 혼란을 갖게 되는데, 다원주의 사회 속에서 전통과 세속가치의 경계선상에서 살고 있는 현대인에게 전통은 더 이상 이 문제에 대한 만족스러운 해답이 아니라는 것이다. 즉, 전통적인 규범이 자동적으로 오늘 상황에 그대로 적용될 수는 없다는 것이다. 따라서 그는 전통(신학)과 세속문화(특히 심리학)가 동등한 입장에서의 상호 비판적 대화를 통해 오늘 우리의 상황에 맞는 실천적인 도덕규범을 만들어 내야 한다고 주장하는 것이다.

대화의 방법

브라우닝은 심리학과 신학의 대화는 다음의 다섯 차원에서 이루어져야 한다고 본다. ① 은유적 차원(우리는 어떠한 세계에 살고 있는가? 무엇이 가장 궁극적인가?), ② 의무적 차원(우리는 무엇을 해야 하는가?), ③ 욕구–경향성 차원(인간의 기본적인 욕구와 추구하고자 하는 성향은 무엇인가?), ④ 상황 차원(우리를 둘러싸고 있는 상황은 무엇인가?), ⑤ 규칙–역할 차원(우리의 삶의 규범은 무엇이 되어야 하나?)(Browning, 1983). 이러한 차원들에서의 대화를 통해, 권위주의에 빠지지 않고(권위를 갖고 강제로 강요할 때 오히려 신경증적 질병을 초래하게 되는 권위주의의 폐해는 오늘날 심리학의 도움으로 잘 알려졌으므로), 어떻게 오늘에 맞는 도덕규범을 세울 것인가를 그는 추구하고자 하는 것이다.

여기서 브라우닝은 데이비드 트레이시를 따라, 그의 방법을 '수정된 상관관계적 방법론(revised correlational method)' 이라고 부르는데, 그 이유는 이것이 틸리히의 상관관계적 방법론—심리학 같은 세속 분야에서 제기되는 실존적 질문들에 답하기 위해 종교적 전통으로 연결시키는 방법—과 달리, '질문들' 뿐만이 아니라 '답들' 도 심리학에 의해 제시된다고 봄으로써, 상관관계적 방법론(실존은 질문하고 계시는 답을 한다는 일방적인 방법)을 뛰어넘기 때문이다. 브라우닝은 일반 세속문화(사회학, 정치학, 경제학, 예술 등) 중에서도 특히 심리학에 큰 관심을 보이는데, 그 이유는 심리학이 현대 많은 사람들의 삶 속에서 중요한 위치를 차지하고 있는 것으로 믿기 때문이다. 그는 "정신요법 분야들이 현대 개인들의 자기 이해를 형성하는 가장 중요한 문화적 영향력"(Rieff, 1966: 92)이라는 필립 리프(Philip Rieff)의 주장을 포용한다. 미국이라는 상황에서, 오늘날 삶의 복잡성, 종교적 언어의 상대적 약화, 우리 세계 안에 넘치는 의미성에 대한 요구 때문에 심리학이 점점 종교의 영역을 차지해 가고 있음을 그는 보고 있는 것이다. 따라서 이렇게 문화에 큰 영향을 미치는 심리학의 기술적 배후에 있는 철학들과 기독교신앙과의 상호 비판적인 대화를 통해 현대를 살아가는 기독교인에게(더 나아가 비기독교인인 현대인에게도) 오늘에 맞는 도덕규범을 제시하고자 하는데, 구체적으로 이런 대화를 실현하기 위해 그는 심리학이 함축적으로 갖고 있는 은유와 윤리들을 분석하는 것이다

심리학 배후에 대한 분석

브라우닝은 그의 책 *Religous Thought and the Modern Psychologies*에서 현대 심리학 안에 감추어져 있는 은유와 윤리의 차원들을 밝혀내고, 이를 재해석된 신학적 명제들과 대비하는 작업을 체계적으로 시도한다. 여기서는 범위를 한정해서 프로이트와 인본주의 심리학에 나타나는 은유와 윤리의 차원에 대해서만 언급하고자 한다.

프로이트　프로이트의 심리학은 우선적으로 본능의 본질에 관한 이론 위에 세워졌다. 그의 본능 이론의 변화과정은 전 생애를 걸쳐서 일어났는데(Freud, 1963: 70–81), 처음 그의 임상작업에서 나오게 된 본능 이론은 자아 본능과 성적 본능의 대비였다. 그러다가 나르시시즘에 관한 연구를 한 다음에는, 자아 리비도와 대상 리비도 본능을 대비해서 말하다가, 최종적으로 *Beyond the Pleasure Principle*에서 본능 이론의 완성으로서 삶의 본능과 죽음의 본능의 두 부류로 나누었다(Freud, 1963: 70–81; Laplanche & Pontalis, 1973: 214–216; 241–242; 97–103).

프로이트의 '삶과 죽음의 본능 이론'은 그의 임상 이론에서 실제적인 문제들, 즉 반복 강박행위의 문제(왜 사람들은 강박적으로 파괴적인 증상들을 반복하는가), 퇴행의 문제 등을 설명하는 데 사용되었다. 또한 그는 죽음 본능의 지배하에 있는 모든 생명은 생명 없는 상태로 돌아가기를 갈망하고, 삶의 본능에 굴복하면 새 생명의 생산을 통하여 자신을 재생산하고 보존하려 한다고 말한다. 이러한 삶과 죽음의 본능 이론은 모든 생물학적 생명에 적용될 뿐만 아니라 또한 인간 행동에 영향을 주는 힘이 있으므로 궁극성의 은유적 힘을 가지고 있다고 할 수 있다. 이것은 그들이 형이상학 또는 적어도 어떤 세계관을 구성한다는 것이다. 그러므로 이얼리(L. Yearley)가 지적했듯이, 모든 신앙과 모든 종교적 우주론의 파괴자인 프로이트는 그의 정신분석을 지지할 새로운 것을 창조한 것이다(Yearley, 1985: 404–409). 즉, 프로이트는 유대교와 기독교가 오이디푸스 갈등과 그와 연관된 신경증적 억압의 토대 위에 세워졌다고 주장한 후에, 궁극적인 것에 대한 대안적인 그림을 발전시킨 것이다. 그는 서구 종교적 전통의 하나님—유일신론, 윤리적 주장들, 구속적 행위들—은 단지 젊은 아들들이 최초의 아버지를 살해하고 난 다음 갖게 된 원시적인 두려움과 사랑의 투사에 불과하다고 주장한 후에, 경험의 궁극적 맥락을 보여 줄 또 다른 은유의 체계—삶과 죽음의 본능 은유—를 발전시킨 것이다(Browning, 1987: 45).

따라서 윤리 차원에 있어서 프로이트는 파괴적 본능을 가진 인간에게 이웃사랑은 불가능하다는 윤리적 이기주의의 태도를 취한다. 이 입장을 잘 설명하는 사람은 필립 리프다. 프로이트의 윤리관에 대해서, 리프는 프로이트가 '이웃을 네 몸과 같이 사랑하라.' 는 계명을 심리학적으로 불가능한 것으로 믿었다고 주장한다. "이것이 어떻게 가능할 것인가?" 프로이트는 만일 이것이 심리학적으로 불가능하다면, 그리고 만일 문제가 되는 윤리를 이행할 능력을 인간이 갖고 있지 않다면, 어떤 윤리도 정당화될 수 없다고 볼 수밖에 없었다고 말한다. 이 점에 있어서 브라우닝도 동의한다(Browning, 1987: 48). 프로이트에 따르면, 다른 사람, 더 크게는 사회에게 사랑을 주는 것은 자신의 리비도 에너지를 자신으로부터 빼앗아 가는 것이다. 이것은 *Civilization and Its Discontents*의 전 주제이기도 하다. 즉, 문화는 우리 리비도 에너지의 자연적인 목표를 고갈시키는 희생 위에서 발전한다는 것이다(Freud, 1961: 67). 따라서 프로이트가 이웃사랑이나 아가페가 불가능하다고 느낀 것은 죽음 본능의 역동성의 견지에서뿐만 아니라 우리의 리비도와 성적 본능의 나르시스적 방법에 대한 견지에서도 불가능하다고 느낀 것이다. 이러한 프로이트의 함축적인 윤리는 리프의 말처럼 일종의 철학적/윤리적 이기주의라고 묘사될 수 있다.[6]

이러한 윤리적 이기주의의 입장은 프로이트의 인격 이론에서도 나타난다.

이드의 욕망에 대해 도덕성의 중심인 초자아가 지나치게 억압될 때에 사람은 신경증적 고통을 받을 수밖에 없게 된다. 따라서 어떠한 가치관이나 도덕규범을 제시하는 것을 회피하였는데, 이것은 곧 윤리적 이기주의의 입장을 취하게 만드는 것이다. 그는 이런 의미에서 종교 역시 사람들을 억압하게 하는 역기능이 많기 때문에 이것의 억압으로부터 벗어나야 한다고 주장한다.

인본주의 심리학

인본주의 심리학의 문화적 충격은 정신분석보다 더욱 광대하였다. 폴 비츠는 그의 책 *Psychology as Religion: The Cult of Self-Worship*에서 인본주의 심리학은 새로운 20세기의 종교—헌신의 근본적인 대상이 자아 바로 그 자체가 되는 종교—라고까지 말한다(Vitz, 1977: 18). 인본주의는 모든 사람이 소유하고 있는 인간의 내적 가능성의 실현화를 추구하는 것이다. 예를 들면, 칼 로저스는 그의 책 *Client-Centered Therapy*에서 "생명체는 근본적으로 한 가지 추구하는 힘이 있는데, 그것은 자신을 실현화하고 유지하고 또한 고양하려는 것이다."라고 말한다(Rogers, 1951: 487). 사람들은 차별성과 자율성 그리고 자기 책임 안에서 성장하려는 강한 내적 추진력을 갖고 있다는 것이다.

6) 그러나 월워크는 리프의 프로이트 해석은 나르시즘에 대한 피상적인 해석—프로이트에 있어서 모든 사랑의 형태는 종국적으로 자아사랑의 표현이라고 해석한 것—위에 근거하고 있다고 지적한다. 그는 프로이트의 이웃사랑의 원리에 대한 비판은, 이웃사랑에서 불필요한 자기 희생을 지나치게 강조하는 고상한 기독교 이미지에 대한 비판이라고 주장한다. 오히려 모든 사람에 대해 깊은 애정을 가지고 사랑하는 것이 심리학적으로는 불가능한 것이지만, 프로이트가 다소 덜 애정적인 상호간의 존경과 상호성—기독교의 윤리보다는 유대교의 윤리와 어울리는—의 심리학적 가능성을 믿었다고 주장한다(Wallwork, 1982: 266; 269). 여기에서 브라우닝은 리프의 입장과 월워크의 견해를 받아들여, 프로이트 안에는 윤리적 이기주의와 상호성과 존경에 대한 조심스러운 견해가 함께 있다고 보며, 따라서 프로이트는 아마 이 둘 사이에서 갈팡질팡했을 것이라고 말하기도 한다(Browning, 1987: 48-52).

> 경험을 통해서 나는 점차적으로, 모든 인간에게는 성숙성을 추구하는 역량과 성향이 적어도 잠재적으로나마 존재한다는 사실에 대해 확신을 가질 수가 있었다……. 자아실현에의 욕구는 삶의 주요한 동기가 되며, 모든 심리치료법들이 인정하는 인간의 성향이다. 그것은 모든 인간의 삶에서 명백히 보이는 신장, 자율화, 발전, 성숙에의 강한 충동이며, 동시에 유기체의 모든 능력을 표출내지는 발현하고자 하는 성향이다(Rogers, 1961: 35).

인본주의 심리학은 자아실현이 무도덕적 선[7]일 뿐만 아니라, 도덕적으로도 선하며 또한 그렇게 해야만 하는 것이라고 말한다. 왜냐하면, 이것은 나 자신을 실현화시키면 자동적으로 그 자신을 실현화시키려는 타인과 조화를 이룬다고 낙관적으로 보기 때문이다. 그러나 여기에서 자아실현은 내가 우선적인 관심이고 타인에 대한 배려는 두 번째 문제가 되는 윤리적 이기주의의 성격을 가지게 된다. 즉, 상담자는 내담자에 의해 어떤 결과가 선택되더라도 완전히 허락해야 하며 그것이 내담자의 온전한 성장 가능성을 가져올 수 있게 된다고 주장하는데, 이것은 전통적인 가치관에 대하여 소홀히 하고 철저히 나 중심으로 생각하고 판단하는 윤리적 이기주의를 갖게 되는 것이다.

이러한 윤리의 차원에서 볼 수 있는 이기주의는 조화(harmony)의 은유를 전제로 한다. 나의 자아실현은 자동적으로 남의 자아실현을 돕는 것이라는 것은 세상이 조화로운 것이라는 것을 전제로 요구하는 것이기 때문이다. 브라우닝은 이런 조화의 은유가 비록 인본주의 심리학 안에서 직접적으로 공표되지는 않지만, 그들을 함축하는 시적 이미지는 도처에 있다고 보고 있다(Browning, 1978: 159-161).

---

7) 무도덕적 선(혹은 전도덕적 선)이란, 도덕적으로 선하거나 악하다고 판단을 내리기 전에 그 자체로서 선한 것을 말한다. 예를 들면, 사랑, 자동차, 건강 등은 후에 어떻게 사용되느냐에 따라 선할 수도 또한 악할 수도 있지만, 이것은 도덕적 판단을 내리기 전에 그 자체로서 선한 것이라고 말할 수 있다.

3. 심리학과 신학의 상호 영향

위에서 분석해 본 이런 함축적인 은유들과 윤리들은 이미 심리학으로서의 한계를 넘어선 것이라 할 수가 있다. 즉, 심리학은 사람들의 불안에 대답을 주려고 시도하고, 세상에 대한 일반화된 이미지를 제공하고, 삶의 가치, 죽음의 본질 그리고 도덕성에 대한 근거에 대해 우리가 취해야 할 태도를 형성하는 한, 종교적 사고의 현대적인 형태들인 것이다. 따라서 어떤 사람들에게 있어서 심리학은 학문이 아니라 종교의 형태를 취하는 무엇으로서 종교와 경쟁을 하기도 한다. 이 둘은 세계관과 윤리라는 같은 내용을 다루고 있으므로 상호간에 대화가 필요하므로 이제 이러한 심리학이 신학에 대해 어떤 영향을 줄 수 있으며, 신학은 심리학에 대해 어떻게 영향을 줄 수 있는지에 대해 살펴보고자 한다.

신학에 대한 심리학의 영향

심리학 특히 인본주의 심리학의 자아실현, 자기배려, 자기존중에 대한 주장은 더욱 효과적으로 전통적인 이웃사랑을 이해할 수 있는 새로운 관점을 제공했다. 로저스는 개인들을 "피상적이고 외적인 근거에서 바라볼 때 그들은 우선적으로 자아사랑의 희생자인 것으로 보인다."라고 말했다(Rogers, 1958: 17). 그리고 자기가 치료했던 수많은 사람들을 살펴볼 때 문제의 핵심적 원인은 그들이 자신을 경멸하고, 자신을 무가치하고 사랑받을 수 없는 존재로 간주하는 것이라고 주장한다.

> 사실, 사랑받고 있다는 관계의 경험 안에서만 사람들은 자신에 대해 솟아오르는 존경, 수용 그리고 자신을 좋아함을 느끼기 시작할 수 있다. 그 자신을 사랑스럽고 가치 있다고 느끼기 시작할 수 있을 때, 그는 다른 사람들에 대한 사

> 랑과 부드러움을 느끼기 시작할 수 있다. 그렇게 그는 자신을 실현화하기 시작할 수 있고, 그가 되고 싶어 하는 더욱 사회화된 자아가 되는 방향으로 움직이도록 그 자신과 행동을 재조직하기 시작할 수 있다(Rogers, 1958: 17).

인간 실존에서 심각한 문제는 '자기사랑'이 아니라 '자기혐오'이며, 사람이 자기사랑을 느끼면(자아가 사랑받고 있고 또 사랑받을 만하다고 느끼면) 자동적으로 타인사랑이 뒤따를 것이라는 것이다. 이처럼 현대 심리학 특히 인본주의 심리학은 도덕성의 핵심으로서 상호성에 대해 그리고 아가페와 에로스의 관계에 대해 더욱 적절하게 이해를 할 수 있도록 공헌하였다. 이처럼, 근본적인 자기존중을 할 수 있도록 힘을 주는 하나님의 은혜에 대해 신학은 말을 하지만, 인간 조건의 분석에 있어서 자기혐오나 자기존중의 상실의 문제에 대해서는 현대 심리학이 신학자들보다 많은 것을 우리에게 말해 주고 있다고 본다.

그리고 신학은 일반적으로 아가페를, 타자에 대한 그리고 특별히 모든 사람들을 위한 '자기희생의 사랑'으로서 해석한다. 예를 들면, 니버(R. Niebuhr)는 예수 그리스도가 이 희생적 사랑의 대표적인 예이고 십자가는 그것의 완전한 상징이라고 말한다(Niebuhr, 1941: 2-68). 하나님의 본성은 희생적 사랑이고, 이 사랑은 예수 그리스도의 인격을 통해서 노출된다는 것이 니버가 보는 아가페에 대한 해석이다. 그러나 여기에서 자아사랑, 자기실현의 욕구가 삶에서 어떤 역할을 가져야 할지는 분명하지 않다. 이때 인본주의 심리학은 이웃사랑의 해석을 자아와 타자에 대한 동등한 배려의 방향으로 이끌면서 이웃사랑을 보다 현실적으로 이행할 수 있도록 돕는다고 볼 수 있다.

특히, 에릭 에릭슨(Erik Erikson)의 동등한 배려 또는 상호성의 윤리는 이웃사랑을 더욱 분명히 이해하는 데 도움이 된다. 브라우닝은 에릭슨이 인본주의 심리학에서 말하는 소극적인 건강한 자아의 개념—즉, 인간의 기본적이고 자연적인 관심인 자기실현을 이루는 것—을 넘어서고 있다고 하며, 그

근거로 에릭슨의 '상호성'에 대한 이론을 다음 세 가지로 부각시킨다(Browning, 1983: 225). 첫째로, 이것은 계속되는 세대에 생식적인 문제뿐 아니라 폭넓은 돌봄에 관심을 갖는 것이다. 즉, 단지 자신의 아이들뿐 아니라 다음 세대에 대한 관심을 갖기 때문이다. 둘째로, 에릭슨의 상호성 이론은 '세대에 기초한 이론' 위에 세워졌다.[8] 즉, 아이들의 필요를 채워 주면서, 어른들 또한 자신 안에 있는 필요들을 채운다는 것이다. 예를 들면, 유아들이 어른들의 따뜻하고 온화한 얼굴을 보는 것이 필요한 것처럼, 어른들도 유아들의 웃는 얼굴을 보는 것이 필요하다. 유아가 음식물을 필요로 하는 동시에 어머니는 젖을 빠는 아이들로부터 기쁨을 얻는다. 또한 아이들을 돌보는 바로 그 행위 안에서 부모들은 그들 자신의 '가르치는 본능'을 만족시킨다는 것이다. 셋째로, 에릭슨은 *Gandhi's Truth*이라는 책에서 황금률을 자기희생을 포함하는 것으로 재해석하면서, "진실한 행동은 …… 상처를 주는 것이 아니라 상처를 받을 준비에 의해 지배된다. 이것은 비폭력의 원리에 의해 지배되는 행동이다."(Erikson, 1969: 412)라고 말한다. 여기에서 비폭력 행동을 취하는 사람은 다른 사람에게 상처를 주지 않으면서 다른 사람이 더 정당하고 상호적인 행동을 가질 수 있도록 기꺼이 자신이 고통받고 상처를 받는 것인데, 이것은 진실한 상호성과 정의의 관계를 회복하기 위한 일시적인 것이다. 브라우닝은 이와 같은 에릭슨의 상호성을 높게 평가하며, 이것은 이웃사랑과 황금률을 더욱 적절히 해석하는 데 도움을 준다고 본다.

심리학에 대한 신학의 영향

기독교전통은 하나님에 대한 은유를 창조자, 심판자, 통치자, 구원자 등으로 표현해 왔다. 이것은 니버의 신학에서 분명히 나타나는데 니버가 이야기하는 은유, 즉 창조주로서의 하나님과 섭리자로서의 하나님, 구원자로서의

8) 이 상호성의 개념은 Erikson(1964: 219–243)에서 발전되었음을 본다.

하나님은 은유적 표현으로서 이들은 각각 창조는 선하고, 우주에는 도덕적 질서가 있으며, 구원(갱신)은 가능하다고 보는 것이다. 이러한 신학의 은유들은 인간 경험의 광대한 영역에 질서를 부여한다.

기독교신앙의 이러한 기본적인 은유들은 현대 심리학의 은유들과 비교할 때 훨씬 더 풍요하고 다차원적인 것을 알 수 있다. 현대 심리학의 은유들—삶과 죽음, 조화—은 단순하고 1차원적인 경향이 있다. 따라서 만일 종교적 전통의 오래된 은유와 관련된 이미지들을 우리가 기억할 수 없다면 어떤 일이 생길까? 인간은 과학적 신화들만 갖고 살 수 있을까? 이런 것들은 실제적인 삶의 영역들을 충분히 설명하기에는 너무 단순하고 1차원적이며 불충분하다. 브라우닝은 이런 의미에서 서구 종교전통의 다양한 은유들은 좋은 것이라고 주장한다.

이 점에서 브라우닝은 그가 선호하는 에릭슨에게도 한계가 있음을 지적한다. 에릭슨이 가진 것은 '조화'와 '구원'의 함축적인 은유이며, 이 두 가지는 서구 종교전통의 근원적인 은유들이지만, 통치자로서 하나님의 은유나 이것과 유사한 은유들을 에릭슨은 갖고 있지 못하다는 것이다. 즉, 도덕적 체계를 필요로 하는 삶에 있어서 도덕적으로 살 수 있도록 힘을 주는 은유들, 다시 말해 그가 삶에 있어서 근본적이라고 보는 일시적인 자기희생과 상호성을 사람들이 갖도록 힘을 부여할 깊은 은유들이 에릭슨에게는 없다는 것이다(Browning, 1983: 237).

윤리에 있어서도 이기주의로 빠지는 일반 심리학과 달리 기독교의 도덕적 핵심은 상호배려로 이해되는 상호성—물론 에릭슨에게서도 이 점이 나타나지만—임을 주장한다. 여기에서 브라우닝은 이제까지 기독교윤리를 자기희생에 근거하여 이해한 니버의 견해를 뛰어넘어 자율성과 상호배려의 원리를 강조한 가톨릭 신학자 쟌센(L. Janssens)의 견해에 공감을 표시한다. 쟌센은 "이웃사랑은 공평한 것이다. 그것은 근본적으로 모든 사람에 대한 동등한 배려다."(Janssens, 1977: 219)라고 말한다. 니버와 대조적으로, 자기희생은 기독교적인 삶의 이상이 아니라는 것이다. 대신 상호성과 동등한 배려가 이상적이고, 희생적 사랑은 이들로부터 파생된다는 것이다. 즉, 잔센은 자기희생은 목적이 아니라, 진실하고 동등한 배려와 상호성의 유지와 회복을 위한 일시적인 전이의 과정인 것으로 본다. 이러한 잔센의 견해를 따르면서 브라우닝은 아가페는 자아실현, 타인에 대한 동등한 배려, 그리고 상호성을 회복하기 위한 일시적 윤리로서의 적절한 자기희생 등을 모두 포함한다고 주장한다(Browning, 1983: 153).

이와 같은 동등한 배려로서의 아가페의 모델은 건강에 대한 자기배려의 중요성을 강조하는 현대 심리학으로부터의 통찰력을 통합시키는 장점을 가지고 있다. 동시에 이 모델은 자기배려와 타인에 대한 동등한 배려의 도덕적 요구와 균형을 이룬다. 이 이론에 따르면, 예수의 이웃사랑은 공평무사한 것으로서 모든 사람이 상호 배려하도록 하는 것에 그 궁극적인 목적이 있다고 해석할 수 있다. 예수의 황금률도 상호 배려로서의 사랑이며, 이것이야말로 도덕적 행동의 근본 원리라고 말할 수 있는 것이다.

따라서 이것은 심리학에 대해 중요한 교정을 할 수 있다. 프로이트는 윤리 차원에 있어서 파괴적인 본능을 가진 인간으로서 이웃사랑은 불가능하다는 윤리적 이기주의의 태도를 취했다. 그리고 인본주의 심리학자들은 각자의 자아실현이 타인의 자아실현을 방해하지 않는다는 '조화'를 궁극성의 은유로 가짐으로 말미암아, 결국 그들은 이웃에 대한 고려 없이 자신들의 가능성 실현에만 관심을 가지므로 윤리적 이기주의로 흐르게 되는데, 이는 비판을 받아야 하는 것이다. 특히, 윤리적 이기주의의 성향을 띠는 자아실현의 개념을 폭넓은 도덕적 규범으로 확장시키려는 인본주의 심리학자들의 경향성과, 건강의 개념을 자아실현에 제한하는 그들의 한계를 신학이 밝히고 교정할 수 있는 것이다.

브라우닝의 통합적 입장의 공헌과 한계

브라우닝에게 있어서, 심리학과 신학 간의 비판적 대화를 시도하는 것은 다원주의적 상황하에서 신학을 '공적(public)'으로 만들기 위해 가장 긴급한 일이었다. 즉, 신학이 더 이상 자기의 특권만을 고집하며 독백으로 고립되는 것이 아니라 다른 사회학들의 주장과 서로 동등한 위치에서, 대화를 통해, 정당하게 신학의 자리를 찾아야 한다는 그의 신념에서 나온 것이다. 따라서 그는 현대 심리학 안에 있는 함축적인 윤리와 은유들을 명확하게 하며, 동시에 분석된 현대 심리학의 함축적인 은유와 윤리들을 유대-기독교전통의 자원과 비교하여 이 일을 하자고 제안한 것이다.

브라우닝이 시도한, 심리학과 신학과의 깊이 있는 대화는 우리가 희미하게 인식하던 이 둘의 관계를 분명하게 드러내 놓고 대화시키는 것이었다고 말할 수 있다. 실제로 우리는 철학, 사회학, 심리학 등의 일반 학문들이나 TV, 영화, 책들을 통해, 인생의 여러 가지 문제들에 대해 생각하고 또한 결정하는 데 영향을 받고 있다. 그러므로 이들이 갖고 있는(특히 구미에서 현대인의 삶에 가장 영향을 주고 있는 심리학) 배후의 은유와 윤리를 명백히 분석하고 제시하면서, 과연 어느 것이 삶에 진정으로 도움이 되는가를 체계적으로 토론하자는 것이 그의 의도인 것이다. 따라서 이것은 우리의 삶에 영향을 주는 신앙과 세속 가치를 이원화시키지 않고 우리의 현실을 깊이 있게 해석할 수 있는 방법을 명시적으로 제시한 것이다. 이것은 다원주의 상황 하에서 우리가 취해야 할 바람직한 입장이라고 보며, 이 점에서 브라우닝의 공헌은 크다고 생각한다.

그러나 한편 그는 다양한 기독교 주장들의 해석들과 다양한 인간 실존의 문화적 해석들 사이에서 어느 것이 더 바람직한 것인가를 결정하기 위해서는 이성이 종국적으로 중심적 역할을 해야 한다고 말한다. 이것은 그의 우선적인 충성심이 교회공동체가 아니라, 세속적인 질문의 공동체 안에서 수락

되는 진리와 의미의 판단 기준에 있는 것으로 보이게 한다(Browning, 1985: 16). 그리고 이것은 어떤 종교적 전통의 진리 주장도 일반 인간 경험에 대한 의뢰에 의하여 타당성을 얻을 때까지 불확실한 것으로 취급되어야 한다고 주장하는 것처럼 보인다. 이런 애매모호함은, 도덕적 경험을 종교적 신앙의 시금석으로서 강조한 윌리엄 제임스[9]의 영향을 받은, 그의 종교에 대한 실용주의적 평가와 관련되어 있다고 보인다.

그러므로 브라우닝은 "우리는 진리를 그 뿌리로 아는 것이 아니고 그 열매로 안다."라고 말한다(Browning, 1991: 182). 즉, 신학과 심리학의 깊은 은유에 대한 도덕적 평가가 그의 주요 관심이었다. 이처럼 브라우닝은 도덕규범이 인간의 정신건강에 도움이 될 것이라는 차원에서 신학을 해석하지만, 기독교인은 윤리에 대한 지적 추구를 넘어서 살아있는 하나님을 경험하기를 원한다. 인간은 인생의 의미를 묻기 때문에 윤리적 차원을 넘어서는 것이다. 그리고 이것이야말로 때로는 사람의 윤리적 결정에 더욱 깊게 영향을 미친다고 할 수 있다.

따라서 현대 목회적 돌봄의 심각한 문제인 도덕규범의 결핍을 심리학과 신학과의 대화를 통해, 즉 다섯 단계의 '실천적/도덕적 추론'의 방법을 통해 구체적으로 해결하고자 하는 시도는 높이 평가되어야 하지만, 사람들은 실천적/도덕적 추론보다는 신앙의 근거 위에서, 은유적으로, 그들의 정체성을 형성하고 그들 대부분의 규범적 선택들을 하게 된다는 사실을 브라우닝은 깊이 인식해야 할 것이다. 이러한 의미에서 브라우닝은 신학과 심리학의 대화를 깊이 있게 시도했지만, 도덕규범을 만들고자 하는 좁은 범주에서—실용주의적 차원에서—활용했다는 한계를 갖는다.

9) 제임스는 종교 경험을 평가하는 데 'Immediate luminousness, Philosophical reasonableness, and moral fruitfulness' 등의 세 가지 기준을 말하는데, 무엇보다 세 번째를 강조하며, 도덕적인 열매가 맺혀야 그가 참으로 종교적 경험을 했음을(또는 구원받았음을) 알 수 있다는 실용주의적 입장을 취한다(James, 1950: 32–37).

결 론

이제까지 목회상담에서 심리학과 신학과의 대화는 다양하게 시도되어 왔었다. 그러나 심리학 역시 인간을 회복시키려 한다는 점에서 볼 때 이 둘 간의 통합적인 접근방법이 바람직하다고 보면서 구체적인 통합의 방법을 브라우닝의 주장을 중심으로 살펴보았다.

전통적으로 기독교의 영혼돌봄은 전인적인 인간 구원을 목표로 하고, 정신요법은 정신적 건전함과 육체적 건강에만 관심을 가져 왔다. 여기에서 심리학적 인간 이해는 인간 내면의 흐름—경제나 정치의 흐름이 있듯이 정신의 흐름이라는 자연적인 질서—을 파악하는 데 도움을 줌으로써 목회상담에 크게 공헌하였다고 볼 수 있다. 따라서 브라우닝이 하였듯이, 인간 내면의 깊이를 다루는 심리학을 치료방법 차원에서 벗어나 세계관과 윤리관에 영향주는 차원에서 접근하고 이것이 신학을 더욱 풍부하게 하는 면들을 살펴본 것은 의미 있는 일이라고 할 수 있다.

그러나 심리학과 신학의 대화를 통한 이러한 접근방법은 또 한편으로 한계가 있음이 지적되었다. 예를 들면, 브라우닝은 윤리-종교적 영향이 정신건강에 도움이 된다는 차원에서 기독교의 신앙의 의미를 찾으려고 함으로써 신학과 심리학 간의 깊이 있는 대화를 끌어냈으나, 동등한 차원에서의 대화를 강조하다 보니 어쩔 수 없이 기독론의 약화를 가져왔다는 한계를 보여 준 것이다. 따라서 오늘날과 같은 다원주의하에서는 브라우닝이 보여 준 것처럼 심리학의 배경을 철저히 분석하며 상호 대화하는 것이 중요하나, 동시에 목회상담에 있어서 신앙의 전통이 무엇보다 먼저 대화의 출발점이 되어야 한다는 것을 인식해야 하며, 전통적 신학의 맥락에 맞게 보조 수단으로 심리학을 사용하는 것이 바람직하리라 본다.

» 참고문헌 «

박노권(2003). **종교심리학**. 대전: 목원대학교출판부.

이관직 역(1995). **현대심리치료법**(원저: S. Jones & L. E. Burtman). 서울: 총신대학출판부.

전요섭 역(1997). **신학과 심리학의 통합과 갈등**(원저: J. D. Carter & B. Narramore). 서울: 하늘사다리.

정정숙 역(1981). **목회상담학**(원저: J. Adams), 서울: 총신대학출판부.

정태기 역(1988). **꿈: 하나님의 잊혀진 언어**(원저: J. A. Sanford). 서울: 대한기독교서회.

Adams, J. (1979). *A Theology of Christian Counseling.* Grand Rapids, MI: Zondervan.

Barbour, I. (1974). *Myths, Models, and Paradigms.* New York: Harper & Row.

Bobgan, M., & Bobgan, D. (1987). *Psychoheresy: The Psychological Seduction of Christianity.* Santa Barbara, CA: Eastgate.

Browning, D. (1966). *Atonement and Psychotherapy.* Philadelphia: Westminster Press.

Browning, D. (1976). *The Moral Context of Pastoral Care.* Philadelphia: Westminster Press.

Browning, D. (1978). Monistic Dimension in Humanistic Psychology. In W. Schoeder & G. Winter (Eds.), *Belief and Ethics.* Chicago: Center for the Scientific Study of Religion.

Browning, D. (1983). *Religious Ethics and Pastoral Care.* Philadelphia: Fortress Press.

Browning, D. (1985). Practical Theology and Political Theology. *Theology Today, 42*(1), 11-24.

Browning, D. (1987). *Religious Thought and the Modern Psychologies*. Philadelphia: Fortress Press.

Browning, D. (1991). *A Fundamental Practical Theology*. Minneapolis: Fortress Press.

Crabb, L. (1975). *Basic Principles of Biblical Counseling*. Grand Rapids, MI: Zondervan.

Erikson, E. (1964). *Insight and Responsibility: Lectures on the Ethical Implication of Psychoanalytic Insight*. New York: W.W. Norton & Company.

Erikson, E. (1969). *Gandhi' s Truth*. New York: W. W. Norton & Company.

Freud, S. (1961). *Civilization and Its Discontents*. trans. J. Strachey. New York: W. W. Norton.

Freud, S. (1963). *Beyond the Pleasure Principle*. trans. J. Strachey. New York: Bantam Books.

Gary, C. (1977). *The Rebuilding of Psychology*. Wheaton: Tyndale.

Hiltner, S. (1972). *Theological Dynamics*. Nashville, TN: Abingdon Press.

James, W. (1950). *The Varieties of Religious Experience*. New York: Bantam.

Janssens, L. (1977). Norms and Priorities in a Love Ethics. *Louvain Studies 6*, 214-221.

Jeeves, M. (1976). *Psychology and Christianity*. Downers Grove, ILL: Interversity Press.

Laplanche, J. & Pontalis, J. B. (1973). *The Language of Psycho-Analysis*. trans. D. Nicholson-Smith. New York: W. W. Norton & Company.

Niebuhr, R. (1941). *The Nature and the Destiny of Man*. New York: Charles Scribner' s Sons.

Rieff, P. (1966). *Triumph of the Therapeutic: Uses of Faith After Freud.* New York: Harper and Row.

Rogers, C. (1951). *Client-Centered Therapy.* Boston: Houghton Mifflin Co.

Rogers, C. (1958). Reinhold Niebuhr' s Self and the Drama of History. *Pastoral Psychology, 9,* 14-21.

Rogers, C. (1961). *On Becoming a Person.* Boston: Houghton Mifflin Co.

Sall, M. (1975). *Faith, Psychology, and Christian Maturity.* Grand Rapids, MI: Zondervan.

Vitz, P. (1977). *Psychology as Religion: The Cult of Self-Worship.* Grand Rapids: William B. Eerdmans.

Wallwork, E. (1982). Thou Shalt love Thy Neighbor as Theself: The Freudian Critique. *Journal of Religious Ethics, 10,* 255-272.

Yearly, L. (1985). Freud as Critic and Creator of Cosmogonies and Their Ethics. In R. Lovin & F. Reynolds (Eds.), *Cosmogony and Ethical Order.* Chicago: University of Chicago Press.

09

목회상담학의 신학적 지평

모든 상담이 그러하듯 목회상담은 언제나 현장에서 이루어진다. 그 현장의 가장 큰 특성은 신앙적 맥락이라는 점이다. 설령 내담자가 가져온 문제가 신앙이나 교회와 관계가 없는 문제인 듯 보여도, 궁극적 관심이나 삶의 종국적 의미라는 면에서 거기에는 언제나 신앙이 개재되어 있다. 더욱이 그 상담이, 목회자와 교인 혹은 기독교를 대변하는 이와 고통에 처한 이의 관계 속에서 이루어질 때, 거기서 신앙과 신학은 직접적이든 혹은 간접적이든 매우 중요한 역할을 한다.

앞에서 우리는 목회상담이 신앙적 내용과 심리적 내용이라는 두 중심을 축으로 전개된다는 것을 알게 되었고, 이 두 중심이 어떤 관계를 맺고 있는지에 대하여 중점적으로 살펴보았다. 이 장에서는 신앙과 신학이 어떻게 목회상담에 영향을 미치고 있는지 그리고 목회상담이 신앙과 신학에 따라 어떤 차이를 보이는지 살펴보고자 한다.

1. 상담자가 지닌 가치관

20세기에 들어오면서 상담자가 지닌 가치관이 상담에서 어떤 역할을 하는지에 대한 논란이 있어 왔다. 현대 심리치료의 시원을 이룬 프로이트(Sigmund Freud)의 정신분석학은 상담자가 자신의 가치나 신념을 내담자에게 드러내는 것을 금해 왔다. 그는 상담자 혹은 분석가가 마치 외과의사가 수술을 하듯 중립적인 위치에서 내담자의 문제를 보도록 조언하였다.

그러나 요즈음 학자들은 상담을 할 때 가치중립적인 태도를 유지한다는 것은 불가능하다고 보고 있다. 그것은 상담자 자신의 위치나 맥락에 따라 이미 일종의 선입견 혹은 해석의 지평으로서 가치관을 가지고 있기 때문이다. 따라서 상담자들이 아무리 중립을 지키려고 해도 자신의 가치를 자기도 모르게 내담자에게 전달하고 내담자는 상담자의 신념 체계에 의해 영향을 받게 된다. 그래서 어떤 상담자들은 내담자를 상담하기 전에 미리 자신의 가치와 신념을 알려 주지 않으면 공정하거나 윤리적이지 못한 것이라고까지 말하고 있다.

이와 같은 점에서 보면 목회상담자들은 가치관이나 그가 가진 해석적 위치상 매우 특이한 면을 지니고 있다. 그것은 자기 자신을 목회상담자라고 규정함으로써 자신의 독특한 입장을 이미 내담자에게 알려 주고 있기 때문이다. 그러나 이처럼 자신의 가치나 신념을 미리 내담자에게 알려 주었을 때 상담결과에 어떤 영향을 미치는지는 아직 많이 연구되지 못하였다. 많은 목회상담자들은 예수 그리스도를 따르는 상담자들로서 그리스도의 가치와 진리를 내담자들과 함께 나누는 것이 당연하고 그렇게 해야 할 책임이 있다고 주장하고 있다. 정신과 의사 윌슨(W. Wilson)은 "우리가 복음을 전하지 않으면 어떻게 무의미와 부도덕과 죽음의 절망을 몰아낼 수 있겠는가?" 라고 반문하면서 다음과 같이 말하고 있다.

> 기독교인으로서 참회하는 사람들에게 하나님의 용서를 전해야 할 의무가 있다. 이 일은 일반상담자들이 감히 할 수 없는 일이다. 그들은 그러한 권위를 위임받지 못했다. 우리가 환자들에게 하나님의 용서를 전하고 서로 용서하도록 도울 때 그들의 삶은 크게 변화될 것이다.

그러나 이런 진술에도 문제가 있다. 우선 감수성이 예민한 상담자라면 내담자에게 자신의 가치나 신념을 억지로 강요해서는 안 된다는 것을 상담자의 가장 기본적인 태도로서 인식한다. 그러나 예를 들어, '용서' 라고 말할 때 그것이 구체적으로 무엇을 말하며, 그것이 어떻게 표현되어야 하느냐는 문제에 있어서는 상담자마다 다를 수 있다. 바로 여기에서 상담의 신학적 지평이 문제가 되는 것이다. 즉, 언어적으로 기독교 용어를 사용한다 하여도,

그것의 구체적인 내용이 무엇이 될지는 신학적인 입장에 따라 판이하게 다를 수 있는 것이다. 예를 들어, 성서적 언어인 '용서'를 상담 시에 반드시 사용하여야 되는가, 아니면 성서적 언어인 '용서'를 심리학적인 용어인 '용납'이란 내용으로 대치 혹은 병치할 수 있는가 하는 문제는 신학적 입장에 따라 크게 다르다.

그러나 어떤 입장이든, 상담자는 자신의 가치관 및 신학이 상담과 내담자들에게 어떤 식으로 영향을 끼칠지 분명하게 알아야 한다. 왜냐하면 상담자의 가치관은 상담과정에서 필연적으로 내담자에게 영향을 주기 때문이다. 그런데 내담자의 가치관과 그가 가진 삶의 지평이 상담자의 것과 다르거나 혹은 합의를 이루기 어려운 것이라 할 때, 이런 면은 어떻게 조정될 수 있는가? 목회상담자로서 내담자에게 자신의 가치와 신념을 숨기지 않는 것이 옳은 것이며 동시에, 목회상담자는 내담자의 가치와 신념을 이해하고 그것이 어떻게 자신의 것과 관계를 맺게 될 것인지를 생각하는 것 또한 너무나 중요하다.

이런 점에서 가치관의 옳고 그름이나 신학적 입장을 살피는 것 못지않게 중요한 것이 상담자가 한 인간으로서 지닌 삶의 태도와 삶의 지향성이다. 이것은 그가 어떤 상담적 방법론을 선택하느냐보다, 그 이전에 상담자가 인간으로서 어떤 덕성이나 가치를 함양하고 있는가 하는 문제다.

레이 앤더슨(Ray Anderson)은 "목회상담자로서의 능력을 갖추기 전에, 살아있는 인간으로서 적극적이고, 개방적이며, 하나님과 이웃을 진정으로 사랑할 줄 아는 인간이 먼저 되어야 한다."(Anderson, 1990: 17)라고 말하고 있다. 여기서 인간이 된다는 것은 지적인 면이나 감정적인 면에서 보통 사람들보다 우월하거나 보다 많이 발달되어 있다는 측면을 가리키는 것이라기보다는, 상담자가 어떤 문제를 만나든 그것이 지닌 긍정적인 면과 궁극적인 의미에 대하여 신뢰를 갖고 삶을 긍정적이면서도 진취적으로 살아간다는 태도적인 면을 보다 분명하게 지시한다.

예를 들어, 상담자는 건전한 자긍심을 가지고 있어야 하며, 자신의 성에 대해 확실한 느낌과 앎을 지니고 있고, 성적인 느낌과 행동에 있어서 자신감이 있어야 한다. 이 세상을 살아가는 것이 즐거워야 하고, 믿음직해야 하며, 사람들에게 자신의 감정과 행동을 자유스럽게 표현할 수 있어야 하고, 자신의 정체성을 분명하게 느끼고 있어야 한다. 또한 목회상담자가 효과적으로 살아가기 위해서는 하나님을 신뢰하는 믿음이 건강해야 한다. 설령 거기에 의혹이나 회의가 있다 하더라도 궁극적으로는 존재와 의미에 대한 개방적 신뢰가 있어야 한다. 상담자도 살아가면서 상실과 상처와 아픔을 겪게 마련이다. 그러나 효과적으로 살아가는 사람은 비록 이런 고통의 원인을 끝까지 모두 다 이해하지는 못하더라도, 하나님은 신실하시고 사랑이시고 용서하시는 분임을 항상 열린 마음으로 받아들이고 신뢰하는 사람이어야 한다(Anderson, 1990: 20–22).

이렇게 볼 때 결국 상담자는 여러 분야에서 자신 있게 살아갈 뿐 아니라 내담자들도 그렇게 살아가도록 도와주는 사람이어야 한다. 문제는 여기서 무엇이 건강한 것이며 무엇이 효율적인 것인지를 이해하고 대화하고 내담자의 변화를 기하는 데 있어서, 그 구체적인 내용에 들어가면 신앙과 신학적 입장에 따라 다소 차이가 난다는 점을 우리는 언제나 유념해야 한다는 것이다. 그러면서도 어떤 경우든 항상 변하지 않는 점은 목회상담자든 비목회상담자든 간에 어떤 상담자도 완전할 수는 없다는 점이다. 아무 문제도 갈등도 없이 안정된 상담자는 없다. 그러나 상담자 자신이 개인적인 문제나 인간관계에서의 갈등 또는 영적인 고민으로 쩔쩔매고 있는 한, 내담자를 효과적으로 도울 수는 없을 것이다. 상담자는 이 세 부분에서 어느 정도 성장을 이룩해야만 내담자도 성장하도록 도울 수 있다(Anderson, 1990: 20–22).

여기에 더하여 목회상담자는 맥락상으로나 혹은 상담의 과제상으로 기독교신앙적인 면들을 많이 다루게 된다. 또한 신앙과 관계가 없어 보이는 문제들도 결국에는 내담자의 영적 성숙이나 신앙적 성장을 위해서 그것을 '영원의 빛 아래에서' 조명해 보는 것도 필요하다. 흔히 일반상담자들은 상담할 때 예수 그리스도와의 관계, 하나님의 용서와 은혜, 제자도에 관해서는 언급할 수 없다고 본다. 그러나 어떤 경우 목회상담자도 이런 언급을 하지 않을 수도 있다. 그러나 그 내용상으로는 명시적이든 묵시적이든 이런 신앙과 관계없는 문제들이란 존재하지 않는다. 그리고 많은 경우 기독교인들이 깊은 관심을 가지고 있는 것은 바로 이와 같은 영적인 주제들이다. 이 영적인 요소들은 많은 내담자들이 고민하고 있는 문제들이고 삶을 억압하는 문제들을 해결하는 데 커다란 도움이 될 수 있으며 실제로 상담실에서 자주 이야기되고 있다. 그러므로 목회상담자는 이 영적인 주제들을 잘 이해하고 있어야 하며 내담자들이 이를 깨닫도록 도와줄 수 있어야 한다.

결국 목회상담자가 효과적인 상담을 하기 위해서는 자신의 신앙과 신학의 입장과 그 장단점을 잘 인식하면서 예수 그리스도를 따르는 제자가 되어야 한다. 다시 말해 효과적인 목회상담자가 되기 위해서는 예수 그리스도와 밀접한 관계를 맺어 가야 하고 이를 통해서 영적인 감각을 예민하게 길러 가야 한다. 특히 목회상담자는 하나님과의 관계성 속에서 자신을 세워야 하고, 자신의 상담적 입장이나 과정을 하나님의 성업과 연관하여 볼 수 있는 눈을 가져야 한다.

2. 목회상담과 신학의 관계

우리는 '신학과 상담학은 어떤 관계가 있는가?' 라는 질문을 자주 접하게 된다. 8장에서도 신학과 심리학이 어떤 연관성을 지니고 있는지 자세히 살펴보았다. 그런데 구체적으로 신학은 목회상담에서 어떤 역할을 하며 어떻게 영향을 미치고 있는가? 이 질문은 결코 단순하지 않다. 신학이 무엇이며 '신학을 어떻게 하는가(doing theology)?'라는 이 기본적 질문에 대한 답변조차 신학적 입장에 따라 달라지기 때문이다. 예를 들어, 한 보수적 신학자는 신학이 어떤 주어진 교리나 가르침에 관하여 성경이 무엇이라고 말하는가를 체계화시키는 작업이라고 본다(Adams, 1979: 11). 그러나 다른 진보적이며 개방적인 신학자는 신학이란 신에 대한 인간의 창조적 언설이라고 본다(Kaufmann, 1981). 따라서 신학은 하나님에 대해 우리 인간이 연구하는 학문으로 삼위일체 하나님과 피조 세계를 향한 하나님의 섭리와 역사에 관한 학문으로 정의할 수 있지만(오우성, 박민수, 2005: 68–69) 이것은 형식적 정의일 뿐, 실제적인 내용에 들어가면 그 의미나 방향성이 크게 달라질 수 있다.

더욱이 신학과 상담학은 그 전제가 근본적으로 다르다. 예를 들어, 우울에 대하여, 심리학이나 상담학은 그것을 병리적으로 혹은 생리나 심리상으로 보다 깊이 이해하려는 면에 노력을 기울이겠지만, 신학이나 신앙은 이것을 한 인간이 실존적으로 하나님 앞에 어떻게 서 있는가라는 실존적/신학적/종말론적인 면으로 접근해 들어갈 수도 있다. 또한 실존적/종말론적 자세의 구체적인 내용이나 방향성에서도 신학적 입장에 따라 차이가 있을 수 있으므로 문제는 다중적으로 복잡해지는 것이다.

그렇기 때문에 목회상담자는 내담자가 가져오는 문제나 자신이 제기하는 문제가 어디에서, 어떻게, 어떤 모양으로 그 구체적인 내용을 지니는지 예의 주시하면서 상담에 임해야 한다. 상담 중에 혹은 상담을 종료하면서 기도할 때도, 기도를 내담자가 어떻게 이해하고 있으며 기도가 그 역동상으로 내담자에게 또 상담과정 전체에 어떤 의미를 지니는지를 묻고 미리 생각해야 하는 것은 바로 이런 면 때문이다.

여기에 더하여 목회상담자는 내담자와의 합의나 해석적 과정을 통해서 상담의 목표나 상담 안에서 이루어지는 역동들에 대하여 일종의 지평융합 또는 해석적 합의를 이루면서 상담을 해 나가야 한다는 점이 더더욱 중요하다.

이런 면으로 볼 때, 앞의 논의에 덧붙여, 우리는 상담자 및 내담자의 신학 및 신앙의 양태가 실제 상담에서 어떻게 전개되어 가는지 유형별로 조금 더 살펴볼 필요가 있다.

주류 목회상담학파

일반적으로 현대 목회상담은 종교개혁 이후의 근대적 영혼돌봄이 발달/진보한 것으로 볼 수 있다. 그러나 그 본격적인 행보는 미국에서 1890년대 종교심리연구에서 출발한 것으로 본다. 종교가 인간의 심리적 상태나 안녕을 위해 참으로 소중하다는 인식이 퍼지면서 현대적 의미의 영혼돌봄이 본격적으로 연구되기 시작하였기 때문이다. 이를 위해 학문적으로 많은 공헌을 한 이는 윌리엄 제임스(William James)였다. 그의 저술 *The Varieties of Religious Experiences*는 이런 운동의 결정판이 되었다. 그리고 제임스와 함께 종교현상에 대하여 연구한 제임스 스타벅(James Starbuck)이나 스위스 출신으로 미국으로 건너와 공부하고 활동한 제임스 류바(James Leuba) 등도 이 운동을 이끌어 간 학자들이었다. 이들은 종교나 회심체험 등이 영혼의 생애와 역동에 기능적으로나 혹은 분열에 대한 통합적인 목표를 위해 매우 중요한 역할을 한다는 것에 대해 19세기 말부터 연구를 시작하였다. 따라서 영혼의 길과 삶에서 심리학이 지닌 지식과 경험을 긍정적으로 공헌하는 길을 열어 주었던 것이다.

이런 맥락 속에서 1903년에는 조지 앨버트 코(George Albert Coe)와 해리슨 엘리엇(Harrison Elliot)을 중심으로 한 〈미국종교교육협회〉가 설립되었다. 또한 1904년에는 보스턴의 성공회 소속 임마누엘교회 신부 엘우드 우스터(Elwood Worcester)는 몇몇 의사들과 힘을 합하여, 심리학과 의학 그리고 종교가 힘을 합하여 사람들의 내적인 아픔이나 장애를 치료하는 프로그램을 열 수 있었다. 이것은 '임마누엘운동' (Hunter et al., 1990에서 'Emmanuel Movement' 참조)이라고 불리면서 1900년대 전반부 교회 영혼사역의 중요한 부분을 구성하였다. 이에 더하여 1909년 정신분석의 창안자 프로이트가 미국 보스턴 동부 우스터 시의 클라크 대학교를 방문하여 강연을 하게 되었고, 이를 기화로 유럽에서 번지던 정신분석운동이 미국심리학계와 교회에도 서서히 영향을 미치면서 현대 목회상담운동에 중요한 영향력을 발휘하기 시작하였다.

널리 알려진 대로, 1925년 안톤 보이슨은 리처드 캐벗(Richard Cabot) 같은 의사와 힘을 합하여 '임상목회교육' 을 시작하였다. 이것은 미국 교회와 신학교의 목회상담운동의 기폭제 역할을 한 중요한 신학교육운동으로 이후의 역사는 제5장에서 자세히 다루었다. 그런데 이런 목회상담운동에서 심리학의 역할은 신학과 대등한 위치를 지닌 것이었고, 신학은 심리학이 제공하는 이론적 틀이나 개념들을 별 여과 없이 받아들여 전통적인 신학이 제공하는 많은 내용들을 심리학적으로 해석하거나 설명하는 방식을 주로 취하였다. 예를 들어, 1951년 뉴욕의 유니언 신학교 교수였던 데이비드 로버츠(David Roberts)는 *Psychotherapy and a Christian View of Man*을 펴내어 신학과 심리학의 관계를 적극적으로 상호 해석하여 주었다. 저명한 신학자 폴 틸리히(Paul Tillich), 초기 토머스 오든(Thomas Oden)이나 돈 브라우닝(Don Browning) 등의 연구 또한 이런 흐름에 속하고 있었다.

이런 흐름은 현대 미국 목회상담의 주류를 이루었다. 우리가 잘 아는 시워드 힐트너(Seward Hiltner), 캐럴 와이즈(Carroll Wise), 폴 존슨(Paul Johnson), 웨인 오우츠(Wayne Oates) 등이 이런 신학-심리학적 입장을 보이고 있다고 이야기할 수 있다. 특히 이와 같은 운동의 흐름에는 1942년 *Counseling and Psychotherapy*를 출간하며 일반상담학에 신기원을 이룬 칼 로저스의 공헌이 지대하였다. 인간중심주의 심리학과 그 상담이론은 목회상담에 지대한 영향을 주었고, 또한 이 심리치료 이론은 신학화 작업에도 많은 영향을 주어서 1960년대에 '목회상담의 황금기' 를 이루는 데에 큰 힘을 발휘하였다. 예를 들어, 토머스 오든의 *Kerygma and Counseling*(이기춘, 김성민 편역, 1983)은 바르트의 신학과 로저스의 심리학이 어떻게 서로를 조명하여 줄 수 있는지를 적극적으로 해석한 연구였다.

이런 연구와 심리상담 및 영혼의 돌봄에서는 신학과 기독교전통이 심리학이나 심리치료 전통과 어깨를 나란히 하여 사람을 돕는 것에 협력하는 모습이 뚜렷하였다. 다만 1970년대 중반 이후에 신학계에서는 목회상담이 심리학의 포로가 되었다는 자성과 비판이 서서히 대두하면서 신학과 기독교가 그 전통을 회복하여야 한다는 흐름이 생기게 되었다. 그러나 중요한 것은 이런 목회상담에서는 신학과 심리학이 결코 대립하거나 서로를 공격하는 입장을 보이지는 않는다는 것이었다.

그리고 이 목회상담학파는 〈미국목회상담자협회(AAPC)〉를 결성하였고, 이후 보다 신학적인 토대를 강조하는 목회신학자들이 결성한 〈미국목회신학협회(Society for Pastoral Theology)〉 같은 단체와 긴밀한 관계를 유지하고 있으며, 초창기 시워드 힐트너의 주도 하에 지금까지 프린스턴 신학대학원의 후원으로 출판되는 *Pastoral Psychology*를 비롯하여 *Journal of Pastoral Care & Counseling*, *Journal of Pastoral Theology* 같은 정기간행물들을 통해 활발한 임상 및 목회신학적 연구활동을 진행하고 있다.

성경주의 목회상담 학파

위와 같이 주류 목회상담이 심리학의 지배 아래에 들어가는 것처럼 보일 때 미국의 교회와 신학교 내에서 성경을 중시하고 기독교전통을 강력히 주장하는 목회상담의 한 유파가 등장하였다. 이들은 목회상담이라는 용어마저 기피하고 '성경적인 상담' 이라는 용어와 분야를 개척하고 있다. 이들의 주장은 어떤 신학적인 근거에서 상담을 하든 뚜렷한 신학적인 정체성이 필요하며, 이 신학적인 정체성은 신학이라는 학문을 통해서 형성된다는 것이다.

이런 면은 '권면적(권고적) 상담(nouthetic counseling)' 이라는 용어를 창안한 제이 아담스(Jay Adams)를 보면 더욱 잘 이해할 수 있다. 아담스는 원래 신학을 공부하고 난 후 자기 나름대로 상담을 공부하였다.[1] 그의 상담이론인 '권면적 상담'(Adams, 1970)은 핵심 개념으로서 권면(nouthesis)이라는 성경적 용어의 강조와 함께 내담자와 하나님의 말씀과의 대면(confrontation)의 과정을 통해 말씀에 의한 변화를 시도하는 상담방법과 내용을 담고 있으며(Adams, 1970: 45), 상담과정에서 성경 말씀을 사용하여 말씀의 권위에 호소하는 상담자의 권면적 역할을 강조한다. 즉, 상담자는 성경 말씀으로 내담자를 권면한다. 그러므로 기독교인들이 상담을 할 때에 성경이 가장 본질적인 것이 되어야 한다. 즉, 성경이 모든 상담의 중심이고, 상담은 성경이 지시하는 것을 실천하는 방법에 불과하다. 따라서 그는 상담의 목표, 상담의 방법, 그리고 상담의 과정과 원리 등을 성경에서 가져와야 한다고 주장한다. 그러나 목회상담을 하는 사람들은 아담스의 상담방법을 상담이라기보다는 오히려 목회활동이라고 생각한다. 사실 아담스는 상담이라는 영역이 교회에서 오랫동안 해 왔던 전도나 선교와 별로 다를 것이 없다는 입장을 취하고 있다. 이런 아담스의 상담에 대한 견해는 당연히 심리학이나 일반상담학 분야를 독자적으로 공부한 사람들이 받아들이기에는 잘 맞지 않다.

반면에 크랩(L. J. Crabb)의 *Effective Biblical Counseling*에 따르면 상담의 목표는 성경에서 가져오지만 상담의 방법과 상담의 과정과 원리 등은 일반 심리학적 원리를 따른다(Crabb, 1977). 일리노이 대학에서 임상심리학을 전공하여 박사학위를 받고 현재 콜로라도 기독교 대학에서 목회(기독교)상담학을 가르치고 있는 크랩은 〈The Institute of Biblical Counseling〉을 설립하여 자신의 입장을 널리 퍼뜨리고 있다. 그는 보다 급진적인 성경적 상담자들에 의해서는 오히려 비성경적이라고 공격을 받지만, 우리나라에도 여러 권의 책이 번역되어 있을 정도로 널리 알려져 있다. 중요한 것은 그가 성경의 권위를 인정하고, 성경의 입장에서 모든 문제와 그 해결책에 접근하고 있다

1) 우리나라에서는 1970년대 총신대학교의 정정숙 교수에 의해 아담스의 성경 중심의 권면적 상담이 소개되었다. 보수적인 신학적 배경을 가진 상담교수와 전공자들을 중심으로 1995년에 한국성경적상담학회가 시작되어 2001년부터 『성경과 상담』이라는 학회지를 발간하고 있다.

는 점이다.

이 유파에서의 신학적 입장은 흔히 말하는 '근본주의 신학' 에 가깝다. 근본주의 신학은 자유주의 신학과 진보적 신학이 교회 밖의 일반적 문화나 사유에 너무 가깝다는 인식 속에서, 성서의 무오설과 지나온 전통에 대한 철저한 답습을 통하여 기독교의 순수성과 독특성을 지키고자 하는 현대 초의 신학운동이었다. 따라서 성경이나 전통적 권위에 대한 비판적 수용보다는 수용적 복종을 통하여 기독교적 전통과 독특성을 지키고자 하는 것이다. 그러므로 합리적이고 과학적인 경험이나 이론이라 할지라도 그것들이 성경과 전통에 맞지 않으면 성경과 전통을 우선시한다.

복음주의 목회상담학파

이것은 흔히 자유주의 신학 혹은 진보적 신학운동과 대를 이루는 복음주의 신학과 연관되어 생겨난 목회상담학파를 말한다. 원래 복음주의 신학계열은 목회상담에 대하여 거리를 두어 왔다. 그러나 2차 세계 대전 이후 심리치료와 그와 연관된 문화가 미국 사회 전반에 걸쳐 파급되어 나가면서 복음주의 계열의 신학과 교회들도 이런 심리주의 물결을 외면하고 있을 수는 없었다. 그리하여 '기독교상담' 이라는 이름 아래 서서히 심리학과 심리치료의 경험과 지식을 받아들여 교회의 실제 생활과 영혼돌봄을 온건한 방향으로 활용하는 상담운동을 펴나가기 시작하였다. 캘리포니아에서 활약하던 한 심리학자인 클라이드 내러모어(Clyde Narramore)는 그 선구자 중의 한 사람이었다.

성경주의 목회상담도 한때는 이 복음주의 목회상담과 맥을 같이하였다. 또 크랩 같은 이는 이 복음주의 계열에서 중심적으로 활동하고 있기도 하다. 그러나 서서히 복음주의 목회상담은 기독교 평신자들인 심리학자들도 힘을 합하면서, '기독교상담' 의 기치 아래, 복음적인 입장에서 기독교신앙과 전통을 보충해 주는 면으로만 현대의 심리학과 심리치료 이론을 받아들이면서 독특한 상담과 심리 체계를 이룩하게 되었다. 특히 이런 복음주의 상담계열에 큰 역할을 한 신학교가 풀러 신학교였고, 오레곤 주의 웨스턴 뱁티스트 신학교도 이에 공헌하였다. 또한 많은 복음주의 계열의 일반 대학들도 이런 입장을 가지고 많은 졸업생들을 배출하였다.

한국에서도 복음주의 계열의 목회상담은 두란노 서원이나 기타 여러 단체들을 통하여 많이 소개되었다. 데이비드 시맨즈(David Seamands)의 *Healing for Damaged Emotions*은 복음주의 계열의 책으로서 일찍이 번역되어 목회상담 혹은 기독교상담이 한국 교회에 널리 퍼지는 데에 큰 역할을 하였다. '내적 치유' 혹은 '치유사역'과 같은 용어들도 바로 이런 복음주의 상담 유파를 대변하는 것으로 큰 역할을 하였다.

복음주의 상담과 관련하여 미국에서는 〈American Association of Christian Counselors〉라는 단체가 조직되어 그 회원이 5만 명 정도에 이르는 것으로 알려지고 있다.[2] 이 단체의 전임 회장 중의 한 사람인 게리 콜린스(Gary Collins)는 도서출판 〈두란노〉에서 출간한 『기독교상담 시리즈』의 편집자로서도 우리나라에 잘 알려져 있다.

이런 복음주의 상담계열에 있어서, 신학에 대한 심리학의 관계는 온건한 보충 내지는 보수의 관계다. 심리학은 복음을 증거하고 복음이 그 구원의 힘을 발휘하도록 하는 한 유익한 것이요 또한 활용될 수 있는 것이다. 그렇기 때문에 최종 권위는 언제나 성서와 기독교전통에 있다. 그러나 성서나 기독교전통이 미처 그 도움이나 설명을 제공하지 못하는 곳에서는 구원을 위하여 심리학이나 심리치료의 경험과 지식이 원용된다. 그러나 이 둘이 서로 부딪히거나 상반되는 경우는 언제나 성서와 전통이 우선하고 우세하다.

2) 2006년 8월 현재, http://aacc.net/about-us/leadership 참조.

3. 상담 중에서 신학의 역할

그러면 상담 중에서 신학은 실제로 어떤 역할을 하는가? 위에서 살펴본 바와 같이 상담자가 상담을 하면서 자신의 정확한 신학적 원리를 인식하지 못하면, 상담에 임할 때 항상 애매한 입장이 될 수 있다. 목회상담자가 신학과 심리학적인 관계에 대해서 뚜렷한 이론적 기반을 지니는 것이 그 무엇보다도 필요하다. 실제로 목회상담은 상담자의 신학적인 배경에 따라서 상담의 방향이 달라질 수 있다. 다시 말해, 상담자가 내담자와 상담을 할 때 상담자 자신의 가치관을 완전히 객관화한다는 것은 어려운 일이다. 즉, 상담자 자신의 가치관이 상담장면에서 안 나타난다는 것은 불가능하다. 단지 상담자는 자신의 가치관이 가능한 한 나타나지 않도록 노력하는 것이다. 상담에서 상담자의 완전한 중립이나 객관화는 사실 인간으로서 불가능한 일이다. 그래서 거쓰리(Shirley C. Guthrie)는 목회상담이 지니는 독특성은 바로 상담자의 신학적인 자기이해에서 비롯된다고 하였다(Guthrie, 1979: 132). 이와 같이 상담자가 어떠한 가치관과 삶의 태도를 가지고 있느냐 하는 것은 상담의 방향을 결정짓는 데 매우 중요하다. 상담자의 신학적 배경이나 종교적 체험 그리고 가치관을 기초로 하여 내담자의 다양한 문제를 상담하려면 상담자는 편견 없는 가치관과 건전한 신관 및 인간관에 바탕을 둔 신학적인 기반을 필요로 한다.

실제로 신학이 상담 중에 끼치는 영향과 그 결과를 가지고 활용하는 것에 대해서 주류 목회상담의 흐름을 정한 선구자 중의 한 사람인 목회신학자 시워드 힐트너는 이미 1950년대 말에 목회상담의 신학적 정체성에 관하여 확고한 제안을 하였다. 그는 모든 목회상담자는 자신의 신학을 가지고 상담에 임한다고 말한다. 그러나 이런 상담자의 신학은 상담이란 과정을 통하여 그것이 제대로 기능을 하는지 혹은 내담자의 삶과 신앙에서 어떤 역할을 하는지 일종의 평가 내지는 현실적 실험과정 같은 것을 거치게 된다. 다시 말해서 상담자는 자신의 신학을 내담자나 상담과정의 상위에 서서 부과하는 것이 아니라, 오히려 자신의 신학이 상담과 그 과정을 통하여 실제로 그것이 기능을 제대로 하는 것인지를 검증받는 것 같은 과정을 거치게 된다는 말이다. 힐트너는 이에 대해 '기능 중심의 신학' 이라는 용어를 사용하여 '논리 중심의 신학' 과 구별하고자 하였다(민경배 역, 1968: 21-35).

이것은 상담자의 신학이 변화 불가능한 것이 아니라, 상담 실행이라는 기능과 사역을 통하여 새롭게 변화되고 또한 보다 효과적인 사역을 위하여 신학에도 변모와 갱신이 필요함을 확증하는 것이다. 따라서 신학이 계시나 성서를 통하여 절대무오하게 주어지는 것이 아니라 현실과 역사를 따라 기독교의 핵심과 변함없는 진리를 제외하고는 그 내용과 모습이 역사와 지역과 문화를 따라 적절히 변모할 수 있음을 암시하는 것이었다. 따라서 이른바 '신학방법론상 수정된 상관관계적 방법론(revised method of correlation between the gospel and culture)' 을 표방하는 것이었다.

관점으로서의 신학

여기서 우리는 목회상담의 '목회적(pastoral)'이라는 단어의 두 가지 정의에 대하여 이야기할 계제를 갖게 된다. 이것의 의미는 단순한 언어가 아니라 신학적으로도 중요한 함의를 가지고 있기 때문이다(민경배 역, 1968: 13-21). 먼저, 이 단어는 '기능적' 정의이기 쉽다. 다시 말해, '목회적'이라는 말을 '목회자의(pastor's)' 라는 의미로 사용할 경우, 이는 안수받은 목회자가 하는 일들(pastor's jobs)은 모두 '목회적'이 될 수 있다고 보는 것이다. 목회자가 하는 일은 과연 모두 '목회적(pastoral)'인가? 이러한 기능적 정의를 고집하자면, 목회자가 꼭 안수받은 사람만을 의미하지 않는다는 주장이 제기되더라도, 적어도 한국적인 상황에서는 목회자가 아닌 사람이 '목회상담'을 하는 것이 된다. 하지만 목회자이기만 하면 그가 하는 모든 일이 '목회적'이 되거나, 그가 하는 모든 상담이 '목회상담' 이 된다는 것 역시 무리가 있다. 이에 기능적 정의 중에서도 포괄기능적 정의가 아닌, 개체기능적 정의를 하려는 시도를 제기하여 볼 수 있다. 다시 말해, 목회자(목사)라는 사람이 하는 일 모두가 아니라, 목사나 교회가 갖는 여러 가지 기능 중, 교리문답교육, 설교, 행정 등의 기능들 중에서도 성서적인 본래의 뜻대로 '양떼를 먹이고 돌본다(poimenics, shepherding)' 는 한 지엽적 기능에 중점을 둔다는 것이다. 결국 심방을 한다든지, 유가족을 위로한다든지, 위기 시에 상담하여 주는 등의 돌봄의 기능들만이 '목회적' 이라고 정의될 수 있다.

그러나 힐트너의 주장은 단호하다. 이 두 가지 기능적 견해로는 결코 적절한 목회신학을 확립할 수 없다는 것이다. 이유는 말할 것도 없이, 목회자가 하는 '모든' 일을 다 '목회적', 혹은 '목양(shepherding)' 이라고 보기 어렵고, 뿐만 아니라 여러 가지 일 중에서 심방이나 상담과 같이 간혹 가다가 행하는 지엽적 기능만이 진정으로 '목회적', 혹은 '목양' 이라고 규정할 수도 없다. 물론 이 두 가지 견해에서 공히 배울 게 있다. 특별히 성서에서 그리스도가 보여 준 사역의 성격을 은유적으로 표현한 목양(shepherding)이란 원래 포괄적이고, 또 구체적으로 구별될 수밖에 없는 개체적인 하나의 카테고리로서 이해될 수 있다. 그러나 목회적 혹은 목양적이기 위해서는 어떻게 할 것인지에 대한 물음은 여전히 남아 있다.

그렇다면 과연 성서에 기초를 둔 목양(shepherding)이란 무엇인가? 힐트너에게 목양이란 '기능(what to do)' 의 문제라기보다는 '관점(perspective)' 의 문제다(민경배 역, 1968: 17). 즉, 우리가 '어떻게 하는가의 문제(the way we do)'라는 것이다. 즉, 목양에서는 어떠한 준비자세(readiness), 어떠한 태도(attitude), 어떠한 견지에서 보느냐(point of view)가 중요한 문제다. 이러한 '관점' 으로서의 목양이 '목회적(pastoral)' 의 두 가지 기능적 견해를 통합할 수 있는 해결점을 제공한다. 목양이 목사나 교회가 하는 일 전부일 수 있는가? 목양의 관점이 어떻게 이루어졌는지에 따라 '목회적' 설교도 가능하고, '목회적' 행정도 가능하다. 하지만 목회자가 어떠한 일을 행할 때 그리스도의 사역을 닮은 준비자세와 태도, 견지를 갖고 있지 않다면 어떤 일을 하여도 목양이라고 볼 수 없다는 점이 중요하다. 심지어 그가 '목회적'인 심방과 상담을 행하더라도 그의 기능 자체가 문제가 아니라, '어떻게'의 문제가 더 중요한 '목회적' 혹은 '목양'의 결정요소가 된다는 것이다. 결국 평신도가 하는 일이 목회적일 수 있냐의 문제도 안수받지 않은 이가 목회의 기능을 수행할 수 있는가의 문제가 아니라, 그리스도가 보여 준 목회적인 관점(perspective)을 가질 수 있는가의 문제로 전환된다. 이에 목양이 관점이라면, 목양은 늘 기능적으로 상관관계적(correlational)이다. 기능적으로 부분이나 부분을 따로 보지 않고는 전체를 말할 수 없다. 상관관계적 관점에는 필요할 때 어느 특정한 기능 수행이 가능하다고 보고, 언제나 다시 전체적인 조화에로 복귀한다는 입장을 제공한다. 이렇게 본다면 신학은 단순히 어떤 정해진 규범을 부과하는 정언적 명령이기보다는, 하나님의 계시 앞에서 어떤 관점을 지닌 사람의 경험과 실행을 비춰 보면서 그 계시를 보다 사람의 건강과 풍성한 삶을 위하여 때와 장소에 맞게 이해하려는 노력이라고 볼 수 있다.

용어상의 신학적 정리

우리는 앞에서 미국 교회와 신학교 사이에서도 그 신학적 입장에 따라 '목회상담'이란 용어를 선호하기도 하고, 혹은 '기독교상담'이란 용어를 선호하기도 하는 면을 보아 왔다. 이것은 역사와 시대 및 교단에 따라 이루어진 산물이었다. 그리고 이런 면은 우리 한국 교회와 신학교 내에서도 어느 정도 반복되었다. 그리하여 〈한국목회상담협회〉나 〈기독교상담 · 심리치료학회〉는 그간 '목회상담(목회상담사)'과 '기독교상담(기독교상담사)'이라는 용어를 함께 사용하여 왔다. 어느 기관이나 목회상담사와 기독교상담사는 공히 거의 동일한 교육과정과 훈련을 필요로 하지만 다른 호칭으로 자격증을 받게 된다. 단순히 목회상담사라는 호칭은 안수받은 목회자에게, 그리고 기독교상담사라는 호칭은 세례받은 교인들에게 쓰이는 것만 다를 뿐이다. 그러나 어떠한 자격이나 어떠한 신분을 가진 사람이 하는지에 대한 기능적인 정의에만 치우쳐 있어서, '어떻게' 하는지에 대한 방법론적 관심은 희석되었다.

이런 면에서 '기독교+상담' 이라는 것과 '목회+상담' 이라는 용어들에 있어서 사실은 '기독교(Christianity)' 혹은 '목회(ministry)' 라는 용어가 그 자체로 완결된 의미 체계를 구성하면서 상담 체계와는 별개인 명사형이라기보다는, 보다 구조적인 과정과 성격을 규정하는(즉, 목회적 혹은 기독교적인) 방법론적 방향성이라는 점을 강조하여야 한다. 사실 기독교(Christian)상담의 '기독교(Christian)' 라는 수식어도 '기독교인의' 의 의미보다는 성서의 그리스도를 따르는, 혹은 그리스도를 닮은(Christ-like)의 의미로 생각할 때, 목회(pastoral)상담에서의 '목회적(pastoral)' 이라는 수식어 역시 목자(shepherd) 되신 그리스도의 사역을 신학적으로 재해석하는 목회신학적인 방법론의 관점에서 동일선상에 있음이 명백해진다. 상담에 틀을 제공하는 신학의 방법론의 측면에 있어서는 '목회상담' 과 '기독교상담' 이라는 임상적 실천이 결코 상이한 체계가 될 수 없다는 것이다(목회상담과 기독교상담에 있어서의 방법론적 정체성에 대한 구체적인 논의는 권수영, 2007 참조).

결국 목회상담의 모체가 되는 목회(pastoral)신학은 이 '목양의 관점(shepherding perspective)'을 연구하는 데서 나오는 학문이다. 힐트너가 목회자나 상담자에게 제공하는 '목양의 관점'은 단순히 목자(목회자/상담자)가 한 양(교인/내담자)을 어떻게 보는가의 개인적 시각이나 세계관의 문제라기보다는, 성서에 드러난 목양의 모습을 지금 실천하는 데 필요한 다양한 학문적 방법들을 운용하는 새로운 '신학하기('doing' theology)'를 성찰하는 과정이다. 당연히 목회신학은 논리 중심 신학이 아니라 보다 구체적인 행동-기능 중심(operation, function-centered)이 된다. 신학의 다른 분야와 동일한 신앙의 공동유산(하나님, 인간, 죄, 구원과 같은 개념)을 그대로 사용한다. 인간의 죄와 구원의 문제를 성서와 전통의 틀에서만 다루기보다는 삶의 현장에서 만나는 내담자의 죄의 문제, 그의 하나님 인식의 문제로 재해석하고 보다 임상적인 틀 안에서 성찰한다는 점에서 명확한 차이가 있다고 볼 수 있다.

4. 목회상담의 신학적 대전제

이기춘은 오늘날 목회상담의 위험성을 크게 두 가지로 나누어 말하고 있다. "하나는 목회상담을 단순히 설교의 연장이라고 생각하여, 개개인에게 하나님의 말씀을 선포하고 무조건적으로 강요하는 데 그 목적을 두고 있는 것이다. 또 다른 하나는 이와는 반대로 현대 학문이 심리치료의 방법론을 아무런 이의 없이 그것이 가장 좋은 방법인 것처럼 목회상담에 적용하여 목회상담의 본질을 잃어버리는 우를 범하기도 한다." 이와 함께 그는 "프로이트와 로저스를 거쳐 오늘에 이르기까지 목회상담은 신학적인 정체성이라는 입지에서보다는 심리학적인 통찰들을 응용 내지는 활용하는 데 주력했기 때문에 스스로 신학적 반성이라는 여과기간을 설정하지 않을 수 없게 되었다."라고 하였다(이기춘, 2002: 47).

이와 같은 문제는 상담자들의 마음속에 항상 갈등과 혼란을 초래하는 것이다. 신학과 상담학과의 관계는 무엇인가? 신학에서 출발하여 그 속에서 상담의 의미를 발견할 수 없을까? 거킨(C. Gerkin)도 '목회상담이 신학적으로도 발전되고 심리학적으로도 발전되는 학문일 수 있을까?' 에 대해서 고민을 하였다(안석모 역, 1998). 목회상담을 임상적으로 실천하기 위해서는 신학과 상담학의 관계를 바르게 이해하여야 하고, 또 계속해서 그 논의를 밀도 있게 진행하여야 한다. 마지막 장에서는 결론적으로 임상의 현장에서 신학과 심리학이 어떻게 만나고 목회(기독교)상담을 구성하여 가는지에 대하여 보다 상세히 고찰할 것이다.

» 참고문헌 «

권수영(2007). **기독(목회)상담, 어떻게 다른가요-심리학과 신학의 만남**. 서울: 학지사.

민경배 역(1968). **목회신학원론**(원저: S. Hiltner). 서울: 대한기독교서회.

안석모 역(1998). **살아있는 인간문서**(원저: C. Gerkin). 서울: 한국 심리치료 연구소.

오우성(1992). **바울의 갈등과 회심**. 서울: 대한기독교서회.

오우성, 박민수(2005). **상담으로 풀어본 신학**. 대구: 계명대학교 출판부.

이기춘(2002). **들음의 신학**. 서울: 도서출판 감신.

이기춘, 김성민 편역(1983). **케리그마와 상담: 바르트 신학과 로저스 심리학의 대화**(원저: T. Oden). 서울: 전망사.

정동섭 역(1998). **폴 투르니에의 기독교 심리학**(원저: G. R. Collins). 서울: IVP.

Adams, J. E. (1970). *Competent to Counsel*. Michigan: Baker.

Adams, J. E. (1979). *More Than Redemption: A Theology of Christian Counseling*. Phillipsburg: Presbyterian and Reformed Publishing Co.

Anderson, R. S. (1990). *Christian Who Counsel*. Grand Rapids, MI: Zondervan.

Aulen, G. (1948). *The Faith of the Christian Church*. Muhlenberg Press.

Beker, J. C. (1980). *Paul the Apostle*. Philadelphia: Fortress Press.

Crabb, L. J. (1997). *Effective Biblical Counseling: A Model for Helping Caring Christians Become Capable Counselors*. Grand Rapids, MI: Zondervan.

Guthrie, Jr. S. C. (1979). Pastoral Counseling, Trinitarian Theology, and Christian Anthropology. *Interpretation, 33.*

Hunter, R. et al. (Eds.) (1990). *Dictionary of Pastoral Care and Counseling.* Nashville, TN: Abingdon Press.

James, W. (1902). *The Varieties of Religious Experiences.* New York: Macmillan.

Kaufmann, G. (1981). *The Theological Imagination: Constructing the Concept of God.* Philadelphia: Westminster.

10

Introduction to Pastoral Counseling

임상현장에서의 신학과 심리학의 만남

신학의 정의를 조직신학적으로 정의하는 것은 용이한 일이 아니다. 하지만 문자 그대로 어원학적으로 살펴본다면, 신학(theology)은 신(theos)에 대한 말씀 혹은 이성(logos)이라는 단어의 합성어로서 신에 대한 말이나 생각, 더 나아가서는 신에 대한 이성적인 탐구를 하는 학문적 체계를 의미한다고 하겠다. 물론 신학이라는 학문이 이제는 신의 존재나 본질에 대한 문제에만 국한되지 않고, 좀 더 포괄적으로 '신적인 것들(the divine matters)'에 대한 언설과 가정들을 개념화하는 작업이라고 정의한다(Neville, 1991: 1). 이러한 정의에서 신(God)보다 '신적인 것들'이라는 포괄적 개념을 쓰는 것은 현대 신학자들이 가지는 다른 종교전통에 대한 포용적(inclusive) 성격을 나타내는 것이다. 뿐만 아니라, 일찍이 신(God)이라는 단어보다 오히려 '존재의 근거' 혹은 '궁극적 관심'과 같은 상징적인 용어를 사용함으로써, 인간의 삶의 자리에서 그 실재를 경험하면서 생겨난 질문들을 가지고 신학적 해답을 찾고자 하였던 폴 틸리히(Paul Tillich)의 '상관관계적 방법론(correlational method)'에도 적용되는 정의라 할 수 있다. 그는 인간의 실존적 질문을 신학적 과제의 출발점으로 삼고 신학을 전개한다. 그러므로 신은 바로 우리의 실존의 자리에서 '신적인 것들'로서 경험되는 실재라는 것이다.

1. 신학의 임상적 정의

그렇다면 임상의 과정 중에 왜 신학을 논하려고 하는가? 내담자가 상담자에게 그가 경험하는 '신적인 것들'에 대한 언급을 한다면, 이는 분명히 내담자의 신학이라고 정의하여도 무방할 것이다. 여기서 신학은 기독교전통이나 현대의 문화 가운데 있는 '신적인 것들'보다는 인간의 심리구조 가운데 작용하는 '신적인 것들'에 대한 언설이다. 그러므로 신학은 한 개인이 배우거나 알고 싶어 하는 학문방법론이기도 하지만, 본인이 알지 못하는 사이에 체득되고 실행시키는 내면적 삶의 구조이기도 하다. 임상적으로 신학적 논의를 시도할 때 처음으로 버려야 할 환상은 신학은 신학박사 학위 소지자나 대학교수 등 특정한 사람들이 하는 학문적 작업이라는 것이다.

누구나 '신적인 것들'에 대한 의식적 혹은 무의식적 느낌을 가지고 있고 그 힘에 의하여 행동이나 삶의 방향이 결정되기도 한다. 한 개인에게 이 '신적인 것들'은 보이지 않는 힘이요, 대부분 무의식적으로 지배되는 심리적 구조를 형성하는 한 요소다. 어떤 사람들은 이 '신적인 것들'에 대한 언설이 가능할 만큼 인식하는 반면, 무의식 속에 묻혀 의식의 장에 드러나지 않는 '신적인 것들'을 소유한 사람도 있다. 그러나 그 어느 누구도 이 '신적인 것들'과 무관하게 사는 이들은 없다.

더욱이, 기독교인들은 모두 신학을 한다. 즉, 신에 대한 말과 생각을 지니고 살아간다. 앞서 제시한 정의에 의거하여 살펴본다면, 과연 신학박사들이나 신학대학 교수들만이 신학자인 것일까? 하워드 스톤(Howard W. Stone)과 제임스 듀크(James O. Duke)의 주장처럼, "기독교인이 된다는 것은 전적으로 바로 신학자가 된다는 것이다. 예외는 있을 수 없다." (Stone & Duke, 1996: 2) 기독교인 모두가 신학자라는 말이 어색하다면, 기독교인들은 모두 '기독교적 신'에 대한 말이나 생각을 하며 살아간다는 의미로 바꾸어 볼 때 부인할 사람은 많지 않을 것이다.

임상적인 신학을 언급할 때, 버려야 할 또 다른 환상은 신학의 주체에 대한 것이다. 신학의 주체는 하나님이 아니다. 신학의 오랜 주제였던 '계시(revelation)'를 연구하는 신학자들은 신학의 주체가 인간이 아니라 자신을 계시하는 하나님이라고 보고 논증의 중심을 찾지 못한 적이 있었다. 이에 미국의 신학자 고든 카우프만(Gordon D. Kaufman)은 '인간의 상상력(imagination)'을 새로운 신학의 주제로 제시한 바 있다(Kaufman, 1981: 263-279). 그는 모든 신학은 일차적으로 인간의 상상력의 산물로서 이해되어야 한다고 주장한다.

신학은 단순히 기독교전통의 재해석이나 번역작업이 아니라, "인간의 삶을 위하여 보다 적당한 방향성을 제공하려는 인간의 상상력의 창조적인 작업" (Kaufman, 1985: 20)이라고 정의한다. 카우프만은 신학의 주체는 다름 아닌 인간 그 자신이요, 그들의 목적을 위해 진행되는 인간적 작업임을 공고히 한다. 신학은 사실 인간의 현실 가운데 있는 '인간의 삶에 작용하는 방향성(orientation for human life)'을 여실히 보여 주는 인간적인 일이다. 신학을 통해 '신'을 볼 수 있다기보다는 신을 향해 가려고 하는 '인간'이 더욱 자세히 드러나는 법이다. 인간적인 삶의 모습을 드러내는 '신적인 것', 즉 인간에게 작용하는 신적인 권위나 신적인 상징에 대해 해석하는 인간적 작업이 결국 신학이라는 것이다. 결국, 철학적으로도 신학은 인간을 보여 주는 인간학이 된다. 서양철학과 기독교신학의 역사적 평행관계에 대한 비판적 연구를 통하여, 조직신학자 정재현은 하나님 생각은 어쩔 수 없이 인간관의 반영에서 벗어날 수 없으며, 따라서 신학은 인간학일 수밖에 없다고 주장한다(정재현, 2003: 459).[1] 임상의 현장에서 내담자에게서 나타나는 '신적인 것'에 대한 생각이 늘 그 자신만의 인간학을 드러내는 것 또한 그리 놀랄 일이 아니다. 내담자의 '하나님 생각(신학)'은 관계적 삶 속에서 유래하는 자신에서 비롯된, 혹은 타인을 향한 '인간 생각(인간학)'이 된다.

또한 신학을 정의함에 있어서 임상의 현장에서 버려야 할 마지막 환상은 신학은 결단코 일상적 삶과 동떨어진 먼 나라의 이야기가 아니라는 것이다. 신학 자체가 갖는 전통 해석에 대한 수구적인 면을 차치하고라도 신학은 사실 늘 언제나 상황과의 긴밀한 연관 아래 발전하여 왔다. 현대의 해방신학이나 민중신학 또는 여성신학이 바로 인간적인 삶과 경험을 신학의 출발점으로 자리매김하고 있다는 것을 잘 보여 준다고 하겠다. 신학은 교실이나 신학교에서 이루어지는 사변적 작업이고, 목회는 삶을 담보로 하는 실제적 작업

1) 그는 신학적 학문 체계를 '신과의 관계에서의 인간의 자기이해 및 이에 토대를 둔 종교적 체험의 체계'라고 정의한다.

이라는 단편적 생각은 임상의 현장에서는 꼭 버려야 할 편견이다. 왜냐하면, 상담의 현장에서 내담자가 가지는 '하나님 생각(신학)'은, 그가 꾸려 가는 일상적 삶 혹은 위기 중에 그를 움직이는, 보이지 않는 힘과 매우 긴밀하게 연결되어 있기 때문이다. 신학이란 그저 딴 세상 이야기가 아닌 정도가 아니다. 이 넓은 세상 가운데 나의 삶이 있고 그 삶의 한복판이라고 하는 동전이 있다면, '신학'은 바로 그 동전의 뒷면에 있다.

하나의 임상사례를 살펴보는 것이 위에서 언급한 신학이 가지는 세 가지 환상들을 단호하게 밝히고 임상에서의 신학의 의미를 명확히 드러내어 줄 것이다. 50대의 부부가 이혼을 결심하고 상담자를 찾았다. 남편은 유능한 변호사이자 장로교회의 장로였고, 결혼 전 가톨릭 신자였던 아내는 중고등학교 교사이고 남편을 따라 장로교회에 출석한다. 두 사람 공히 상담자를 찾아와 내뱉은 일성은 놀랍게도 똑같은 것이었다. "나는 도저히 남편(아내)을 용서할 수 없다." 또한 두 사람 모두 상대방이 기독교인인 것이 의심스럽고, 역겹기까지 하다고 첨언하였다. 남편은 아내에 대해 "아내는 마음이 꼬여 있다. 나를 무시하고, 매사에 부정적이다. 이런 부정적인 사람이 무슨 기도를 하는지 모르겠다."라고 기술했다. 이에 아내는 "남편은 모든 게 자기중심적이고 이기적이기 그지없다. 아마도 하나님도 자기 밑에 있다고 생각하는 것 같다. 이런 사람이 교회에서는 장로라고 다니니, 참 가당치 않다."라고 남편을 묘사했다.

상담자를 찾아온 이 두 기독교인들의 만남은 분명코 두 '신학자들의 만남'이라고 보아야 할 것이다. 두 사람 모두 서로의 신학(하나님 생각)을 이 간단한 대화 중에 내포하고 있는 것이다. 이와 같이 신학은 직업적으로 신학하는 이들의 전문적 행위가 아닌, 이와 같은 평범한 이들의 임상현장에서 발견되는 것이다. 상담자는 어렵지 않게 두 내담자들의 신학을 알게 된다. 경직된 장로교 신앙교육을 받은 남편의 신학(하나님 생각)은 '하나님은 만물을 통제하시고 지배하시는 절대자'였고, 가톨릭 중고등학교를 다니면서, 수녀들에게 많은 영향을 받았던 아내의 신학(하나님 생각)은 다분히 여성적이어서, '하나님은 한없는 은혜를 모든 이들에게 베푸시는 은혜의 주'였다. 이 두 내담자의 신학(하나님 생각)은 사실 인간을 보는 그들의 관점(인간 생각)을 그대로 드러내 준다. 다시 말해, 남편의 신학은 아내를 절대자 앞에서 불순종하는 천하의 용서 못할 죄인으로 보고, 아내의 신학은 남편을 은혜의 주를 알지 못하는 사랑 없고 교만한 죄인으로 보고 있는 것이다. 신학은 두 사람, 즉 남편과 아내가 서로에게 가지는 인간학으로 변모한다. 남편에게 아내는 절대자가 벌하실 인간이요, 아내에게 남편은 하나님의 은혜와는 거리가 먼 교만덩어리로 보이는 인간학 말이다. 그리고 이들이 상담에 가져온 이야기는 분명코 하나님에 관한 이야기가 아니라, 자신들이 위기의 한 가운데서 겪고 있는 일상적 삶의 이야기였다. 하지만 그들이 자신의 이야기를 하는 그 순간부터 '신적인 것'은 드러난다. 그들이 서로를 보는 절대적인 관점을 제공하고, 그들의 실망과 좌절 그리고 미움마저도 제공하는 듯한 보이지 않는 힘에 대해서 그들은 말하고 있는 것이다. 실상 그들은 그들의 삶에 밀접하게 엉켜있는 하나님 생각(신학)을 잘 드러내고 있었던 것이다.

2. 신앙고백적 신학과 작용적 신학

임상사례에 나타난 내담자의 신학(하나님 생각)을 보면서 "그래, 만약 그러한 의미의 신학이라면, 나도 신학자야." 하는 일반적인 기독교인들의 신학을 자세히 살펴볼 필요가 있다. 역설적이게도 신을 믿는 종교인들이 모두 자신의 내면세계에 있는 '신적인 것들'의 존재와 작용에 대해 확실한 인식을 하며 사는 것은 아니다. 그들이 인지적으로 정의하고 고백하는 신과 그들 삶에 작용하는 '신적인 것들'이 혹시나 다른 것일 수 있을까? 위의 임상사례에서 왜 아내의 신학, 즉 '은혜의 주'라는 하나님 생각이 그녀의 삶과 남편의 삶에 은혜의 주로 작용하지 않은 것일까? 그녀의 삶과 남편의 삶 그리고 두 사람 사이의 관계적 삶 가운데 임하시는 하나님에 대한 생각은 무엇인가? 과연 한 개인이 가지는 신학은 몇 가지나 될까? 예를 들면, 한 기독교인이 고백하는 신에 대한 언설이 사실 그의 삶을 움직이는 '신적인 것들'과는 다른 모습을 가질 수도 있지 않을까?

사실 누구나 두 가지 이상의 신학(신 혹은 신적인 것들에 대한 생각)을 하면서 살아간다. 주일학교에 다니는 초등학생 민수가 가지는 신학은 매 주일 암송하는 하나님에 대한 요절과 성경 공부에 의한 생각으로 시작된다. 주로 인지적 사고구조 안에서 신에 대한 생각이 편성된다. 어느 날 민수는 갑자기 맹장수술을 받기 위해 입원을 하게 된다. 수술 전 두려운 마음에 긴장하며 떨고 있는 민수에게, 주일학교 선생님이 심방을 와서 성경 구절을 읽어 준다. 너무나 반갑고 고마워 눈물이 흐른다. 민수는 "하나님은 임마누엘의 하나님" 이라는 말씀을 듣는다. 머리로 접수하였던 신에 대한 생각이 이제는 가슴으로 느껴져 온다. '임마누엘', 우리와 함께 하시는 하나님이라는 느낌이 가슴을 통해 수술을 앞둔 그의 마음과 태도를 바꾸는 것을 발견한다. 병원에서도 이제 난 혼자가 아니라는 느낌과 힘을 얻었고, 퇴원 후에도 생활 중에 함께 하는 '신적인 것'에 힘을 얻는 느낌이 오랫동안 떠나지 않는다. 민수가 성경 공부를 통해 머리로 생각했던 신학은 '신앙고백적(professed)' 신학 혹은 '교리적(doctrinal)' 신학이라 할 수 있다. 그리고 그의 가슴을 울리며 삶을 변화시키는 힘으로 작용했던 신학을 '작용적(operational)' 신학이라 부른다(Jordan, 1986: 29).

기독교신학의 가장 중요한 주제, 즉 '신적인 것들' 중의 하나는 성육신(成肉身, incarnation)이다. 이는 말씀이 육신이 되는 사건으로서, 하나님이 인간의 육신을 입고 예수 그리스도의 모습으로 이 땅, 인간의 삶의 자리에 내려오는 사건이다. 하나님의 속성을 가장 잘 표현하는 이 '신적인 것'은 한 개인의 삶에도 의미를 발현한다. 민수의 첫 번째 신학, 즉 머리에 있던 하나님 생각이 가슴에 내려오니, 민수의 삶에 하나님 생각이 성육신하여 작용(operation) 하기 시작한다는 사실이다. 성육신 사건은 그리스도의 임재와 구원사건을 의미할 뿐 아니라, 한 개인의 삶에서의 하나님의 임재가 어떻게 머리를 통해 가슴으로 전달되어 삶 전체를 움직이는 변화와 구원의 힘이 되는 지 그 경로를 보여 주는 계시의 사건이다. 우리가 인지적으로 하는 고백의 신학이 내 삶 전체를 움직이는 작용적 신학과 일치되는 일이 성육신적 과정이다. 즉, 말씀이 내 안에 들어와 육신을 입는 일인 것이다. 누구나 이러한 일치된 모습의 신학을 삶 가운데 구현해 내는 것은 아니다. 예를 들어, 개인의 신앙고백적 신학은 그가 삶의 위기에 처했을 때, 그의 삶에 다른 방향으로 작용되는 불일치의 길을 걷는 경우가 많다. 이유는 무엇일까?

좋은 약이 효력을 발생하려면, 약을 복용하는 이의 마음의 상태가 중요하다. 그의 마음이 약의 효력(operation of a medicine)을 의심하고, 심지어 효력을 발생하는 기간과 시간 등을 잘 지키지 않는 의지적 자세를 갖는다면, 약은 어떠한 작용과 효력도 발생시키지 못할 것이다. 신학도 마찬가지다. 하나님에 대한 생각의 효력(operation of a thought)에 있어서, 생각 자체가 중요한 것이 아니라, 삶에 그 하나님 생각(신학)이 효력을 발생하도록 작용시킬 수 있는 신학자의 마음 상태와 의지가 절대적으로 중요하다는 것이다.

다시 위에서 살펴본 이혼상담을 하는 두 내담자의 사례를 살펴본다. 아내의 '신앙고백적 신학(professed theology)'은 '은혜의 주'였지만, 그 아내의 은혜의 하나님은 남편의 하나님과 맞서, 남편과 자신의 생각의 틈을 벌여 놓는 기능만 하지, 실지로 아내의 삶이나 남편의 삶을 감싸 안지는 못하는 '은혜의 주'가 아닌 '분열의 주'로 기능한다. 아내의 하나님 생각(신학)이 아내와 남편의 결혼생활 전반에 은혜의 주로 작용하지 못하는 이유는 무엇일까? 아내의 가슴으로 하는 신학, 즉 '작용적 신학(operational theology)'은 사실은 그의 신앙고백적 신학과는 다른 모습임을 드러내는 대목이다.

여러 차례 상담을 통해 드러난, 아내의 작용적 신학(하나님 생각)은 놀랍게도, '하나님은 강압적 군주이시라.'라는 것이다. 이 아내는 아주 어렸을 때부터 자신의 어머니를 억압하고 구타하는 아버지를 보면서 자라왔다. 그는 다행스럽게도 아버지로부터 구타를 당하지는 않았지만, 늘 불안한 마음 가운데 자라났다. 오히려 그가 자신이 다니는 가톨릭학교의 수녀들을 따르고 신앙생활에 열심이었던 데는 폭력적 가정에 대한 두려움과 염증이 큰 동기를 제공하였다. 대학 입학과 동시에 그는 폭력적 아버지로부터의 궁극적인 도피는 결혼이라는 결론을 내렸고, 결국 법과대학을 다니는 지금의 남편을 만나 연애 끝에 결혼한다. 잇따른 사업실패로 자신의 무능력함에 자격지심을 가지고 있었던 아버지와는 달리 사법고시를 합격한 남편의 당당한 모습은 그가 매력을 느끼고 결혼을 결심하기에 부족함이 없었다. 10년이 넘게 행복한 결혼생활을 하던 아내는 남편의 모습이 점점 아버지와 같이 강압적으로 변해 가는 것을 보고 당황하기 시작한다. 나이가 들어 가면서 아내는 점점 그녀의 남편에게서 아내에게 일방적인 순종을 요구하는 그녀의 아버지의 모습을 발견하면서 아연실색한다. 그녀의 방어기제가 작동한다. 무의식적으로 그녀는 자신을 자신의 엄마와는 다른 모습으로 급조한다. "내가 엄마처럼 고분고분 따라 하다 보면 결국 종처럼 끌려 다니고 맞기까지 할 거야……. 난 절대로 그렇게는 안 살아!"

상담을 통해, 남편은 아내와의 불화 속에서도 어떠한 물리적인 힘을 아내에게 구사한 적이 없는 것으로 나타났다. 아내는 교회에 출석하고 열심히 신앙생활을 하였지만, 늘 가슴에는 두려움의 근원이 되는 하나님의 모습이 남아 있었다. 즉, 늘 자신의 아버지 같은 하나님, 이제는 남편 같은 하나님에 대한 생각이 그녀를 괴롭혀 왔던 것이다. 이혼을 결심한 것 역시 그의 이 작용적 신학, 즉 '폭군 같은 하나님'에 의한 것이었다. 그의 작용적 신학은 그녀의 삶에 다음과 같이 작용하였다. '남편이 자신을 구타하기 전에, 그리고 하나님이 자신을 더 벌하기 전에 지금 떠나라!' 그녀의 삶에 작용하는 신학(하나님 생각)이 결국 그녀를 이혼으로 내몰고 있었다. 이 신학에 의하면, 이혼만이 하나님의 징벌을 면하는 유일한 길이었다.

이 상담사례가 시사하는 바는, 아내가 애초에 상담자에게 고백한 머리로 믿는 '은혜의 주'이신 하나님(신앙고백적 신학)보다, 오랜 시간 동안 가슴에 맺혀 있는 '전제 군주' 같은 하나님에 대한 생각(작용적 신학)이 훨씬 더 강력하게 그녀의 삶에 작용하고 있다는 점이다. 사실, 그녀를 이혼으로, 또 이혼 상담으로 오게 한 동인은 바로 그녀의 하나님, 그녀의 작용적 하나님 때문이었던 것이다.

3. 작용적 신학 찾기: 신학이 심리학을 만났을 때

목회상담자의 첫 번째 과제는 내담자의 작용적 신학을 탐험하고 밝혀내는 일이다. 이는 말처럼 쉬운 일이 아니다. 왜냐하면 작용적 신학은, 내담자의 신앙고백적 신학과는 정반대의 모습을 띠면서 그의 행동을 인도하는, 보이지 않는 에너지로 작용하고 있기 때문이다. 상담 중에 있는 내담자가 그의 '작용적 신학'을 언어적 표현으로 스스로 쉽게 밝혀내는 일은 드물다. 신앙심이 깊은 내담자인 경우, 상담 중에도 하나님에 대한 다양한 언설을 많이 풀어내지만, 정작 그의 삶 자체에 작용하는 하나님 생각은 가슴 깊숙이 묻혀 있는 경우가 허다하다. 특히 목회자에게 찾아온 교인인 내담자인 경우, 신앙고백적 신학이 내담자의 작용적 신학을 꽁꽁 묶어 두는 일은 비일비재하다. 따라서 작용적 신학은 늘 '내재적이고 숨겨진 신학(implicit theology)' 이지만, 사실 머리가 아닌 가슴에 상주하면서 내담자의 삶을 이끄는 원동력이 된다는 점에서, 이것이야말로 '살아있는 신학(lived theology)' 이라 아니할 수 없다.

신학이 두 갈래로 갈라지는, 아니면 더 많은 갈래로 갈라지는 이유는 내담자의 작용적 신학 자체가 개인의 역사를 통해 형성된 심리구조와 경험의 영향을 받기 때문이다. 그러므로 갈라진 두 신학, 즉 신앙고백적 신학과 작용적 신학이 통합되는 일은 신학적이기보다는 심리적/치료적 작업을 요구한다. 내담자의 '하나님 생각(신학)'이 인간의 행위와 무의식적 힘을 이해하는 데 절대적으로 필요한 것처럼, 내담자의 '마음에 대한 생각(심리학)'은 그 신학을 변화시켜 치유하고 온전케 하는 데 필수적인 요소가 된다. 임상의 현장에서 방법론적으로 신학과 심리학이라는 두 축은 자신의 독특한 영역을 빼앗기지 않으면서 서로 구별되지 않을 만큼 긴밀하게 연결되어 있다. 하나님 생각 자체가 인간의 심리를 담보하고, 인간의 심리는 하나님 생각을 구성한다.

목회상담 혹은 기독교상담의 방법론에 관심하는 많은 학자들은 두 가지 타입의 목회(기독교)상담자에 대해서 지적한다. 첫째로 너무 심리학적인 접근만을 시도하는 목회상담자들이다. 정신분석학과 대상관계 이론을 가지고 목회상담을 하는 이들이 정신분석가들과 다른 점이 무엇인가? 다양한 가족치료기법을 사용하여 목회상담을 하는 목회상담자들이 가족치료사와 어떻게 구별될 수 있을까? 또 다른 부류는 순전히 종교적 관점 혹은 성서적 관점의 상담을 시도하는 목회상담자들이다. 머얼 조단(Merle Jordan)은 이 두 부류의 목회(기독교)상담자들을 "오랜 세월 동안 끝을 헤아릴 수 없는 무연탄지대에서 캠핑하면서, 잔가지를 모아 몸을 덥히는 일에 엄청난 노력과 정열을 소비한 펜실베이니아 인디언"(Jordan, 1986: 15–16)에 비유한 바 있다. 이는 혹시 목회(기독교)상담자들이 신학이라는 무연탄지대에서 인간 행위에 엄청난 작용적 힘을 가지고 있는 '신적인 것들'에 대한 접근조차 하지 못한 채 심리학에만 너무 정열을 소비하지는 않는지, 혹은 심리학의 무연탄지대 위에서 신학만을 가지고 '신적인 것들'에 얽혀 있는 심층적 구조를 너무 쉽게 지나치지는 않는지 돌아보게 한다. 그렇다면 목회상담자가 심리학과 신학을 긴장적으로 동시에 사용하는 방법은 무엇인가?

무엇보다 방법론적으로 신학과 심리학 모두를 아우르는 목회(기독교)상담은 신앙고백적 신학보다는 작용적 신학에 관심하게 된다. 다시 말해, 내담자의 인지적 사고와 신앙고백적인 구술과 관련된 신학에만 관심하는 신앙상담을 넘어선다는 것이다. 쉽게 표현되는 신앙고백적 신학과는 달리, 가슴에 있는 신학(작용적 신학)은 심리학적 배경 없이는 발견조차 될 수 없고, 치료적 접근을 무시하고는 다루어질 수 없다. 심리학의 도움으로 발견된 작용적 신학을 치유하는 길은 그가 잘못된 하나님 생각(신학)을 버리고 그의 삶을 온전한 방향으로 이끌 새로운 하나님 생각(신학)을 수립하는 것이다. 치유의 방법론적 완성에는 역시 하나님 생각(신학)이 그 자신에 대한 생각과 타인에 대한 생각(인간학)을 온전케 하는 원동력임을 재확인한다.

목회상담자가 작용적 신학을 찾는 데 있어 심리학은 다음과 같은 측면에서 도움이 된다. 먼저 내담자 개인의 역사를 탐험함에 있어서 무엇이(혹은 누가) 내담자의 마음 가운데 '궁극적 권위(ultimate authority)'로 인식되고, 그 내담자의 경험이나 삶을 통해 그 궁극적인 권위가 어떻게 다루어지고 평가되어 왔는가를 살핀다. 내담자의 자기 이미지(self-image)가 바로 이 궁극적 권위의 이미지와 항상 함께 병행하여 나타나는 점을 유의하면 연결고리를 찾을 수 있다. 이런 인간의 개인사를 통한 심리구조 안에 작용하는 궁극적 권위의 이미지가 바로 하나님의 이미지(God-image)가 된다. 여기에서의 하나님 이미지는 작용적 신학의 하나님으로, 신앙고백적 신학의 하나님 개념(concept)과는 구별된다. 애너-마리아 리주토(Ana-Maria Rizzuto)는 하나님 표상(God representation)에 대한 그녀의 기념비적인 연구를 통하여, 임상현장에 있는 특정 개인에게 하나님은 신학자들이나 철학자들이 개념화하는 구체적인 언급이 아니라 '개인의 사적인 창조물'을 의미한다고 주장한다(이재훈 외 역, 2000: 12).

여기서 목회상담자가 유의할 점은 하나님의 이미지를 탐험하기에 앞서 성서에 나타난 추상적 하나님의 개념(concept)만을 강요하고 주입시키려는 경향은 오히려 임상현장에 있어서는 효과적이지 못하다는 것이다. 즉, 작용적 신학 근처에 가보지도 못하고, 신앙고백적 신학 차원의 상담만 하는 꼴이 된다. 작용적 신학의 온전한 이해는 내담자의 신앙고백적 신학의 배후에 있는 심리학을 함께 탐험하고 이해할 수 있을 때 가능해지는 것이다.

4. 작용적 신학 안에 있는 우상: 그 심리학적 이해

앞서 소개한 이혼상담의 임상사례에 나타난 아내의 작용적 신학, 즉 '하나님은 폭군이시라.'는 하나님 생각(신학)은 대상관계 이론가들이 지적하는 유아기 초기 돌봄 제공자(primary caregiver)와의 심리 내적인 경험(intrapsychic experience)과 연관된 하나님 표상 혹은 하나님 이미지(God representation, God-images)다.[2] 이러한 하나님 표상 혹은 이미지에 대한 목회상담학자들의 관심 또한 지대하다.[3]

한 개인의 신앙을 총체적으로 알기 원한다면, 교회라는 '신의 집'에 찾아

---

2) 국내에도 소개된 리주토의 선구자적인 연구를 비롯하여 하나님 표상에 관한 대표적 연구는 다음과 같다. J. McDargh, *Psychoanalytic Object Relations Theory and the Study of Religion: On Faith and the Imaging of God* (Lanham, Md: University Press of America, 1983); J. W. Jones, *Contemporary Psychanalysis and Religion: Transference and Transcendence* (New Haven: Yale University Press, 1991); C. Doehring, *Internal Desecration: Traumatization and God Representations* (Lanham, Md: University Press of America, 1993); Michael St. Clair, *Human Relationships and the Experience of God: Object Relations and Religion* (Mahwah, N.J.: Paulist Press, 1994). 대표적인 유럽학자들의 연구로는 A. Vergote, et.al., *The Parental Figures and the Representation of God: A Psychological and Cross-Cultural Study* (The Hague, The Netherlands: Mouton Publishers, 1981)를 참조하라. 유럽의 하나님 표상 연구의 관심은 실증적이고 비교문화적인 초점을 보여 준다. 예를 들면 다양한 문화 그룹(즉, 기독교인들와 힌두교인들, 혹은 정상인들과 병리적 문제를 가진 이들의 그룹 등) 안에 있는 개인의 하나님 표상을 비교하면서 그들이 어머니나 아버지의 어떠한 특징들을 하나님 이미지 안에 표상해 내는가를 살펴보고 있다. 저자는 이런 유럽적 연구의 일환으로 개인의 하나님 이미지와 문화적 상징과의 연관관계에 대하여 국제종교심리학회에서 논문을 출판한 바 있다. Soo-Young Kwon, "Mental God-Representation Reconsidered: Probing Collective Representation of Cultural Symbol," *Archiv für Religionpsychologie 25* (2003): 113-128.

3) 많은 목회신학자들과 상담학자들은 임상현장에서의 하나님 이미지를 목회신학과 목회상담의 매우 중요한 주제들 중의 하나로 인식하여 연구하고 있다. C. Saussy, *God Images and Self Esteem: Empowering Women in a Patriarchal Society* (Louisville, Kentucky: Westminster John Knox Press, 1991); M. K. Armistead, *God-Images in the Healing Process* (Minneapolis: Fortress Press, 1995); L. T. Howe, *The Image of God: A Theology for Pastoral Care and Counseling*

오는 아이들이 모두 각자의 집에서부터 가지고 오는 사적인 신에 대해 깊이 고려하지 않으면 안 된다. 리주토는 " '신의 집'에 찾아오는 아이들 중 애완동물로서의 신(his pet God)을 팔에 안고 있지 않은 아이는 아무도 없다." (이재훈 외 역, 2000: 26)라는 의미 있는 지적을 한다. '애완동물로서의 신'이라니 무슨 신성모독적인 망발인가?

리주토의 '애완동물로서의 신'은 영국의 대상관계 이론가였던 도널드 위니캇(Donald W. Winnicott)의 중간대상(transitional object)에 대한 충분한 이해 없이는 오해를 사기에 십상이다. 소아과 의사였던 위니캇은 유아가 자기 자신과 구별된 첫 번째 '나-아닌(not-me)' 타인성을 발견하면서 불안한 가운데 자기(self)를 형성해 간다고 전제한다. 자기의 일부로 여겼던 엄마의 존재로부터 처음으로 '나 아닌' 타인성을 인식하는 그 순간부터 참을 수 없는 존재의 불안을 느낄 것이라는 것이다. 이때 엄마의 존재를 대신하는, 혹은 또 다른 엄마로서 자신을 달래 줄 그 무엇인가를 만들어 내는데, 이것을 중간대상(transitional object)이라고 부른다. 가장 대표적인 예로서 '곰인형들과 인형들'을 들 수 있다(이재훈 역, 1997: 18).

이러한 중간대상이 유아에게 작용하는 심리적 위치에 대한 위니캇의 연구가 대상관계 이론을 종교적 영역과 연결시키는 중요한 포인트가 된다. 중간대상이 생겨나는 심리적 영역은 중간영역(transitional space)이라고 불린다. 이는 심리 내적인(inner) 영역이거나 외부적(outer) 영역이라고 구별지을 수 없는 중간적 성격이 있다는 것이다. 어느 하나(either-or)보다는 둘 다(both-and)에 가까운 '제3의 영역'이라는 것이다. 이러한 제3의 영역은 바로 인간의 문화적 경험이 가능한 영역이라고 주장한다. 인간이 클래식음악을 들을 때, 또는 아름다운 시를 읽으며 자기 자신을 즐기는 바로 그 순간, 인간은 바

(Nashville: Abingdon Press, 1995); L. K. Graham, *Discovering Images of God: Narratives of Care among Lesbians and Gays* (Louisville, Kentucky: Westminster John Knox Press, 1997) 등을 참조하라.

로 이 제3의 영역에 있다고 보며, 종교적 경험 역시 바로 같은 영역에서 이루어진다고 본다. 외부적 하나님이 내 안에 작용하는 하나님이 되는 것도 '둘 중 어느 한' 영역이 아니라 내부적 그리고 외부적 영역을 아우르는 '중간적' 영역에서의 인간 경험에 기초한다고 볼 때, 하나님에 대한 최초의 인간 경험이 바로 이 '중간대상' 경험과 깊은 연관이 있다는 것이다. 이와 같이 리주토의 연구를 비롯한 하나님 표상에 관한 연구가 위니캇의 이론에 기초하고 있으며, 하나님의 표상은 바로 위니캇의 '중간대상'에 관한 문제다. 따라서 그가 지적한 '애완동물로서의 신'이란 유아가 가지는 최초의 '나-아닌' 대상인 중간대상에 기초한 최초의 하나님 이미지를 말한다. 위니캇의 예를 차용한다면, '곰인형-신' 이라고 할 수 있겠다. 곰인형-신은 개인의 외부적 하나님 경험과 내부적 경험의 다리를 놓는 역할을 한다.

중간대상을 만들어 내는 유아에게 그의 '나-아닌' 주위 환경이 그의 자기감(sense of self) 형성에 지대한 영향을 미친다는 것은 임상현장에서 '애완동물로서의 신'에 대하여 탐구하고자 하는 상담자들이 명심하여야 할 탐구 영역이다. 앞서 제시된 이혼상담의 임상사례에 나타난 여자 내담자가 경험했던 초기 돌봄 제공자, 특히 아버지와의 관계나 경험에 기초한 그녀의 유아기적 '곰인형-신', 즉 최초의 하나님 이미지가 그의 삶 가운데 엄청난 힘으로 작용하는 무의식적 동력의 기초가 되었다는 것이다. 그녀의 작용적 신학, 즉 '폭군 같은 하나님 이미지'의 그 무서운 힘은 유아기 때 수없이 그녀가 경험한 불안 경험에서 비롯된 것이다. 작용적 신학에서 의 그 하나님 이미지는 어린 시절 마음에 일어난 분리 경험이나 유기 경험 등에서 비롯된 뿌리 깊은 감정적 상처와 맞물려 절대적인 성격을 가지게 된다.

머얼 조단은 작용적 신학에서의 이러한 하나님 이미지의 절대적 성격을 일컬어 '우상'이라고 부른다. 하나님 생각(신학)이 인간의 심리세계 안에 고착(fixation)되어 절대적인 성격과 힘을 부여받는다는 것이다. 부정적인 경험이나 감정이 고착되면, 대상이 바뀌어도 그 최초의 초기대상과의 계속적인 연결로 인하여 그 강제적인 힘이 지속된다. 아버지라는 대상과의 부정적 경험은 대상이 남편으로, 혹은 하나님으로 바뀌어도 똑같이 고착된 경험적 인식이 부여된다. 즉, 최초 '공포의 폭군 아버지'는 폭군 같은 남편과 폭군 같은 하나님으로 그 고착된 대상관계(object relating)가 지속된다는 것이다. 이런 작용적 신학 안에 나타나는 우상으로서의 하나님 이미지는 점점 임시적 성격이 아닌, 영원한 성격으로 격상된다. 신앙고백적 신학(하나님 생각)으로는 은혜의 주를 고백하지만, 삶에 작용하는 작용적 신학으로는 오랜 기간 동안 바뀌지 않는 '곰인형-신', 즉 최초의 하나님 이미지가 작용하는 잘못된 삶의 방향으로 우상을 숭배하며 살아 온 것이다.

이 우상이 내담자에게 명하는 메시지가 이혼을 향한 독촉장이 된다. 즉, 여자 내담자가 마음속에 가지고 있던 무의식적 강박감("언젠가 남편에게 엄마와 똑같이 당할 수 있어." 혹은 "하나님도 언젠가 나를 칠 수도 있을 거야.")은 삶에 반복적으로 작용할 뿐 아니라, 점점 반복에 대한 강박관념(repetition compulsion)으로 나타난다. "이혼만이 살 길이다."라는 무의식의 목소리가 내담자에게는 내담자의 우상이 주는 기쁜 소식(복음)처럼 들렸을 것이다. 강박감과 극도의 불안 경험으로부터의 유일한 탈출구가 이혼이라는 신념은 이혼을 향한 그녀의 행보에 가장 중요한 동인이다.

목회상담 방법론에서 가장 중요한 것은 내담자의 삶을 구속하고 지배하는 하나님 생각(신학)의 배후에 있는 '궁극적 권위(ultimate authority)'를 찾는 일이라고 할 때, 내담자의 신념 체계는 바로 이 '궁극적 권위'가 정의하는 명령 체계다. 이혼상담 사례의 아내에게 나타난, '이혼하라'고 명령하는 그녀의 최초의 하나님 이미지가 명령하달자다. 한 개인의 삶이 절대적인 성격을 가지고 구속되어 가는 양상 때문에 신학적으로 이러한 절대적 권위자는 머리로 신앙고백하는 하나님을 대신하여 무의식을 관장하는 '우상'이 된다는 것이다.

5. 목회상담의 방법론적 정체성: 신들 간의 맞대결

목회상담에서의 내담자의 종교적 신념은 여러 차원에서 발견된다. 저자는 목회상담자의 상담을 지도감독할 때마다, 많은 목회상담자들이 여러 가지 뿌리 깊은 삶의 상처를 안고 있는 기독교인 내담자를 상담하고 나서 다음과 같은 말을 한다는 것을 전해 듣는다. "그래도 이 내담자는 다행인 것이, 신앙이 아주 돈독해요." 내담자의 신앙고백적 하나님 생각을 지나치게 믿고, 그 생각에 대한 동의나 확신만을 거듭 강조하는 목회상담자를 만나는 것은 어려운 일이 아니다. 앞의 사례에서 신앙고백적 차원의 '은혜의 주' 신념보다 내담자를 구속하는 훨씬 강력한 '폭군 같은 주'가 내담자를 붙들고 있다면, 상담자가 하는 확언, 즉 "은혜의 주를 계속 믿고 의지하세요."라는 응원은 오히려 문제의 핵심을 외면한 채, 내담자의 엉뚱한 곳을 긁고 있는 셈이 된다. 즉, 모든 목회상담자는 신앙고백적이고 인지적인 차원뿐만 아니라, 무의식의 세계에서 작용하는 작용적 신학 차원의 신념도 있게 마련임을 잊지 말아야 한다. 또한 이러한 무의식적 차원의 신념은 단순히 인지적 차원에서뿐만 아니라, 정신분석학의 고착이나 대상관계의 관점에서 새롭게 조명되어야 한다. 목회상담자들이 관심을 가지고 살펴야 할 내담자의 신념 체계는 다름 아닌 무의식 차원의 신념 체계다. 내담자가 오랜 세월을 거쳐 단일한 종교적 신념 체계를 가지고 살고 있다는 생각은 옳지 않다. 내담자가 가지는 최초의 하나님 이미지는 그가 배우고 고백하는 하나님 생각에 수용되기도 하지만, 전혀 다른 의미를 갖고 무의식의 기저에 둥지를 틀고 삶에 작용하는 지도 모를 일이다. 다시 말해, 내담자의 한 가지 신이 상담에 등장한다고 믿는 것은 버려야 할 환상이다. 그래서 머얼 조단은 그의 책 제목처럼 목회상담자의 과제는 바로 '신들 간의 맞대결(taking on the gods)'을 주선하는 일이라고 믿는다. 나는 목회상담자의 방법론적 과제는 심리학의 무연탄지대에서 오랫동안 묵혀 있던 신학을 찾아내는 일이라고 믿는다. 심리학 속에 오래

묵은 신학(하나님 이미지)을 꺼내는 일, 즉 내담자의 작용적 신을 드러내고 내담자와 상담자가 동의하는 참 하나님 앞에 무력화시키는 일은, 목회상담자만이 할 수 있는, 정체성에 관련된 필수적인 과제다.

종교인들의 상담에 합리적/정서적 행동치료(rational emotive behavior therapy: REBT)가 자주 사용되는 이유에 대해, 앨버트 엘리스(Albert Ellis) 등의 학자들은 다른 심리치료와는 달리 REBT가 '평가적 신념(evaluative belief)'에 초점을 맞추기 때문이라고 지적하고 있다(Ellis, 1994; Walen, Digiuseppe, & Dryden, 1992. 서경현, 김나미 역, 2003: 117에서 재인용). 즉, 내담자가 경험하는 감정, 사고나 행위의 배후에는 바로 이 평가적 신념이 도사리고 있다는 것이다. 이 평가적 신념은 약간은 의식적이지만, 대부분 무의식적인 경향을 가진 신념으로서, 바로 이 절대적이고 견고한 평가적 신념이 '자기패배적 정서'를 일으킨다고 보는 것이다(서경현, 김나미 역, 2003: 118). 작용적 신학의 하나님 이미지, 즉 우상이 평가하고 명령하는 것이 이 '평가적 신념'의 기초가 된다. 합리적 정서요법 등이 가지고 있는 인지적 방법론을 이해하는 데 있어서, 평가적 신념의 역동성을 이해하는 것이 필수적 요소다. 다시 말해, 인지적 차원이라고 해서 내담자의 신앙고백적, 혹은 교리적 신학에 귀속된 것으로 본다면 큰 잘못이다. 오히려 내담자의 '평가적 신념'이란 내담자의 작용적 신학에 관한 문제이며, "평가적 신념은 인간의 심리 영역에 있는 내용들 중에서 가장 역동적인 것"(서경현, 김나미 역, 2003: 118)이라는 점을 명심하여야 한다. 임상사례에 나타난 바와 같이, "이혼만이 살 길이다."라는 내담자의 평가적 신념은 그녀의 오래된 대상관계와 관련 있는 역동적인 작용을 염두에 두지 않고는 이해할 수 없다.

"이혼만이 살 길이다."라고 명령하는 하나님을 발견한 내담자는, 우상에 대한 두려움으로 괴로워했던 지난 수십 년을 돌이켜보면서 오랫동안 울기 시작했다. 이 우상을 어떻게 소멸시킬 것인가? 모세처럼 상담자가 힘껏 집어던져 깨버릴 수 있다면 좋으련만, 놀랍게도 우상을 대면하여 한판 승부를 벌이는 것은 상담자도 내담자도 아닌, 하나님 자신이다. 내담자가 가지게 되는 변화에 대한 저항과 거부는 그의 삶에 작용하는 잘못된 우상에 침잠하는 경향을 나타낸다. 구약성서에 출애굽하던 이스라엘 백성이 지치고 의심이 차오르니, 다시 "차라리 애굽으로 돌아가자."라며 주저앉는 모습처럼 말이다. 상담을 통하여 상담자가 내담자의 가슴까지 내려가 하나님을 대면시키는 일만이, 오랜 세월 동안 묵혀서 그가 가슴에 품어 왔던 우상이 변화의 주이신 그 하나님 앞에서 스스로 세력을 잃도록 하는 길이다. 다시금 어린아이가 되어 가슴에 저민 공포로 폭력적인 아버지 앞에 떨고 있는 내담자에게 상담자는 물었다. "당신 곁에 하나님이 보이시나요?" 내담자는 공포 가운데 눈을 들어 처음으로 가슴에서 우러나오는 신앙고백적 하나님을 발견했다. 내담자는 상담자에게 하나님이 자신을 보고 함께 흐느끼고 있다고 전했다. 그가 머리로만 알던 그 '은혜의 주' 하나님이 처음으로 그녀의 가슴에 둥지를 내리는 순간이다.

오랫동안 흘리던 내담자의 눈물에서, 새롭게 가슴을 통해 그녀의 삶에 성육신할 새로운 하나님의 이미지가 보이는 듯 했다. 상담자는, 내담자의 가슴 속에 새롭게 들어선 은혜의 주 앞에서, 그녀의 삶 속에서 마치 영원히 떠나지 않을 것 같았던 우상이 세력을 잃어가는 모습을 목격할 수 있었다. 목회상담은 임상현장에서 하나님이 많은 우상들을 대면하고 그가 사랑하시는 영혼을 구원하시는 일을 목격하는 은혜의 장이다.

6. 나가는 말

목회상담은 두 개의 독립적인 방법론을 창조적으로 사용하는 방법이 필요하다. 즉, 신학과 심리학이라는 방법론이 그것인데, 창조적 사용이 두 학문 체계를 이원적으로 사용하거나, 교차적으로 사용한다는 것과는 거리가 있다. 영어 알파벳 H에서 두 축을 가운데서 잡고 있는 것을 목회상담에 비유한다면 두 개의 방법론을 양쪽에서 똑같은 거리와 무게를 두고 함께 사용하는 제3의 방법을 생각해 볼 수가 있다. 신학(하나님 생각)은 그저 하나님 생각이 아니라 심리학(마음의 역동) 기저에 있는 하나님 생각이요, 심리학은 그저 인간의 마음이 아니라, 하나님 생각과 하나님의 작용 가운데 있는 인간의 변화다. 목회상담의 정체성은 단순히 심리학적이고 임상적인 상담만을 강조하거나 신학적이고 성서적인 선포만을 강조하는 것이 아니라, 그 변증법적이고 창조적인 방법론적 긴장을 가지고 인간의 심리 가운데 작용하는 하나님을 탐험하면서, 내담자와 상담자 가운데 일하시는 하나님의 변화의 사역에 동참하는 것이다(목회상담의 방법론에 대한 보다 구체적인 논의는 권수영, 2007을 참조).

» 참고문헌 «

권수영(2007). **기독(목회)상담, 어떻게 다른가요—심리학과 신학의 만남**. 서울: 학지사.

서경현, 김나미 역(2003). **종교를 가진 내담자를 위한 상담 및 심리치료**(원저: S. L. Nielsen, W. B. Johnson, & A. Ellis). 서울: 학지사.

이재훈 역(1997). **놀이와 현실**(원저: D. Winnicott). 서울: 한국심리치료연구소.

이재훈 외 역(2000). **살아있는 신의 탄생: 정신분석학적 연구**(원저: A.-M. Rizzuto). 서울: 한국심리치료연구소.

정재현(2003). 신학은 인간학이다. 서울: 분도출판사.

Ellis, A. (1994). *Reason and Emotion in Psychotherapy*. New York: Birch Lane Press.

Jordan, M. (1986). *Taking on the Gods: The Task of the Pastoral Counselor*. Nashville, TN: Abingdon Press.

Kaufman, G. D. (1981). *The Theological Imagination: Constructing the Concept of God*. Philadelphia: The Westminster Press.

Kaufman, G. D. (1985). *Theology for a Nuclear Age*. Philadelphia: The Westminster Press.

Kwon, Soo-Young. (2003). Mental God-Representation Reconsidered: Probing Collective Representation of Cultural Symbol. *Archiv für Religionpsychologie, 25*.

Neville, R. C. (1991). *A Theology Primer*. Albany, NY: State University of New York.

Stone, H. W., & Duke, J. (1996). *How to Think Theologically*. Minneapolis: Fortress Press.

Walen, S., Digiuseppe, R., & Dryden, W. (1992). *A Practitioner's Guide to Rational-Emotive Therapy*. New York: Oxford University Press.

찾아보기

인 명

용 어

저자 소개

안 석 모

감리교신학대학교 졸업
감리교신학대학교 신학대학원 졸업(Th. M.)
에모리 대학교신학대학원 · 인문사회과학대학원 졸업(M.Div. & Ph.D.)
전 한국목회상담학회 회장
현 감리교신학대학교 교수
저서: 『이야기 목회, 이미지 영성』
역서: 『살아있는 인간문서』

권 수 영

연세대학교 신학과 졸업
미국 보스턴 대학교 신학대학원 졸업(M.Div.)
미국 하버드 대학교 신학대학원 졸업(Th.M.)
미국 GTU 졸업(Ph.D.)
현 연세대학교 연합신학대학원 교수
저서: 『프로이트와 종교』, 『누구를 위한 종교인가』, 『자기, 문화 그리고 하나님경험』, 『기독(목회)상담, 어떻게 다른가요』, 『한국인의 관계심리학』 외 다수

김 필 진

연세대학교 신학과 졸업
연세대학교 신학대학원 신학과 졸업
시카고 대학교 신학대학원 목회상담학 전공(Ph.D.)
한국기독교상담–심리치료학회 감독
목회상담전문가
현 대전신학대학교 목회상담학 주임교수
저서: 『아들러의 사회적 관심과 상담』

박 노 권

목원대학교 신학대학 졸업
감리교신학대학교 신학대학원 졸업
드류 대학교 신학대학원 졸업(M.Div. & Ph.D.)
현 목원대학교 신학대학 목회상담학 교수
한국기독교상담심리치료학회 감독회원
Christian Association for Psychological Studies 회원
저서: 『실천신학개론』, 『종교심리학』, 『목회상담학』, 『상담과 영성』, 『현대신학과 목회』, 『Reading Theology in English』, 『렉시오 디비나를 통한 영성훈련』
역서: 『영원한 사랑 만들기』

박 민 수

고신대학교 신학과 졸업
계명대학교 대학원 신학과 졸업(Ph.D.)
현 계명대학교 인문대학 기독교학과 교수
저서: 『1325 함께 하는 수련회: 집단상담 프로그램』, 『8가지 커뮤니케이션 기법』, 『상담으로 풀어본 신학』, 『기독교의 이해』, 『기독교 정신과 사회봉사』, 『현대사회와 기독교』

신 명 숙

한신대학교 신학과 졸업
연세대학교 연합신학대학원 목회상담학 전공
뮌스터 대학교 목회상담학 전공(신학박사)
현 전주대학교 기독교학부 교수
저서: 『대학생과 리더십』,
역서: 『목회상담』, 『크리스천 카운슬링』

이 관 직

부산대학교 공과대학 졸업(B.S.)
총신대학교 신학대학원 졸업(M.Div.)
미국 칼빈 신학교 졸업(Th.M.)
남침례교 신학교 졸업(Ph.D.)
전 한국목회상담협회 자격심사위원장
현 백석대학교 기독학부 부교수
저서: 『성경인물과 심리분석』, 『찬송과 목회상담』,
『목회심리학』, 『성경과 분노심리』,
『개혁주의 목회상담학』

이 정 기

서울신학대학교 신학과 졸업
서울신학대학교 신학대학원 졸업(Th.M.)
시카고 대학교 대학원 졸업(M.Ed.)(교육학 및 심리학 전공)
Chicago, The Chicago Theological Seminary 졸업
현 서울신학대학교 상담대학원 목회상담학 교수
한국목회상담협회 감독회원
한국기독교 상담심리치료학회 감독회원
서울가정법원 상담위원
부천건강가정지원센터 센터장
한국성결교상담센터 소장
한국그리스도요법연구소 소장

목회상담 이론 입문

2009년 1월 9일 1판 1쇄 인쇄
2023년 1월 20일 1판 8쇄 발행

지은이 • 안석모 · 권수영 · 김필진 · 박노권 · 박민수 · 신명숙 · 이관직 · 이정기
펴낸이 • 김진환
펴낸곳 • (주)(주) 학지사
121-837 서울시 마포구 서교동 352-29 마인드월드빌딩 5층
대표전화 • 02-330-5114 팩스 • 02-324-2345
등록 • 제313-2006-000265호
홈페이지 www.hakjisa.co.kr

ISBN 978-89-6330-011-5 93180
가격 17,000원